汪榮寶

中國近代憲法第一人

趙林鳳——著

汪榮寶

駐日公使汪榮寶

左起依次為：汪績熙、汪福熙、汪延熙、汪靜熙、汪榮寶、黃君卣、汪懋熙

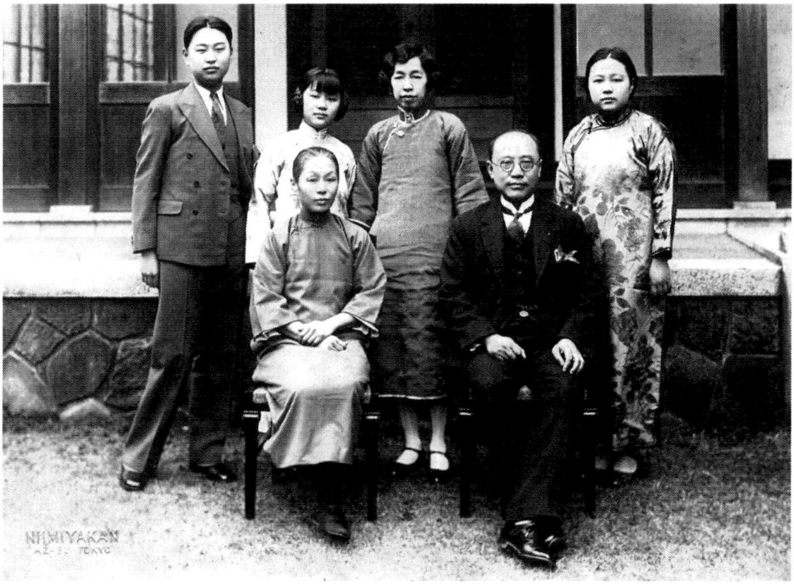

左起依次為：前：黃君卣、汪榮寶；後：汪績熙、汪靜熙、張秀英、汪福熙

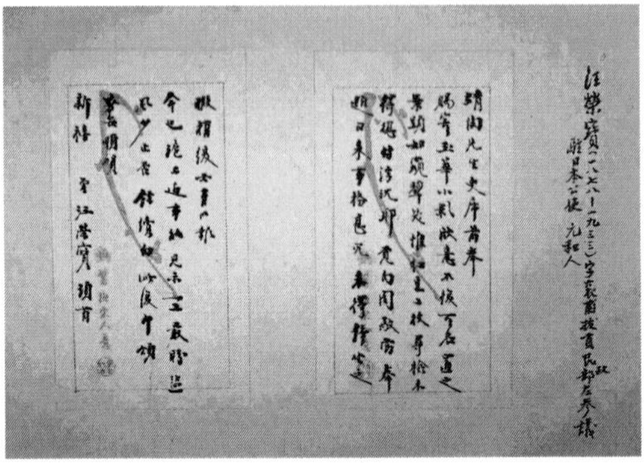

汪榮寶書法

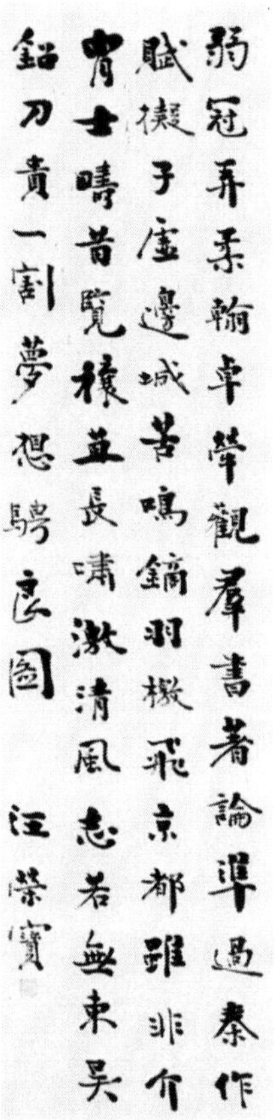

汪榮寶五言詩 書法

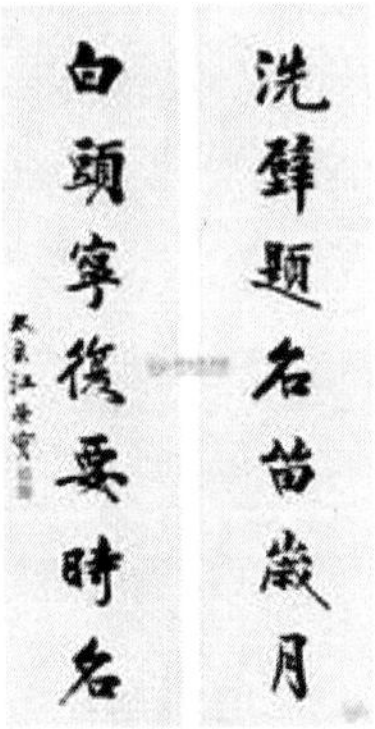

汪榮寶書法

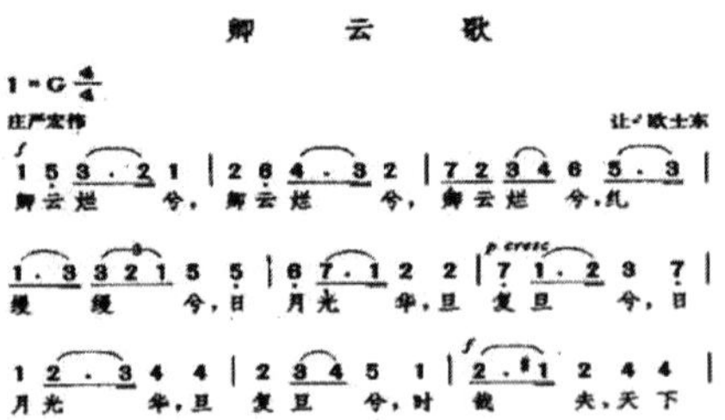

《卿雲歌》

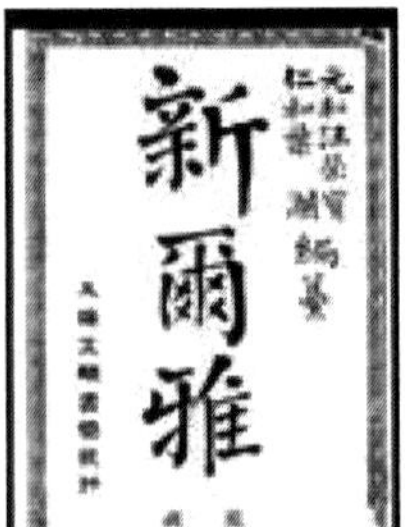

新爾雅

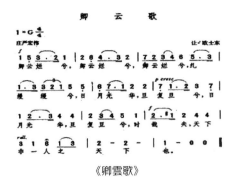

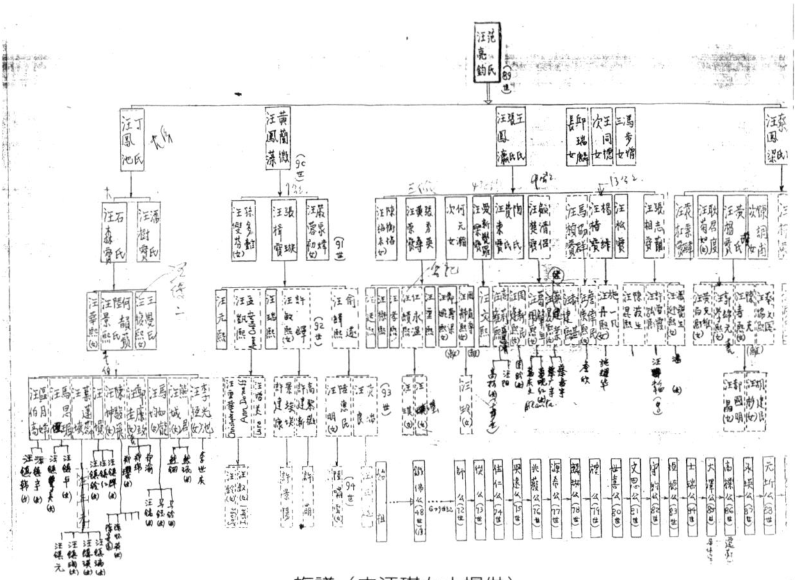

族譜（由汪琪女士提供）

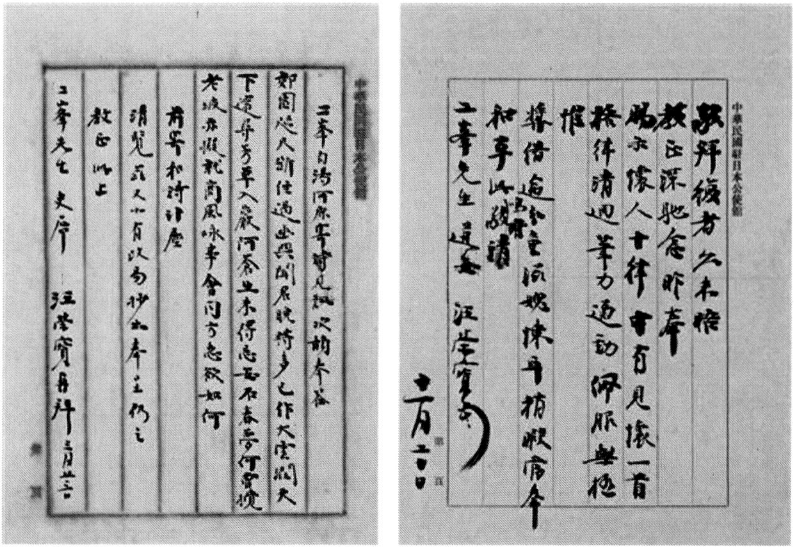

汪榮寶信札

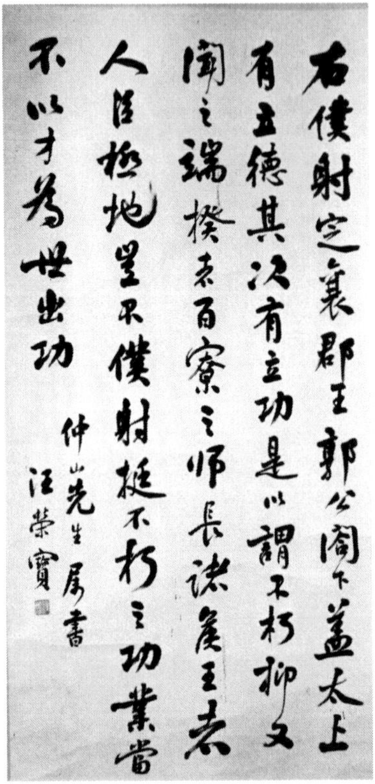

汪榮寶書法

1930 年汪榮寶在日本

汪榮寶仿石濤書法

清末學部審定的《中國歷史教科書》

汪榮寶任外交官時影

同仁會漢文醫學雜誌序

駐日中華民國公使
汪　榮　寶

近世泰西諸國。競相尚以科學。入其都肆。游其庠序。鑿門之齒汗牛充棟。創獲之理日新月異。而其匯九流之粹精。總百科之鈐鍵者。莫如醫學。觀醫道之隆污。而文化之優劣。國力之消長。胥可知也。日本明治以來。銳意改革。百度聿新。五十年之間。其效大章。蔚然爲宇內強國。人見其政治之修明。武備之充實。農工之振興。教育之普及。相與驚顧嗟賞以爲偉觀。不知其致力之勤。進德之猛。尤在於醫。官私大學。櫛宇相比。化驗之器。解剖之室。怵心駭目。擬於神工。名都通邑。窮陬僻村。小大病院。所在林立。其爲科自心腦腎腸至於眼耳鼻舌。析之至細。治之至審。其爲書自英德重譯至於和漢著文。取之至博。語之至詳。一歲之中。士之以醫學試高第授博士者。無慮數十人。醫藥著述之新出版行於坊肆者。無慮數百萬言。其術之盛如此。故謂近世日本之勃興。以醫學之發達。爲其殊尤絕迹。非誣也。中國醫術。起源邃古。周漢之際。名家繼作。上者能規毫髮。攻腠理。下至割剝刳抉之妙。湔濯熏灼之徒。鬼出電入。超越恆理。前史所載。信而有徵。及叔者爲之。得粗忘精。拘泥古方。違遠情實。或乃遺棄形質。矜言理氣。雜以陰陽讖緯之說。傅以五行生克之義。猥云醫者意也。以意得之。猶治理國者屏放禮法。而委之於清談。研經者脫略故訓。而索之於冥想。非徒無益。爲害實多。洎乎輓近。士尚新學。頗有跋涉重溟。求其鱗爪。或稱見垣之飲。得諸西域化人。或言不死之藥。采自東海方丈。而事止於譁衆。甚竊於市利。仁壽之效。蓋猶病諸。日本同仁會有見於此。自以研求西法有一日之長。遠念隋唐齎發之恩。近惟脣齒因依之義。既投巨金。廣於吾土。建設醫院。以行療治。又慎選耆宿。遠來講習。編譯巨帙。嘉惠後學。猶謂施設者不可以求需。事

同仁會漢文醫學雜誌序

序

張海林

在清末民初的中國政壇上活躍著一群海歸改革派新秀，他們以其豐富的現代知識參與了清末民初一系列的政治革新和制度設計，因而在很大程度上影響了中國社會的走向。汪榮寶是這一群體的典型人物。

汪氏出身蘇州官宦世家，自幼受到儒家思想的薰陶，有相當深厚的舊學功底；而深重的民族災難和嚴峻的社會現實又迫使他突破舊學藩籬，出國探尋救治中國的新途徑。青年時期的汪榮寶留學日本早稻田大學和慶應義塾，歸國後參與推行多項新政，可謂清末改革中的實幹兼智囊人物，他與曹汝霖、章宗祥、陸宗輿被時人合稱清末政壇「四大金剛」。他參與了中央和地方官制方案的草擬，堅持按照行政、立法、司法三權分立的立憲政體的行政特徵設置各級政府機構，力主設立責任內閣，以期通過改革實現清廷行政體制的「質變」。他是中國近代第一批憲法和法律文書起草的重要成員，參與編纂和修訂《大清民律草案》、《大清民事訴訟律》、《欽定大清刑律》等多種律例。在清末憲法編訂中其貢獻尤為突出，一九〇八年參與擬定《欽定憲法大綱》，一九一一年與李家駒同被任為協纂憲法大臣，纂擬了可稱為近代中國第一部完整憲法的《大清憲法草案》。在民國後他撰擬民主共和制憲法草案，即《汪榮寶憲法草案》，並參與擬定《天壇憲法》，在法學界頗有影響，可謂中國近代起草和制定憲法的第一人。法制變革中，汪榮寶執著的將平等、人道主義、罪刑法定等西方法律原則移植到中國，其篳路藍縷之功應被後人銘記。

民國成立後，他作為體制內的公務人員，在修訂國會法律、制定中華民國憲法、反對袁世凱稱帝等政治活動中奔走吶喊，抗辯議壇。擔任駐外公使期間，他以維護國家統一民族利益為外交目標，面對軍閥混戰的內外交困局面，敢於明確表達自己的政見，為改變「弱國無外交」的舊規，提出不少富於創見又適合中國國情的外交思想、戰略和主張，尤其在處理中日關係上折衝樽俎，為爭取中國獨立自主的地位和收回國家權力作了諸多努力。可以說，他是一個務實的實幹家，是一個身體力行的踐行者。顯然，他一生未做過中央大吏，也未在地方獨當一面，只是一名處在二三線的技術派官僚，史學家因而多年來忽視了他的存在，使他成了一個歷史的「灰色人物」。但正是他，以其實實在在的「細節操作」左右了清末民初國家政治的發展路徑和速率。

書中提出了體制內海歸改革派概念，我個人認為頗有新意。誠如作者所說，體制內海歸改革派是指留學生在歸國後、被政府所吸納、最終進入執政系統、成為體制內成員的那部分，包括汪榮寶及曹汝霖、楊度、章宗祥、陸宗輿等等。這一群體主張立憲政治，積極推進各項新政改革並力行實踐，從本質上來說屬於立憲派，但有其獨特性。揆諸史料可見他們具有共同的特徵，主要包括：具有留學經歷，具備改革所需要的專業知識，又在政府中擔任一定的職務，尊重和維護政府的權威；思想以進化論為指導，因時而化，適時革新，總體較為激進；改革實踐中卻相對穩健，更加務實肯幹，注重變革的步驟和程序。

考察該群體的實踐活動和思想歷程，可以看到他們熱衷於制度架構，也就是非常關注具體制度的修改和制定，力圖通過制度文明來規範政府政治權力，構建近代新式社會。換句話說他們是在體制內從事制度編訂和操作層面的「一線人物」，也可以稱之為近代技術官僚。該群體在一定程度上擁有左右政府決策的影響力，遇到重大問題彼此聯手、相互聲援，不僅在晚清而且在民國均屬於體制內重要力量。

趙林鳳女士在南京大學讀博士時期，選擇汪榮寶這個在歷史上既重要又被人遺忘的人物作為研究物件是很有慧眼的。現在，她在其博士論文的基礎上，廣搜資料，充實理論，調整框架，增加份量，把原來單薄的論文改造成一部厚實凝重的專著，更全面、更詳實地敘述了汪榮寶在晚清和民國時期的政治、法律、外交等方面的活動，更細緻、更辯證地剖析了汪榮寶這個人物及其所屬群體對中國歷史進程的角色作用。她在這本著作中提出的許多富有新意的解釋方法和分析視角對我們準確評價歷史人物和把握歷史脈絡助益良多。

作為她過去的指導老師，我為她的進步甚感高興。既見其書，樂以為序。

目錄

緒論

一、選題旨趣

近代中國內憂外患，中西文明的碰撞與交滙，中國社會的嬗變和動盪，迫使國人關注世界，探求西方社會發達的因緣，尋求國家富強的良方。近代中國的政治、法律、經濟、教育等均逐漸開始從傳統向近代轉型，中國艱難地邁上了近代化的歷程。為了實現民族自主和國家獨立，為了實現經濟繁榮和國家強盛，社會各階層均進行了艱辛的探索，這些革新或革命實踐推動了中國歷史的進程。一般來說，在清末社會變革中活躍著改良派、革命派、立憲派的身影，三種政治力量都非常重要。改良派以體制內具有新思想的開明人士為主體；革命派以體制外激進的海外留學生為主體；立憲派以與體制若即若離的國內紳商階級為主體。他們各自設計了不同的政治方案：改良派主張進行自上而下的改革維新，建立英國式的君主立憲制；革命派主張推翻清王朝，建立共和制國家；立憲派宣揚君主立憲，試圖建立日本式的憲政政體。隨著三種勢力的彼此較量和相互消長，革命派取得了勝利，立憲派由附和清政府轉向支持革命派，參與了推翻清王朝、建立民主共和國的事業。

然而必須注意的史實是，清政府在其最後十多年間社會主流仍是改革，即自上而下的進行新政，以期建立日本式的君主立憲制，逐步使中國邁上資本主義的發展軌道。其間推動社會變革和進步的主要動力是立憲派。根據學術界近年來的研究，所謂的立憲派主要是各省主張君主立憲的紳商、立憲團體或國會請願團體的成員、各省諮議局議員和資政院內各省民選議員，還有海外鼓吹君主立憲的團體和成員，以及清政府主張或支持君主立憲的親貴大臣、地方督撫和駐外使臣。作為一個政治派別他們有著共同的利益，皆以立憲救國為其政治目標，那麼，立憲派是否是整體劃一的群體呢？其實他們的觀念和行動並非完全一致，在推行君主立憲的方式、實行日本式抑或英國式的憲政、以誰為主要領導者等等問題上持有不同的意見。立憲派的典型代表主要是在野的士紳和商人，如張謇、湯化龍、譚延闓等，他們提出了憲政改革的理論，並且發起了轟動一時的國會請願運動，但因不屬於統治集團上層，較少參與推動憲政的實際進程。

揆諸史料，我們可以看到在清末新政改革中，另外一個群體在推動近代憲政、法律革新等活動中極其活躍，這就是處於清朝統治集團體制內的留學生群體，可以稱之為體制內海歸改革派。該派別因竭力主張君主立憲政體，從本質上說屬於立憲派，但有其獨特性。他們以體制內力主漸進改革的留學生為主體，以推行新政改革作為挽救之方，在各類改革活動中或批評當局、或籌畫方案、或參與實踐，遇到重大問題彼此聯手、相互聲援，在一定程度上擁有左右政府決策的影響力，也有效地推動了中國社會的進步，在晚清及民國時期均屬於體制內重要力量。但長期以來，由於受意識形態和政治環境等多種因素的影響，學術界對革命派的研究倍加重視，對於立憲派的研究則相對薄弱，特別是對參與新政改革諸多實踐活動的海歸改革群體的研究則較為忽視，實證和個案研究更是付之闕如。有鑒於此，本書擬對清末民初政治變遷中的海歸知識份子汪榮寶作一個案研究。

汪榮寶（一八七八－一九三三），江蘇元和縣人（今蘇州市），出身於官僚世家，光緒二十四年丁酉科拔貢，活躍在清末民初的政壇新星和法律精英。一九〇一－一九〇四年留學日本，歸國後參與推行多項新政，是中國近代第一批憲法和法律文書的始作俑者，改革中的實幹兼智囊人物。在清末新政改革中，汪榮寶與曹汝霖、章宗祥、陸宗輿都屬體制內改革派，他們「每逢新政，無役不從，議論最多」，被合稱為政壇「四大金剛」。[一]

民國成立後，他作為體制內的公務人員，在修訂國會法律、制定天壇憲法、反對袁世凱稱帝等活動中奔走吶喊，抗辯議壇。他擔任駐外公使期間以維護國家統一民族利益為外交目標，面對軍閥混戰的內外交困局面，他敢於明確表達自己的政見，為改變「弱國無外交」的舊規，他提出不少富於創見而又適合中國國情的外交思想、戰略和主張，尤其在處理中日關係上折衝樽俎，為爭取中國獨立自主的地位和收回國家權力作了諸多努力。汪榮寶是在體制內從事制度編訂和操作層面的「二線人物」，他重點關注具體制度的修改和制定，力圖通過制度文明來規範政府政治權力，構建近代新式社會。可以說，他是一個務實的實幹家，是一個身體力行的踐行者。他留下的改革言論雖然不多，但敢於實踐，勇於創新，以腳踏實地的務實精神宣導和參與了清末民初多項社會政治改革，一定程度上影響了中國近代歷史的進程。

清末民國是中國政治、法律、經濟、教育等從傳統向近代轉型的關鍵時期，尤其是政治體制發生連

一 曹汝霖：《曹汝霖一生之回憶》，臺北傳記文學出版社 1980 年版，第 45 頁。

續性轉變，汪榮寶的政治法律活動深深呼應了這一時期社會轉變的歷史軌跡。本書選取汪榮寶為研究對象，從理論價值上來說，主要從人物微妙變化又矛盾複雜的心理與社會變動的角度，著重考察為他代表的體制內海歸改革派所熱衷的制度架構，闡明該改革模式的特徵和功效。通過對歷史轉折時期體制內改革派的實證性研究，可以從微觀層面直觀的考察當時的歷史，豐富歷史研究的視角，拓展清末民初歷史人物研究的範疇，為當今人們考察和反思那個時期的歷史提供一些參考和借鑒。

隨著經濟和社會的變革，當前中國正面臨著社會轉型的問題，如何協調解決各方面矛盾、使制度與社會相調適成為日益突出的難題。體制內海歸改革派所選擇的改革模式，無疑對我們今天正在推行的改革具有借鑒意義。歷史進步需要積累，大的進步需要較長時間的積累。歷史曾經證明、歷史還將證明，漸進改革是推動社會發展和歷史進步的有效方式。然而，任何制度的改革是有條件的，即改革不能忽視該制度得以實現其效能的歷史、文化、經濟和社會諸方面的前提和條件，更要把握改革的關鍵時機，從這點意義上來說，對汪榮寶個案的研究對現實頗有啟迪。

二、研究概述

二十世紀九〇年代以來，隨著學術領域的拓展和研究觀念的更新，探討和重新評價歷史二線人物的研究日益增多，但對汪榮寶的研究，特別是將其作為專門對象和主體的研究，整體來看處於一種薄弱的狀態，零散且有限，相關研究也集中在國內學術界。

（一）學術專著

韋慶遠、高放、劉文源合著的《清末立憲史》（中國人民大學出版社一九九三年版）是頗有份量系統研究清末憲政史的著作，書中部分章節涉及到汪榮寶政治活動，如在國會請願、在資政院議事中的言行。該書第八章、第十章、第十一章的一些章節涉及到汪榮寶部分政治活動，如他在國會請願、在資政院議事中的言論和活動。[二] 作者雖在一定程度上肯定了汪榮寶的「開明」，但本質上是把他定位成「反面」人物。比如，作者這樣評價汪氏在資政院中的活動：「汪榮寶的開明，其實正是為了保持清朝岌岌可危的統治，主張用較大劑量的藥物挽救清朝的危亡。汪榮寶其實像一些庸碌無能的欽選議員同樣頑固，同樣要為清王朝盡忠，僅是表現方式有所不同而已。」[三]

侯宜傑著《二十世紀中國政治改革風潮》（人民出版社一九九三年版）著重探討晚清十年的政治改革，該書以預備立憲為主線，論述了立憲團體、地方代議制、國會請願運動、諮議局、資政院等憲政舉措和活動，較為客觀地評價了清末憲政的歷史價值，是研究清末憲政改革運動的代表作。此書第四章、第九章、第十章中有零星內容涉及到汪榮寶參與的革新活動，將汪氏定位成「正面」的改革者角色。然而這些敘述都是在討論到某項新政活動時順便提到的，文字甚少，且十分零散。[四]

二 韋慶遠、高放、劉文源合著：《清末立憲史》，中國人民大學出版社 1993 年版，第 338 頁、408 頁、419-420 頁、452 頁。

三 韋慶遠、高放、劉文源合著：《清末立憲史》，第 420 頁。

四 侯宜傑：《二十世紀中國政治改革風潮》，人民出版社 1993 年版，第 78 頁、349 頁、356 頁、362 頁、403 頁、404

尚小明著《留日學生與清末新政》（江西教育出版社二〇〇二年版）以留日學生群體為研究對象，詳細考察了該群體在籌備立憲、教育改革、法制變革中的活動和作用，多層面地揭示了他們對清末新政的影響，書中有少量篇幅提到汪榮寶在資政院、法制變革中的言行。

程燎原著《清末法政人的世界》（法律出版社二〇〇三年版）以清末法律政治改革方面的人才為研究對象，以法政留學生為重點，集中論述了他們在各項改革領域的活動，其中涉及到法律教育、法律編纂、法律實踐等內容。法政精英薈萃的憲政編查館、修訂法律館為本書的主要敘述對象，汪榮寶是這兩個機構的成員，因而書中有少部分內容提及到他。[五]

李學智撰《民國初年法治思潮與法制建設》（中國社會科學出版社二〇〇四年版），從法治思潮和制度建設的角度，考察了民國初年的法制問題，其中在法律制定的章節中，提及汪榮寶的部分活動，如對國會組織法、總統選舉法等的一些言論。[六]

陳煜撰《清末新政中的修訂法律館》（中國政法大學出版社二〇〇九年版）著重考察清末修律的核心機構修訂法律館的歷史、運行模式、人員特徵編訂新律等，其中第四章、第五章提及到作為法政精英的汪榮寶的修律活動，尤其指出在禮法之爭中汪氏作為法理派主要成員所發揮的作用。

頁、405頁。

五 程燎原：《清末法政人的世界》，法律出版社2003年版，第167頁、176頁、177頁、179頁、188頁。

六 李學智：《民國初年法治思潮與法制建設》，中國社會科學出版社2004年版，第133頁、164頁、201頁、203頁、204頁、208頁。

專論和通史性質的著作中也有一些內容涉及到汪榮寶。臺灣學者張玉法著的《民國初年的政黨》（嶽麓書社二〇〇四年版）是一部研究民初政黨政治的力作，深入系統地論述了民國初年部分黨派的政治活動，探析了政黨在民主制度構建中所發揮的作用。汪榮寶參加了較為穩健的黨派如統一黨、共和黨、進步黨，因而書中有少部分章節涉及到他的活動。李新主編的《中華民國史》第二編（中華書局一九八七年版），在論述北京臨時參議院、「二次革命」時提到汪榮寶的部分政治活動，如支援袁世凱政府改組南京臨時參議院、反對武力革命等，作者將其定位為與革命派相對立的「擁袁派」。臺灣學者丁中江所著的《北洋軍閥史話》（中國友誼出版公司一九九二年版）是一部論述北洋軍閥發軔、成長、鼎盛、衰落歷史的專著。該書第二冊詳述了民初北洋軍閥的活動，其中有少部分內容涉及到汪榮寶，比如汪氏反對袁世凱稱帝等。

有關民國法律的著作也有部分內容提及汪榮寶的法律活動。吳宗慈所著《中華民國憲法史》（東方印刷局一九二四年版）堪稱民國憲法研究的奠基之作，書中在論述制定《中華民國憲法草案》時提到汪榮寶的少量言論。楊幼炯著《近代中國立法史》（商務印書館一九三六年版）、謝振民著《中華民國立法史》（中國政法大學出版社二〇〇〇年版）、張國福著《民國憲法史》（華文出版社一九九一年版）、俞明俠著《中華民國法制史》（中國礦業大學出版社一九九四年版）等，均涉及到汪榮寶的制憲活動，但皆為零散記敘，未見深入辨析。

此外，汪榮寶是近代詩壇健將，是清末西崑體詩派的代表人物，著有《思玄堂詩》，米彥青所著的《清代李商隱詩歌接受史稿》（中華書局二〇〇七年版）是研究李商隱詩歌接受歷史的著作，該書第六章第一節標題為：銅駝見處應荊棘——論吳縣曹元忠、汪榮寶對李商隱的接受，用近七千字的筆墨重點論述汪榮寶在近代西崑體的地位。作者指出汪是晚清西崑派的主要成員之一，並是《西磚酬唱集》序言的操筆者，認為其詩作往往都能體現出構思精巧，用典工切，從而造成詩歌意境的渾融，進而總結汪氏的詩歌特徵為「沉婉雋麗」。

（二）傳記、辭典類著作

在汪榮寶友朋的回憶錄中可以發掘到一些史料。在朱德裳所著的《三十年聞見錄》（嶽麓書社，一九八五年）一書中，有題為「談汪榮寶」的一篇短文，簡要概述了汪榮寶在清末新政中的地位，文中評價道：「一年間擢民部參議，兼憲政館、法律館、資政院事。一時所謂新政條教，出榮寶手者十九。故前清雖云偽立憲，而章程條教。往往有可採者，榮寶之為也。」[七]在曹汝霖著的《曹汝霖一生之回憶》（傳記出版社，一九八〇年）一書中，有部分內容涉及到汪榮寶所參與的新政活動。曹汝霖與汪榮寶曾同在清朝中央政府任職，交往密切，彼此視為摯友，曹對汪氏的介紹較為確切公允。在陸宗輿的《五十自述》（北京文楷齋承印，一九二五年）中，也有少量的內容提及到汪榮寶。

另外，在一些近代人物辭典中也有汪榮寶生平的概要介紹。如劉紹唐主編的《民國人物小傳》，（臺北傳記文學出版社，一九八七年）、沃丘仲子著的《現代名人小傳》（中國書店，一九八八年）、徐友

七　朱德裳：《三十年聞見錄》，嶽麓書社 1985 年版，第 143 頁。

春主編的《民國人物大辭典》（河北人民出版社，一九九一年）、周棉主編的《中國留學生大辭典》（南京大學出版社，一九九九年）、蘇州近現代人物編委會編纂的《蘇州近現代人物》（古吳軒出版社，二〇〇二年）及陳玉堂的《中國近現代人物名號大辭典》（浙江古籍出版社，二〇〇五年）等研究歷史人物的工具書中，皆列有汪氏的專條。

（二）論文方面

相較論著論文對汪榮寶的有關研究顯然要突出一點。北京大學的王曉秋最早關注到這一人物，並以《汪榮寶日記》為核心參考史料，發表了題為《清末政壇變化的寫照——宣統年間〈汪榮寶日記〉剖析》（《歷史研究》一九八九年第一期）一文。該文依據汪榮寶日記，敘述和分析了汪榮寶在清末新政改革中的重要活動，如在資政院中的活動、在鼎革之際的政治主張等。該文評價了汪氏的政治地位，指出他是「京城立憲派核心人物之一」。在文章中還首次披露了汪榮寶、李家駒二人共同纂擬清末憲法草案的史實，指出「李、汪憲法就是中國近代纂擬的第一部憲法」。[八]王曉秋先生可謂是最早關注汪榮寶這一歷史人物和運用《汪榮寶日記》作為基本研究資料的學者。

部分學者對汪榮寶在清末憲法編纂的地位研究較為關注。自王曉秋首次提出「李、汪憲草是近代纂擬的第一部憲法」觀點後，這一結論不久便得到部分學者的回應，如張國福著《民國憲法史》指出「李

八 王曉秋：《清末政壇變化的寫照——宣統年間〈汪榮寶日記〉剖析》，《歷史研究》，1989年第1期，第73頁。

汪憲草就是中國歷史上擬定的第一部憲法草案。」[九]俞明俠著《中華民國法制史》認為「李汪憲草」是「中國近代史上第一部全文憲法草案。」[十]但也有不同觀點，刊載在《歷史研究》一九九九年第六期俞江先生的《兩種清末憲法草案稿本的發現及初步研究》論文，通過對在第一歷史檔案館中查尋到的兩個憲法抄本研究和探討，俞先生稱兩個抄本分別為「甲稿本」和「乙稿本」，向學界披露清廷已編纂過憲法，只是在秘密情況下進行的並未頒佈，俞文對「李汪憲草」是「中國歷史上第一部擬定的憲法草案」提出質疑。[十一]俞江先生的論斷引起學術爭鳴，尚小明先生在《歷史研究》二〇〇七年第二期發表題為《「兩種清末憲法草案稿本」質疑》的文章，詳細考證了俞文中的「甲稿本」實則是日人北鬼三郎所撰的作為參考之用的大清憲法案，而非憲法草案，憲法「乙稿本」則可能為民間立憲派團體或人士所纂擬，而不是清廷秘密立憲所擬的憲草。[十二]儘管這些文章有所爭議，但一致的觀點是汪榮寶、李家駒曾在清末編纂出一部完整的憲法，可見汪榮寶是清末憲法編纂的核心成員。

汪榮寶直接參與了清末憲政多項改革，因而有些文章論述他在立憲運動中的活動。尚小明所撰《清末資政院議政活動一瞥——留日出身議員對議場的控制》（《北京社會科學》一九九八年第二期）一文，討論了留日出身的資政院議員的言論。汪榮寶在資政院所議速開國會案、昭雪戊戌案、新刑律案中頗有

九 張國福：《民國憲法史》，華文出版社 1991 版，前言。
十 俞明俠：《中華民國法制史》，中國礦業大學出版社 1993 版，頁 38。
十一 俞江：《兩種清末憲法草案稿本的發現及初步研究》，《歷史研究》，1999 年第 6 期，第 89-102 頁。
十二 尚小明：《「兩種清末憲法草案稿本」質疑》，《歷史研究》，2007 年第 2 期，第 164-169 頁。

建樹，尚文將其評價為院中最活躍的欽定議員和留日歸國學生的傑出代表。王曉秋於二〇〇九年又發表題為《試論清末京城立憲派》（《北京社會科學》二〇〇九年第三期）的文章，著重論述京城立憲派的構成與代表人物，其活動特色和影響，以及他們在辛亥革命前後的應變態度，其中以汪榮寶的立憲活動為重點。文章指出汪氏在清末北京的政治舞臺上十分活躍，交接各方人士，積極鼓吹君主立憲，並且是清政府欽定憲法草案和一系列法律、法令的主要起草者。

河北大學碩士生任學的《試論汪榮寶的憲政思想》（二〇〇九年五月）的畢業論文，以汪榮寶為研究對象，指出汪榮寶是對西方憲政理念進行較系統闡述的學者。清末留學日本期間，他所寫的文章和翻譯的著作都傳播了憲政思想，對時人的憲政理念起了啟蒙作用，有著深遠的意義。汪榮寶的憲政思想主要包括：在對西方憲政的比較中，重視進化論思想、宣揚民權思想，此為其憲政實踐的思想基礎。強調憲法在憲政中的作用，清末參與草擬「李汪憲草」，民國私擬憲法草案，把憲法看作爭取憲政的根據和實行憲政的保障。他在憲法中宣導權力分立和制衡，實踐中要求加強政黨制約政府的作用，把分權看作防止專制的有力的手段。

近年來部分學者日益關注汪榮寶與清末法治變革之聯繫。吳澤勇的《清末修訂〈法院編制法〉考略——兼論轉型期的法典編纂》（《法商研究》二〇〇六年第四期），和《〈大清民事訴訟律〉修訂考析》（《現代法學》二〇〇七年第四期）兩文，以清末兩部法律《法院編制法》、《大清民事訴訟律》的編訂和修改為線索，並以《汪榮寶日記》為主要史料，考察轉型期的法典制定，指出汪榮寶在從事法典具體編纂中的重要地位。胡震的《親歷眼中的法律修訂館——以汪榮寶日記為中心的考察》（《華中科技大學學報》二〇一〇年第三期），以《汪榮寶日記》為基本材料，從個體化的微觀視角考察和勾勒汪氏在清末修律中的作用及貢獻，重新修復和還原了那一段有關修訂法律館的歷史。

汪榮寶作為法理派的重要成員，曾參與大清新刑律的編纂、修改和審定，有學者在探討刑律的相關文章中有所涉及。陳新宇發表的《〈欽定大清刑律〉新研究》（《法學研究》二〇一一年第二期）文章，文中利用諸多珍貴的歷史資料，復原了《欽定大清刑律》從一九〇六年的預備案到一九一一年的欽定第六案共七個法案的編纂歷程，辨析期間的變革、修訂情況，發掘出一些鮮為人知的典故。其中提到汪榮寶等在刑律多個法案中的活動，如一九一〇年在資政院法典股中主持審定和修改刑律，倡導國家主義及反對附加條款等。李欣榮撰寫的《清末關於「無夫姦」的思想論爭》（《中華文史論叢》二〇一一年第三期）論文，對禮法之爭中有關「無夫姦」的辯論進行全面的探析和深刻的思考，並對辯論的法理派和禮教派提出獨到的見解，其中有部分內容涉及到法理派的代表汪榮寶的言論和法律實踐。

近兩年來有關汪榮寶與民國外交受到學者石建國的關注。石建國在美國的華文媒體《僑報》二〇一〇年十一月二十八日上發表了題為《汪榮寶：駐日時間最長的中國公使》的文章，概要介紹了汪的生平，指出汪榮寶受時代裹挾，投身政治舞臺，後成為中國外交界三朝元老，但終因「水土不服」難以得志，對汪氏作出了客觀評價。二〇一二年一月石建國發表題為《汪榮寶與民國政府「攘外必先安內」國策的出籠——以一九三一年「朝鮮排華運動」為中心》（《當代韓國》二〇一二年第一期）一文，通過考察汪榮寶在處理萬寶山事件和調查朝鮮排華運動中的行動和言論，著重探析汪氏被免職的原因，從而指出在蔣介石對日妥協退讓國策的大背景下，汪被免職是必然，在某種程度上肯定其外交觀念和愛國情懷。

汪榮寶是傑出的學者，在史學、詩歌、文字學、音韻學等領域內均有建樹，故有關這些方面的論著或論文，有部分內容涉及到他。如在史學方面，俞旦初撰《二十世紀初年中國的新史學思潮初考》（《史學史研究》一九八二年第三期）和趙世瑜著《二十世紀歷史學概論性著述的回顧與評說》（《史學理論研究》二〇〇〇年四期）兩文，均有部分內容提及汪榮寶在留學期間所撰寫的《史學概論》。前者用近八百字的篇幅介紹了《史學概論》的基本內容，評述了該文反映出新史學思想；後文論述了《史學概論》的寫作背景、史學價值，及其所體現出的進化論思想，評價較高。在李孝遷的《清季支那史、東洋史教科書介譯初探》（《史學月刊》二〇〇三年第九期）一文中，也評價了汪榮寶的史學成就。陳永霞的《民族主義與二十世紀初的「新史學」》（《史學月刊》二〇一二年第五期）從新史學與民族主義的視角入手，認為民族主義在近代漸而成為中國社會最主要的思潮，時人也用該理論反思中國傳統史學，試圖將史學納入到民族主義宣傳的軌道，而汪榮寶的《史學概論》以進化論為指導思想，著重解釋了包涵新時代內容的「政治史」、「文明史」等概念，鮮明地提出新的史學觀。

鈔曉鴻、鄭振滿的《二十世紀的清史研究》（《歷史研究》，二〇〇三年年第三期），概要介紹了二十世紀的清史研究狀況，其中提到汪榮寶所著的《清史講義》，認為該書是清斷代史研究較早的著作。劉冬梅、范文明撰寫的《對清末中學中國歷史教科書的考察》（《燕山大學學報》二〇〇九年第三期）以「清末中學中國史教科書」為切入點，從清末新學制與中國史課程的設置、清末中學中國史教科書的出現及特點等方面，簡要探討了近代中學中國史教科書的淵源和早期歷史教科書的演變歷程，其中有專節提到汪榮寶所著的《本朝史講義》，論及該書以「編章」為結構的編著特點。

汪榮寶治學師承乾嘉學派治學之法，精於訓詁考證，其代表著作是《法言義疏》，該書是對西漢揚雄所著的《法言》進行注疏的總匯，汪氏從開始撰寫到最後定稿成書，中間時斷時續，前後共計幾十年之久，可謂是其畢生心血和學術積澱的結晶。所以在關於揚雄及《法言》的研究中，有諸多文章均提及或引用汪榮寶的著述。張曉明《揚雄著作存佚考及繫年研究》（《青島大學師範學院學報》二〇〇四年第四期）、張兵《揚雄〈法言〉語言藝術特色初探》（《西華師範大學學報》二〇〇四年第三期）兩文都重點引用了汪榮寶的疏證，談到其學術成就。張兵所著的《揚雄〈法言〉的版本與流傳》（《古籍整理研究學刊》二〇〇四年第四期）著重梳理和考證了《法言》的兩大版本體系即十三卷和十卷本之流傳情形，並分析比較了不同時代版本的差異，文章多處引用《法言義疏》。山東大學楊慶偉的《揚雄〈法言〉思想研究》（二〇〇八年四月）及中南大學魏然的《〈法言〉倫理思想研究》（二〇〇九年五月）兩篇碩士學位論文，均重點以汪榮寶所著的《法言義疏》作為參考和引證的書目。

綜上所述，雖然部分學者已對汪榮寶在清末的政治、法律活動等進行了一定程度的探討，但迄今為止，汪榮寶在民初政治活動的研究尚處空白，以其為對象的專題研究專著還未見出版，相關研究有待於進一步深入。筆者認為，目前有關研究還存在以下不足之處：第一，缺乏系統全面的研究。北京學者王曉秋、尚小明雖然較為關注汪榮寶，並撰寫了相關的文章，但都侷限於對其政治和法律活動的介紹，未進行深入研究。第二，關於汪榮寶在清末憲政改革中的活動和言論、對中國法律的走向和牽拽，多是在一些文章或著作中提及，內容較少，沒有將其作為主體進行研究。而極為有限的關於汪榮寶的記載也多屬回憶性質，缺乏準確評價。第三，有些論述明顯受到政治環境和正統革命史學的干擾，以是否「革命」

為標準衡量人物在歷史中的地位，對汪榮寶的評價不夠客觀，有失公允。第四，學術成就鮮有提及，即使稍微涉足，也只是一筆帶過。汪榮寶是近代知名學者，具有深厚的中國傳統文化根基，留學日本後，又吸收了西方思想文化，形成了獨特的學術研究風格。他通曉史學，擅長詩歌，諳熟古文字、音韻學，有多部學術論著問世，但目前尚未有人對其學術成就進行探討。有鑒於此，筆者擬在搜集大量原始資料的基礎上，對相關問題作系統而全面的研究。

三、研究思路

（一）對體制內海歸改革派的界定

筆者著重對汪榮寶在清末民國的地位和貢獻進行客觀評論，進而推及到以他為代表的體制內海歸改革群體。清末的留學生基本包括政府公派和自費兩種形式。一般而言，體制內留學生指政府公派出國的留學生。本文所指體制內留學生，並非以公費、自費為劃分標準，而是指留學生在歸國後，被政府所吸納，最終進入執政系統，成為體制內成員的那部分，即體制內海歸派，包括本書研究對象汪榮寶以及文中提到的曹汝霖、楊度、章宗祥、陸宗輿等等。該群體主張立憲政治，積極推進各項新政改革並力行實踐，從本質上來說屬於立憲派，他們的共同特點是：既具有留學經歷，具備改革者必需的專業知識，又在政府中擔任一定的職務，一定程度上擁有左右政府決策的影響力，不僅在晚清而且在民國均屬於體制內重要力量。

在清末民國的歷史變遷中，汪榮寶無疑屬於政府體制內海歸改革派的代表之一，他是位敢於改革、勇於實踐的務實改革家。他信奉進化論思想，秉持歷史發展進步觀，但他沒有停留在對西方憲政文化的思考中，而是主動將西方民主政治移植到中國，並在實踐過程中加以改進，使之與當時的中國社會相適應。他的改革是漸進式的，綜其特徵是「處常」和「求變」，「處常」為保障，「求變」是關鍵。而以他為代表的體制內海歸改革派，同樣遵循漸進改革理念，在體制內展開各項革新活動，以政治體制改革為核心，涉及到法律、教育、軍事等方方面面。他們的改革推動了中國近代化的進程，而他們所選擇的改革模式，又對我們今天正在推行的改革具有借鑒意義。

（二）主要研究內容

第一、憲政改革活動和理念研究。重點內容是汪榮寶在官制改革、立憲運動中的活動。在官制改革方面，他參與了中央和地方多項官制方案的草擬，堅持按照立憲政體的行政特徵設置各級政府機構，力主設立責任內閣，以期通過改革實現清廷行政體制的「質變」。立憲方面，他主行政、立法、司法三權分立，呼籲清廷把握時機實行君主立憲政體，參加編定多項有關資政院的具體法規，為中國歷史上首次召開的議會有效運行提供制度保障。

第二、推進法制近代化的研究。汪榮寶在法律修訂館任職，並擔任該館第二科總纂，參與編纂和修訂《民律》、《民事訴訟律法》、《大清新刑律》等多種律例，作為法理派代表，他力主引進平等、人道主義、罪刑法定等西方法律原則，力圖構建近代法律體系。參與創建近代司法制度，編定和修訂《法院編制法》和各級審判機構的相關法規。在清末憲法編訂中他的地位尤其突出，一九〇八年參與編定《欽定憲法大綱》，一九一一年與李家駒一起被任為協纂憲法大臣，共同纂擬可稱為中國第一部憲法的《大清憲法草案》。

第三、鼎革之際思想轉變歷程的探討。辛亥革命爆發之際，作為體制內成員和漸進派代表的汪榮寶思想經歷了矛盾而痛苦的掙扎轉變。鼎革初期，他對清王朝抱有希望，希冀政府儘快平息戰亂，穩定局勢，使國家在和平安定的環境裡繼續改革。但隨著形勢的變化，至鼎革後期，他喪失了對清廷的信心。在經過一段時間的猶豫徘徊後，他轉而支持新的民主共和制，擁護政治權威袁世凱。

第四、民初政治實踐研究。民國初立，作為政治家和法律家的汪榮寶清醒地認識到剛剛誕生的共和制須用完善的制度進行規範，方能保證其正常和有序運行。他反對總統制，主張責任內閣制；他重視政黨政治的構建，親身參加共和黨、進步黨等政黨團體，努力完善政黨政治；他希冀利用議會職能，規範政府行為，防止個人權利的膨脹。汪榮寶還重視法律的效用，《參與國會組織法》、《議員選舉法》、《總統選舉法》等法規的制定，並參與擬定《中華民國憲法草案》，力圖通過法律維護和完善新生的民主共和政體。

第五、外交活動和外交觀之探討。出任外交使節是汪榮寶政治生涯的轉捩點，自一九一四年任駐比利時公使起，到一九一九年擔任中國首任駐瑞士公使，至一九二二年正式擔任駐日全權公使，他在民國的外交舞臺上馳騁達十七年之久。在任期間，他研究歐洲各國政治，代表中國參加國際會議，與日本進行艱苦的外交談判，在處理諸多外交事件中無不折射出他為折衝樽俎、為維護國家利益而百折不撓的愛國情懷和民族情感。

第六、學術思想研究。汪榮寶撰寫了大量的學術著作，史學方面有《清史講義》和《史學概論》，詩歌有《思玄堂詩》，文集有《今薤琳琅齋文存》，另著有《新爾雅》、《法言義疏》，其中前者專門解釋西方新知識名詞，稱得上中國近代第一部具有現代辭典性質的「新術語工具書」，後者是迄今研究西漢揚雄《法言》最完備的參考書籍。這些論著都是研究汪榮寶學術思想極有價值的資料。

（三）研究重點

一、汪榮寶在清末民國的政治、法律活動探析和考察。作為體制內改革派的代表，汪榮寶身體力行推進憲政體制，通過參與制訂多項法令條文為憲政的實行提供制度保障。同時，他親身參加編訂和修改多種法律，穩健地推進法律的革新。釐清他的人生脈絡和主要政治活動是首先要關注的重點。

二、體制內海歸改革派的考量和評斷問題。在清末新政改革以及民初民主政治初創期間，體制內的穩健改革派以政治變革為核心，從地方自治、司法獨立、官制改革等問題入手，進而要求召開國會，成立責任內閣，進行了諸多改革實踐。他們的改革理念和準則是什麼？具備哪些群體特徵？這是要考察的重點。

三、外交活動和外交思想的考察。汪氏先後任中國駐比利時公使、駐瑞士公使、駐日本公使職，作為民國時期的外交家，他如何看待西方各國與中國的關係，中國應如何提升國際地位，他所遵守處理複雜的外交交涉的原則是什麼？如何與日本保持談而不破的關係。這些對考察民國外交家群體可作有價值的參考。

四、定位和評價問題。清末時，汪榮寶是留學生群體中的翹楚，又是新政改革中的智囊人物；民國時期，他任參議院議員、國會議員，是法學界和外交界的精英人物，在內政和外交兩方面均有所建樹。如何避免主觀性評價人物在歷史中地位也是重點。

研究難點：有關汪榮寶的檔案資料散落在當時的文獻、典籍和報刊雜誌中，分散且零碎，系統搜集和梳理並非易事。汪榮寶是一個實幹家，理論和學術層面上他沒有留下有關改革的皇皇巨論，而是從實踐層面制定和完善各項憲政制度，為清末民國的政治向近代轉型號呼奔走。其改革理念和思想體現在實踐中，如何從行動中把握個人的觀點、進而提煉昇華到思想層面是難點。

（四）創新之處

汪榮寶為體制內海歸改革派的代表，他在清末民初的思想主張、政治活動既有其個性特徵，也反映出他所在群體的特性。本文以汪榮寶在該時期的政治活動為主線，著力考察他在清末憲政運動和法制變革中的改革活動，在鼎革之際思想轉變的歷程，在民國初年政治體制以及民國外交構建中的貢獻。旨在說明，以汪榮寶為代表的體制內海歸改革派所推行的漸進改革模式在較大程度上推動了社會的進步和發展，有其重大的歷史意義和借鑒價值。在研究方法上，課題將採用史料法、文獻法、個案研究方法，依據大量的原始資料對相關問題加以闡述，如檔案和史料的實證分析以及案例分析的方法。另外，汪榮寶在詩歌、史學等領域造詣頗精，其政治活動和學術思想互為表裡，可互相印證。

學術創新主要有：

一、以個案來考察體制內海歸改革派的特徵。本文旨在系統收集和梳理有關原始資料的基礎上，選取汪榮寶為個案研究對象，比較全面地考量清末民初政府體制內改革派的特徵。考察從事具體制度制定的政府公務人員的真實意願與社會外在環境的矛盾衝突，以及他們與國家和社會的關係，揭示該群體對推動中國社會進步的歷史價值和意義。

二、從政治變遷的角度研究留學生。以往有關清末留學生的著作多從文化交流的角度來探討，實際上留學生在政治改革、法律變革中的貢獻亦非常突出。這些留學生，特別是留日學生多數選擇以政治法律為專業，歸國後又被政府吸納，成為體制內成員，他們有機會將在留學時期所學的知識運用到實踐中，從而在政治體制和法律近代化過程中厥功甚偉。這些海歸者的政治主張是否影響了統治者的決策，參與了政府的哪些改革活動，改革的成效如何，這些問題都非常值得研究和探討。

四、文獻資料

本書以汪榮寶所撰日記、著述為基本參考資料，並輔以其他相關回憶性文章、檔案資料、報刊雜誌等（詳見《參考文獻》）。

（一）硃卷、回憶性資料

硃卷是瞭解歷史人物家世的最為直接和可信的史料。保存在國家圖書館古籍部汪榮寶及其家族成員的清末硃卷提供了其家世資訊，其中包括：汪榮寶丁酉科（一八九七年）拔貢硃卷、汪鳳池光緒乙亥恩科（一八七五年）順天鄉試硃卷、汪鳳藻光緒壬午科（一八八二年）順天鄉試硃卷和光緒癸未科（一八八三年）會試硃卷、汪鳳梁光緒己卯科（一八七九年）江南鄉試硃卷和光緒庚寅恩科（一八九〇年）會試硃卷。

重要的回憶性資料有後代汪孝熙等撰寫的祭文《哀啟》，概括了汪榮寶一生的重要政治活動。章太炎撰的《故駐日本公使汪君墓誌銘》精煉地敘述了汪榮寶的生平概要。曹汝霖著的《曹汝霖一生之回憶》和陸宗輿的《五十自述》中有不少內容涉及到汪榮寶所參與的新政活動。筆者曾前往蘇州、北京、上海三地，在檔案館查到關於其家族和生平極有價值的書信資料，並聯繫到現居臺灣、廣州、上海、北京等地的汪榮寶的多位後人，曾面談並詳細瞭解其家族譜系和後代的有關資訊。

（二）檔案資料

檔案是本書的資料來源之一筆者在中國第一歷史檔案館查閱了巡警部全宗、資政院檔案全宗、憲政編查館檔案全宗、學部檔案全宗、軍機處錄副奏摺等，收集的檔案內容大致如下：地方自治章程、地方議事會選舉章程，資政院議事細則，旁聽規則，資政院節略，對昭雪戊戌冤案的審查報告等。國家圖書館古籍部相關資料有：資政院第一次常年會議速記錄、資政院會奏資政院議員選舉章程摺、資政院會奏院章等，上述資料為探析汪榮寶在重要法律、議案等所持觀點提供了直接的參考。

(三) 汪榮寶個人的著述

這包括兩大部分，一是日記資料，二是個人著述。日記資料：汪榮寶在一九〇九至一九一一年間每天堅持寫日記，並將每年的日記裝訂成冊，分別是宣統元年（一九〇九—一九一〇年初）、宣統二年（一九一〇—一九一一年初）和宣統三年（一九一一—一九一二年初），共三冊一千多頁，這三冊日記的參考價值極高。在日記中他將自己在清末的各項政治活動及心態翔實地記錄下來，內容涉及他所參與的新政改革的各個方面。同時，日記還錄下了一些正史或官方資料所未記載的歷史實況，真實地反映了他在歷史大變動時代中的思想動態。汪榮寶作為近代著名的學者，在從事政治活動之餘，也撰寫了大量的學術著作，這些論著都是研究汪榮寶思想極有價值的資料。

注：《汪榮寶日記》目前有二種影印本稿本，一是北京大學圖書館珍藏稿本，共三冊，見《北京大學圖書館館藏稿本叢書》第一種，天津古籍出版社一九八七年版。二是文海出版社版本，見臺灣臺北文海出版社一九九一年影印本。本書中引用和參考的是南京大學圖書館保存的第二種稿本。

汪榮寶作為近代著名的學者，在從事政治活動之餘，也撰寫了大量的學術著作。史學方面有《清史講義》和《史學概論》，詩歌有《思玄堂詩》，文集有《金薤琳琅齋文》，另著有《法言義疏》等。這些論著都是研究汪榮寶思想的極有價值的資料。

（四）報刊雜誌資料

汪榮寶的政治活動被輿論媒體所關注，時常見諸於報端。查閱的主要報紙包括：《申報》、《時報》、《大公報》、《吳縣月報》、《政府公報》、《政治官報》、《時務報》、《國聞週報》等，《政府公報》詳細記錄了北京參議院每次會議發言議員的言論，其間汪榮寶發言頗多，為考察他在政體、法律關鍵問題上的觀點提供了最為直接的參照。主要期刊有：《浙江潮》、《江蘇》、《譯書彙編》、《東方雜誌》、《庸言》、《憲法新聞》、《法政雜誌》等。

（五）文獻彙編、文集、年譜

文獻資料彙編也是本書的資料來源，主要有：中國第一歷史檔案館編寫出版的《清末籌備立憲檔案史料》、《光緒宣統兩朝上諭檔》，這部分資料為論述清末新政提供政策論據。勞乃宣編《新刑律修正案彙錄》，政學社編《大清法規大全》，修訂法律館編的《法律草案彙編》，另外還有商務印書館編譯所的《大清光緒新法令》、《大清宣統新法令》，均是研究的重要參考文獻。重要文集有：《趙伯岩集》、《江春霖御史奏稿箇注》、《趙瀞園集》、《張謇全集》、《沈家本年譜》、《秦力山集》、《楊度集》和《章太炎文集》、《飲冰室合集》，另有《汪康年師友書札》、保存在國家圖書館古籍部民國年間的《曹汝霖等書札》等，對於清末至民國初年汪榮寶參與的政治等活動均有涉及。

（六）時人筆記、詞典

晚清至民國時期的時人筆記對汪榮寶的活動間有提及。朱德裳著的《三十年聞見錄》、黃濬著《花隨人聖庵摭憶》、高拜石著《新編古春風樓瑣記》、劉成禺撰寫的《洪憲紀事詩本事簿注》、胡思敬的《退廬疏稿》皆有內容論及汪榮寶。另外，在一些近代人物辭典中也有汪榮寶生平的概要介紹。

第一章　從科舉走向維新

清末民初是中國歷史上的大變動、大轉折時期，生活在內憂外患的亂世之中，汪榮寶的思想不再受限於舊有文化的藩籬，其活動也無法亦步亦趨先輩科舉仕途的老路。知識份子的歷史責任感讓他開始關注時局，放眼世界，尋求中國救亡圖存的良方。汪榮寶穩健漸進的改革思路是在一系列的政治社會實踐中逐步探索出來的，在不斷地探索和徘徊過程中，他的思想經過了從漸進到激進、再從激進到漸進的複雜轉變，最終形成穩健漸進的改革思想。研究這個人物的改革實踐活動，並探討其歷史價值，顯然有著關照現實的積極意義。鑒於學術界對汪榮寶研究的薄弱現狀，本文首先著重考察汪榮寶的家世、生平以及早期維新活動，以期追溯其漸進改革思想的根源。

第一節　出身於江南望族

一、汪氏家族沿革

蘇州作為江南文化的典型代表，自古以來物華天寶、人傑地靈，其景色的鍾靈毓秀和文化的深厚積蘊，孕育、成就了不勝枚舉的歷史豪傑和文化名人。江南民性柔順，多能冷靜慎思，面對現實，在現實中求取最大利益。江南人民不僅善於應付科舉考試，出任官吏，從事學術研究成就也很大。江南人文淵藪的形成有賴地方人士的培育，方式主要有三種：一為私塾，這是開設於家庭、宗族或鄉村內部的民間幼稚教育機構。一為官學及社學，官學在各府州縣均有設立，係供生員進修之所，以備考試為主。社學多設在鄉間，供貧困人家子弟上學。一為書院及義學，或由官府倡設，或由私人捐建。書院品質較高，多為講學之所，或為生員進修之地。[一] 汪榮寶及其家族深受江南文化的浸潤和滋養，形成了具有江南文化特質的家學傳統。

汪榮寶的祖籍為元和縣，隸屬於蘇州府。元和縣建制較晚，清雍正二年（一七二四年），兩江總督查弼納鑒於「江南州縣庶眾、徵比賦稅繁重」的史實，奏呈清廷將蘇州、松江所屬的大縣重新劃分。查弼納奏稱：「蘇、松所屬大縣，額徵地丁、漕項、雜稅、銀米多者至四十餘萬，一縣糧額與四川、貴州一省之額數相等。」然「州縣錢糧納戶，零星款項繁雜，民情巧詐，百端詭隱，徵比倍難。」[二] 他提議析蘇州府屬長洲縣，另置元和縣，長洲縣治東北隅，元和縣治東南隅，與吳縣同城而治，「儼然鼎足之勢」。[三] 雍正皇帝允准。時蘇州府領有吳縣、長洲、元和、崑山、常熟、吳江、新陽、昭文和震澤九縣，自此元和縣正式成為蘇州府屬的一個縣。一九一一辛亥革命後，江蘇巡撫程德全在蘇州成立蘇軍都督府

一 商衍鎏：《清代科舉考試述錄》，三聯書店 1983 年版，第 218-224 頁。

二 許治、沈德潛、顧詒祿修纂：《元和縣誌》，卷一，建置，乾隆二十六年（1761 年）修，《續編四庫全書》，史部，第 696 冊，上海古籍出版社 2002 年版。

三 曹允源、李根源修纂：《吳縣誌》，卷十八上，輿地考，蘇州文新公司鉛印本，1933 年版。

及軍政府，同年十一月二十四日蘇軍都督府裁撤蘇州府及長、元、吳三縣，設蘇州民政長署管轄三縣，「元和縣」之名不復存在。一九一二年經江蘇臨時省議會議決，由江蘇都督府頒佈《江蘇暫行地方制》，宣佈廢除江蘇各地府、州舊名，一律歸併為縣和廳，蘇州改稱吳縣。四因此，汪榮寶在辛亥以前多自稱「元和」人，民國以後多稱「吳縣」人。

汪榮寶所在的汪姓家族世居蘇州婁門內北街，是為婁門內北街汪氏。清代硃卷中收入該支家族四人，即汪鳳池、汪鳳梁、汪鳳藻、汪榮寶。這支家族在蘇州甚至整個中國都很有影響，是一門出三拔貢（鳳池、鳳瀛、榮寶）、四知府（鳳池、鳳藻、鳳瀛、鳳梁）的外交官世家，參與了晚清民國歷次重大事件，如甲午戰後的中日交涉、晚清憲政改革、晚清欽定憲法的起草、與保皇派的論戰、辛亥革命、民國議會、反對袁世凱稱帝、民國外交談判等事件，對晚清、民國政局都有深遠影響。然而，這支在江南乃至全國頗有聲望的汪姓家族祖籍並非蘇州，而是從安徽徽州遷徙至此的。

這裡追溯一下汪氏家族的起源。汪氏家族的起源可追溯到春秋時期。據說春秋魯成公的仲子，生而左手有紋似「水」，右手有紋似「王」，故取名曰「汪」。「汪」長而敦敏，有功於魯，被封穎川侯，此為汪氏始祖。其後，子孫以汪為姓，繁衍生息，逐漸形成龐大的汪氏家族。其三十一世孫，名文和，字君睦，東漢受封龍驤將軍。四十二世孫，名勳明，字督叔，陳武帝時任會稽令，封戴國公，生有三子，即僧瑩、僧湛、僧淑。四十三世孫，名僧瑩，字伯玉，其人識度宏遠，遇事有法，陳文帝時再封為戴國公。四十四世孫為汪

四 蘇州市地方誌編纂委員會編：《蘇州市志》，卷一，建置，江蘇人民出版社1995年版，第101頁。

世華，後改名為汪華，字國輔，隋末時守歙、宣、杭、睦、婺、饒六州而不失，後歸順唐朝，被唐高祖李淵封為越國公。僧湛生有七子，其三子名鐵佛，字懋族，輔佐其兄汪華，被封為上柱國宣城郡開國公。[五]由於汪氏第四十四代孫汪華、汪鐵佛的封邑在歙州、宣州、杭州、睦州、婺州、饒州一帶，汪姓一族遂在此地定居下來。汪氏族人雖有不少支系外遷他鄉，但他們都把皖南徽州作為祖籍，可以稱之為徽州汪氏家族。

徽州汪氏家族作為徽州第一大姓，房支繁衍茂盛，人丁興旺，其宗族組織在不斷裂變中遷徙。由於徽州特殊的地理環境，徽州人自古就有經商的傳統，汪姓家族初以經商為業，發展至明朝中期，汪姓商人在東南經濟生活中嶄露頭角，為經商之便，汪姓支系在明朝中後期紛紛向商業區遷徙，遷徙的方向大部分集中在經濟發達的江南地區，多遷至現在的揚州、蘇州、杭州一帶，特別是蘇州地區尤為集中。在頻繁的遷徙過程中，家族不斷發生裂變，因而分支出很多家族，這些家族對始祖的認同並未絲毫減弱，但家族之間的交往，則隨著時間的推移，歷經若干代之後明顯有所減少甚至互不相認。因此遷到蘇州的汪氏存在很多支派，經考察主要有吳趨汪氏、東花橋巷汪氏、盤門內梅家橋汪氏、閶門內汪昌一支、汪登瀛一支、休寧遷蘇汪氏（包括婁門內北街汪氏）等，汪榮寶所在地這支汪姓即是從休寧遷徙至蘇州的。

根據汪榮寶一八九七年（光緒二十三年）丁酉科拔貢卷記載，其「始祖為鐵佛，唐金紫光祿大夫，上柱國宣城郡開國公」。[六]另據汪榮寶二伯父汪鳳藻一八八三年（光緒九年）癸未科會試硃卷載，其家

五 蘇州汪原渠：《汪氏支譜》，1937年油印本，上海圖書館方志部。

六 汪榮寶光緒丁酉科（1897年）拔貢卷，中國國家圖書館古籍部藏。

族「世居安徽徽州府休寧縣潛阜」，其「高祖為大澤，字楚川，號養齋，國學生」。[七]由此可見，汪榮寶的祖籍為徽州府休寧縣，其先祖為唐開國公鐵佛。至於家族何時遷移到蘇州，史無明確記載，但汪榮寶在拔貢卷中透露其始祖「名高樘，字懷耀，號沁園，議敘從九品，由皖遷吳，入元和縣籍」。[八]這表明汪榮寶所屬汪姓一支至多在雍正二年即一七二四年之後遷徙到蘇州的，因為元和縣於該年方正式建制。既然汪榮寶先祖汪大澤為國學生、始祖汪高樘又有從九品之職，我們大致可以推測，這支汪姓家族先以經商為業，有了堅實的經濟基礎做後盾，開始讓其子孫讀書應試以邁入仕途，漸漸形成重文的傳統，在遷到蘇州之前已開始邁入官場由商入仕了。

這支汪姓在蘇州定居後，其子孫後代也以讀書應試和入仕做官為業。據資料記載，其高祖「名承熯，字念勤，號硯田，為太學生，國子監典籍銜，奉直大夫，五品頂戴，任鎮江府訓導。」汪承熯之弟「名承煥，字念典，號西亭，太學生，國子監典籍銜，貤贈為奉直大夫，五品頂戴，任鎮江府訓導。」曾祖「名元圻，字肇封，號湘芷，議敘從九品，例授登仕郎，誥贈奉旨大夫，五品頂戴，國子監典籍銜，鎮江府訓導。後疊遇覃恩，貤贈奉旨大夫，內閣中書加四級，奉政大夫，翰林院編修加四級，中憲大夫，起居注主事，刑部山東司主事加四級，刑部員外郎，戶部員外郎加三級。」[九]可見，汪姓一門多為飽讀詩書之士，雖非為官場中高官顯貴，但亦有一定的政治地位，可謂仕宦之家。另外他們的政

七　汪鳳藻光緒癸未科（1883年）會試硃卷，中國國家圖書館古籍部藏。
八　汪榮寶光緒丁酉科（1897年）拔貢卷，中國國家圖書館古籍部藏。
九　汪榮寶光緒丁酉科（1897年）拔貢卷，中國國家圖書館古籍部藏。

治活動多以教育事業為主，二代三人均曾在鎮江府任過訓導，掌管這一地區的科舉教育。（請參看汪榮寶家譜圖）

汪榮寶的祖父汪亮鈞（一八二七—一九一〇），字秉衡，號和卿，元和縣廩貢生，官至鎮江府學訓導。據《吳縣誌》載，汪亮鈞頗具膽略，他在前往鎮江府學赴任之時，正值太平軍圍困鎮江府，「上下游皆為敵據，鎮江以孤城扼敵。衝敵兵攻，撲無虛日」。而汪亮鈞作為一介書生，竟然「單車赴任」。到鎮後他「奉檄治團防，昕夕徒步衢巷譏察」，以致「奸尻間諜無所容，城守益固。」因守土有功，江南肅清後被清廷奏獎五品頂戴。其後汪亮鈞專心授學，在鎮江府「別創冬榮春滿齋」，「會課評陟精當，捐給花紅」，其時「大江南北能文之士爭先投卷以待品題，先後得科第以去者踵接一時，稱盛會焉」。[十]汪亮鈞是清王朝統治下的仕人，其思想和處世之道未能擺脫維護封建王朝統治的思想影響。他反對太平天國農民起義，也反對外來勢力對原有社會秩序的破壞，是一個護守封建秩序之人。但汪亮鈞具有洞察時事的眼光，生活在鴉片戰爭後內憂外患的時代，敏銳地意識到世界形勢的巨變，毅然把自己的二兒子汪鳳藻送到上海廣方言館中接受西學教育。由祖父汪亮鈞傳承光大的家學遺風，對後來的汪榮寶有直接的影響。

[十] 曹允源、李根源等修：《吳縣誌》，卷六十八下，列傳七，蘇州文新公司鉛印本，1933年版。

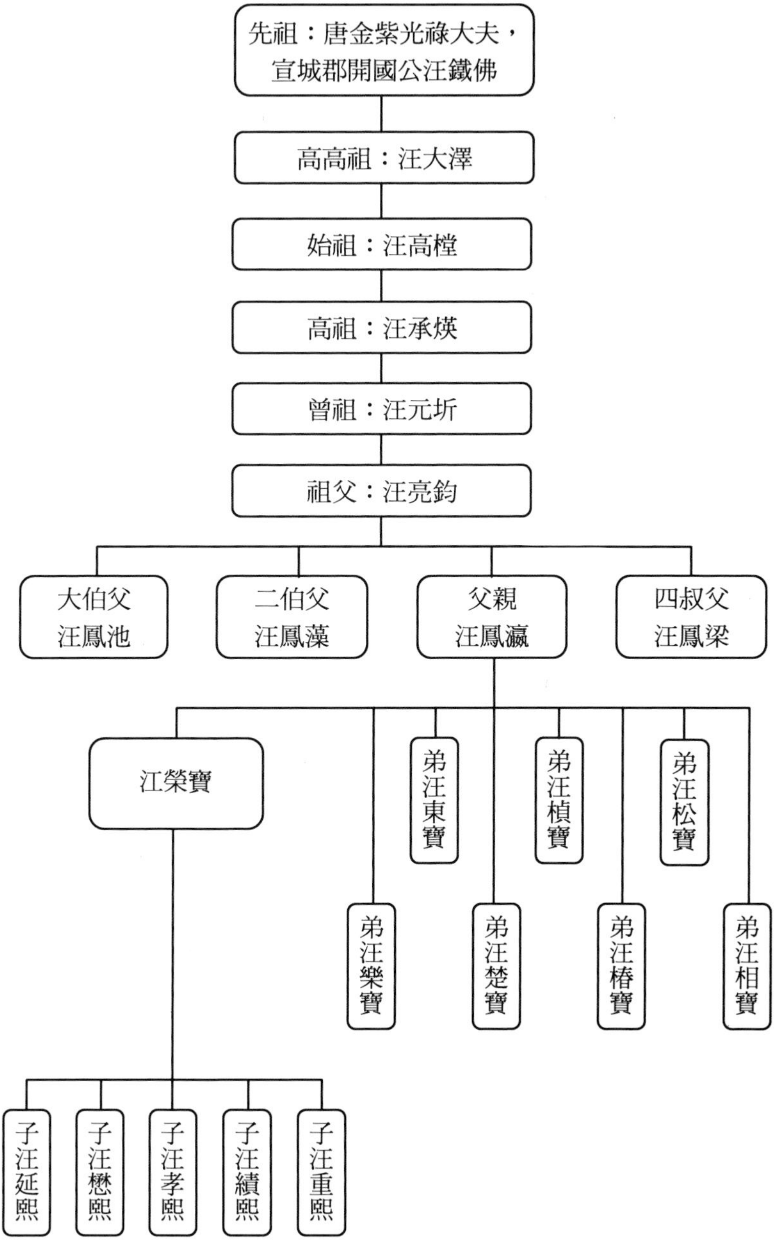
先祖：唐金紫光祿大夫，宣城郡開國公汪鐵佛
高高祖：汪大澤
始祖：汪高樘
高祖：汪承烘
曾祖：汪元圻
祖父：汪亮鈞
大伯父 汪鳳池
二伯父 汪鳳藻
父親 汪鳳瀛
四叔父 汪鳳梁
江榮寶
弟汪東寶
弟汪楨寶
弟汪松寶
弟汪樂寶
弟汪楚寶
弟汪椿寶
弟汪相寶
子汪延熙
子汪懋熙
子汪孝熙
子汪績熙
子汪重熙

二、「一家四知府」之直系父輩

汪榮寶的父輩共有四位，依序為汪鳳池、汪鳳藻、汪鳳瀛、汪鳳梁，此兄弟四人皆為才俊之士，且都任過知府，在清末官場中有「一家四知府」之時譽。

汪榮寶的大伯父汪鳳池（一八四九－一九〇九），字思贊，號藥階。少「績學善屬文」，一八七三年（同治十二年）癸酉科拔貢。後授內閣中書、協辦侍讀，旋升起居注主事，又遷刑部主事，掌管刑獄。一九〇一年授山東道監察御史，後任京畿道監察御史，時直隸總督兼北洋大臣袁世凱權勢正熾，汪鳳池上疏請求裁抑，慈禧太后聞奏動容。一九〇二年慈禧太后及光緒皇帝「西狩」還京，順天府尹密飭大興、宛平兩縣拘留大車二千輛備用迎接，人心惶惑，群臣不敢言，汪鳳池聞知此事上疏力爭。汪鳳池任職期間，「折獄平恕，不附長官意旨」，敢言敢諫，指陳得失皆關乎政要，是有名的清官和「諍臣」。為此他得罪了不少朝廷要員，慈禧太后對他也頗感不快，一九〇四年汪鳳池被調離京城，外放湖南衡州知府，後遷為長沙府知府，頗得湖南巡撫岑春蓂的賞識。一九〇九年以疾卒於任，年六十一歲。[十一]

汪榮寶的二伯父汪鳳藻（一八五一－一九一八），字雲章，號芝房，為兄弟四人中唯一接受過系統西方教育的「新式人才」。他於一八六三年即被選入上海廣方言館英文班，接受西式教育，一八六八年被選送到京師同文館繼續深造。一八七八年以戶部主事留館，任算學副教習。授學期間，京師同文館的

十一 曹允源、李根源等修：《吳縣誌》，卷六十八下，列傳七，蘇州文新公司鉛印本，1933年版；汪鳳池光緒乙亥恩科（1875年）順天鄉試硃卷，中國國籍圖書館古籍部藏。

總教習丁韙良熱衷於翻譯西學書籍，汪鳳藻受其引導，致力於西學書籍的翻譯，翻譯了《公法便覽》、《富國策》、《新加坡刑律》和《英文舉隅》等書。其中《公法便覽》出版於一八七七年，該書共有六卷，是當時頗負時名的「法律工具書」。《富國策》出版於一八八〇年，計三卷二十六章，著重論述商情商理、自由貿易之旨，是嚴復之前中國翻譯的最早也是最好的西方經濟學著作。[十二]清末學者對此書評價頗高，梁啟超贊道：「《富國策》精義甚多。其中所言商理商情，合地球人民土地，以幾何公法盈虛消長之，蓋非專門名家者，不能通其窔奧也。中國欲振興商業，非有商學會聚眾講求大明此等理法不可。」[十三]汪鳳藻雖然早年接受西式教育，但內心依然熱衷於科舉考試，一八八二年（光緒八年）汪鳳藻以監生資格參加順天鄉試，中壬午科南元，翌年癸未科會試，中進士，朝考得一等第十六名，欽點為翰林院庶吉士。[十四]後任駐俄使館二等參贊、總理衙門纂修等職。

一八九一年七月，汪鳳藻以知府銜獲賞二品頂戴，被清廷任命為署理出使日本大臣。翌年八月，實授出使日本國大臣。[十五]一八九四年甲午戰雲驟起，開戰前夕，汪鳳藻作為駐外使臣，洞察到日本的動機和野心，建議清廷速調兵力加強戰備。他致電李鴻章，指出日本現在「佈置若備大敵」。我「似宜厚集

十二 熊月之：《西學東漸與晚清社會》，上海人民出版社 1994 年版，第 322 頁。

十三 梁啟超：《西學書目表附讀西學書法》，清時務報館印本，光緒丁酉年。

十四 汪鳳藻光緒癸未科（1883 年）會試硃卷，中國國籍圖書館古籍部藏。清順天（北京）鄉試，無論何省人均可應試，惟第一名解元例屬直隸省，第二名則必屬南方人，故稱南元。

十五 沃丘仲子：《近代名人小傳》，中國書店影印，1987 年。

兵力，隱伐其謀」，[十六]李卻不以為然。中日開戰後，汪鳳藻被迫率領使館人員回國。甲午中國戰敗對汪鳳藻震動極大，此後他致力於教育，以培育人才為強盛之本。一九〇二年春汪鳳藻出任上海南洋公學總理，後因「墨水瓶」事件辭職。[十七]一九〇九年，他經張之洞舉薦任京師大學堂格致科監督，直到一九一一年六月離職。民國後，汪鳳藻賦閒在家，於一九一八年去世。[十八]與長兄汪鳳池相比，汪鳳藻接受過系統的西學教育，思想上受到西方文化的薰陶。他熱衷於翻譯西學書籍，努力讓國人瞭解西方世界，試圖通過外交途徑使清廷步入國際舞臺，他想讓清王朝擺脫受西方控制的狀況，卻又不知從何著手。他同時還受到中國傳統思想文化的浸染，尚難擺脫舊式文人的侷限性，在他身上中西文化聚會，卻不能完美地融合。

汪榮寶的叔父汪鳳梁（一八五七—？），字思任，號蘭媚，一八九〇年高中進士，授翰林院庶吉士，後任刑部主事等職，歷充光緒壬辰科武英殿試取掌官、甲午恩科會試同考官、甲午正科廣西鄉試副考官。他辦事有章有度，遇事毫不推卸責任，頗受慈禧的信任，後任廣西順慶知府。[十九]

十六 北平故宮博物院：《清光緒朝中日交涉史料》，卷十三（996），民國二十二年（1933）鉛印本，第17頁。

十七 時學生因教務長郭某無能，嘴臉似墨水瓶，時常加以取笑。一九〇二年十月某日，有人在教務長桌上放了一個墨水瓶，教務長強誣是某學生所為，遂向汪鳳藻告狀，汪下令開除該生。全班學生不服，派代表要求汪鳳藻收回成命，汪鳳藻不聽並出佈告開除全班學生。全校學生大動公憤，決定集體出動與之談判，引起「墨水瓶風潮」。翌日由於調停人員未按約來校，除師範院及附屬小學外，各班學生同時共有二〇〇餘人退學，其中一些學生轉入別校，特班學生大多轉入由中國教育會創辦的「愛國學社」（蔡元培任總理，吳稚暉任學監）。冬，汪鳳藻因「墨水瓶風潮」引咎辭職，由劉樹屏繼任總理。

十八 徐友春主編：《民國人物大辭典》，河北人民出版社1991年版，第419頁。

十九 元和陸懋修九芝原輯、子潤庠鳳石補編：《蘇州長元吳三邑科第譜》下冊，第54頁。

汪榮寶的父親汪鳳瀛（一八五四—一九二五），字志澄，號荃台。光緒初年，汪鳳瀛被選入江蘇高等學府——江陰南菁書院，從學於山長黃以周，在南菁書院經名師點撥，與書院學者論學，學問大長，被推薦參加光緒朝一八八五年乙酉科拔貢考試，同年考取拔貢。一八九一年隨仲兄汪鳳藻出使日本，一八九四年因甲午戰爭歸國，以知府分發湖北。先入蔡錫勇幕府，撰治文書，曲中肯綮，文章學望，名重一時，頗為人稱道。時張之洞任兩湖總督，詢知其才學，延入幕府，汪鳳瀛遂成為張的幕僚。張之洞手下人才濟濟，幕府諸賢皆為近代名士如辜鴻銘、梁鼎芬、梁敦彥、鄭孝胥等，而汪鳳瀛在其中佔有一席之地。他在一八九七—一九〇七年間一直擔任張之洞的總文案，時汪鳳瀛居住在總督署南園五桂堂，自號「南衙居士」。因汪鳳瀛才學出眾，治事穩重，故在南皮幕府中手握實權，官場戲稱為「小宮保」，當時「督府權重，參佐任事者或睥睨大吏」，而汪鳳瀛則「顧敕慎，不以驕人也。」[二十]

一九〇〇年「庚子之變」發生後，汪鳳瀛受張之洞委任辦理洋務文案，主持外交事務，在張之洞、劉坤一等策劃的「東南互保」活動中多有參贊。同年唐才常領導的「自立軍」之變驟發，張之洞為唐的老師，事變一出他在漢口租界搜出相關人員名冊，欲按名捕人。而汪鳳瀛藉故將名冊付諸一炬，勸其上司曰：「按冊窮治，必興大獄，滅跡所以安人心。」張之洞遂不再窮究此事。[二十一]張之洞為洋務運動的領軍人物，他在擔任湖廣總督任內提倡改革，極大地推動了當地近代化的進程，而汪鳳瀛作為張的助手，

二十　章太炎：《前總統高級顧問汪君墓誌銘》，《章太炎全集》，上海人民出版社 1986 年版，第 256-257 頁。

二十一　高拜石：《新編古春風樓瑣記》第一冊，正中書局 2002 年版，第 287-296 頁。

亦積極支持和參與各項改革。一八九三年，張之洞在武昌設自強學堂（現武漢大學前身），汪鳳瀛於一八九八年任自強學堂提調，擔任培養人才之重任，他提倡新式教育，培養出了一批初具現代思想的人才。一八九七年，汪鳳瀛陪同美國農學教習白雷耳，前往湖北各處實地考察農情，協助白氏工作。一八九八年春，張之洞在武昌創辦湖北農務學堂，研求種植、畜牧之學，汪鳳瀛被任命為該學堂首任提調，負責學堂事務，後向張之洞推薦江南農學總會會長羅振玉主持該學堂。在張之洞的賞識和提拔下，汪鳳瀛先後擔任過湖南常德知府、武昌知府、長沙知府等職。一九一〇年任長沙知府時，湖南發生嚴重災荒，時任巡撫岑春蓂及部分政府官員對此事處理不當，饑民與官府衝突，發生了轟動一時的「長沙搶米風潮」。事後清廷降旨罷岑春蓂，汪鳳瀛身為長沙知府，被罰降職留任。

一九一二年民國後，汪鳳瀛就養於長子汪榮寶處，袁世凱仰慕其名，遂聘請他為政府高等顧問，汪鳳瀛成為袁政府中官員，一九一四年他與楊士琦、朱家寶、李盛鐸等又被袁氏委派為高等文官甄別委員會委員。[二十二] 一九一五年袁世凱處心積慮地更改國體，授意楊度組織籌安會，部分官員亦沆瀣一氣，聯名上書請袁稱帝，復辟之聲甚囂塵上。汪鳳瀛氣憤之極，寫下《致籌安會與楊度論國體書》，欲上書阻帝制，這篇文章約有三千餘言，頗為世人所傳誦，是反對袁世凱稱帝極有份量的文獻。《致籌安會與楊度論國體書》對籌安會進行隱晦地諷刺，指責組織者楊度為「陋儒瞻顧囁嚅」之人，組織該會並非愛國，

二十二 郭廷以：《中華民國史事日誌》，中央研究院近代史研究所，1984。

而是「壞國」，文中堅決反對袁世凱更改國體。[二十三]「七不可」說從政府信義、國內複雜的政治形勢、國民經濟狀況、外國態度等方面，詳盡地闡述了不能恢復帝制之理由。該說可謂汪鳳瀛的肺腑之詞，他引經據典，力勸袁世凱吸取歷史教訓，遵循歷史發展規律，毋行忤逆之舉。

袁世凱死後國內軍閥割據一方，連年混戰，民生艱難。汪鳳瀛見此，隨閉戶著書，撰《救亡論》，共十九篇，書中以「立誠」、「辯義」、「崇儉」、「遠利」、「尚德」、「守法」、「明恥」、「勵勤」等為「救亡之大本」，旨在提倡道德，改良社會，試圖以此挽救社會和國民。[二十四]一九二五年二月八日汪鳳瀛去世，葬於吳縣陸墓山（今蘇州市越溪鎮陸墓山）。汪鳳瀛三子汪東為章太炎的得意門生，求墓誌銘於太炎，章氏遂撰寫《前總統府高等顧問汪君墓誌銘》一文。他在文中極為讚賞汪鳳瀛的膽識與才學，評上書阻帝制之事，「無道如矢，史魚之直也。乳雞博狸，仇牧之勇也。卷懷以去，蘧瑗之卓也。其大節宜在民國史」。[二十五]

三、才學橫溢之兄弟

汪鳳瀛的原配夫人為張氏（一九〇五年謝世），側室蔡氏，兩位夫人為汪鳳瀛生有八子和二女。二女中長女名汪梅未，嫁給陳三立之子陳衡恪，次女汪梅梧嫁與何元瀚。汪梅未（一八八二——一九一三），

二十三 高拜石：《新編古春風樓瑣記》第一冊，正中書局 2002 年版，第 287-296 頁。

二十四 吳郡汪荃台先生著、天長鬱浚生題：《救亡論》，中國國家圖書館古籍部藏。

二十五 章太炎：《前總統高級顧問汪君墓誌銘》，《章太炎全集》，上海人民出版社 1986 年版，第 256-257 頁。

字春琦，亦是極具歷史魅力的人物，她的丈夫是陳衡恪。陳衡恪（一八七六—一九二三），字師曾，號槐堂，江西義寧人，國學大師陳寅恪的哥哥，近現代畫家和書法家，梁啟超曾言：「陳師曾先生在現代美術界可稱第一人。」一九〇七年夏，二十四歲的汪梅未嫁給已有二子的陳衡恪，七月，汪梅未隨夫君到南京頭條巷的「散原精舍」拜見陳三立等長輩。婚後陳衡恪赴日本留學，汪梅未則留在南京家中「秉心恭仁，克嫻禮訓」，照料陳氏前妻生的尚是「嬌雛」的封可、封懷兄弟倆。一九〇九年夏陳衡恪學成歸國，後應張謇之請到南通師範學校任博物學教員，婚後已經兩年的汪梅未才得以與丈夫同往南通生活。汪梅未弟弟汪旭初在《寄庵隨筆》中曾寫道：「春綺工繡。既歸師曾，甚相得……姊初不甚工詞翰，迨與師曾唱和，廢寢食為之，猛進不已。」[二十六] 寥寥數筆，伉儷情深的生活場景畢現。夫婦倆時常習藝論畫，切磋畫理，陳衡恪的花卉得吳昌碩親授，擅長梅、蘭、竹、菊等，汪梅未也因自幼就受到良好的家庭教育，「雅好藝事，妍潔成軌」，「畫梅有逸致」。在當時的藝壇傳為佳話。一九一三年陳衡恪任職於教育部，同年秋全家遷往北京，寄寓在汪梅未大哥汪榮寶楊儀賓胡同的寓所，時其「家人宴笑，於時最歡。」同年十二月二十五日，汪梅未因「發斑疹，西醫注以痲醉劑，遽卒。」年僅三十一歲。汪梅未猝逝，陳衡恪肝腸寸斷，作《悼亡詩》云：「問爾魂歸何有鄉，殘年孑影感臨觴。事同飲鴆銷膏盡，夢付馳句積恨長。篋有殘煤纏粉淚，壁留遺掛掩虛堂。素衣化緇誠何意，獨對京塵苦月黃。」除此而外，陳衡恪還有《春綺死後百日往哭殯所》五古二首、《春綺卒期年哭之以詩》、《哭奠春綺殯宮》七律二

二十六 汪東：《綠窗人靜秀梅花》，《寄庵隨筆》，上海書店 1987 年版，第 24-25 頁。

首等，另有《題春綺遺像》詩，並親撰親書《義甯陳衡恪繼妻汪氏之墓碣》，該墓碣被國家圖書館珍藏，並列入碑帖中「菁華」。[二十七]

汪鳳瀛八子中長子即汪榮寶，後依次為樂寶、東寶、楚寶、楨寶、椿寶、松寶、相寶，這八位兄弟中有多人在中國近現代歷史舞臺上留下了濃筆重彩。汪樂寶，字廉士，生於一八八一年，曾為京師譯學館學生，後留學日本，歸國後在民政部、大理院任職，民國任大理院總務廳統計科主任、書記官等職。[二十八]其中汪楚寶是著名的建築學家，汪椿寶是我國版權改革的第一人。

汪楚寶（一九〇九—一九八四），後改名汪季琦，其生母是蔡氏，出生於湖南長沙府，時年父親已經五十五歲，故極為寵愛之，楚寶與長兄榮寶相差三十一歲，與東寶相差十九歲。一九二三年九月，汪楚寶成為南京東南大學（中央大學前身）附中初三年級的插班生。二十世紀二〇年代，革命的風潮激盪著青年學生的心。一九二五年三月十二日孫中山先生去世，四月二十二日，在當時的秀山公園召開孫中山追悼會，十六歲的汪楚寶在這次活動中聽到了蕭楚女、惲代英的演講，深受教育，後來在他們的影響和帶領下，在「五卅運動」中上街遊行示威，到工人中進行宣傳，並對中國共產黨有了最初的接觸。一九二八年九月，汪楚寶考入南京中央大學，學習土木工程，至一九三二年四月畢業。期間他參加了共青團週邊組織「大地社」的活動，並積極為《現代中學生》雜誌投稿，一九三一年加入中國共產黨。九一

二十七 金建陵：《汪梅未的魅力》，《檔案與建設》2008年第6期，第34-36頁。

二十八（日）田原天南：《清末民初中國官紳人名錄》，中國近代史料叢刊三編第80輯，文海出版社1973年版，第180頁。

八事變後，汪楚寶按黨指示參加學生運動，領導中央大學學生罷課遊行，衝國民黨中央黨部，砸外交部，他是南京市學生抗日救國會主席、遊行示威的總指揮。一九三二年四月被國民黨逮捕，作為共產黨案犯判處六年徒刑，他在獄中堅貞不屈，於一九三二年十月經兄長汪東營救出獄，暫回蘇州老家居住。一九三三年三月應友人段超人之邀去上海樂華女中教書，其後一直從事黨的地下工作。一九三四年改名汪季琦，此後一直用這個名字。一九三六年，汪季琦輾轉到大昌建築公司作職員，歷任技術員、工程師、工地主任、建築公司工程部主任等職，一九四七年任西北農學院教授，解放前夕任中華聯合工程公司南京分公司經理。同時，在上述公開職業掩護下，長期從事黨的情報工作和科技界、經濟界及民主黨派的統戰工作。

一九四九年新中國成立後，汪季琦任上海市工務局副局長、科聯上海分會秘書長、同濟大學兼職教授等職。在此期間，負責組建上海市建築工程公司，參與籌備華東建築工程公司及華東建築工業部，在團結和引導上海建築界設計工程技術人員參加國家建設事業方面發揮了卓越的作用。一九五三年初調到建築工業部，先後任中央設計院、城市及工業建築設計院、北京工業建築設計院、建築科學研究院副院長、技術情報局副局長等職。他曾領導北京展覽館的設計工作，組織領導第一個五年計劃中某些重點工程的設計，領導設計院的蘇聯專家工作，參與組織北京十大建築設計方案的審批工作，並承擔十大建築之一的北京展覽館的總監造職責。六十年代初至七十年代末，汪季琦蒙受冤屈被降職使用，但他仍鍥而不捨地忘我工作。此期間，他歷任北京建築工程學院非金屬礦系副主任、建築科學研究院建築理論及歷史研究室副主任、建築標準設計所副所長等職，在培養人材、推進建築理論及歷史的研究，以及制定標準設計方面做了紮實的工作。一九六二年受建工部劉秀峰部長之命參加《中國古代建築史》的編寫工作，並組織全國專家進行審定，至一九六四年七月陸續完成了五稿的審定，六、七、八稿的編寫及審定工作，最後定稿。這是一部具有較高學術水準的著作，一九八一年被評為國家建築工程總局優秀科研成果一等獎。文革結束後汪季琦得以平反，一九八〇年一月至一九八四年二月擔任中國建築學會顧問，一九八〇年十月當選為中國建築學會第五屆理事會副理事長，一九八二年十一月被增補為第五屆全國政協委員。一九八四年二月四日因心臟病在北京逝世。[二十九]

汪椿寶（一九一四—一九九三），亦名汪衡，為汪榮寶的六弟。他四歲入家塾熟讀四書五經，十二歲考進蘇州樹德中學小學部讀五年級，後在私立蘇州晏成中學（今蘇州三中）上學，受到哥哥楚寶思想的影響，對共產黨領導的革命產生了興趣。一九三五年考入上海復旦大學土木工程系（後轉入經濟系），為了紀念革命烈士顧衡，將自己的名字改為汪衡。求學期間汪衡崇拜魯迅先生，曾熟讀魯迅的所有作品。一九三六年夏天孫寒冰教授在復旦大學創辦了進步書社——文摘社，請汪衡參加編輯工作，由於汪衡的英文、漢文基礎極好，很快成為孫教授的得力助手。當時孫寒冰注意到美國著名記者斯諾發表在 Asia（即英文《亞西亞》雜誌）的連載文章 *Red Star Over China*（《紅星照耀中國》），立即找來汪衡翻譯成中文。汪衡以極大的興趣看完斯諾的連載文章，認為這是極有價值的好文章，遂決定翻譯斯諾文章的部分章節，即後來出版的《毛澤東自傳》，全書共有四章：一顆紅星的幼年；在動亂中成長起來；揭開

二十九 汪晨熙、金建陵編著：《汪季琦年譜》，現代出版社 2009 年版。

紅史第一頁;英勇忠誠和超人的忍耐力，另有兩個附錄：《毛澤東論中日戰爭》、《毛澤東夫人賀子珍小傳》。同年十二月，汪衡還翻譯出版了斯諾的《二萬五千里長征》。由汪衡翻譯的《毛澤東自傳》在《文摘月刊》連載，立即轟動全國，該刊的銷量也急劇上升，後來出版單行本，由黎明書局向全國發行，該書很快成為暢銷書籍，賣出高達六七十萬冊，因供不應求，僅十九天後又再版發行。汪衡在《文摘月刊》任編輯委員時，還出版過《周恩來抗戰言論集》、《平型關大捷》、《台兒莊大捷》、《日本的泥足》等二十多種小冊子，宣傳了中國共產黨抗戰的精神。抗戰勝利後，汪衡不願為國民黨做事，在復旦大學英國教授 Robert Payne 的幫助下，他將馮玉祥將軍的自傳《我的生活》翻譯成英文，擬在英美出版。馮玉祥得知此事後十分高興，遂收汪衡為門生，一九四六年七月，汪衡作為馮玉祥的英文秘書隨水利考察團赴美國訪問，後留美學習。

一九五〇年一月，汪衡回國參加新中國的建設，先後在國際新聞局、學習雜誌社、人民出版社、世界知識出版社、北京圖書館工作。一九七八年中國邁入改革開放的新時代，而「知識產權」成了中國與西方國家交往的一大障礙，一九七九年中國首次與美國簽訂《中美高能物理協定》，時才意識到知識產權的重要性。中國當時沒有版權法，國家出版局局長陳翰伯想到被譽為「百科全書」的汪衡。應陳翰伯的邀請，汪衡從北京圖書館調到國家出版局，全力以赴研究世界版權公約等相關問題。在汪衡的帶領下，版權研究小組很快就收集、翻譯了一批外國的版權法和國家版權公約，汪衡還擔任了世界知識產權組織與聯合國教科文組織版權諮詢委員會委員，外國人稱汪衡為「中國的版權先生」。在汪衡等人的努力下，國家出版局於一九八六年五月向國務院呈報了《中華人民共和國版權法草案》，其後幾年中版權法草案幾次修訂，經國務院法制局審定，易名為《中華人民共和國著作權法》，於一九九〇年九月七日第七屆人大常委第十五次會議通過。這部法律凝聚了汪衡等中國第一代版權專家的心血。[三十]

在汪榮寶所有兄弟中頗值得關注的是其三弟汪東寶。汪東寶與榮寶同為張氏所生，故二人感情甚篤，榮寶、東寶皆工詞章，擅考據，頗負聲名，被時人合稱「吳門二汪」。一九三三年汪榮寶病逝後，汪東寶有感「雁行折翼」，遂改單名為東，改字為旭初，因而後人多稱為汪東。汪東（一八九〇－一九六一），字叔初、旭初，號寧庵、寄庵、寄生、夢秋，筆名宛童、禪佛等。一九〇三年汪東考入上海震旦公學，上海發生了「蘇報案」，清廷逮捕章太炎和鄒容，章、鄒毫不畏懼，在租界會審公廨上慷慨陳詞宣傳革命思想。汪東遂在心中萌生革命理想。一九〇四年汪東赴日本求學，年方十五歲，先後入成城學校和早稻田大學學習。一九〇五年同盟會在東京成立，他毅然投身革命，由孫中山介紹加入這一革命團體，成為該會早期的重要成員。同年《民報》創刊，汪東擔任撰述，與宋教仁、廖仲愷、汪精衛、胡漢民等同為宣傳革命的吹鼓手。汪東署名「寄生」，在《民報》上連續發表《革命今勢論》、《論支那立憲必先以革命》等文，與改良派展開辯論，大力宣傳革命思想。[三十一]一九一〇年汪東回國，翌年武昌起事，上海、蘇州響應相繼宣告獨立，汪東被江蘇都督程德全聘為江蘇都督府駐上海辦事處秘書。民國

三十 金建陵：《汪氏兩兄弟的生命足跡》，《檔案與建設》2006年12期，第37-42頁。

三十一 按照汪東自己的解釋，「寄生」寓意有三：一、人生如寄，二、棲息客帝之下，等於物之寄生，三、東方曰寄。（汪東：《寄庵隨筆》，上海書店1987年版，第1頁。）

成立後汪東認為「革命已經成功」，應功成身退，故拒絕參加後來成立的國民黨。[三十二]此後他的活動主要集中在創辦報紙和從事教育方面。一九一三年主編《大共和月報》，一九二三年創辦《華國月刊》，一九二七年起在南京中央大學文學院任職，歷任中文系教授、系主任、代理院長和院長。抗戰爆發後汪東任軍事委員會委員長駐重慶行營第二廳副廳長，一九三八－一九四八年，又先後擔任民國政府監察院監察委員、禮樂館館長等職。新中國成立後，他被任命為上海市文物保管委員會委員兼中國畫院籌備委員，並當選為江蘇省政協常委、民革蘇州市主任委員、江蘇省副主任委員和民革中央常委。[三十三]

汪東是近代著名學者章太炎的高足。一九〇六年章太炎在東京開設「國學講習會」，定期講授文字學、音韻學、莊子及中國文學史等課程，汪東與黃侃、錢玄同、吳承仕、周樹人、周作人、許壽裳等一同前往聽講，北面受業，成為章太炎的弟子，其中黃侃、汪東、錢玄同精於文學，吳承仕精通經學，四人有「章門四子」之稱。[三十四]章太炎晚年在蘇州設立章氏國學講習會，學者四方雲集，在章太炎的眾多弟子中，汪東、黃侃二人被稱為「章門二妙」。章太炎曾將著名弟子五人戲分為天王、東王、西王、北王及翼王。汪東在《寄庵談薈》中記載：「黃侃嘗節老子語：天大地大道亦大，概余作書，是其所自命也，宣為天王；汝為東王，吳承仕為北王，錢玄同為翼王。……以朱希祖為西王。」[三十五]汪東擅長書畫、詩詞，畫風、詞風均能自成一家，

[三十二] 《汪東自述》，蘇州市革命博物館藏。

[三十三] 周棉主編：《中國留學生大辭典》，南京大學出版社 1999 年版，第 196 頁。

[三十四] 劉紹唐主編：《民國人物小傳》第三冊，臺北傳記文學出版社 1987 年版，第 96 頁。

[三十五] 汪東：《寄庵隨筆》，上海書店 1987 年版，第 5 頁。

尤其是詞學，「控縱自如，頓挫有致，舒徐綿邈，情韻交勝」，頗受世人讚譽，詞作合集為《夢秋詞》共二十卷，計有詞一千三百八十餘闋，為詞學佳作。一九六三年汪東去世，卒年七十三歲，葬於蘇州越溪陸墓山。

汪榮寶出身詩書世家，深厚的家學淵源影響著其思想的形成。他從先輩們秉持的儒家人生哲學和處世之道中體會到人生的基本道理，在他們的言傳身教中塑造自己的個性品行。而二伯父汪鳳藻流暢的外語和廣博的西學知識無不讓他羨慕和嘆服不已，這也激發了他外出留學的欲望。這一切均對懷有救世之志的汪榮寶產生了重大影響，促使他開始思考和選擇自己的人生道路。

第二節　科舉仕途的寵兒

一、天資穎異之少年

汪榮寶，一八七八年十月二十四日（光緒四年十月初一）生，字袞甫、袞父，名彥，號懷之，小名夢珊。[三十六]據說其母張氏在懷孕時，「夢老媼授以珊瑚剪刀，寤而生君」。祖父汪亮鈞「奇其文采」，呼小名曰「夢珊，符夢徵矣」。[三十七]汪亮鈞在府學建有「冬榮春滿齋」，為其授學之所，遂以「榮」字作為孫子之名，小夢珊即得名「榮寶」。榮寶為汪鳳瀛的長子，但在汪亮鈞諸孫中序齒列第三。

三十六　汪榮寶光緒丁酉科（1897年）拔貢卷，中國國家圖書館古籍部藏。

三十七　汪孝熙等：《哀啟》。

未成年的汪榮寶深受祖父的影響。汪亮鈞是舊式飽學之士，儒家文化的薰陶使他熱衷於科舉應試，期望孫輩們能勤奮讀書，通過科舉邁入仕途，以光宗耀祖顯耀鄉里。為此他「延名師課諸孫讀」，同時親自授學，每日不輟，督促諸孫兒專心學業，時有「桃源書屋」為汪榮寶諸昆仲讀書之所。[三十八]幼年的汪榮寶「天資穎異，至性過人」，再加上祖父從旁指點，至九歲時就「閱畢群經」，「文辭斐然，見者驚歎」。沃丘仲子所撰的《現代名人小傳》中也稱讚汪榮寶「幼敏，博通文史。」[三十九]年少的汪榮寶接受的是傳統儒家教育。

一八九二年（光緒十九年），汪榮寶十五歲，與諸昆仲同入元和縣邑庠讀書。在邑庠中他「應歲科試，屢冠其曹」，遂以「優等送南菁書院，從大儒定海黃元同先生游」。[四十]南菁書院的求學經歷讓汪榮寶學問大增，同時也為他邁入仕途打下了良好的基礎。南菁書院為當時江蘇省最有名的書院，在全國也為屈指可數的高等學府，書院位於江陰，由江蘇學政黃體芳於一八八四年（光緒十年）創辦。[四十一]黃體芳鑒於「帖括取士，上求下應，士鮮明經」的八股舊習，倡議創建南菁書院，規定該院「專課經學、古學，以補救時藝之偏」，並精選「各府州縣學高材生肄業其中」，延聘南匯張文虎、定海黃以周任主講，自此江蘇「士風變，皆務為有用之學」。[四十二]南菁書院雖以科舉應試為目的，但它在中國近代的各大書

三十八 盧酉純、韋新保：《汪東：詩書是才情系國》，《蘇州文史資料》，第十二輯，第1頁。

三十九 沃丘仲子：《現代名人小傳》，中國書店 1988 年影印本，第 123 頁。

四十 汪孝熙等：《哀啟》。

四十一 黃體芳，字漱蘭，浙江裏安人，同治二年進士，曾與李鴻藻、張之洞、張佩綸、陳寶琛同為名赫一時的「清流黨人」。

四十二 曹允源、李根源等修：《吳縣誌》，卷六十四名宦三，蘇州文新公司 1933 年鉛印本；陳思修、繆荃孫纂：《江陰縣續志》，卷十四，官師，1921 年刊本。

院中較早提倡經世之學，培養了一批近代著名學者和政治名流，書院嚴謹的學風和經世致用的教學內容對汪榮寶思想的轉變產生了重大影響。

時執掌南菁書院的山長是大儒黃以周。黃以周，字元同，浙江定海人，是學識淵博的大儒，與湘潭王闓運、杭州俞樾三足鼎立，慕名求學者絡繹不絕。[四十三]汪榮寶自幼敏慧，在南菁書院可謂如魚得水，他「銳意在章句訓詁，通乾嘉諸師家法，於經治公羊春秋及三家詩」，尤喜揚雄的《法言》，讀時頗有心得並隨手作筆記，以致「集匯成帙」。[四十四]經名師點撥，與書院學者論學，其學問日有長進。

一八九六年（光緒二十二年），汪榮寶十九歲，娶黃氏為妻。黃氏名君鹵，與汪榮寶同歲。據汪榮寶的拔貢卷載，黃君卣為「江西清江縣貢生，議敘五品職銜戒庵公名觀濤女。國學生諱劉喜，甲午科副貢生名鼎、國學生名文愷、癸巳恩科舉人名鎮、邑庠生名鐮、國學生名文軒、名文性胞妹、名文鉽胞姊。」[四十五]黃君卣的父親黃觀濤有議敘五品職銜，其兄或為貢生、或為舉人、或為國學生，均有一定功名。黃君卣本人知書達禮，聰明賢淑，且頗通文墨，婚後她生有五個兒子，依次為：延熙、懋熙、孝熙、績熙、重熙，其中延熙、孝熙、績熙三人成為民國時期有名的外交官。從汪榮寶的日記中可以得知汪榮寶和黃君卣的感情非常融洽，黃氏精明能幹，掌管家務得心應手，可翻譯電報，有時還充當汪榮寶的助手幫其整理書稿，可謂典型的「賢內助」。黃君卣一直伴隨著汪榮寶的仕途生涯，一九五二年在蘇州去世。

四十三 沃丘仲子：《近代名人小傳》，中國書店 1987 年影印本。

四十四 汪孝熙等：《哀啟》。

四十五 汪榮寶光緒丁酉科（1897 年）拔貢卷，中國國家圖書館古籍部藏。

二、以拔貢入仕途

一八九七年恰逢丁酉年，按照規制清廷將舉行拔貢考試，這為汪榮寶邁入仕途提供了寶貴的機遇。清制有五貢，即歲貢、恩貢、拔貢、優貢、副貢，皆是科舉正途，其中拔貢尤為難得，是讀書人追求功名難得的捷徑，選為拔貢者不用參加鄉試，可直接入京參加朝考，授予官職。拔貢始於唐、宋拔萃科，至明代確立「選貢」之制，始有「拔貢」之名。清朝在順治元年首舉拔貢考試，其後或數十年一舉、或十二年一舉不定，一七四二年改為十二年一次，逢酉年舉行，隨為永制。拔貢考試嚴格限定應試名額，每縣一人、每府二人，「必須歷屆歲科考取經詁及一等最多者」才有資格參加應試，考試共試兩場，均即日交卷。因題目繁重，往往許秉燭夜作。「第一場試四書文二篇，經文一篇；第二場試論一篇，策一道，判一條。」且每場須另作七言詩一首，試文之外兼重書法，可見拔貢對應試者要求極高。[四十六] 汪榮寶因才學出眾被選參加拔貢考試，他沒有辜負長輩們的厚望，經過兩場嚴格的考試後脫穎而出，被選為拔貢。汪榮寶的大伯父汪鳳池、父親汪鳳瀛皆為拔貢，這一榮耀第三次降臨汪家，全家沉浸在巨大的歡樂和希冀之中，一個甲子中一家連出三位拔貢在當時科場中被傳為佳話。

按照科舉規制選中拔貢者即為國子監的監生，有資格參加翌年春季在京城舉行的朝考。一八九八年春，汪榮寶到京城參加朝考，朝考又分二場，第一場在貢院應試，第二場在保和殿複試，經過二次考核，中榜者由吏部按省開單引見，或以七品小京官分部學習，或以知縣分發試用。「中年以下者用京官，年

四十六 商衍鎏：《清代科舉考試述錄》，三聯書店 1983 年版，第 28 頁。

長者用知縣。」汪榮寶朝考中榜，被授七品小京官，籤分兵部，自此步入仕途，這一年他二十一歲，科舉功名仕途一帆風順，真可謂年少得志。他意氣風發，對前途充滿希望，廣交友朋，議論時政，對前途充滿希望，此時他更關注日益推進的維新運動。

第三節 初涉維新改良

一、參與創辦蘇學會

一八九四年甲午戰爭風雲驟起，自詡為天朝上國的清王朝被東鄰島國日本打敗，並被迫簽訂了屈辱的《馬關條約》，這一恥辱引發了近代中國知識份子的深刻反思。如果說在這之前大多數中國士大夫依然在「以夏變夷」的舊夢中酣睡未醒，此時觸目驚心的現實終於迫使他們睜開了朦朧的雙眼，在強烈救亡意識的驅動下，關心時務、談論西學一時在士林中蔚然成風。[四十七] 一八九五年維新派代表人物康有為領導發起了轟動朝野的「公車上書」運動，開啟了維新的實踐進程，維新思潮風起雲湧。維新人物在各地創設學會，興辦報刊，宣傳變法思想，當時各地創建的維新學會主要有湖北質學會，廣州聖學會，湖南南學會、地圖公會、明達學會，廣東粵學會、群學會，蘇州蘇學會，上海不纏足會、農學會、譯書會、蒙學會，北京知恥會、經濟學會，陝西味經學會。學會各有側重和特色，其中蘇州的蘇學會很有生機，

四十七 許紀霖：《無窮的困惑：黃炎培、張君勱與近代中國》，上海三聯書店1998年版，第7頁。

在江南一帶頗有影響，汪榮寶的維新改革嘗試即始於該會。

蘇學會成立於一八九七年七月（光緒二十三年六月），由汪榮寶與同鄉張一麐、章鈺、孔昭晉、裴熙琳、祝秉綱、邱公恪等人在蘇州發起成立。學會的設立得到時任元和縣令李嘉璥的支持，李嘉璥出身舉人，平素為官清廉，思想開通，深知因時變化革新的道理。蘇學會成立時他出資贊助提供會址，准允「設於舊學前文丞相祠」，後學會會員張一麐之弟張一鵬從上海回蘇，「自設小學於唐家巷」，蘇學會即遷入校中續辦。[四十八]蘇學會的成立宣告了蘇州地區維新運動的到來。蘇學會首先在上海《集成報》發表成立宣言，隨後在《時務報》上發表《蘇學會公啟》，公啟內容如下：

> 嗚呼，時事之棘，於今烈矣！自中東一役，吾華人士，稍稍知苟安之不可狃，而自強之不可遲也。讀新會梁君之《變法通議》，則勃然以興；讀長白富君之《告八旗子弟書》，則又悱然以思。而猶深閉固拒，以相詆諆，是猶處焚如之室，而與燕雀同棲，執鈆刀之鈍，而與莫邪爭銛也。往者曾、左諸公，既平大難，贊成中興，汲汲焉講求西法。維時吾鄉馮宮詹有《校邠廬抗議》四十篇，其言灼見未來，洞中癥結，海內通人所推許者也。更進而求之，則又崑山顧先生，足跡遍天下，於郡國利病，邊徼厄塞，皆有成書，使先生於今日，其必涉獵西書，而不沾沾於一隅之見也決矣！彼深閉固拒，以相詆其諆者，其學識顧在曾、左、顧、馮之上乎哉？

[四十八] 張一麐：《古紅梅閣筆記》，上海書店出版社 1989 年版，第 28 頁。

比者國家廣設學堂，力開風氣，兩湖兩粵，皆興學會，雖僻小郡邑，亦知自新，而吾吳省會之地，獨闕如焉，詎非吾黨之恥哉？惟事難於創始，而效期於有恆；長洲章鈺、元和張一麐、吳縣孔昭晉，今擬名集同志，量為醵資，多購書籍，以增智慧，定期講習，以證見聞，不開標榜之門，力屏門戶之見，遠師亭林有恥博文之宗旨，近法校邠採西益中之通論，精衛片石，容有益於宏流，漆室悲吟，或無傷於越俎，四方君子，幸而教之。四十九

《蘇學會公啟》是汪榮寶等一批維新青年力主變法革新的宣言書。從以上文字可看出，學會成立的直接動因是甲午戰爭引發的日益緊迫的民族危機，同時還受到明末清初著名思想家顧炎武的啟發。學會推崇馮桂芬和梁啟超的維新變法思想，馮氏著有《校邠廬抗議》，這是我國近代第一個採西學、謀自強的書籍，被譽為變法思想之萌芽；梁啟超於一八九六年在上海創辦《時務報》，連續刊載所著《變法通議》，提出了「窮則變，變則通，通則久」的變法宏論，蘇學會的創辦者們顯然受到馮氏和梁氏變法思想的影響。

學會還制定有《蘇學會章程》，章程規定了該會的管理構架，設經理一人、協理三人、分理四人，凡入會者均需繳納五元會費。其宗旨為：「以中學為主，西學為輔，中學為體，西學為用。中學有未備者，西學補之；中學有失傳者，以西學還之；以中學包羅西學，不能以西學凌駕中學。」五十 會章還規定

四十九 《時務報》，光緒二十三（1907年），《中國近代期刊集會》，第三十三冊，中華書局。

五十 蘇州市地方誌編纂委員會：《蘇州市志》，卷三十九，政事紀略，江蘇人民出版社1995年版，第327頁。

成員平等相禮，戒食洋酒。從章程和宗旨看，蘇學會的現代社團性質已經相當明顯，西學在會中佔有相當的地位。

學會成立後大量購置經世致用的書籍，以開拓會員的眼界，當時各種介紹新知、有益於國計民生的書籍絕大部分譯自西方，所以學會組織所購置的圖書以西學書籍為最。蘇學會廣為藏書，注重學習西學，常派員到上海採購有關維新思想的西書。至於中文圖書，除非是經世有用的否則不儲備。蘇學會明文規定：「本會所購之書，分為六門：曰史學，曰掌故學，曰輿地學，曰算學，曰農商學，曰格致學。其餘訓詁詞章概不備。」大量西學書籍的購置，為學會成員瞭解世界、開拓眼界提供了管道。會中還設立專門圖書室，將所購書籍分門別類，妥善管理，規定惟有會員方可借閱，且須按期歸還。另外，該會成員還積極學習外文，「課本皆自行編訂」，並「有英、法文教習各一」。[五十一] 通過閱讀西學書籍、學習外文，學會成員對西學的追求已從原來單純、盲目的接受階段，進入到有目的、細緻的研究和吸收、消化與融會階段。

蘇學會的創立者均為具有維新思想的青年，他們深感清廷敗於島國日本的切膚之痛，懷著挽救民族危亡強烈的責任感提出變法以自強的主張。學會的創辦人章鈺幼年即閱讀過《日知錄》等書籍，十七歲入蘇州府學，並在紫陽書院學習，後任刑部主事，又入兩江總督端方的幕府，力主革新。張一麐十二歲

[五十一] 王爾敏：《晚清政治思想史論》，廣西師範大學出版社 2005 年版，第 129 頁。

應童子試即為秀才，一八八五年考中舉人，他痛感民族危亡，倡言變法圖強，其後考取經濟特科，被分往袁世凱處任職，成為袁氏的重要幕僚，其他如孔昭晉等均為思想激進、主張變法的青年才俊。

時年十九歲的汪榮寶是蘇學會中最為活躍的成員，他深受維新思想的影響，積極探尋合適的改革模式，主要體現在以下活動中：第一，踴躍參與講習。定期講習為該會的主要活動之一，這些奮發有為的青年才俊們聚集一堂探討時局，議論時政以增長見識。汪榮寶喜與人辯論，每逢集會就慷慨陳詞，總會發表一番通論，以致聽者難於辯駁，惟有點頭贊許。張一麐回憶道：「七日一集會，同人中如邱公恪震，汪袞父榮寶皆少年奮發，感慨激昂。」[五十二]與同鄉們的辯論培養了汪榮寶的演說能力，為他此後立足政壇增添了一項特殊才能。第二，撰寫文章，投稿報刊。蘇學會的成員們深受維新運動領導人物梁啟超辦報的啟發，十分關注報刊，該會發起人之一的孔昭晉曾直接參與創辦《集成報》，[五十三]該報是中國最早的文摘報之一；會員葉耀元還擔任上海《新學報》的總撰述。汪榮寶亦熱衷於在報刊上撰文，闡發變革觀點。朱德裳曾引湯用彬的《新往論》評論說：汪榮寶與章太炎「同投稿《時務報》，每論文出，時流驚異，一時有汪、章之目。」[五十四]汪榮寶能與章太炎並駕齊驅，足見他的不凡才學和超

五十二 張一麐：《古紅梅閣筆記》，第 28 頁。

五十三 《集成報》有兩種：一是陳念湲、孔昭晉等在上海於 1897 年 5 月創辦的，二為英商呂塞爾（H.C.Russell）在上海與 1910 年 4 月創辦的。前者出版時間不長，後者到 1912 年 9 月共出 49 期，一般稱後者為《新集成報》。（丁守和：《辛亥革命時期的期刊》，第一冊，人民出版社 1980 年版，第 69 頁。）

五十四 朱德裳：《三十年聞見錄》，嶽麓書社 1985 年版，第 143 頁。

前的維新變革思想。

蘇學會屬維新團體，兼重「中學」和「西學」。所謂「中學」指中國傳統的儒家思想文化，「西學」指西方先進實用性的科技等。顯然，汪榮寶等提出的指導思想與張之洞等提出的洋務運動的主導思想基本一致，這表明在維新運動中，他們並未完全脫離舊有思想體系，並明顯帶有以前改革遺留的痕跡。可以這樣說：蘇學會創辦者們包括汪榮寶，此時儘管強烈地意識到中國社會需要革新，但限於學識和歷史環境，他們對改革的具體內容、方式並沒有清楚地認識，因而未真正形成系統的改革理念。另外，蘇學會沒有明確的政治綱領和組織原則，沒有堅強的領導與嚴格的組織紀律，學會的活動範圍僅僅限於知識份子和政府官僚。戊戌政變後，維新運動被迫中斷，蘇學會也隨之解散。

儘管如此，蘇學會的成立及運作仍然在蘇州士林中產生了極大影響。「所謂風氣初開，長老驚詫，至有『厲氣所鍾』考語。」[五十五]臺灣學者王爾敏評論說：「甲午、戊戌之間，學會之盛，猶如雨後春筍，雖然曇花一現，實因八月政變有意摧挫之。其時學會之興，為晚清新思潮之具體表徵。而所為溫和鼓吹理想，講論新知，代表知識份子之求知慾，及對新政治新社會之想像，為最正當最有意義之行動。」[五十六]汪榮寶和同鄉創辦的蘇學會是維新浪潮激起的一朵浪花，該會在吳地宣傳了維新變法思想，改變了知識份子只重科舉的舊習，開啟了變法圖強的新路，他們的首創之功不可磨滅。

五十五 張一麐：《古紅梅閣筆記》，第28頁。

五十六 王爾敏：《晚清政治思想史論》，廣西師範大學出版社2005年版，第111頁。

二、痛惜戊戌政變

汪榮寶於一八九七年考取拔貢，一八九八年二月入京參加朝考，隨後被授兵部七品小京官留駐京師。初登仕途汪榮寶躊躇滿志，才情英發，「一時知名之士多折節為忘年交」。[五十七] 在京城任官交友的同時他密切關注著維新運動的進展。

一八九八年，康有為、梁啟超領導的維新變法運動漸至高潮。一月至六月間康有為連續上書光緒皇帝，提出變法綱領，懇請實施變法，光緒帝在維新派的影響下決定推行變法。六月十一日，光緒皇帝正式頒佈《定國是詔》，宣佈全國實施維新，此後至九月二十一日，連下了幾十道實行新政的命令，敕令各地官員進行革新，改革內容涉及政治、經濟、軍事、教育等各個方面。然而維新改革動搖了朝中固有的政治權力格局，也觸動了以慈禧為首守舊派的既得利益。九月二十一日慈禧發動宮廷政變，囚禁光緒皇帝於中南海瀛台，廢除所頒新政法令，殺戮維新人士譚嗣同、楊銳、楊深秀、康廣仁、劉光第、林旭，維新變法只進行了一百零三天就宣告失敗。

戊戌變法時刻牽動著汪榮寶的神經，但他並不是這場運動中引人矚目的角色，甚至很少看到他在其中有所活動，究其原因約有三：第一，資歷尚淺，未樹聲名。一八九八年汪榮寶剛至弱冠之年，所獲官銜也只是七品京官，無法與在天子腳下擁有高官顯位的朝中要臣相提並論。他所考取的功名為拔貢，儘管被視為科舉正途，但畢竟與進士、翰林功名頗有差別，這使他無緣參與實質性變法活動。第二，不屬

五十七 汪孝熙等：《哀啟》。

於康、梁派成員。康有為、梁啟超是變法的領袖人物，以二人為中心聚集了一批有志於革新的維新人士，其中湖南、四川人居多，包括譚嗣同、劉光第、楊銳等，他們是變法中的核心群體，處於為國人所矚目的主導位置。第三，穩健的改革思想。這是最為重要的一點。汪榮寶認為康、梁變法之舉過於鋒芒畢露，未免有些激進之嫌，關於這一點天默生曾在一八九八年十月第五十一號《東邦協會會報》上發表《漢土政變和支那分裂的原因》一文，指出維新時期國內有守舊派、急進黨、漸進黨三派，其中漸進黨「包括江浙派、自強湖南派、各省漢族漸進派。江浙派的代表人物是汪康年、王仁俊、陳三立、汪榮寶、孫福寶、陳虬等人，陳寶箴隱然為其領袖人物。」[五十八] 其中急進派指康有為、梁啟超、譚嗣同等人，而列汪榮寶於漸進派，可見其改革主張與康、梁有所區別。

儘管汪榮寶對於康、梁等所採取的改革方式有所懷疑，但他積極支持變法是能夠肯定的，這反映在戊戌政變後他所作的諸多詩歌中。六君子禍作之後「新政萌芽摧折以盡」，維新人士或逃離國外、或慘遭戕害，汪榮寶見此情形「憂思忼慨，形諸詠歌」。[五十九] 憤而作《記變》詩表述自己的憤懣之情：

九縣陵遲日，三靈震動年。欻驚星入鬥，真恐海為田。
草木紛搖落，乾坤孰轉旋。此時天地醉，未敢訴纏綿。
不覺鶗鴂啼痛，寧知燕啄傷。高名虛四皓，哀詠動三良。

五十八 廖梅：《汪康年：從民權論到文化保守主義》，上海古籍出版社 2001 年版，第 168 頁。
五十九 汪孝熙等：《哀啟》。

衛國棋無定，周京燎不揚。小臣魂魄散，不信有巫陽。
直道今何在，奇悲古未曾。側身思柱石，雪涕望觚棱。
踞跡方交錯，川原況沸騰。諸公行老矣，何語謝長陵。六十

可以看出，汪榮寶對戊戌變法的中途夭折深感痛心，對政變中被戮的六君子更是惋惜不已，詩歌真實地表達出他在改革失敗後的悲愴心情，這是自古未有的「奇悲」，此時草木搖落，乾坤旋轉，清廷統治者昏聵無知箝制眾口，他不禁質問「直道今何在」！

參與維新運動是汪榮寶的第一次政治實踐。雖然他未能成為此次革新運動的主角，但也顯示了其趨新求變的志向。他支持康、梁發起的維新改革，認定這是挽救國家、振興民族的有效途徑，同時對康、梁所採取的方式並不是非常贊同。通過自己的探索，他認識到漸進穩健的改革比激進變革或冒險的革命更能被清王朝統治者所接受，更能收到實效，這一理念成為他後來改革思想和實踐的基石。

第四節　南洋公學的特班生

一八九九年，汪榮寶仍處於痛心維新變法失敗的悲傷情緒中，同時在兵部任職主要幹些文字抄錄工作，這讓懷有大志的他深感失望，於是專注於治學。汪榮寶體質素弱，加以「治學勤劬」，致使屢致疾

六十 汪榮寶：《思玄堂詩》，臺北文海出版社 1970 年版，第 7 頁。

困。冬季，他患上了喉痧，「委頓床榻者累數月，比起骨肉盡脫」，幾致喪命。[六十一]其母張氏甚為擔憂，多次寫信催促他回鎮江養病。別離親人、故土已屆一年，汪榮寶手持家母書信，思鄉之情彌加深切，一九〇〇年季春乞假省親，歸鎮江治療疾病調養身體。

在鎮江的生活似乎溫馨又平靜，親人團聚，詢寒問暖，歡笑宴宴。但這時的中國卻掀起了驚濤駭浪，一九〇〇年夏義和團運動興起，清廷與洋人開戰，西方各國組成八國聯軍入寇京師，清王朝的實際統治者慈禧太后帶領光緒皇帝倉惶西遁，京師鼎沸，全國形勢一片混亂。汪榮寶身在鎮江卻心繫清廷，時刻關注國家局勢的變化，觀察中外情勢，他以為「國勢陵夷」，「非墨守舊聞所能匡救」。他做出一個大膽的決定：放棄已得官職，請命於祖父汪亮鈞，入新式學堂重新學習。汪榮寶的這一選擇影響了他的一生。

一九〇〇年秋汪榮寶到達上海，進南洋公學求學，他首先擔任該校小學教員，[六十二]後入特班學習英語。南洋公學是盛宣懷在一八九六年創辦的新式學堂，以培養「兼容西學、經世致用」的人才為宗旨，擔任該校總理的皆是近代文化名流，第一任總理何嗣焜，第二任總理是張元濟，沈曾植及汪榮寶二伯父汪鳳藻也先後任總理之職。一九〇一年四月總理張元濟呈請盛宣懷開設「特班」，盛氏很快批准，並指

六十一 汪孝熙等：《哀啟》（汪榮寶）。

六十二 南洋公學總理何嗣焜於一九〇〇年夏設附屬小學，同年冬，招收學生七四名，擬次年二月開學，但未及事就，何氏病故。後由張元濟接任總理，他續辦小學各項事宜，聘吳稚暉主其事。恰汪榮寶來南洋公學，遂被聘為小學教習，同被聘的還有林康侯、陳頌平二人。

示道：「所取必須品學合格，為將來造就楨幹大才之用。」[六十三]「特班」專門招收具有舊學根底、且擁有一定功名的知識份子。考試要求極為嚴格，須先筆試，後口試，兩項考試均合格者才被錄取，汪榮寶順利通過考試成為第一屆特班學生。張元濟親自主持了「特班」第一屆學生的招生，共招收學生四十三名，年齡均在二三十歲，其中黃炎培、邵力子、李叔同、謝无量等均在錄取之列，可謂人才薈萃。南洋公學求學期間汪榮寶寫有《早春即事》詩，詩曰：

鄉國驚心萬象春，中原北望雪催輪。
豈聞墨翟能存宋，會見辛垣欲帝秦。
宣室未忘前席對，滄江空望屬車塵。
國家成敗誰能料，已有天書誓臥薪。[六十四]

汪榮寶所作的詩歌大多沒有確切時間記載，這為探尋他在各個歷史時期的思想帶來了困難，但根據詩意和聯繫歷史背景推測，該詩乃在上海求學時期所作。從詩中可以看出汪榮寶雖身在江南，卻時刻關注著京師的安危。面對八國聯軍入侵、國家遭受凌辱的現實，他憂心如焚，感慨國家成敗的同時，他決心臥薪嚐膽，磨礪自己。

六十三　張樹年主編：《張元濟年譜》，商務印書館 1991 年版，第 36 頁。
六十四　汪榮寶：《思玄堂詩》，臺北文海出版社 1970 年版，第 24 頁。

南洋公學的學習拓展了汪榮寶的視野，也為他提供了結識海內外豪傑的機會。當時南洋公學聚集了一批有識之士如章太炎、蔡元培、吳稚暉等，汪榮寶與他們「昕夕過從，視為畏友」。在與這些人的交往中，他初步接觸到革命思想，其思想趨於激進，開始同情革命。在熟練掌握英文之後，汪榮寶洞觀中外情勢，決定到日本留學。

第二章　留學探索之路

如果說維新運動是汪榮寶趨新求變思路的開始，留學日本則是他接受當時西方先進思想，探求中國變革道路重要的一環，頗值得考察和探究。在一九〇一——一九〇四年間，汪榮寶留學日本早稻田大學和慶應義塾，踴躍參與政治團體，廣泛閱讀東西洋書籍，成為留日學生的領袖人物。留學早期他逐漸轉向激進，至後期則歸於穩健，反對革命而力主革新，漸而形成維新變革的思想。他的思想轉變歷程反映出當時青年留學生在救國救民道路中的艱難探索，具有突出的代表性。

第一節　活躍的留學生領袖

一、學習及生活狀況

甲午戰爭的失敗引發了國人的思考，也迫使清政府作出應對策略，向日本學習漸而成為國內知識界和政府官員的共識。一八九八年湖廣總督張之洞著《勸學篇》，其「遊學篇」宣導留學日本之效，認為遊學西洋不如東洋，有路近省費可多遣、東文近於中文易通曉等優勢，促成了留日風氣的形成和清廷留學政策的逐步確立。之前一八九六年清廷就已向日本派出唐寶鍔、朱忠光、戢翼翬等十三名留學生，此為近代中國人留學日本的肇始。一八九八年清政府諭令各省督撫在各自的範圍內選派學生赴日本留學，留日學生的批次和人數日益激增，幾年間形成留學日本的滾滾浪潮。據日本學者統計，一八九八年留日學生只有十八人，一八九九年增至二百〇七人，一九〇一年二百八十人，一九〇二年達五百人，到一九〇三年已超過千人。[一]正在探尋國家救亡之路的汪榮寶也積極投身於留日大潮之中。

汪榮寶負笈東瀛，於一九〇一年十二月底到達東京，開始了長達三年的留學生活。其後代回憶「君嫻熟英吉利文，復洞達中外情勢，即辦裝遊日本」。[二]初至日本，汪榮寶為選擇何種專業和學校而猶豫不決。一八九九年清王朝曾頒佈諭旨大致限定留學生所學專業，「出洋學生應分入各國農、工、商等學堂，專門肄業，以備回華傳授之用。」[三]可見此前清朝的宗旨在於培育科技和實業人才。然而自一九〇一年一月清政府正式宣佈推行改革，中央和地方政府機構亟需大量的新式法政人才，汪榮寶注意到了國內這一現實。另外到日後他目睹日本社會蒸蒸日上的景象，認為學習法律政治更能切合實用。經過綜合衡量，汪榮寶最終決定入早稻田大學學習，選擇法政作為專業，同時作為具有深厚舊學功底的知識份子，他意識到歷史學的價值，又入慶應義塾專攻東西歷史，以歷史學作為專業在當時的留學生中並不多見，這從某種程度上顯示出他對西學新知的獨特思考。

一　（日）實藤惠秀著，譚汝謙、林啟言譯：《中國人留學日本史》，三聯書店 1983 年版，第 451 頁。

二　汪孝熙等：《哀啟》（汪榮寶）。

三　中華民國五十年文獻編纂委員會：《中華民國開國五十年文獻》，第一編第八冊教育，1963 年，第 248 頁。

汪榮寶所學習的早稻田大學和慶應義塾均是名校，兩所大學均成立於明治維新運動時期，並稱日本「私學雙雄」。早稻田大學的前身是大隈重信創立的東京專門學校，大隈重信（一八三八—一九二二）曾兩度出任日本內閣總理大臣，是日本議會政治的奠基人，一八八二年他提出「學問要獨立」的宣言，創設東京專門學校，一九〇二年更名為早稻田大學，並廣聘名師政要任教。[四]慶應義塾是日本最古老的私立高等學校，其前身是福澤諭吉創辦於一八五八年江戶（今東京）的蘭學塾，一八六八年（慶應四年）該校取日本孝明天皇年號「慶應」為塾名，改名為慶應義塾。福澤諭吉（一八三五—一九〇一）是日本明治時期著名的啟蒙思想家和教育家，他宣導文明開化，宣揚愛國、報國思想，呼籲民族獨立。[五]兩所大學嚴謹務實的學風和自由民主的思想啟迪著汪榮寶，他徜徉在知識的海洋中，如饑似渴地汲取著西學新知。通過在兩所大學的學習，他開拓了眼界，拓展了思想，獲得了全新的知識，也具備了歸國後從事新政改革所需紮實的專業技能。正是懷著熾熱的救國之情，促使汪榮寶在留日期間廣泛地閱讀西學書籍，認真聆聽兩所大學的課程，並積極從事政治活動和編譯雜誌，認真思考日本改革成功的經驗，不斷探索祖國獨立富強的良方。

汪榮寶在日本留學的時間是一九〇一—一九〇四，長達三年，基本可以肯定他接受的不是那種突擊式的速成教育，而是較為系統地、全面地學習，這使他掌握了法律和歷史兩學科的最新理論和觀點，對

四　（日）岡義武：《近代日本的政治家》，岩波書店1997年版。

五　（日）福澤渝吉著、馬斌等譯：《福澤渝吉自傳》，商務印書館1980年版。

西學的認識超越了淺嘗輒止式的認知，從而在一定程度上理解和把握到西學的本質和內涵。至於哪門專業學得更好，筆者認為汪榮寶對歷史學的理解更為深刻些，這可以從他所發表的文章中得到印證，留學期間他發表了多篇關於歷史學的文章，包括《史學概論》、《歐洲歷史之新人種》、《拔都別傳論》等，其中《史學概論》在近代新史學的研究中佔有一席之地。

汪榮寶思想活躍，才學出眾，喜交友朋，很快就在留學生中樹立聲望，成為學生中頗具影響的人物。他當時結交了一大批留學英彥，其中有革命派，立憲派，也有政府派。革命派如葉瀾、秦毓鎏、董鴻禕等，立憲派如雷奮、楊廷棟、羅傑等，政府派有章宗祥、曹汝霖、金邦平等。這些都是意氣風發、滿懷救國壯志的青年才俊，儘管有不同的政治追求，但能夠融洽相處。閒暇之餘，汪榮寶與友朋結伴遊覽東京的上野公園，到位於東京郊區風景如畫的箱根[六]休閒度假，但更多的是探討世界大勢，辯論救國良方，忙於創辦雜誌和編譯書籍。

二、參與政治團體

汪榮寶先後參加了留學生的政治團體勵志會、青年會、拒俄義勇隊等，成為這些團體中甚為活躍的成員。勵志會是留日學生最早組建的政治性團體，於一九〇〇年在東京成立，「為留學界創設團體之先

六 箱根，日本著名旅遊景區，位於神奈川縣西南部，距東京90公里，為日本的溫泉之鄉、療養勝地，有「國立公園」之稱。此處有環翠樓，是中國留學生經常聚集之地，梁啟超亦曾在此休養度假，並著有詩歌，汪榮寶著有《東京遇柳屏將歸國同遊箱根環翠樓》詩。

河」。[七]關於勵志會的性質說法不一。秦力山稱「會章五條，為純粹之革命主義」，即是革命團體。[八]而馮自由則認為「不外以聯絡感情，策勵志節為宗旨」。[九]學者桑兵根據一九〇二年十二月改正的勵志會會章研究，認為馮自由的說法相對接近於事實，即勵志會不是革命團體，而只是較多的傾向於立憲、主張對清廷原有制度進行變革的穩健團體。[十]汪榮寶抵日之初即成為該會的主要會員，參加新的團體符合他維新運動以來的政治理念。

青年會成立於一九〇二年冬，由勵志會中的激進成員秦毓鎏、張繼、葉瀾、董鴻禕、周宏業、馮自由、陳獨秀等在東京籌建，汪榮寶為其中成員之一。他們原擬仿義大利獨立前的反抗組織「少年義大利」，取名「少年中國」，後為避免清廷注意，但仍寓少年中國之意，定名為「青年會」。青年會會約第一章規定「以民族主義為宗旨，以破壞主義為目的」，顯露出鮮明的反清色彩，此為留日學生中第一個具有革命傾向的團體。[十一]這表明汪榮寶的思想較為傾向於革命。

一九〇三年，留日學生痛感於俄國對我國東三省的侵略，發起了轟轟烈烈的拒俄運動。青年會幹事秦毓鎏、葉瀾、鈕永健等人建議召開全體學生大會，商議應對之策。[十二]四月三日，留日學生在東京錦輝

七 馮自由：《革命逸史》初集，中華書局 1981 年版，第 98 頁。
八 秦力山：《泰力山集》，中華書局 1981 年版，第 159 頁。
九 馮自由：《革命逸史》初集，中華書局 1981 年版，第 98-99 頁
十 桑兵：《清末新知識界的社團與活動》，三聯書店 1995 年版，第 148-151 頁。
十一 黃福慶：《清末留日學生》，中央研究院近代史研究所，1983 年，第 229 頁。
十二 馮自由：《革命逸史》第五集，第 30 頁。

館召開大會，與會者有五百人之多。公推湯槱為臨時議長主持大會，隨後鈕永健、王璟芳、葉瀾、張肇桐、程家檉、李書城等相繼發表演說，痛斥俄國，其中湯君的演說最感人，眾人聽後皆憤發，涕泣不能抑。汪榮寶也登臺演說，痛斥俄國違背約法拒不撤兵之無恥行徑。[十三]鈕永健提議留日學生組織「拒俄義勇隊」，準備赴戰，得到與會學生的多數贊成。

素有反清之志的青年會，認為可以乘此機會擴大勢力，即全體加入「拒俄義勇隊」，自此青年會之名不復存在。汪榮寶作為青年會的骨幹遂轉為「拒俄義勇隊」成員。[十四]因「善著文」，他被眾人舉為總書記，負責運動的宣傳工作，成為拒俄運動的領導者之一。[十五]「拒俄義勇隊」成立後，其成員每天進行軍事操練，隨時準備回國參加抗俄戰鬥。駐日公使蔡鈞得到消息後，致電清政府聲稱學生「名為拒俄，實則革命」，清廷遂向日本政府提出解散拒俄義勇隊請求。在清廷和日本政府的施壓下，留日學生於五月二日改「拒俄義勇隊」為「學生軍」，隨後「學生軍」又改名「軍國民教育會」，堅持抗俄活動。拒俄運動是近代知識份子參加「國民外交」的開端，因政府擔心學生運動失去控制而嚴令予以取締，汪榮寶也因此舉被迫回國。這些政治活動對其改革思想和實踐產生了深遠的影響。

十三 《軍國民教育會之成立》，《江蘇》，第2期，1903年5月27日。

十四 陶成章：《浙案繼略》，第9頁，轉引自張玉法：《清季的革命團體》，中央研究院近代史研究所，1982年。

十五 汪東：《寄庵隨筆》，上海書店1987年版，第136頁。

第二節　致力宣傳西學

一、參與創辦期刊雜誌

留學期間，汪榮寶還熱衷於從事文化活動，積極參與創辦期刊、創建學術團體和撰寫論著。汪榮寶參與了《譯書彙編》的編纂。《譯書彙編》是譯書彙編社的會刊，譯書彙編社是由楊蔭杭、雷奮等於一九〇〇年十二月在東京組建的翻譯團體。頗負才學的汪榮寶抵日後很快成為《譯書彙編》的負責人之一。據學者沈殿成研究，譯書彙編社共有十四名社員：戢翼翬、王植善、陸世芬、雷奮、楊蔭杭、汪榮寶、楊廷棟、周祖培、金邦平、富士英、章宗祥、曹汝霖、錢承志、吳振麟。[十六]該雜誌以「播文明思想於國民」為宗旨，主要譯載歐美政治、經濟、法律等方面的著作，其時連續翻譯刊載了孟德斯鳩的《萬法精理》、約翰·穆勒的《自由原論》、斯賓塞的《代議政體》等西學名著，譯筆流麗典雅，風行一時。[十七]一九〇一年該刊轉以著述為主，編譯為輔，闢專欄刊載留學生撰寫的文章。汪榮寶素善著文，接觸西學後其思想中又融入了新鮮元素，遂執筆撰文，連續在雜誌上發表了多篇文章，闡述自己的新觀點。

汪榮寶還是《江蘇》雜誌的創始人之一。該雜誌是江蘇同鄉會的機關報，一九〇三年四月二十七日由汪榮寶、秦毓鎏、雷奮、楊廷棟等江蘇籍留學生創辦。《江蘇》為月刊，自創刊至一九〇四年三月，

十六　沈殿成：《中國人留學日本百年史》（1896-1996），遼寧教育出版社 1997 年版，第 68-69 頁。

十七　馮自由：《革命逸史》初集，第 99 頁。

共刊出十期，後限於經費停刊。據其簡章規定，雜誌闢有社說、學說、記事、記言、調查和小說等欄目，刊載內容涉及到政治、法律、軍事、哲理、歷史、傳記等。該雜誌介紹西方社會政治學說，宣傳推翻清王朝，主張建立共和國，所刊鄭成功、史可法、陳涉、冉閔等歷史人物傳記反映其明確的反清革命傾向，可見刊物政治主張頗為激進。該雜誌還刊載過宣傳革命的文章，如署名季子的《革命其可免乎》、署名漢駒的《新政府之建設》、孫中山的《支那保全分割合論》，因而與《浙江潮》、《湖北學生界》齊名，受到留學青年的青睞。[十八]汪榮寶擔任「評說員」之職，負責撰擬每期的社說評論，同時撰寫文章在雜誌上發表。其友人回憶說，汪榮寶在《江蘇》雜誌「撰文頗多，署名『公衣』，即『袞』字之拆寫也。其文一出，爭相傳誦，梁任公在《新民叢報》亦甚稱道之。」[十九]

二、發起成立國學社

汪榮寶還參與發起國學社。該社於一九〇三年由汪榮寶、葉瀾、張肇桐、秦毓鎏、稽鏡、董鴻褘、王雋基、周逵、黃鐸發起成立，屬純學術性質，其宗旨是「專門編輯中小學堂教科書，兼翻譯東西名籍」。國學社在其《編輯教科書啟》中聲稱，該社成立的緣由為：中國目前教育只知「墨守故紙」，以至「錮智敗德，未知所終」，缺少專門教育，更缺少應用性的科學書籍，急需出版融進

十八 丁守和主編：《辛亥革命時期期刊介紹》，第一集，人民出版社 1980 年版，第 329-345 頁。

十九 汪東：《寄庵隨筆》，上海書店，1987 年，第 136 頁。

西學知識的教科書。國學社制定了詳細的編輯計畫，其中包括：秦毓鎏、稽鏡、張肇桐合編《中學讀本》、《小學讀本》，葉瀾編《中學本國地理志》、《小學地理志》，周逵編《法制教科書》、《經濟教科書》，汪榮寶編譯《中學文典》、《中學國史》（包括上古史、中古史、近世史、現世史）、《小學國文典》和《小學國史》。[二十]遺憾的是筆者目前只看到了張肇桐編輯的《小學國史教科書》，並未見到汪氏所編書籍，可以推測這是國學社所列的宏偉編纂計畫，也許因為汪氏很快回國被迫中止。但從所列書目可以看出，國學社以改變中國教育為宗旨，試圖將西方的教育學方法和理念移植到中國的教育實踐中，而汪榮寶尤其重視文學和史學，反映出他嘗試從思想文化上提升國民素質的獨特思路。

三、發表西學著述

在對西學知識理解和思考的基礎上，汪榮寶撰寫了大量論著，其中最能代表其思想的是《史學概論》、《新爾雅》和《國民之進步歟》。《史學概論》是汪榮寶留學期間最早公開發表的文章，發表於一九〇二年第九期、第十期《譯書彙編》雜誌的「歷史」欄目中，[二十一]之後受到推介在留日學生中廣泛流行，成為有關新史學的名作。文章吸收借鑒西方史學的新觀點，並以進化論為主題思想統攝全

二十 《國學社簡明章程》，《江蘇》，江蘇同鄉會編，第2期。

二十一 汪榮寶：《史學概論》，《譯書彙編》第9期，1902年12月10日，第10期，1902年12月27日。

文，批判中國傳統歷史的方法和思想，注重介紹西方新史學理論。文章的發表反映出汪榮寶以進化論為指導的歷史觀的形成。《新爾雅》由汪榮寶和葉瀾共同編纂，一九〇三年由日本東京並木活版所印刷，上海明權社出版。全書組織結構清晰，按次序分為十四個部分即十四個學科，分別為：釋政、釋法、釋計（經濟）、釋教育、釋群（社會）、釋名（倫理學）、釋幾何、釋天、釋地、釋格致（物理學）、釋化（化學）、釋生理、釋動物、釋植物，容納了當時新興學科的各個方面，凸顯出清末西學文化圖景的構架。

《國民之進步歟》發表於《江蘇》雜誌第二期，文章主要闡述進化論。[二十二]汪榮寶首先闡釋了進步、凝滯的含義：「凡有機之屬生存於宇宙之間者，則莫不具有自然之能力」，「其有利用此能力善遂其成長發達之性，以萬物相競爭者，謂之進步之現象」；而「凡制於他力，限於週邊之境，遇妨其本能而浸滅其成長發達之速度者，謂之凝滯之現象」。接著指出國家也是「宇宙間一有機體」，同樣遵循進化的規律。中國「已往之歷史如永靜性」，具有很強的因循性。汪榮寶引用英國經濟學家亞丹·斯密論中國的觀點：「支那五州豐腴，非所謂天府之國耶。民庶而非不勤，野廣而非不闢，特治不加進者，幾數百千年。」結論認為中國數千年如一日，沒有真正的進步：「自古以來至於近世，其間王朝之盛衰，學風之隆污，疆土之廣狹，財力之盈朒，先後倚伏如環無端。而至國民智德之程度與生活之歷史，則數千年

[二十二] 令人遺憾的是這篇文章只有上半部分，筆者曾仔細查找未見其下半部分，但在這篇不完整的文章中，依然可以管窺到汪榮寶的進化論思想。

如一日，未嘗有殊。」因而導致了中國自「鴉片以來，屢與列國相衝突，每戰則必北，每締約則必有所退讓」，固執而不知革新是中國近代落後的根源。[二十三]

怎樣才能體現進步？汪榮寶認為要借助於統計學。他指出，「夫進步云者，其非可以空言嬌氣相矜誇而已，必也驗諸事焉，征諸統計焉」。目前列國「於國力之進退月有記錄、有比較，若學校之多寡，若生徒成績之良否，若出版物之種類，若輸出入之金額，若農工之出品，若官私電線、鐵道之里程，若科學、藝術、新發明之效用，部以別之，表以明之」，通過各段時間內的前後比較，可以判斷進步與否。[二十四]而中國缺少統計資料，沒有比較，就很難看到進步還是倒退，故要重視統計作用。

針對人類進步的要素，汪榮寶引英國學者哥爾多文斯密的觀點，分為道德、智力、生產三種，以此作為觀察衡量社會進步程度的標準。在這篇不完整的文章中，只能看到對道德的分析。汪榮寶認為道德分「公德」和「私德」。而「道德發達之順序，私德之發達必先於公德」。所謂私德，即「對於個人若團體之，與已有特別之因緣若情誼者，所當循之行為」；所謂公德，即「對於一切之人間所當循之行為」。對於一個群體的凝聚力來說，最必不可少的是公德。但私德也十分重要，因為一個群體的總體素質最終取決於群體內成員的素質。因此汪榮寶認為，私德決非是個人問題，它的首要價值仍在有助於群體素質的提高，而公德的發達與否決定了社會文明程度。[二十五]

二十三　《國民之進步歟》，《江蘇》，江蘇同鄉會編，第2期。
二十四　《國民之進步歟》，《江蘇》，江蘇同鄉會編，第2期。
二十五　《國民之進步歟》，《江蘇》，江蘇同鄉會編，第2期。

第三節　在改良和革命之間徘徊

一、留學早期趨於激進

二十世紀初的日本聚集了數量眾多的中國人，除清政府使館官員和留學生外，還困集著大批國內流亡「政治犯」。梁啟超和孫中山為他們的領袖，兩者分別代表兩種不同的救亡道路，梁氏代表改良派，主張在維護清朝統治的前提下推行憲政改革；孫氏代表革命派，力主用武力推翻滿清王朝，建立共和新政府。剛到日本的汪榮寶較少與改良派往來，而與革命派聯繫頗多，因而其思想轉趨激進。

汪榮寶首先加入的政治團體為勵志會，如上文所述勵志會在成立早期較為穩健，但後來發生分化，部分成員轉而支援革命，汪榮寶即其中之一。據張玉法先生統計，勵志會成員共四十二人，除去漢口自立軍死難的四人，其餘三十八人中確有革命傾向的有十一人，其中包括程家檉、戢翼翬、董鴻禕、葉瀾、唐才質、秦力山、秦毓鎏、張繼、王寵惠、沈翔雲、汪榮寶；政府派十四人，包括良弼、王璟芳、章宗祥、曹汝霖、金邦平、吳振麟等；立憲派四人，即雷奮、楊廷棟、楊蔭杭、吳祿貞。[二十六]這表明汪榮寶在勵志會後期即有革命傾向。

參加支那亡國紀念會也可作為汪榮寶思想轉變的證例。一九〇二年四月二十五日，即舊曆三月十九日，為明崇禎皇帝殉國二百四十二年忌日。革命派成員章太炎、秦力山等在東京發起支那亡國紀念會，

[二十六] 張玉法：《清季的革命團體》，臺北中央研究院近代史研究所，1975年，第253-255頁。

借紀念明朝滅亡激發留學生對清朝統治者的仇恨，受到留日學生的關注和響應。儘管駐日本公使蔡鈞要求日本政府阻止學生參與集會，但屆時「不約赴會者有程家檉、汪榮寶等數百人」。支那亡國紀念會的活動在留學生中反響很大，此後「學界革命之思想，至是有一日千里之勢」。[二十七]汪榮寶不顧清廷反對和日警的阻攔，堅持參加集會，足見其思想傾向革命的程度已非一般。參與創建青年會則顯示了汪榮寶已轉變為革命派。青年會「以民族主義為宗旨，以破壞主義為目的」，顯露了鮮明的反清革命色彩，而汪榮寶名列其中並成為核心會員和活躍分子，說明他此時已經與革命黨人同心同往了。而在隨後爆發的拒俄運動早期，也可以看到汪榮寶與革命黨共進共退。

思想激進的汪榮寶接受了民族主義思潮，開始力倡排滿革命，一九〇三年夏天發生的沈藎案[二十八]和《蘇報》案[二十九]使反清情緒升到沸點，同時也使汪榮寶的民族主義思想更加激進。兩案發生後，汪榮寶作為《江蘇》社評說的「評說員」，其撰文道：「沈藎既死，滿洲政府益欲逞其毒於我同胞國民，留學生之還入內地者，皆被查檢甚嚴，而魏光燾指捕揚州新黨若干人、上海新黨四十七人，其說騰播，棄家逃亡，望門投止者趾踵相錯。滿人之虐我漢族，暗無天日之至耶！」可以看出汪榮寶的強烈憤慨，以至形容漢人

二十七 馮自由：《革命逸史》，初集，第59-60頁。

二十八 沈藎是唐才常自立軍起義的主要骨幹，起義失敗後潛赴北京。一九〇三年四月下旬他披露了沙俄政府關於東北三省的七項要求，引發了留日學生的拒俄運動，七月十九日被清政府捕獲，三十一日被杖斃於獄中。

二十九 一九〇三年五月二十七日，學生領袖章士釗被聘為《蘇報》主筆。6月初起，《蘇報》接連發表章士釗、章太炎、張繼等人的激烈反清文章，6月29日，《蘇報》發表章太炎的《康有為與覺羅君之關係》，全面清算保皇言論。清政府勾結各國租界當局進行迫害，逮捕章太炎、鄒容等人，《蘇報》被查封。

的遭遇是暗無天日。文中還指出而到今日，學生組織義勇以抗俄人，政府「四處逮捕，至商請日使內田，籌壓制留東學生之法，而鄒、章之獄至今未解。」汪榮寶認為滿清政府經歷這麼多變故，仍「禁錮留學生，不得入成城學校，以效秦政之焚詩書，銷鋒鏑；開經濟特科，而即捕經濟特科之士，以效張獻忠之屠諸生。」[三十]從汪榮寶對滿清政府的失望至極，想到解決之道惟有革命，非常明顯的表明出革命傾向。

汪榮寶為何在留學早期傾向於革命，對激進的革命方式抱有興趣呢？筆者分析原因主要有三：第一，革命派的影響。汪榮寶在南洋公學求學時期曾與激進人士章太炎、吳稚暉等有所接觸，但所受影響還十分有限，且上海的大環境對革命備加抑制。抵日之後，情形迥異，在孫中山為首的革命派大力宣傳鼓動下，大批留學生無可逃避地接受了革命思想，轉變為激進的革命者。汪榮寶身在其中，亦同樣受到革命理論的浸染，改變了舊有的溫和觀點，思想趨於激進。

第二，急切的救亡圖存情結。面對內憂外患的局勢，汪榮寶憂心如焚，急切地想尋求到挽救時局的良策。到達日本後，他親眼見到日本的朝氣蓬勃、蒸蒸日上的現代化景象，與暮氣沉沉、不思革新的清王朝相比，完全是兩個世界。這不禁使他對清廷產生強烈不滿，既然統治者不知進取，不如推翻它另建政府，以免國家遭覆亡危險，這符合汪榮寶的救世情結。

第三，潮流的推動作用。在二十世紀初的留日熱潮中，留學生成份十分複雜，有的是京師大學堂、北洋大學堂的畢業生，有的是剛脫離私塾的舊書生，有的是各類專業學堂的高材生，有的是官紳子弟、

三十《革命製造廠》，《江蘇》，第 5 期，1903 年 8 月 23 日。

新軍士兵。為此，日本推行雙軌制教學，對成年學生開設半年至一年的速成科，課堂設翻譯，專門學習某一方面，如教育、警務、法政或軍事。許多留學青年到日本後，進入各種日本特為中國留學生準備的短期「培訓班」中，接受短期速成的教育，少則幾個月，多至半年就畢業發證。從當時日本最著名的宏文學院來看，從一九〇二年到一九〇六年的一千九百五十九名中國畢業生中，速成科一千八百三十人，占百分之九十三點四，而普通科只有一百二十九人，占百分之六點六。一八九六年至一九〇九年，宏文學院共錄取了七千一百九十二名中國學生，三千八百一十人取得畢業證書，畢業率為百分之五十三。這種淺嚐輒止的「速成」方式使中國留學青年對西學知識僅略知皮毛而已，無法真正理解西方的民主、自由的政治含義。這些熱血青年極容易受到潮流的影響，看到許多人提倡革命，就跟著高呼民主自由口號。汪榮寶此時剛到日本，限於對民主自由理論認知水準，又受大潮流的衝擊，極有可能惑於表像，匆忙表達，隨大流地轉向了革命。

二、留學後期漸歸穩健

就如歷史的發展往往不是直線一樣，一個人的思想也不可能終生不變，在多種因素的影響下，汪榮寶的思想在留日後期發生了轉變，即由激進轉向了漸進，由革命轉向了改良。據革命黨人馮自由回憶，汪榮寶在「壬寅（一九〇二年）冬參加青年會，其後與黨人疏遠。」[三十一]青年會的成立時間為

三十一 馮自由：《革命逸史》，第三集，第69頁。

一九〇二年十二月，馮自由指出汪氏此後與革命黨人疏遠，若向後推一段時間至一九〇三年夏，汪榮寶的思想已經發生轉折，開始疏離革命而傾向於改革。這也恰恰可以解釋在拒俄運動中他為什麼會有虎頭蛇尾之舉。拒俄運動之初汪榮寶積極參加「拒俄義勇隊」，並擔任該組織的書記，但在隨後的「學生軍」和「軍國民教育會」名單中均沒有再見他的名字，拒俄運動的後期活動中亦較少看到他參與，只在「軍國民教育會捐款清單」中看到他捐款一元。[三十二]可以推測此時他的態度已經轉變。此後汪榮寶與政府派曹汝霖、章宗祥等往來頻繁，至一九〇四年回國前他最終選擇接受了政府派變法改革的主張。

此處必須探究的問題是，汪榮寶緣何從激進革命回至漸進改革？他參加勵志會、青年會等團體力倡排滿革命，可謂革命派的急先鋒，為何到後期轉而回歸政府體製成為穩健派了呢？若論起來確有其原因，並非偶然，筆者分析如下：

第一，日本的典範作用。汪榮寶在日本整整生活了三年。期間他親眼目睹了日本發奮圖強、後來居上的實事。日本為何能在短短的幾十年時間內一躍而成為強國，汪榮寶自然會發出這樣的疑問，並追溯到日本的明治維新和君主立憲制度上。既然日本能通過自上而下的維新改革而成為強國，中國為何就不能仿效而獲得成功呢？面對日本的成功改革經驗，汪榮寶產生了以日本為榜樣、借鑒日本改革模式實現國家富強的想法。

三十二 楊天石、王學莊主編：《拒俄運動：1901-1905》，中國社會科學出版社1979年版，第93頁、第103頁。

第二，所在大學思想氛圍的影響。汪榮寶所求學的兩所大學的教學氛圍對其思想的轉變提供了溫床。汪榮寶同時在早稻田大學和慶應義塾求學，這兩所大學均受啟蒙思想的影響在明治維新運動中成立，創辦者大隈重信、福澤諭吉以西方自由和民主思想為辦學理念。汪榮寶留學之時，創始人的思想依然存留於教學之中，尤其是早稻田授課的教師中不乏當時日本著名的政治家，有賀長雄即為其中之一。有賀氏曾留學德國，精通法律，歸國後在政治上追隨大隈重信，力主自上而下的穩健改革。既為有賀氏的學生，受其影響秉其衣缽便是應有之義。實際上受到有賀長雄影響的遠不止汪榮寶一人，清末民初政府內留學生改革派不少受到日本維新改革思想家的影響。劉成禺曾指出：「日本法學博士有賀長雄與元老伯爵大隈重信同組進步黨，創立早稻田大學，任教授，是日本外交學界泰斗。洪憲在朝要人，如陸宗輿、曹汝霖、汪榮寶等皆遊其門。」[三十三]同時，作為日本著名的高等院校，早稻田大學對當時盛行的各種速成教育不屑一顧，該校為留學生只提供正規的三年學制課程，正是接受了這種體系的教育，汪榮寶對西方的憲政民主的理解較為系統和深入，應該說更能把握其本質。

第三，清政府的政策鼓勵。二十世紀初的清政府經歷庚子之變後，認識到此時絕不能再墨守陳規了，痛定思痛，為維護統治起見，必須革故布新，實施變法。一九〇一年慈禧太后以光緒帝的名義發佈上諭，宣佈推行新政改革，改革亟需大量的專業人才，為籠絡這些具有西學知識的留學生，清政府先後頒佈了《獎勵遊學畢業生章程》、《考驗出洋畢業生章程》，其中規定舉辦遊學考試，歸國

三十三　劉成禺：《洪憲紀事詩本事簿注》，民國筆記小說大觀第三輯，山西古籍出版社1997年版，第86頁。

留學生均可參加，合格者可授予進士、舉人出身，並實授官職，鼓勵留學生回國從政。清政府於一九〇五年舉辦第一次遊學生考試，參加考試者共十四人，結果十四人全部通過，其中授予金邦平、曹汝霖、陸宗輿、唐寶鍔為進士、舉人出身，並授予官職。這些舉措無疑吸引了一大批渴望進入仕途、施展抱負的留學青年，政府的姿態讓汪榮寶看到了在原有體制內改革的希望，促使他從激進轉回到漸進改革。

第四，文化特質的影響。我們不能忽視生活地理環境和文化特質對一個人思想的影響。汪榮寶祖籍為蘇州府元和縣，蘇州為江南文化的典型代表，江南民眾在歷史文化的長期浸潤下形成了自己獨特的民性和思維方式，民性溫和謹慎，重文輕武，能冷靜慎思。他們通常不拒絕外來思想，在經過縝密的比較和思考、發現外來文化的優點之後，能夠主動地接受和學習。所以在近代的各種政治活動中，江南民眾積極參與者眾多，但過激者不多。[三十四] 汪榮寶為典型的江南士人，文化的特性決定他最終回歸到政府體制內，選擇漸進的社會變革道路。

最後，友朋和家庭環境的影響也不可小覷。留學期間汪榮寶廣交朋友，交往的有思想激進的革命黨人，也有不少思想穩健的政府派和主張改良的立憲派，政府派人物曹汝霖、章宗祥、金邦平等均為其摯友，而立憲派的雷奮、楊廷楝等多是其同鄉，往來頻繁，這些人的思想在某種程度上影響了汪榮寶的政治觀點。此外，汪榮寶出身官宦之家，父輩均在朝為官，大伯父汪鳳池、二伯父汪鳳藻及四叔

三十四　王樹槐：《江蘇民性與近代政治革新運動》，臺灣中央研究院近代史研究所集刊，第 7 期，第 51-93 頁。

汪鳳梁，包括父親汪鳳瀛都是清朝命官，他在日本的「叛逆」活動無疑會影響到家門的前途甚至命運，這些都是他不得不考慮的因素。其後代的回憶也證實了這一點：「日俄戰起，諸革命黨人留東京者，成立國民義勇軍，陰有所規劃。君預焉，事既不行，流言紛熾」。清廷向其家庭施壓，在朝為官的長輩們輪番對其展開訓導，汪榮寶只得「從親友勸」，復官兵部繼續入仕清廷。[三十五]以上因素都促使著汪榮寶最終從革命走向穩健改革之路，至一九〇四年底，他的思想已完成轉型，轉變成徹底的主張體制內革新的政府派了。

第四節　漸進改革思想的內容

留學日本期間，汪榮寶的思想發生了漸進——激進——漸進的曲折轉變，其中包含從「穩健到激進」與從「激進到漸進」兩個階段。必須說明的是，前面的「漸進」與後階段「漸進」內涵有本質的不同，前者指汪榮寶初到日本時的思想，即在原有儒家思想內部尋找變革動因的舊式改革模式，沒有超出中國文化的範疇，而後者的「漸進」指以日本為模仿對象，融入了西學新知後的改革觀，而這一改革思想正是他歸國後從事新式改革的基礎，筆者分析其穩健漸進改革觀包含了以進化論為指導、重視法律政治制度改革以及教育改革等內容。

三十五　汪孝熙等：哀啟（汪榮寶）。

一、以進化論為思想指導

汪榮寶為進化論的忠實信奉者。十九世紀末二十世紀初，西方多種新思潮在留學界廣泛傳播，其中進化論最為盛行，進化論在中國國內的流行應歸功於嚴復，他在《天演論》中提出的「物競天擇、適者生存」的觀點成為中華民族救亡圖存的思想武器。進化即進步發展之意，主要包含二點：一是進化論為宇宙間普遍適用的客觀規律，不僅適用於自然生物界，而且適用於人類社會；二是宇宙間的進化是漸進變化的，只要時間足夠長，漸變就能積累到質變，社會的改良和完善不是朝夕之間的激烈革命就可以完成的，需要堅持長期不懈的努力和日積月累的進步。這種觀念經嚴復和日本思想家的大力介紹，廣為中國留學生所接受。汪榮寶在國內就曾對進化論有所瞭解，留學後更是受到流行元素的影響，認真閱讀相關書籍並深有體悟，還撰寫文章介紹進化論。

《史學概論》即以進化論為理論基礎，批判中國傳統史學，提倡新史學，汪榮寶認為歷史是進步發展的，「現在優於其過去，將來者又優於現在」，社會必須革新，若不思改進，則「知識凝滯，而終亦與古人同滅而已。」[三十六]可以看出汪榮寶已認識到人類社會的發展必須遵循進化規律，一個社會如果凝滯不前就會被淘汰，一個國家不思進取就會被其他國家超越，在競爭中處於被動劣勢地位。中國在「萬國爭存」的時代，如果依然囿於傳統，固步自封，被淘汰的命運便不可避免，唯一的出路只能是自我改良、自我完善。這表明他已將進化論作為救亡圖存的法寶，指導自己的社會活動。

三十六 汪榮寶：《史學概論》，《譯書彙編》，第9期、第10期，1902年12月10日、27日。

二、重視政治法律改革

汪榮寶關注政治和法律的變革，在所著《新爾雅》中將政治、法律作為核心內容進行詮釋，全書的前兩個目錄即「釋政」和「釋法」，且這兩項內容約佔據全書篇幅的五分之一。何為「政」，在他看來：「有人民、有土地而立於世界者，謂之國；設制度以治其人民土地者，謂之政。政之大綱三：一曰國家，二曰政體，三曰機關，如政府議會、元首、臣民、司法、立法、行政之類是也。」接著分三篇詳細解釋，第一篇釋國家，第二篇釋政體，第三篇釋機關。書中尤為注重對政體的解釋，定義政體：「凡國家必有統治之機關，其機關之組織及舉行，謂之政體」，並詳細比較了幾個西方憲政國家的不同之處，指出「政體有二，一曰專制政體，二曰立憲政體。一人握主權於上萬，幾獨斷者，謂之專制政體；立憲法、議會以組織國家統治之機關，使人民協贊參與者，是之謂立憲政體。」三十七

他又清楚地認識到立憲政體亦有區別：「立憲政體又別之，為民主立憲、君主立憲。由人民之願望，建立公（共）和國家，舉大統領以為代表，而主權全屬人民者，謂之民主立憲政體。開設國會，興國民以參政之權，令國民之代表者（民舉之議員是），出而議法律，監督行政，而主權仍屬君主者，謂之君主立憲政體。」書中進一步分析德國、英國、日本憲政國家的異同，「德意志之立憲君主政體」，雖然他的皇帝權力也極其大，擁有召開議會、聯邦參議院、統帥陸海軍和宣戰靖和之權，但「聯合體皇帝不過以普魯士國王分有德意志帝國之主權而已。實際上代表德意志帝國之主權者，聯邦參議院是

三十七 汪榮寶、葉瀾合編：《新爾雅》，上海明權社 1903 年版，沈雲龍主編：《近代中國史料叢刊續編》，第十四輯，文海出版社 1988 年版，第 9 頁。

也。」[三十八]對於英國來說，「為世襲君主統治之國，然實則民政發達最早」，其政治特色是「眾議院有最高至強之權力」、「其主權之所在為眾議院」。[三十九]汪榮寶對日本的立憲君主政體詳加介紹，日本「主權由天皇總攬」，「惟既立憲法、開國會與君主專制不同。」也就是說舊本之君主，實兼君臨與統治，「惟行之必依憲法而已。」能夠看出作者認識到日本已不是專制國家，而是君主立憲制國家也就是在憲法範圍內天皇還有一定的權力。[四十]對於實行民主共和政體的美國，汪榮寶評其「為民主最完全之國也」，他看到美國的憲法「折衷與英國之憲章及殖民地之舊例，編列而成者也」，無論是總統，還是議會、中央政府，亦或是各州政府「無不受制於此法」，故「主權在人民」，他的認識確實相當準確。[四十一]這些內容都顯示出汪榮寶對專制政體、立憲政體區別的準確理解和把握，而現今世界上多數國家採用立憲政體，這符合歷史發展的趨勢。對政治的闡述間接表明了作者改革君主專制政治體制的願望。

汪榮寶還較為全面地闡述了西方的法律體系和法律思想。在《新爾雅》「釋法」篇中作者這樣解釋：「規定國家生存必要之條件，以國家之強力而履行者，謂之法。」緊接著對西方法律進行細緻分類，重點解釋憲法、國際法、民法、刑法、商法等概念及法律原理。他對憲法的定義是：「立萬世不易之憲典，以為國家一切法度之根源，鞏固固有權限之政體者，謂之憲法。」對國際法的定

三十八 汪榮寶、葉瀾合編：《新爾雅》，第 9-10 頁。
三十九 汪榮寶、葉瀾合編：《新爾雅》，第 10 頁。
四十 汪榮寶、葉瀾合編：《新爾雅》，第 10-11 頁。
四十一 汪榮寶、葉瀾合編：《新爾雅》，第 11 頁。

義是：「凡規定國與國之關係者謂之國際法。」[四十二]對如此眾多的法律種類及深奧複雜法律原理的解釋，顯示出他已掌握了系統的西方法律，而這些內容在某種程度上可以說是他自己的法律思想，如對憲法的解釋就間接表達出建立君主立憲政治的想法。總之，汪榮寶指出了法律改革在社會進步中的巨大推動作用，反映出他有志於法律改革的理想。而在事實上，汪榮寶歸國後就投身到法制變革的實踐活動中，積極從事編纂和修訂法律工作，支持引進新的法律原理，力圖完善舊有法律，構建全新的法律體系。

三、重視教育改進

嚴復的進化論思想提倡將教育作為社會進化的基礎，力主更新和提高「民力、民智、民德」，提升國民素質。汪榮寶同樣重視教育改革，在《新爾雅》中他詳細闡述教育的概念、目的、種類和方法，他將教育目的分為個人和社會二方面，個人方面以「留意兒童身體之發達完備、人格上最要之職能感情，得獨立自裁而享人生之幸福快樂」為宗旨；在社會方面教育以「預備兒童能為國家社會之一分子，使國家社會得以永久繼續」為目的。他重視教育學的研究，把教育和教育學緊密聯繫在一起，解釋教育學為：「研究教育之原理規則而供其實用科學。」[四十三]書中還詳細闡述了在日本流行的教育方面的理論，這些內容均直接體現了他的教育思想。

[四十二] 汪榮實、葉瀾合編：《新爾雅》，第 27-35 頁。
[四十三] 汪榮實：葉瀾合編：《新爾雅》，第 51-59 頁。

汪榮寶還積極編纂教科書，他曾計畫編著包括上古史、中古史、近世史、現世史的小學、中學國史教材，希冀借此改變中國舊式教育內容，用西方的教育理念和方法培養學生，引進西方教育模式，革除中國傳統教育的弊端，促使國人從科舉應試思維轉向學習自然科學知識。實質上他在歸國以後就投身教育事業，一九〇五至一九〇六年間，他一直在京師譯學館教授歷史學課程，「每至明清得失之間，未嘗不反覆深論，用寄微旨」[四十四]，力求從歷史中吸取教訓。他還在京師法政學堂、貴冑法政學堂等承任法律學方面的課程，融合自己對西學知識的理解，以西方法律思想啟迪學生，努力為國家民主進步培養新一代合格公民。

綜上所述，日本留學的經歷對汪榮寶的人生軌跡產生了重大影響，這表現在以下三方面：第一，形成漸進改革的思想。留學早期汪榮寶思想較為激進，後受到各種因素的影響轉向漸進，至歸國前他形成了穩健改革的思想。第二，確立以日本為改革楷模的思想。走出國門看世界，使汪榮寶受到巨大震動，其思想深處刮起了一場颶風，親眼目睹了日本明治維新改革取得的巨大成功：國家強盛，民族獨立，受列國平等相待。這正是滿懷報國壯志的汪榮寶所追求的政治理想，日本的改革模式成為他心目中借鑒的典型。第三，具備了改革所需的西學知識。留學期間他大量閱讀西學書籍，精研政治法律，用新的知識改變原有的思想體系。通過學習，他掌握了系統的西學知識，熟悉了西方和日本的法律制度，具備了參與晚清政治與法律改革所需的學識和能力。汪榮寶不僅是一個思想者，更是一個實踐者，他的可貴之處就在於，在選擇了漸進的變革方案之後，即刻腳踏實地將其貫徹到具體的社會實踐中去。

[四十四] 汪孝熙等：《哀啟》（汪榮寶）。

第三章　參與清末官制改革

在新政啟動之初，清政府試圖將改革限制在專制體制內，但是進行到一定程度時，改革勢必觸動政治體制本身。清廷宣佈預備立憲，首先從官制改革著手，官製成為政治體制改革的前導，也是最為敏感和頗有爭議的問題，改革既涉及到政府各部門的權力再分配，也關係到在職官吏個人的切身利益，同時還觸及到舊有的政治、文化理念，因此新官制的出臺引發了各種政治勢力之間錯綜複雜的矛盾衝突。汪榮寶參與了行政體制的多項變革，在革新過程中將近代政治權力、行政架構等新理念融入其中，一定程度上推動了中國近代行政體制的轉變。

第一節　參加中央官制改革

一、預備立憲從官制入手

自一九〇一年新政實施之後，清政府在教育、軍事、經濟等領域推行了多項改革措施，隨著改革本身的發展和逐步深入，原有政治體制的弊端日益暴露。此時國內外政治形勢也愈加嚴峻，在國際社會上，日俄戰爭在中國東北爆發，一九〇四年以日戰勝告終，日本的勝利充分證明立憲政治優於君主專制，這深深刺激著清政府；在國內，體制外的革命運動蓬勃興起和快速發展，立憲派推行君主立憲制的呼聲也愈益高昂。這些因素促使清政府應儘快把政治體制改革提到新政日程上來，以迎合立憲派，平息革命，增強政府在各種政治勢力中的競爭力。

一九〇五年清廷著手立憲事宜，同年七月十六日（光緒三十一年六月十四日），清政府頒佈上諭宣佈派員出洋「考求一切政治」，為實施立憲提供諮詢和參考。[一]考察政治上諭的頒佈預示著清政府的政策將發生重大變化，即準備由政治上恪守祖制轉向革新圖強。清廷任命載澤、端方、戴鴻慈、尚其亨、李盛鐸為考察政治大臣，分別出洋赴東西各國考察，在一九〇五年十二月到一九〇六年七月半年多的時間內，五大臣分兩路考察了日本、美國、英國、法國、德國等十四個國家，考察的內容涉及到西方國家的議院、行政機關、學校、警察、監獄等，五大臣親眼目睹西方國家的現代文明和政治制度，眼界為之大開。端方和戴鴻慈通過考察總結西方各國富強之本是「採用立憲政體」，中國之所以失敗「實以仍用專制政體」，他們認為當此霸國主義時代中國若想國富兵強，「除採用立憲政體之外，蓋無他術。」[二]

考察政治大臣在歸國後主張速行憲政，並在朝中展開了輿論宣傳鼓動工作。載澤、戴鴻慈、端方多次具奏陳述改革政治之必要，一九〇六年七月十五日，載澤呈《出使各國大臣奏請宣佈立憲摺》，隨後

一 《派載澤等分赴東西洋考察政治諭》，《清末籌備立憲檔案史料》上冊，中華書局1979年版，第1頁。

二 端方：《請定国是以安大計折》，《端忠敏公奏稿》卷六，中國近代史料叢刊正編十輯，文海出版社1970年版。

端方奏《請定國是以安大計摺》，均請推行立憲。八月二十三日載澤單獨上奏，駁斥反對派的攻擊言論，指出實行立憲有「皇位永固」、「外患漸輕」和「內亂可弭」三大利。[三]慈禧太后和光緒皇帝也頻頻召見各位大臣，「召見澤公二次，端大臣三次，戴、尚兩大臣各一次，垂問周詳，皆痛陳中國不立憲之害，及立憲後之利，兩宮動容。」[四]在考察憲政大臣及朝中其他樞要的推動下，以慈禧為首的清廷終下決心仿行立憲，一九〇六年九月一日（光緒三十二年七月十三日），清廷發佈「預備立憲」上諭，稱「時處今日，惟有及時詳晰甄核，仿行憲政，大權統於朝廷，庶政公諸輿論，以立國家萬年有道之基。但目前規制未備，民智未開，若操切從事，塗飾空文，何以對國民而昭大信。故廓清積弊，明定責成，必從官制入手，亟應先將官制分別議訂，次第更張，並將各項法律詳慎釐訂，而又廣興教育，清理財政，整飭武備，普設巡警，使紳民明悉國政，以預備立憲之基礎。」[五]這道上諭可謂清末憲政改革的「總綱」，標示著清廷預備立憲的開端。

一九〇六年，清廷宣佈預備立憲，進行政治革新，這為一大批海歸知識份子提供了參政的機遇，汪榮寶仕途生涯也就此暢通。各部大吏爭先恐後網羅留學人才，汪榮寶由吳廷燮薦舉，從兵部調任巡警部，擔任警務司課程科委員。[六]立憲之舉是中國破天荒的大事，如何著手甚費考量，清廷在諭旨中提出從官

三 《鎮國公載澤奏請宣佈立憲密折》，《憲政初綱》「奏議」，第4-7頁。
四 《立憲紀聞》，《辛亥革命》，第四冊，上海人民出版社1958年版，第14頁。
五 偽滿洲國務院輯：《大清德宗景皇帝實錄》卷562，偽滿洲帝國國務院發行，偽滿洲國康得四年（1937）影印本。
六 巡警部檔案，中國第一歷史檔案館，全宗號150-1，案卷號9。

制入手既是基於當時政治體制現狀，也是迫於政府內改革派的壓力。之前清政府也曾對官制進行部分調整，如一九〇一年設立督辦政務處作為負責新政的專門機構，將總理各國事務衙門改為外務部，一九〇三年設商部，一九〇五年置巡警部和學部。但這些舉措多是對中央行政機構局部的增刪合併，並未涉及官制的整體改動。有鑒於此，考察政治大臣戴鴻慈、端方在歸國後才一再奏請先行釐訂官制，二人在《請改定全國官制以為立憲預備摺》中提出八項具體改革意見，其中有略仿責任內閣、劃分中央和地方權限、調整中央機構、變通地方行政制度、裁判稅收官員獨立等內容，其要點為借鑒日本經驗，仿行責任內閣和中央改設九部。七

九月二日（七月十四日）清政府正式宣佈改革中央官制，由於一九〇六年為丙午年，故也稱「丙午官制改革」。清廷派載澤、世續、那桐、榮慶、載振、奎俊、鐵良、張百熙、戴鴻慈、葛寶華、徐世昌、陸潤庠、壽耆、袁世凱十四人編纂改革方案，另派地方總督張之洞、端方、升允、鐵良、周馥、岑春煊選派人員進京隨同參議，並派慶親王奕劻、瞿鴻禨、孫家鼐三人擔任總司核定大臣。八九月四日編纂官制大臣在頤和園召開第一次會議，六日設官制編制館於恭王府之海澱朗潤園，派孫寶琦、楊士琦任提調，因編制館設在朗潤園，這次改革也稱「朗潤園官制改革」。

七　《奏請改定全國官制以為立憲預備折》，《清末籌備立憲檔案史料》上冊，第 367-381 頁。

八　中國第一歷史檔案館編：《光緒宣統兩朝上諭檔》，第三十二冊，廣西師範大學出版社 1996 年版，第 128 頁。

官制改革的首要步驟是任命具體草擬官制的起草員。官制大臣們經過慎重討論選定如下成員參加，起草課委員：金邦平、張一麐、汪榮寶、曹汝霖；評議課委員：陸宗輿、鄧邦述、熙彥；考訂課委員：吳廷燮、郭曾炘、黃瑞祖；審訂課委員：周樹模、錢能訓。另有吏部、戶部、兵部、財政處、刑部等派員參議，上述指定各總督也派員參議。[九]這些人員皆是一時之才俊，且大多數為「東西洋畢業生」。[十]汪榮寶和他所屬的清末海歸派將在預備立憲的第一波改革中顯露身手，即將擔負清末憲政改革及推動歷史前進的重任。

二、草擬丙午中央官制

編纂官制的基本程序是：先由起草課撰擬草案，次由評議課評議，再由考訂課考核，審訂課審定，然後由編制大臣等「一律署諾」，最後送往總司核定處刪改具奏。丙午中央官制改革草案主要由汪榮寶、曹汝霖、章宗祥、陸宗輿、金邦平等留學生主持擬定，他們對近代西方憲政知識有較為全面的理解和把握，對清政府「期望很深，以為有行憲希望」，因而止宿於朗潤園中，日夜工作不輟。

在四名起草員中汪榮寶、曹汝霖、金邦平均為留日學生，其中汪、金二人畢業於日本早稻田大學，曹汝霖畢業於東京法政大學。曹汝霖（一八七七—一九六六），清末民初的體制內海歸改革派重要代表，字潤田，上海人。曾在漢陽鐵路學堂求學，一九〇〇年赴日本留學，先後就讀於早稻田大學、東京法政

九　《立憲紀聞》，《辛亥革命》，第四冊，上海人民出版社 1958 年版，第 18 頁。

十　張一麐：《古紅梅閣筆記》，上海書店出版社 1997 年版，第 45 頁。

大學，一九〇四年畢業歸國，一九〇五年通過遊學生特科考試被賜予進士，授農工商部主事，一九〇六年調任外務部參議。曹氏曾在憲政編查館與法律修訂館等處任職，一九一〇年升至外務部左侍郎。民國後他擔任袁世凱政府和北洋政府外交總長、交通總長、財政總長等職，成為「新交通系」的首領。金邦平（一八八一—？），字伯平，安徽黟縣人。畢業於天津北洋學堂，一八九九年留學日本，在早稻田大學政治經濟系學習，其間曾參加青年會，後因多數會員主張激烈，「遂正式宣告脫離」[11]。一九〇二年底畢業回國入袁世凱幕府，歷任北洋督練公所參議、直隸自治局督理，一九一〇年任資政院秘書長。民國後任中國銀行籌辦處總辦、袁政府政事堂參議、農商部總長等職。汪、曹、金三人對西方的政治法律制度和憲政學理都有過深入地接觸，對日本的君主立憲制和其改良經驗都抱有好感，主張儘快仿效日本建立君主立憲政體。起草員中惟張一麐沒有留學經歷，但張乃一九〇三年（光緒二十九年）經濟特科舉人，長期從幕於袁世凱，為袁氏所信賴和倚重，亦具有深厚的西學基礎。

據時人回憶，官制改革中風頭最健的有四人，即汪榮寶、章宗祥、曹汝霖、陸宗輿，在新政改革中非常活躍，他們「每逢新政，無役不從，議論最多」，時人稱之為「四大金剛」。[12]章宗祥和陸宗輿二

十一 馮自由：《革命逸史》，第三集，中華書局 1981 年版，第 68 頁。

十二 曹汝霖：《曹汝霖一生之回憶》，臺北傳記文學出版社 1980 年版，第 45 頁。關於四大金剛說法不一。一說汪榮寶、曹汝霖、陸宗輿、章宗祥積極參與愛國，在留學生中號稱四大金剛；一說金邦平、張一麐、汪榮寶、曹汝霖四人號稱袁世凱旗下四大金剛；一說汪榮寶、曹汝霖、陸宗輿、章宗祥等為民初親日派四大金剛；一說留學生歸國大多偃蹇潦倒，獨章宗祥、陸宗輿、汪榮寶、曹汝霖四人，大走紅運。時上海林黛玉、陸蘭芬、張書生、金小寶四妓亦鼎盛一時，名為四金剛，宦途中人遂以曹、章、汪、陸喻之。揆諸史事，前三說法均有可議，第一說顯然于史不符，

人也是體制內海歸群體的典型代表。章宗祥（一八七九―一九六二），字仲和，浙江吳興人。一八九九年從南洋公學赴日留學，在東京帝國大學法科學習法律，一九〇三年畢業回國入仕清廷，一九〇五年在留學生特科考試中被授舉人出身，後任農工商部候補主事、民政部主事等職，一九〇九年升京師內城巡警廳廳丞，一九一一年「皇族內閣」組建後任法制院副院使。民國後任袁世凱總統府秘書、法制局局長、大理院秘書，一九一四年任司法部總長，署理教育總長、農商部總長，一九一六年出任駐日公使。陸宗輿（一八七六―一九五八），字閏生，浙江海寧人。一八九九年自費留學日本，在早稻田大學政治經濟科學習，一九〇二年回國後任進士館、警官學堂教習，一九〇五年在留學特科考試中列名第三，授巡警部主事。同年任考察政治大臣戴鴻慈、端方一行參贊，隨同考察各國憲政，一九〇七年被徐世昌奏任奉天洋務局總辦，兼管東北三省鹽務，一九〇八年升候補四品京堂，一九一〇年補選為資政院議員，一九一一年任交通銀行協理、印鑄局局長。民國後任總統府財政顧問、參議院議員，一九一三年任駐日本公使，活躍在北洋政府內。二人精通法理，諳熟西方憲政知識。

作為官制改革的草擬者，汪榮寶在四位起草員中最具才華，文筆也最為平實流暢，故在官制編纂人員中最為引人矚目，他負責擬訂了大部分官制草案。其後代對此回憶道：「七月下詔立憲，派澤公等釐定官制，君以部員隨同編纂，一切章制草案多出君手，館設朗潤園，即世稱『朗潤園官制』者也。」[十三]說官制

十三　第二說也有可疑，第三說則是為口碑的延續。據曹汝霖自述，參合相關事實，四大金剛得名當始於同在京師參與新政。轉自桑兵：《清季變政與日本》，《江漢論壇》，2012 年第 5 期，第 5-16 頁。
汪孝熙等：《哀啟》。

改革的草案多出自汪榮寶之手，雖然有過譽之嫌，但汪為「撰文高手」，出力最多也當符合歷史事實。

汪榮寶等起草者堅持按照君主立憲制的政治原則擬訂官制，強調責任內閣和「孟德斯鳩三權分立」，認為二者是君主立憲政治的核心。[十四] 限於官制大臣規定的「議院一時難於成立，先從行政、司法釐定」之原則，汪榮寶等人只能就行政、司法兩項多作陳述。他們曾對中央各部的改革提出一個說帖，其內容為：「名為吏部，但司簽掣之事，並無銓衡之權；名為戶部，但司出納之事，並無統計之權；名為禮部，但司典儀之事，並無禮教之權；名為兵部，但司綠營兵籍、武職升轉之事，並無統馭之權。名實不符，難專責成，亟應裁撤歸併。」可以看出，這些具有新思想的官制改革者力主對舊有名實不符、職責不分的中央各機構進行改革，意在引進近代行政分權原則，提高行政效率，從而使國家中央機關具備革新能力。

汪榮寶等人反覆斟酌的中央官制草案在一個多月後呈送編製官制大臣閱看，後交至奕劻、孫家鼐、瞿鴻禨三人核議定稿。一九〇六年十一月二日，官制編製館向清廷呈遞了《釐定中央各衙門官制繕單進呈摺》及附清單二十四件，奏摺稱「此次改定官制既為預備立憲之基，自以所定官制與憲政相近為要義」，設立責任內閣制，實行三權分立，立法權在議院，行政權屬內閣與各部大臣，各部大臣「分之為各部，合之為政府，入則同參閣議，出則各治部務」；大理院掌司法權，負責解釋法律，主管審判；責任內閣由軍機處改並，設總理大臣、左右副大臣各一人，各部尚書均為內閣政務大臣，輔弼君主擔負責任；中

十四　張一麐：《古紅梅閣筆記》，第 45 頁。

央設十一部分掌各事。[十五]該草案基本上保留了汪榮寶等編纂人員所堅持的責任內閣、三權分立的憲政內容，一定程度上體現出憲政的精神。

清政府的執掌者慈禧太后深恐責任內閣成立後君權潛移，又疑忌袁世凱有總理之想，對呈上來的官制草案頗不以為然，她利用官制編製大臣之間的矛盾，對奏呈的改革方案進行大幅度改動。十一月六日清廷發佈裁定中央官制上諭，具體內容如下：取消責任內閣制，保留軍機處。外務部、吏部、禮部照舊，巡警部改民政部，戶部改度支部，禮部以太常、光祿、鴻臚三寺併入。兵部改稱陸軍部，以練兵處、太僕寺併入，應行設立的海軍部及軍咨府，在未設以前暫歸陸軍部辦理。刑部改為法部，專任司法，大理寺改為大理院，專掌審判。工部和商部改為農工商部。設郵傳部管理船政、路政、電政及郵政。理藩院改為理藩部。除外務部堂官照舊外，各部堂官均設尚書一員，侍郎兩員，不分滿漢。資政院、審計院均著設立，其餘衙門毋庸更改。[十六]此為「丙午官制改革」的最終結果。

三、官制改革的挫折及其意義

官制改革是一次政治權力的再分配，牽涉到所有官員和集團的利益，可謂牽一髮而動全身，必然會引發各種矛盾衝突。其中兩種矛盾最為明顯，一為官制各大臣之間的矛盾，二是改革派和保守

十五 《慶親王奕劻等厘定中央各衙門官制繕單進呈折》，《清末籌備立憲檔案史料》上冊，第463-466頁。

十六 中國第一歷史檔案館編：《光緒宣統兩朝上諭檔》，第三十二冊，廣西師範大學出版社1996年版，第196-197頁。

勢力間的矛盾。在汪榮寶等編纂人員悉心釐定各項官制時，官制編纂大臣為各自政治目的相互明爭暗鬥。袁世凱對改革最為熱心，甚至有「官可不做，法不可不改」、「當以死力相爭」的張揚之語，「抱了改革政治的熱心」凡事主動。[十七]袁時任直隸總督兼北洋大臣，是自李鴻章之後權威最重的朝廷高官，但他鋒芒太露，過分攬權，以致其他參與官制編纂的大臣都表示不滿，朝廷也對其產生戒備之心，「本初此番入都，頗露跋扈痕跡，內廷頗有疑心」。[十八]瞿鴻禨與奕劻、袁世凱的矛盾頗深，孫家鼐、鹿傳霖歷來主張緩改，而榮慶、鐵良因權力被削弱堅決反對設立責任內閣。奕劻、載澤、袁世凱都想出任內閣總理大臣一職，故難免貌合神離。另外官制改革削奪地方督撫權力，加強中央對地方的控制，引起地方大員的強烈反對，在地方總督中除兩江總督端方贊成，其他均對官制改革頗有微詞，湖廣總督張之洞就持反對態度，他雖沒有直接參與，但通過派往京城的參議轉述意見：反對全面的官制改革。

十七　曹汝霖：《曹汝霖一生之回憶》，臺北傳記文學出版社 1980 年版，第 45 頁。有學者認為，此次官制由袁世凱所控制，官制館中許多具體辦事人員都是他的親信。袁之所以如此主動，「另有深意，蓋欲借此保其後來。」所謂「保其後來」即預留後路，袁世凱在戊戌政變中曾出賣光緒皇帝，他擔心倘若年過七旬的慈禧太后去世後，光緒帝重新掌權會對自己不利，所以一心想利用此次官制改革限制君權。（《齊東野語》，陳旭麓等主編：《辛亥革命前後——盛宣懷檔案資料選輯之一》，第 28-29 頁。）

十八　《齊東野語》，陳旭麓等主編：《辛亥革命前後——盛宣懷檔案資料選輯之一》，上海人民出版社 1979 年版，第 30-31 頁。

中央各部官員的反對也成為此次改革的主要阻力，尤其是被合併和裁撤的各部院官員的反對聲更高。時御史王步瀛奏陳官制改革應「兼採眾議」，令百官各抒所見，奉旨諭允。[十九]於是朝中各官紛呈奏章，九月下旬至十月上旬反對達到了高潮，翰林院撰文李傳元、內閣學士麒德、御史涂國盛等均奏請改革不可全面更張，不能過急，應從緩辦理；御史趙炳麟、蔡金台、石長信等一致反對設立責任內閣，認為現在還不是成立的時候，否則就會出現「大臣專制政體」。反對派聲勢洶洶，參與官制改革的海歸派自然在劫難逃，成為被批駁的對象，御史趙炳麟即把攻擊的矛頭瞄準參與編纂官制的留學生，蔑稱編訂官制的留學生乃「乳臭小兒」，對他們極盡攻擊之能事：

此次編定官制，……主事者不過一二人，主筆起草亦只憑新進日本留學生十數人。此等留學生原無學問根底，亦未受普通教育，且率為其父母不能拘管之人，乃縱之東渡。及至東京，粗習東文東語，遽受選科學業，不三數年，遂哀乞各該校校長，優予畢業文憑，或偽受休業文憑，以為內渡投入權勢門戶，獵取官資之地，敢為大言，以肆欺罔。……竊惟我國有大變革、有大製作，豈藉一二部日本縉紳成案與十數名留學生所能訂定？我皇太后、皇上仁孝為懷，豈忍以聖祖高宗經營完善之天下，一旦亂於十數乳臭小兒之手。[二十]

十九 《御史王步瀛奏新定官制多有未妥應飭認真釐定折》，《清末籌備立憲檔案史料》，第 426-429 頁。

二十 趙炳麟：《趙伯岩集》，廣西人民出版社 2001 年版，第 415 頁。趙炳麟（1876-1932），字竺垣、竹垣，號清空居士，廣西全州人。光緒二十年（1894）進士，曾參加「公車上書」，後授翰林院編修，升記名御史，1906 年授福建京畿道反對派的聲勢越來越大，以至人心惶恐有引發動亂之勢。陸宗輿回憶說當時「朝議沸騰」，輿論壓力很大。[二十一]張一麐回憶「行政官以分其政權，舌劍唇槍，互不相下。官制中議裁吏、禮二部，尤中當道之忌，自都察院以至各部或上奏、或駁議，指斥倡議立憲之人，甚至謂編纂各員謀為不軌。……同事某君自京來殿，告余曰：『外間洶洶，恐釀成大政變，至有身齎川資預備屆時出險者』，其嚴重可知。」[二十二]一些守舊者甚至到一九一一年還在耿耿於懷，御史胡思敬在當年的一份彈劾奏摺中稱汪榮寶、章宗祥等為「丙午餘孽」，要求清廷嚴懲。[二十三]在各方的重壓下，官制改革最有力的主持者袁世凱也被迫乘「秋操」之機，離京回津，參與編纂的留學生處於孤立無援的境地，只好接受最高當局的最終裁決。

可以肯定，汪榮寶等在官制改革之初是滿懷希望的，期望清廷革舊布新實現政治體制的質變。編纂官制過程中留學生竭心盡力，均宿於園中，以期專心纂擬和相互研討。但在清廷滯後僵化的體制下改革難以真正實施，最後頒佈的改革方案與留學生所希冀的大相逕庭。這次中央官制改革是改革派與反對派相互妥協的產物，儘管對原來的中央官制體制進行了部分調整，但遠不是官制的根本性變革，取消責任內閣制即去掉了此次官制改革中最核心的內容，使改革的成效大打折扣。

禦史。趙為官清廉，敢言敢諫，為清末頗為人所稱頌的名吏。1908 年上《劾袁世凱疏》，揭露袁包藏禍心，1910 年上書彈劾奕劻，同年被選為資政院欽定議員，在新舊刑律大爭論是禮教派的代表。

二十一 陸宗輿：《五十自述記》，北京文楷齋，1925 年，中國國家圖書館古籍部藏。

二十二 張一麐：《古紅梅閣筆記》，第 45-46 頁。

二十三 胡思敬：《奏為官制重要未可偏信一二留學生制襲日本成法輕議更張折》，《退廬疏稿》卷四，新昌胡氏問影樓刊本，民國癸醜年（1913）。

對於清政府最終頒佈的改革結果，汪榮寶和其他參與人員失望之極。汪榮寶在《與仲仁追論舊事》詩中寫道：「水天閒話不勝煩，第一難忘朗潤園。倚欄露花秋自麗，繞池風葉夜成喧。太平妄意堪文致，官禮終須有本原。盡道當時新法誤，誰知新法是陳言。」[二十四]這首詩是在作者多年後與同鄉張一麐回憶往事時所寫，詩中感慨世事變遷，表明了對官制改革的難忘，同時表達出對改革結果失望無奈的心情。陸宗輿也評論此次改革「僅涉皮相，而了無精神」，尚未觸及到政治體制的實質。[二十五]

丙午官制改革沒有達到汪榮寶等海歸參與者預期的目標，離他們的近代改革理念也相去甚遠，但它仍不失為中國近代行政改革的一次重大嘗試，具有深遠的歷史意義。首先，初步確立了三權分立的君主立憲政體。設立責任內閣的提議體現了西方憲政的三權分立思想，立法、司法、行政各自獨立為憲政的重要內容，體現出憲政的精神；其次，官制改革中分職專任，即「政以分職而理，謀以專任而成」，將中央行政部門分設十一個部，各部設尚書一人，侍郎二人，郎中、員外郎、主事以下官員，視事務繁簡定名額多少，使責有專歸，官無濫設；第三，官制改革還使各部名實相符，職權統一，提高了行政效能。[二十六]第四，通過丙午官制改革，海歸知識份子開始在政壇中嶄露頭角，他們所擁有的憲政知識、專業才能令當權者嘆服，各要臣不得不對這群海外歸來的青年才俊刮目相看，以至爭先延攬，聘以高薪，委以重任。這就為汪榮寶等海歸派在清末民初政壇的崛起和主導政治改革提供了條件。

二十四 汪榮寶：《思玄堂詩》，第 60 頁。
二十五 陸宗輿：《五十自述記》，北京文楷齋，1925 年，中國國家圖書館古籍部藏。
二十六 《慶親王奕劻等奏厘定中央各衙門官制繕單進呈折》，《清末籌備立憲檔案史料》上冊，第 463-465 頁。

對汪榮寶而言，這次改革是在政壇上的一次歷練，他初次接觸到了一批清廷中央要員，展示了自己的出眾才華，為受到重用打下了基礎。改革的結果雖然讓人失望，但也給了他一定希望，畢竟清政府確實採取了一些具體行動。改革中的重重矛盾也讓他意識到：想一次性變革舊有體制是不可能也不現實的，體制內變革惟有採用穩健漸進的方式，讓那些固執的社會成員，特別是當權者有一個認識、接受、適應的過程，方能行之有效。

第二節　參擬地方官制

一、起草和修訂地方官制

在進行中央官制改革的同時，清政府還實施了地方官制改革，汪榮寶參與擬定地方官制草案，在制度層面上推動地方行政體制的近代化。奕劻、袁世凱等是地方官制改革的主持者，汪榮寶作為起草員之一，與曹汝霖、金邦平、張一麐等秉承各大臣的意旨，擬定了地方官制改革的具體辦法。在公佈中央官制改革的同一天，清廷諭令各大臣接續編訂地方官制，並會商各省督撫「妥為籌議」。[二十七]事實上，就在此前一天即一九〇六年十一月五日，官制大臣已經將擬定的方案致電各省督撫會商。

二十七 中國第一歷史檔案館：《光緒宣統兩朝上諭檔》第三十二冊，第197頁。

地方官制改革方案提出了省級和各府州縣官制改革的具體辦法。就省級官制而言，有兩層辦法：第一層，各省設總督，綜理一省民政、財政，其下分設戶、禮、兵、刑、工各司，各司合署辦公，稱行省衙門。督撫率同屬官定時到署，一稿同畫。每省設高等審判廳，使行政、司法各有專職；第二層，由督撫直接管外交、軍政，監督所有行政、司法。以布政司管民政，按察司掌司法行政，財政司掌財政，學、鹽、糧、關、河各司道仍舊制，各司道均按主管事務，稟承督撫辦理。府州縣的具體改革辦法為：分地方為三等即府、州、縣，同受治於省署，直隸州、直隸廳不管屬縣。府州縣各設六品至九品官，分掌財賦、巡警、教育、監獄、農工商及庶務，同集一署辦公。另設地方審判廳，分府州縣為數區，每區設讞局一所，均置審判官，受理訴訟。府州縣各設議事會、董事會，均由人民選舉，為議決機關，城鎮鄉也各設議事會、董事會。[二十八]顯然，這一方案涉及到省、府、州、縣各級機構，可以說是中國近代第一個完整的地方官制改革方案。該方案雖由各官制大臣定稿而成，但卻凝聚著汪榮寶等官制起草員的智慧，代表了他們對中國現行地方官制的改革構想。

各地督撫在接到地方官制改革方案後，除直隸總督袁世凱和兩江總督端方外，均先後覆電提出對官制的看法，大都表示應暫緩或先小幅度的改革。值得注意的是湖廣總督張之洞，他曾兩次致電釐定官制大臣，提出了「京官少改，外官緩改」的主張，[二十九]明確反對上述改革方案，並在一九〇七

二十八 《釐定官制大臣致各省督撫通電》，侯宜傑：《清末督撫答覆釐定地方官制電稿》，《近代史資料》（總 76），中國社會科學出版社 1989 年版，第 51-53 頁。

二十九 《光緒三十二年八月初三日余敏齋自武昌致止公相國函》，《瞿鴻機朋僚書牘》第 3 函。轉引自李細珠：《張之洞與清

年一月二日致軍機處的電稿中提出了自己的地方官制改革意見。張之洞提出的改革宗旨是「關於立憲之利害為主，其無關憲法者，似可不必多所更張」，具體辦法：省級官制方面，反對電稿中的兩層辦法，提出應重新權衡擬訂；府州縣官制方面，反對裁撤知府，應保留原來管有縣屬的一級機構，把所屬縣按大小分為州、廳、縣三等，裁撤巡道。[三十]鑒於張之洞在清末政壇的地位，官制大臣不得不重視他的言論。載澤組織召開了多次官制會議，討論可行辦法。載澤主張採用第一層辦法，而其他王大臣則請遵照張之洞提出的方案。汪榮寶、曹汝霖、陸宗輿等海歸派均全力支持載澤，主大刀闊斧地全面改革。他們又提出司法、行政分離問題，強調地方司法機構的獨立，這更遭到了一些官員的反對。

當時清廷中央官員也參與到地方官制改革方案的辯論中，一九〇七年二月御史趙啟霖上《請緩改外省官制摺》，明確反對外省官制改革。在奏摺中，趙啟霖把「天下之所以稱治，中國之所以自強」的理由總結為：「大臣法、小臣廉，人人共矢公忠事之」，稱現在變更官制是徒見擾亂。並以京官改制為例，指責「京官改制已將半載，非但不能痛除積習，而營私倖進之風又加甚焉。」且前改制已「添無數之官、增無數之費」。最後以各省荒歉劫奪之事頻發為由，提出應俟「年歲豐穰，民情妥帖」再行議改官制的主張。這份奏稿上呈後在朝中引起轟動，時清廷將此奏稿著交考察政治館及各衙門閱看，並要求複奏。

末新政研究》，上海書店出版社 2003 年版，第 303 頁。

三十 李細珠：《張之洞與清末新政研究》，上海書店出版社 2003 年版，第 310 頁。

為闡明憲政觀點和支持官制改革，汪榮寶隨後撰擬了《為趙啟霖請緩改外省官制摺》，痛駁趙在奏摺中的各種說法。

在奏摺中汪榮寶首先反對趙氏所謂的自強良策，稱這種辦法可謂捨一切法制而漫然談「正本清源」，且採用反問式詰問「其所謂正本清源之策果安在也？」接著指出釐定官制只不過是預備立憲之第一步，其實與官制相表裡應同時改正之事不知幾凡，而重點是改革官人之法，不僅朝廷任用官吏要一改過去以科舉取士為主的舊法，而更重要的是應儘快詳定官吏任用、升轉懲戒、獎勵、俸給等相關制度，頒行官員任用法、官吏高等實驗法、普通實驗法、官吏懲戒法等，以上諸事與官制相輔相成。汪榮寶總結此前所擬的《各省官制總則草案》要旨有二：「一曰各省分期設立董事會及議事會，以為地方自治之機關；二曰各省分期設立高等審判廳、地方審判廳及初級審判廳，以為司法獨立之基礎。」此二者乃立憲政體之精神命脈，一切預備捨此更無從入之途。

奏摺還分析現時外省官制存在很多弊端，諸如「各省除三司之外官至局所，大省多至數十，小省亦不下十餘，率以候補道員領之名，雖為差實與官缺無異。蓋閑冗過半，勢不得不藉是以為位置之地，一歲所費動盈鉅萬。此外實缺守巡各道終年閒散，無所事事之者又什而八九。一加綜覆均可裁併，而州縣衙門、兵刑、錢穀萃於一官，不得不以幕友吏胥任佑之事。」如此局勢造成「大官甚多，小官甚少」，誠如顧炎武所說：「小官多者其世治，大官多者其世亂。」汪榮寶認為按諸歷史、驗諸列國，顧氏其說可謂「知言」。地方督撫大員權力過大，影響到中央政府的權威，這正是治亂所關即最為關鍵之處，換句話說外省官制改革就是要削弱督撫大員的權力，使地方大權逐步收歸中央。趙氏所謂應俟年歲豐穰再行改革之說毫無根據，汪榮寶認為正是因為各省頻發荒歉劫奪之事，「愈以見變更法制之不容緩」，且事勢至今，「悔吝方多，憂危日迫」，不可以屢誤時日，明確提出要儘快進行外省官制改革，而且要大幅度的改動。[三十一]

汪榮寶的奏摺尤其強調地方自治和地方司法獨立，其實就是想通過實施地方新官制，進而快速確立三權分立的君主立憲政體，真可謂把握到了改革的竅門。他的奏摺有力地支持了載澤的改制主張，也在一定程度上促使清廷重新協調兩方改革的主張。

在討論地方官制期間清政府決定對東三省進行改制。東三省為滿清王朝的「龍興之地」，清政府對這一地區實行了與內地不同的管理制度，二百餘年一直沿革軍府舊制。甲午以後十年歷經中日戰爭、庚子戰亂、日俄戰爭，東三省淪為戰區，遭三度兵焚，民力凋敝，俄國和日本又虎視眈眈均想伺機侵吞。清政府始感東三省處於兩強鄰之間，禍患日深，亟應尋求抵制之方。一九〇六年盛京將軍趙爾巽鑒於東三省的危機狀況，請求派欽差大臣考察，清政府派載振、徐世昌赴東三省實地考察。汪榮寶剛剛參加完丙午中央官制改革，遂被徐世昌奏調為隨員趕赴東北，章宗祥、陸宗輿等也一同前往。[三十二]載振、徐世昌在東北連續考察了三個月方返京，徐世昌根據考察情形，連續奏呈《密陳考察東三省情形摺》和《密陳通籌東三省全局摺》，提出東三省改制的整體計畫。

三十一 汪榮寶：《為趙啟霖請緩改外省官制折》（丁未），《金薤琳琅齋文存》，第 81-88 頁。

三十二 《振徐兩欽使隨員全單》，《申報》，1906 年 11 月 19 日。

汪榮寶作為徐世昌的重要隨員參與了改革計畫的擬定，其後人回憶「丙午年罷盛京將軍改置行省，前大總統徐公方為民政部尚書，奉旨出關考察，奏以君隨，君同曆各地，盡悉其利弊，即為徐公具奏草，臚陳幣制鹽政郵傳殖產交涉諸宜興革者數萬言，識者以為瞻博翔實，傳誦一時。」[三十三]汪榮寶素以文才著稱，長於定制，替徐世昌起草了這一數萬言的奏摺。考察顯然帶來了實效，清廷決定對東三省加強管理，一九〇七年四月二十日，清廷罷盛京將軍設總督，下設奉天、吉林、黑龍江三省，授徐世昌為總督，開始推行各項新政改革。汪榮寶、陸宗輿等又被召集擬訂東三省官制，同年五月徐世昌奏《東三省官制》和《督撫辦事要綱》。東北考察使汪榮寶增長了閱歷和見識，而東三省的官制方案為後來修訂地方官制提供了借鑒。

此時朝中有關外省官制改革的爭議仍很大，載澤等與地方督撫相持不下，官制大臣只得對原案進行修改，汪榮寶和曹汝霖等都參與了修改工作。一九〇七年六月，汪榮寶、曹汝霖等參酌東三省改制經驗及各督撫的意見，釐定了《各直省官制通則》。[三十四]七月七日奕劻等奏呈，清廷批准頒佈，並諭令東三省現行開辦，直隸、江蘇試辦，俟有成效後再行推廣。《各直省官制通則》共三十四條，涉及到省、府、州、縣各級地方官制改革，主要內容如下：第一、增改司道。一省或數省設總督掌管外交、軍政，每省設巡撫綜理地方行政，下設布政、提學、提法三司，提法司專管司法行政，監督各級審判，提學司管教育事業，監督各種學堂、學會，布政司管戶口、疆理、財賦和考核地方官吏。增設勸業、巡警二道，勸

三十三 汪孝熙等：《哀啟》。

三十四 王家儉：《晚清地方行政現代化的探討》，中國近代現代史論叢第十六編，臺北商務印書館 1986 年版，第 183 頁。

業道專管全省農工商業及各項交通事務，巡警道專管全省警政。第二、司法獨立。按級分設地方審判廳，「以為司法獨立之基礎」，各省分設高等審判廳、地方審判廳、初等審判廳，作為獨立於行政之外的司法機構。第三、地方自治。各府、州、縣均增易佐治各員組織議事會和董事會，作為地方自治機構，以為地方自治之基礎。[三十五]從以上內容可以看出，這是一個將原來所擬第一、第二層辦法互相參酌後的折衷方案。督撫舊有權力未變，雖增置了巡警、勸業兩道，但各司道均為督撫屬員；省級以下地方政府裁撤了分巡道，除將直隸廳有屬縣者稍作調整外，其餘建置未變；官制中還強調了地方自治的重要性，要求儘快辦理自治以備立憲基礎。總之這是一個新舊摻雜的草案。

在地方官制改革的過程中，作為官制草案的草擬人員，汪榮寶力圖對舊有地方行政體制進行全面改革，以建立富有立憲政體特徵的新官制，但由於方方面面的因素特別是掌握行政大權的樞府大臣和督撫要臣的限制，其改革思想難以真正貫徹到實踐中去。

二、擬定地方自治章程

一九〇六年，載澤在奏請預備立憲的奏摺中提到將地方自治作為立憲的內容，稱「地方自治」為「憲政之精髓」、「富強之樞紐」。[三十六]端方亦稱「考各國之強，莫不源於地方自治」。[三十七]鑒於地方自治

三十五 《續訂各直省官制情形折》，《清末籌備立憲檔案史料》上冊，第 503-510 頁。

三十六 《出使各大臣奏請立憲折》，《辛亥革命》第四冊，上海人民出版社 1958 年版，第 25 頁。

三十七 《奏改定全國官制以為立憲預備折》，《清末籌備立憲檔案史料》上冊，第 367 頁。

在憲政中的地位，清廷被迫接受並開始推行。在清廷中央負責制定、推行、考核地方自治的為民政部，而負責審議地方自治章程的是憲政編查館。汪榮寶既在民政部任參議，又在憲政編查館任職，兼有多重職責。

至於推行地方自治的步驟和辦法，在一九〇八年憲政編查館擬定的《逐年籌備事宜清單》中有統籌規劃：一九〇八年頒佈《城鎮鄉地方自治章程》，一九〇九年頒佈《府廳州縣地方自治章程》，籌辦城鎮鄉自治，設立自治研究所。以後每年續辦城鎮鄉與府廳州縣自治，至一九一三年城鎮鄉自治一律辦齊，一九一四年府廳州縣自治一律成立。地方自治分為兩級：城鎮鄉級自治為下級，限五年內初具規模；府廳州縣級為上級自治，限七年內一律成立。先行在城區進行自治實驗，嗣後再推至鄉鎮。[三十八]汪榮寶作為憲政編查館成員，參加了籌備清單的擬訂工作。

汪榮寶是《城鎮鄉地方自治章程》的擬訂者。按照憲政基本程序自治章程應先有民政部起草，然後交至憲政編查館審核，汪榮寶任民政部右參議，由他主持章程的擬定，一九〇八年八月二十四日民政部將所擬自治章程繕單呈奏，清廷交付憲政編查館審定，汪榮寶與章宗祥等又主持了審議工作。一九〇九年一月十八日，清廷頒佈了憲政編查館奏定的《城鎮鄉地方自治章程》。自治章程共九章一百一十二條，內容依次是：第一章總綱，第二章城鎮鄉議事會，第三章城鎮董事會，第四章鄉董，第五章自治經費，第六章自治監督，第七章罰則，第八章文書程序，第九章附條。根據章程城鎮設立議事會和董事會，鄉

三十八 《逐年籌備事宜清單》，《清末籌備立憲檔案史料》上冊，第61-67頁。

設議事會和鄉董，兩者相互合作、互相監督，同時二者之上又由地方官負責對地方自治事宜進行整體監督。[三十九]

汪榮寶也是《府廳州縣自治章程》的制訂者和修改者。一九一〇年一月民政部將所擬《府廳州縣自治章程》初稿呈送憲政編查館審議，由汪榮寶、李家駒負責審核，二人認為該章程多襲用《城鎮鄉地方自治章程》條文，而上級自治與下級自治精神不同，編制應各自有異，提議修正，得到館中同仁的贊同。二人隨即「在館商會，竟日討論，覺應改處甚多」。[四十]一月二十二日汪榮寶到憲政編查館，與李景龢、顧鼇商酌修改，「定下目次：一總綱、二議事會、三參事會、四行政、五財政、六監督、七文書程序、八附則。」議定李景龢和顧鼇分別擬定，李草擬前四章，顧草擬後四章，最後由汪榮寶統一定稿。[四十一]二十六日李前四章擬稿完畢，交付修訂，當日汪榮寶即與李家駒「討論第一條至第四十一條」，在隨後的二十七日、二十八日兩天內又連續討論，二十八日顧鼇擬稿的後四章也交付，第二天即二十九日汪榮寶到憲政編查館，與同仁討論自治章程，將財政、監督兩章逐條修定，至日暮乃結束，「又秉燭將文書程序及附條兩章一律草定完，付寫官清寫。」[四十二]至此討論議決了城鎮鄉地方自治章程。

三十九《憲政編查館奏核議城鎮鄉地方自治章程並另擬選舉章程折》，《清末籌備立憲檔案史料》下冊，第727-732頁。

四十《汪榮寶日記》第一冊，1910年1月16日，第360頁。

四十一《汪榮寶日記》第一冊，1910年1月22日，第366頁。

四十二《汪榮寶日記》第一冊，1910年1月26-29日，第370-373頁。

汪榮寶還親自擬訂了相關選舉章程。在修改原案過程中他發現原擬的《府廳州縣選舉章程》多與《城鎮鄉選舉章程》內容雷同，應重新修訂。他先將《府廳州縣選舉章程》改名為《議事會議員選舉章程》，隨後參照「日本州郡制選舉辦法」逐條擬定。經過一月三十日、三十一日兩天緊張地工作，選舉章程擬訂完畢。[四十三]二月一日汪榮寶和李家駒共同起草了奏稿。一九一〇年二月六日，憲政編查館上奏《府廳州縣地方自治章程》及《議事會議員選舉章程》，清廷批准頒佈。汪榮寶倍感欣慰，在日記中記道：「是日真自治制之紀念日矣！」[四十四]

在為地方自治提供制度保證的同時，汪榮寶還從其他管道敦促地方自治的施行。自地方自治章程頒佈後各地督撫或表示反對、或主張變通，多持消極態度。一九一〇年六月十三日，山東巡撫孫寶琦上《變通地方自治條陳》，奏請變通地方自治章程，提出先辦府廳州縣、緩辦城鎮鄉的主張。根據立憲程序的相關規定，該奏摺被送交憲政編查館進行復議，汪榮寶與李家駒、勞乃宣、金邦平、楊度等對此展開討論。汪榮寶指出孫寶琦的變通辦法不妥，根據章程條文痛加駁斥，「不自覺聲色之厲」，指責地方官員不明憲政精神，當時該館提調寶熙「頗露反對之色」，袒護孫寶琦，而汪毫不留情面「面加駁詰」，使這位上司無言可對，只能憤憤不平而作罷。[四十五]

四十三　《汪榮寶日記》第一冊，1910年1月30、31日，第374、375頁。
四十四　《汪榮寶日記》第一冊，1910年2月6日，第381頁。
四十五　《汪榮寶日記》第二冊，1910年6月22日，第538頁。

積極參與草擬各級地方自治章程反映了汪榮寶希望為推行地方自治提供制度保障的改革思路。所謂地方自治即由人民自由決定和處理本地事務，其表現方式是由選舉產生的地方議會管理決定本地事務，這種制度為西方憲政國家的一種地方管理制度。英國最先實行，由人民選舉自治機關，實行立法、行政、司法三權分立。後德國也推行自治，日本學之。汪榮寶在日留學期間受到日益勃興的自治思潮的影響，開始關注地方自治。從自治章程的相關內容中可探析其思想端倪，綜其觀點主要有以下幾點：

第一，強調立法權、行政權分立制衡原則。各級自治章程規定在城鎮鄉設議事會和董事會、鄉董，議事會為立法機構，董事會、鄉董為行政執行機構，兩者相互監督、相互制衡；在府廳州縣設議事會和參事會，各為立法機構和行政機構，共同負責管理本地的自治事務。這顯然遵循行政權和立法權分離的原則。

第二，重視地方代議機構的職能。章程中規定城鎮議事會、府廳州縣議事會為立法機構，獨立於行政之外，負責審議地方自治經費、預算決算等事宜，議事會成員須由本地人民選舉產生，限制一定額數，且父子不能同時為其成員。這就將西方的選舉制度運用到中國的官制改革實踐中，一定程度上體現出民主氣息。

第三，官制和自治相結合。地方官員對自治實施具有監督權，比如《城鎮鄉地方自治章程》規定「地方官有申請督撫解散城鎮鄉議事會、城鎮董事會及撤銷自治職員之權」，《府廳州縣自治章程》規定議事會由「本府州縣長官任會長」等。這些規定表明自治並非是完全的自治而是不能與官治相違背，官制和自治必須相結合。[四十六] 這一點又體現了汪榮寶等編訂者尊重歷史與現實、尋求新舊中西折衷、漸進務實的改革思路。

四十六《憲政編查館奏核議城鎮鄉地方自治章程並另擬選舉章程折》，《清末籌備立憲檔案史料》，第 724-727 頁。

第三節　纂擬內閣官制

一、擬訂內閣官制

設立責任內閣是實現三權分立君主立憲政體的核心。而責任內閣的組建則需要以內閣官制作為法律前提和基礎，因此釐定內閣官制也就成為相當重要的立憲事項。汪榮寶是內閣官制的主要擬訂者。

有關內閣官制的條文在一九〇六年的丙午官制改革中就曾擬訂，在奕劻等最後進呈的《釐定中央各衙門官制繕單進呈摺》所附的二十四件清單中有《內閣官制》一項，但因清廷最後公佈的官制改革方案中否定設立責任內閣，這一法規遂被束之高閣。一九一〇年資政院正式開議後，多數議員要求縮短國會期限，與此同時立憲派發起聲勢浩大的國會請願運動，形成了巨大的院外壓力。清政府不得不修改九年籌備立憲清單，縮短國會年限至宣統五年。清政府批准的籌備立憲方案中規定一九一〇年釐定內閣官制、弼德院官制，一九一一年設責任內閣、弼德院、行政審判院。於是釐定內閣官制成為迫切的事項。[四十七]清政府命憲政編查館修訂立憲清單，儘快草擬內閣官制，吵嚷幾年一直懸而未決的內閣問題終於被列入了政治改革的計畫。

實際上，內閣官制在一九一〇年八月前就已經由汪榮寶和李景鉌共同負責釐定出來了。李景鉌，字孟魯，舉人出身。後留學日本，畢業於東京法政大學，又在東京外國語學校學習日文。李頗具才學，且善著文，受到第二次考察憲政大臣李家駒的賞識，歸國後又受到李的提拔，遂在憲政編查館和民政部任職。他在民政部雖然職位不及汪榮寶，但受到時任學部侍郎李家駒的倚重，而李家駒是奕劻勢力圈中的

四十七《修正逐年籌備事宜清單》，《清末籌備立憲檔案史料》上冊，第90-92頁。

要角，因此在部中他凡事爭鋒。由於內閣官制的重要性，憲政編查館在一九一〇年六月就開始組織人員準備起草。六月六日各館員公推汪榮寶、李景鉌為標準官制起草員，先將內閣官制及各部通則草定，二人商定分工，由李景鉌先擬訂初稿，再由汪榮寶修改定稿。[四十八]

一九一〇年六月二十三日李景鉌起草的內閣官制初稿告竣，李對於「責任精神極為注意」，試圖削弱君主權力，強調內閣總理及各大臣真正擔負責任，故「於召封及陳奏之限制規定甚詳」。汪榮寶相當讚賞李的初稿，評其「考證詳博，言之有物」，但他深知這一限制與「我國之情形頗相矛盾」，也就是說很難讓清政府接受，擔心「去之則失統一事權之要義，留之則惹起日後種種之阻力」。果然在六月二十七日憲政編查館對該問題提出討論，因意見分歧未能解決。[四十九]同年八月，李景鉌隨海軍大臣赴日、美遊歷，內閣官制草案交付汪榮寶進行修改，汪榮寶在草案的基礎上首先「修改文句」，並且進行潤色，後又詳細斟酌條文，「刪去一條」，「共為十五條」。他隨後將所擬定稿上呈提調寶熙，分送軍機大臣、各部大臣審查閱定。[五十]

從一九一〇年八月至一九一一年三月，軍機大臣對內閣官制進行了多處簽改，憲政編查館館員也一直不斷地開會討論內閣官制，但均未最終定稿。汪榮寶多次發表對官制的看法，如一九一〇年十一月十九日的日記中載：

四十八 《汪榮寶日記》第二冊，1910年6月6日，第521頁。

四十九 《汪榮寶日記》第二冊，1910年6月27日，第543頁。

五十 《汪榮寶日記》第二冊，1910年8月16日，第595頁。

十時頃到憲政館，本日同人以釐訂官制事開會議於考核科。余發表意見如下：（一）以各部為內閣，（二）各部設尚書一人、侍郎一人，（三）侍郎有同尚書奏事及發部令之權，但不副署諭旨，不列閣議，（四）罷直轄總督，各置巡撫，（五）巡撫有奏事之權，但須敕部議覆乃行，（六）罷司道，於巡撫衙門內設諸司，為補助之職，（七）罷直隸廳，散廳以府、州、縣平列，以三大縣為府，中縣為州，小縣為縣，（八）官品分離。[五十一]

從上述文字中可見汪榮寶力主儘快設立責任內閣，閣員由各部尚書組成，輔弼皇帝擔負責任，閣員均有副署權，但各部侍郎僅有同尚書奏事及發佈部令之權，同時提出罷直轄總督，各置巡撫，尤其提到巡撫有奏事之權，但奏議須清廷敕各相關部覆議後才可行，也即加強中央政府的權威，削弱地方督撫大權。他的提議得到憲政館中多數同仁的贊同，但李景鉌對第三、第五點頗有異議，並與之爭論。

一九一〇年十二月二十日，汪榮寶到憲政編查館與館員討論官制草案，時李景鉌提出「追加內閣官制條文」，但經討論之後被否決。[五十二]一九一一年一月十七日憲政編查館開會討論內閣官制草案，決定「增加數條」。[五十三]在二月至三月間，憲政編查館加速了議決，二月二十二日討論官制草案，三月十一

五十一《汪榮寶日記》第二冊，1910年11月19日，第693頁。
五十二《汪榮寶日記》第二冊，1910年12月20日，第721頁。
五十三《汪榮寶日記》第二冊，1911年1月17日，第750頁。

日討論各部官制通則草案半日，三月十六日討論官制。[五十四]經過多次討論和反覆修改內閣官制方最後定稿。一九一一年五月八日清政府頒佈實施內閣官制。

清政府頒佈的《內閣官制》正文十八條，附則一條，共計十九條，主要內容如下：責任內閣設總理大臣一人、協理大臣二人、各部大臣十人共十三人，統稱國務大臣，國務大臣輔弼皇帝擔負責任。總理大臣「為國務大臣之領袖」，「定政治之方針，保持行政之統一」；[五十五]總理大臣認為各部大臣的命令或處分「實有妨礙者」，「得暫令停止，奏請聖裁」；總理大臣就所管事務對各省長官及藩屬長官「得發訓示」，並得「監督指揮各省長官及藩屬長官」，倘若命令或處分「違背法令或逾越權限者」，「得暫令停止，奏請聖裁」。[五十六]內閣會議由全體國務大臣參加，總理大臣為議長，內閣會議可議的事件包括：一、法律案勒令案及官制；二、預算案及決算案，三、預算外支出，四、條約及重要交涉，五、奏任以上各官之進退，六、各部權限之爭論，七、特旨交發及議院移送之人民陳請事件，八、各部重要行政事件，九、按照法令應經閣議事件，十、內閣總理大臣或各部大臣認為應經閣議事件。[五十七]從以上條文中可以明顯的看到處理重大事件或意見分歧時，最終處置辦法仍是「奏請聖裁」，即君主依然擁有最後的決定權。至於內閣會議議決事件、如何表決均未作明確規定。

五十四 《汪榮寶日記》，1911年12月22日、3月11日、3月16日，第788、805、810頁。
五十五 《內閣官制》第3條、第4條，《清末籌備立憲檔案史料》，第561頁。
五十六 《內閣官制》第5條、第6條、第7條，《清末籌備立憲檔案史料》，第561頁。
五十七 《內閣官制》第12條、第13條，《清末籌備立憲檔案史料》，第562頁。

顯然，清廷公佈的內閣官制與汪榮寶、李景鉌所擬的草案有很大差異。在條文上原草案共十五條，經修改後增加了四條，共十九條。在內容上，汪、李主張建立對議會負責的內閣，堅決反對內閣對君主負責，認為二者是專制與立憲的重要區別，在釐定內閣官制時極為關注如何限制君主的權力，提出對於內閣事務「不經閣議，不商於總理，而直接上奏者，為犯對於憲法之罪。」而最後公佈的官制卻規定各部大臣可以自行請旨入對，且一再強調內閣對皇帝負責，重大事件必須「聖裁」由皇帝決定。這些內容均違背君主立憲政體的要義，與原擬草案的宗旨大相逕庭。

公佈《內閣官制》的同日責任內閣成立，慶親王奕劻出任首任總理大臣，那桐、徐世昌任協理大臣，各部大臣如下：外務部大臣梁敦彥、民政部大臣善耆、度支部大臣載澤、學部大臣唐景崇、陸軍部大臣蔭昌、海軍部大臣載洵、法部大臣紹昌、農工商部大臣溥倫、郵傳部大臣盛宣懷、理藩院大臣壽耆，各部大臣均為內閣成員。[五十八]責任內閣的十三名成員中，滿人九名，漢人僅四名，九名滿人中竟有七名為皇族成員，時人將其譏為「皇族內閣」。內閣總理大臣奕劻隨後奏呈《內閣屬官官制》和《內閣法制院官制》。根據規定責任內閣設閣丞一人，下設承宣廳，下置制誥局、敘官局、統計局、印鑄局，即一廳四局，其中華世奎任閣丞，趙廷珍任承宣廳廳長，楊壽樞任制誥局局長，寶銘任敘官局局長，楊度任統計局局長，陸宗輿任印鑄局局長。[五十九]除上述一廳四局外，還設有直屬內閣總理大臣領導的法制院，法

五十八 《任命各部大臣諭》，《清末籌備立憲檔案史料》上冊，第566頁。

五十九 《內閣閣丞及各廳、局長名單》，《中國大事記》，《東方雜誌》，1911年第8卷第5期。

制院設院使、副院使，院使由李家駒擔任，副院使由章宗祥擔任，院使下還設有參議、參事、僉事、錄事等官職。[六十]清末第一個責任內閣就此組建起來。

較之以前的軍機舊制，清廷首次把內閣制運用在政治實踐中，這在近代中國政治史上是一次有意義的嘗試。首先，內閣明確了國務大臣的政治責任。以前的軍機處對於行政不負責任，新內閣則要輔弼皇帝擔負責任，閣員不能遇事敷衍，出了問題諉錯於君主。其次，限制了君主的權力。內閣官制規定君主行使統治權要遵守憲法，如有違背憲法的詔旨和命令，國務大臣據法律當直陳是非進行匡正，甚至可以拒絕副署使之歸於無效。這實際上限制了君主的獨裁和專制。最後統一了行政，提高了工作效率。過去因軍機大臣不負責任造成政令歧異，政事紛亂權限不清，互相推諉卸過，工作效率極其低下，而內閣成立後「萃一國行政大臣於一署，分之則各專所職，合之則共秉國鈞，可否於以協商，功罪於以共負，無隔閡，無諉卸，無牽掣。」[六十一]這使得行政方針由此得到統一，工作效率得以提高。

二、與狐謀皮之歎

汪榮寶曾參與擬訂《內閣官制》，以他的才學和聲望應能在內閣中謀得一定官職，但在內閣成立後卻未見到他的身影，前後有別的原因何在？汪榮寶對清廷公佈的《內閣官制》與據此成立的責任內閣持

六十 《內閣法制院官制》，《申報》，1911年6月25日。

六十一 《憲政編查館會議政務處會奏擬定內閣官制並辦事暫行章程折》，《清末籌備立憲檔案史料》上冊，第560頁。

什麼態度？筆者將在下文對這些問題進行探析。據日記載，其實在內閣官制未正式頒佈前，他就已經對頻繁修改的官制表示出強烈地不滿。

汪榮寶和李景鉌雖然共同擬定了內閣官制草案，但這只是憲政法規頒佈的第一道程序。官制須經軍機大臣及朝中各部大臣圈改，提出修改意見，憲政編查館草擬各員根據簽改意見再進行修改，如此反覆直到最後各大臣一律畫諾，才最後定稿奏呈。而汪、李二人所擬的內閣官制在反覆的簽注和修改中早就面目全非了，尤其是各軍機大臣在簽注中強調內閣對皇帝負責更喪失立憲精義。汪榮寶對此十分不滿，一九一一年一月十八日在憲政編查館看到軍機大臣改後的內閣官制，他不禁發出了「殊有與狐謀皮之歎」的感慨，作為精通法理、諳熟憲政精義的法政留學生，他不能不對丟失憲政原則的官制表示失望和憤怒。[六十二]在日記中如此，在行動中也毫不掩飾自己的反對意見。三月二十七日他向肅王善耆力陳所擬官制違反君主立憲制精神，並為之「代作一說帖，說明此制之流弊，函送肅府」，公然要求肅王在軍機處會議上據理力爭不置協理大臣。[六十三]

汪榮寶對不倫不類的責任內閣也持抗拒心理。內閣官制和內閣成員名單一經公佈即刻引來國人群起反對，社會上「一般稍有知識者，無不絕望灰心於政府」，「國外報紙，屢肆譏評」，[六十四]汪榮寶對所謂「皇族內閣」更是表示出了強烈不滿。在一九一一年五月十二日他在日記中寫下了自己的感慨：

六十二《汪榮寶日記》第二冊，1911年1月18日，第751頁。

六十三《汪榮寶日記》第三冊，1911年3月27日，第821頁。

六十四《時報》，1911年5月18日。

夜讀陸士衡《豪士賦序》有云：見百姓之謀已，則申宮警守，以崇不畜之威；懼萬民之不服，則嚴刑峻制，以賈傷心之怨。眾心日陊，危機將發，而方偃仰瞪眄，謂足以誇世。怵心劇目，為之憮然。[六十五]

陸士衡即陸機，魏晉時期著名的詩人，陸機曾撰《豪士賦序》，主要譏諷齊王司馬冏自恃功高，目中無人，傲慢無禮，卻不知殺戮之禍將至。而清廷冒天下之大不韙成立皇族內閣，權貴們爭權奪勢，政府一意孤行，眼看王朝逐步滑向覆亡的邊緣，當政者卻懵然無知，這不正如驕橫至極而最後卻暴亡的司馬冏一樣嗎？汪榮寶似乎看到了清朝的危險結局。

汪榮寶慎重權衡情勢，決意獨善其身，堅守品節，下定決心絕不入此種內閣，而他沒有入閣之舉竟成為當時輿論媒體中的「新聞」。若憑汪榮寶的聲名和才學入閣應不成問題，在「四大金剛」中他名列魁翹，聲望超出章宗祥、陸宗輿，而這二人在內閣中皆被授予重要職位，為何汪未獲一官半職？外間對此議論紛紛。《申報》曾有這樣的猜測：「汪榮寶此次未入內閣，外間傳說不一。有謂其以協纂憲法大臣不能位置者，有謂其自己不願就者。茲聞汪實與李景鉌在憲政編查館時意見極不相融，屢次衝突，有不能兩立之勢，故該館人員預計，汪、李皆可入內閣，而汪、李決不能同時併入新內閣。卒因李之運動力大，汪亦不敢與之競，故李入而汪出矣！」[六十六]

六十五 《汪榮寶日記》第三冊，1911年5月12日，第867頁。

六十六 《新內閣種種》，《申報》，1911年7月8日。

報刊中所提到的與李景鉌競爭失敗的說法乃懸揣之詞。事實上汪榮寶根本就不願意入皇族內閣，這在其日記中可以找到明證。一九一一年七月二日，他收到父親汪鳳瀛的書信，信中對兒子未入閣「頗加褒勉」，有「足知心定神清卓焉，有以自守」的勉勵話語。他非常感激父親對自己決定的支持，感到「益當砥礪品節」。[六十七]抱有這樣的心理，他更不屑遵從新內閣規定的辦事要求。七月四日新內閣行文各衙門，要求「嗣後奏核行內之件，須備五份，分行一廳四局」，他不以為然，「屬文牘科具稿駁之」。八月十四日，清廷公佈弼德院專任顧問、參議官名單，均無汪榮寶之名，而他「頗以不予其列為幸」！

第四節　官制改革的特徵

清末官制改革雖然是在內外壓力下被迫推行的，但客觀上有利於革除舊式官僚體制的弊端，推動行政體制向近代的轉型。汪榮寶作為中央政府體制內的海歸派，參與和負責一系列官制方案和法規的醞釀和制訂，如《各部官制通則》、《直省官制通則》、《城鎮鄉地方自治》、《府廳州縣地方自治》和《內閣官制》等，在改革的實踐中形成了自己的官制改革思路，主要有以下幾個特徵：

六十七　《汪榮寶日記》第三冊，1911年7月2日，第918頁。

一、加強中央集權

近代以來，在接連不斷的民族危機和政治危機中，清王朝的統治秩序受到極大衝擊，中央政府權威日漸衰微。與此同時地方督撫的權勢日益膨脹，自太平天國以後地方督撫與清朝中央政府之間的離心傾向漸趨明顯。汪榮寶注意到這種事實，作為中央政府官員，他試圖利用官制改革的機會加強中央集權，相對削弱地方要員的權力，重塑政府的權威，重新找回政府在國家政治生活中的主導地位。在他的改革實踐中，力主加強中央權威的措施頗多，如在地方官制的構想中提出：「一、罷直轄總督，各置巡撫，二、巡撫有奏事之權，但須敕部議覆乃行，三、罷司道於巡撫衙門，內設諸司為補助之職，四、罷直隸廳，散廳以府、州、縣平列，以大縣為府，中縣為州，小縣為縣。」[六十八]汪榮寶力主仿效日本式官制模式裁撤總督只設巡撫，強調巡撫行事須向中央各部請示照准後方可實行，這種措施明顯地削弱了地方大員權力，加強了國家集權。然而，他的改革思路是與地方督撫試圖維持和擴展權力的想法背道而馳的，因而在實踐中難於實行和發揮效用。

二、提高行政效率

汪榮寶試圖革新君主專制統治下不合時代的各種官制和官規，移植西方近代先進高效的文官制度，這在他的日記中多有記載。如一九〇九年四月二十四日，「到憲政館飯，飯後到部辦事，定堂司各官津貼，尚侍丞參按原奏數目交給六成，參事以下交給五成，其科員及錄事津貼各分為一二三等，一等五成，

六十八 《汪榮寶日記》第二冊，1910年11月19日，第693頁。

二等四成，三等三成。兩廳則廳丞六成，僉事五成，科長區長以下辦法與本部科員同。」一九一〇年六月四日，「飯後到憲政館，與柳溪論官制及官制事宜，並取日本法規詳細考求，擬以品級，當日本之官等而變通之。」六月八日，「到憲政館，仿日本高等官二等表各官品秩，表一紙官名，不煩則無更詞頻數之患，一官數品則有品進而官不變之妙，竊謂數改官制，必當以此為準則也。」七月二十二日，「旋往憲政館，吳侍郎、世相先後到。論撰擬文官考試章程、任用章程、官俸章程事。」六十九這些記載內容一方面表明汪榮寶一直致力於官制改革的實踐，另一方面也間接反映出他模仿日本官制的改革思路，即仿效日本制定新的官制官規，引進文官考試和任用制度、官員俸祿改革、制定新的官品官級及中央各部門官制。這些改革顯然體現出近代官制的特徵，有利於提高國家行政機關的工作效率。

三、堅持穩健漸進的改革模式

汪榮寶一直主張漸進的改革，即仿照日本改革模式自上而下逐步推進，這一主張也體現在官制改革中。一九一〇年六月六日，憲政編查館開會議討論釐定官制事宜，原定籌備清單中把官制釐定分為四個時期：一釐定，二頒佈，三試辦，四實行，中間各距二年共需八年時間。楊度認為分段有點過分細化，如果按照這樣的步驟，則官制實施以前的時間均為空過，擔心有「屆實行時又有一旦驟進之患」，提議「改四小期為一長期，於此期內隨時可以釐定」。而汪榮寶則認為清單所指官制是完全立憲官制，釐定與實行相距甚遠，主張應該「一面釐定官制為標準，一面將現行官制逐漸修改以與標準相接近」，分別

六十九 《汪榮寶日記》第二冊，1910年4月至7月。

辦理，這樣「既與清單年限不相牴牾，也不至有數年不變一旦驟變之患」。參加會議的人員討論數回，最後贊同汪榮寶的提法。[七十]遵循漸進原則，在官制實踐中不斷修改，直到最後再實施完全符合立憲的新官制，這是汪榮寶官制改革的整體思路。

綜上所述，在官制改革中汪榮寶本想通過改革實現清朝行政體制的「質變」，即從君主專制轉向君主立憲制，以建立符合歷史發展的政治制度。然而，清政府推進官制改革目的是自救，因而對改革中不合己意的規定多有保留，加上守舊派的激烈反對，使改革措施無法最終落到實處。出現這樣的結局並不是汪榮寶等海歸知識份子的錯，只能說明體制內改革派還沒有形成強大的整體力量，他們有自己的理念和方案，卻沒有實力對抗體制內的保守勢力。汪榮寶等擬定了較為完善的、體現近代政治精神的各項官制，但實施起來卻受到諸多限制。

這裡需要再次強調的是：在整個地方官制擬定的過程中，汪榮寶等一批留學生一直活躍在其中。一方面，他們根據自己對地方體制改革的理解，試圖制定出體現近代地方行政體制特徵的草案；另一方面，他們必須秉承官制大臣的意旨，參酌地方督撫的意見，因而在擬訂中屢屢感到掣肘和受條條框框的限制，最終只得屈從或服從所謂上司們的「命令」，無法按照自己意願勾畫改革的全景。然而，不可否認的是出臺的官制草案在一定程度上體現出了汪榮寶、曹汝霖、陸宗輿等海歸派的改革思路，尤其司法獨立的初步實現是他們一再堅持的結果。

七十 《汪榮寶日記》第二冊，1910年6月6日，第521頁。

第四章 推行清末憲政改革

推行君主立憲政體是清末新政改革後期的重心，這是觸及到政府自身政治體制要害的一次大變革。從一九〇五年至一九一一年預備立憲開展了六年，汪榮寶自始至終支持並親身參與多項憲政工作。作為立憲運動的倡議者，他秉執「立憲救國」的政治理念，參加編定憲政改革中的各項具體法規，為創建立憲政體提供制度保障。他力主行政、立法、司法三權分立，利用和把握各種機會呼籲清廷實施憲政，力求對憲政的走向有所影響。他的務實性工作在一定程度上保證了清末憲政的有效有序運行，推動了憲政改革的進程。

第一節 推行憲政的要角

一、憲政編查館中的要員

憲政編查館是清末憲政改革的中樞機構。憲政編查館初名考察政治館，成立於一九〇五年十一月二十五日，為配合五大臣出洋考察憲政而設，當時館務由政務處王大臣主持，職責包括「延攬通才，悉心研究，擇各國政法之與中國治體相宜者，斟酌損益，纂定成書，隨時呈進，候旨裁定。」[一]換言之其職責是研究和編選各國憲政資料，為清廷提供憲政方案。在考察政治館成立之初，汪榮寶即是該館的核心成員。其時，「政府以各省派赴日本留學法政之學員將於明年三月畢業回國，擬即於此項學員中擇其優者，派為政治館議員，得用其所長。」[二]汪榮寶遂以海歸法政留學生身份被調為政治館館員，參與擬定各項法規，當時「立法起草皆委諸館員金邦平、汪榮寶、曹汝霖、章宗祥等。」[三]

一九〇六年九月清政府確立預備立憲後，原有的考察政治館作為從新政到立憲的過程中一個過渡性參謀機構已不堪重任，奕劻等認為需設立政府直接掌管的憲政機構，一九〇七年八月十三日，他上奏指出：「預備立憲以來，天下臣民，喁喁望治。現在入手辦法總以研究為主，研究之要，不外編譯東西洋各國憲法，以為借鏡之資，調查中國各行省政俗，以為更張之漸，凡此兩端，皆為至當不易，刻不容緩之事。」提出將考察政治館改名為憲政編查館，由軍機大臣綜理其事，清廷諭准。[四]

憲政編查館的成立標誌著清末立憲改革進入操作實施階段。清廷頒佈實施了《憲政編查館辦事章程》，從制度上確定該機構相當於各立憲國的法制局，具有獨立於資政院立法機關之外的「憲政改革樞紐」的地

一 《設立考察政治館參酌各國政法纂訂成書呈進諭》，《清末籌備立憲檔案史料》上冊，中華書局 1979 年版，第 43 頁。

二 《議派法政學員為政治館議員》，《申報》，1905 年十二月十五日。

三 趙炳麟：《光緒大事匯鑒》卷十二《趙伯岩集》上冊，廣西人民出版社 2001 年版，第 293 頁。

四 《奕劻等奏請改考察政治館為憲政編查館》，《清末籌備立憲檔案史料》上冊，第 45 頁。

位。憲政編查館職權範圍包括：議覆奉旨交議有關憲政摺件，承擬軍機大臣交付調查事件；調查各國憲法，編訂憲法草案；考核法律館所訂法典草案，各部院、各省所訂單行法及行政法規；調查各國統計結果，頒成格式，匯成全國統計表及各國比較統計表。其組織機構如下：提調二員，綜理館中一切事宜。下設編制局和統計局。編制局下設三科，第一科掌管憲法事，第二科掌管法典事，第三科掌管各項單行法規及行政法規事；統計局也設三科；第一科掌管外交、民政、財政之事，第二科掌管教育、軍政、司法之事，第三科掌管實業、交通、藩務事。憲政編查館同時設置四個具體的事務性內部機構，分別是庶務處、譯書處、圖書處和官報局。庶務處負責收發文書、款項出入以及內部的其他各類雜務的管理。譯書處翻譯各類有關調查所必需書籍、資料。圖書處的職責是收集中外圖書資料，以備所需，該處由兩人專門管理。官報局的具體事務是管理官報的編輯、校對、印刷、發行事宜，設局長一人以及若干辦事人員。[五]

汪榮寶是憲政編查館的要員。一九〇七年，他以民政部參議之職被任為該館編制局正科員。編制局為憲政編查館中重要的機構，負責包括憲法、法典、各項單行法和行政法的編訂和審核。一九〇九年一月奕劻等奏請設立考核專科，專門負責考核「九年限內議院未開以前京外各衙門各項應行籌備事宜」，勞乃宣被任命為考核科總辦，汪榮寶被任命為幫辦，楊度、章宗祥、胡礽泰任該科科員。該科是憲政館內一個具有針對性的部門，具有監督權，設總辦一人，管理本科事務，幫辦兩人，協助管理事務，正科員兩人，副科員八人，分管本科的事務。

五 《憲政編查館辦事章程》，《清末籌備立憲檔案史料》上冊，第49-51頁。

鑒於憲政編查館的樞紐地位，奕劻等陸續奏調了大批精英人物入館，如曹汝霖、章宗祥、董康、胡礽泰、陸宗輿、恩華、延鴻、林棨、朱國楨、陳曾壽、稽鏡、富士英、章宗元、程明超、顏德慶、嚴錦榮、庸隅、吳振麟、張國淦、夏道炳、劉澤熙、顧鼇、嵇芩孫、陸夢熊、張鴻藻、林散章、張則川、馬德潤、許同莘、蒲殿俊、顧德齡等，他們多數是留學日本或美國的海歸派。一九〇八年四月二十日，楊度因「精通憲法，才堪大用」，經袁世凱和張之洞聯名保薦，被賞加四品京堂候補，在憲政編查館行走。[六] 擔任各級管理的人員如提調寶熙、劉若曾、編制局局長吳廷燮、統計局局長沈林一、官報局局長華世奎均是頗有聲望的朝中官員。[七]

憲政編查館中可謂名流薈萃，有媒體曾載：「憲政編查館中均留學生界士，所謂佼佼之人物，尤以章宗祥、汪榮寶、曹汝霖、陸宗輿四人最為鋒利，又以汪榮寶為巨擘。」[八] 汪榮寶與曹、章、陸關係最為密切，均是憲政編查館的智囊型人物，四人在館中互相聲援，彼此推重，幾乎總攬了各項憲政事務，館中各員多甘拜下風，特別是汪榮寶鋒芒畢露，甚至具有「曠代逸才」之稱的楊度也無法與之爭鋒。有報導說汪榮寶曾「在憲政編查館中，不知議辦何事，忽以一言不合，與李侍郎家駒大起衝突，嗣後經汪君再三駁詰，李侍郎竟俯首無詞。」[九] 一九一一年汪榮寶從憲政編查館辭職一事媒體爭相報導，《申報》

六 楊雲慧：《從保皇派到秘密黨員——回憶我的父親楊度》，上海文化出版社 1987 年版，第 33-34 頁。

七 《憲政編查館奏調員分任館務折》，《政治官報》，折奏類，第 562 號，1909 年 5 月 13 日。

八 《憲政館中新人物》，《申報》，1910 年 6 月 3 日。

九 《新官制四大金剛之忙碌》，《申報》，1910 年 5 月 28 日。

刊出《憲政編查館之末路》一文指出：「民部左參議汪榮寶本兼憲政編查館，近以該館辦事種種不滿人意，內部又無確定統一之政見，各科員與四提調意見參差殊甚，特於前日遞呈該館辭職矣！」。[十]汪日記也載有其事：「近以憲政編查館辦事棘手，每有獻替，多不見納。而論者或疑余等把持一切，枉道取容，交相攻擊，余久有去意。」[十一]僅從辭職一事就可以看出汪榮寶在憲政編查館中的地位和影響。

汪榮寶能夠脫穎而出靠的是卓越的才華和突出的能力。他十九歲考取拔貢，文采斐然，留學期間又專攻法政，精通法律，師從著名法律家有賀長雄。歸國後參與籌辦各項新政事宜，他觀點穩健，遇事毫不推諉，敢於承擔責任。他的上司肅王善耆這樣評價：「心思沈摯，學術精嚴，編輯講義，參定法制，皆能開牖聰明，規恢久遠，於擬議憲政、整飭民政悉中竅要，且蒞事堅卓，勞怨不辭，實為恒流所不及。」[十二]可見汪榮寶不僅才學出眾，並辦事有章有度，頗具實幹家風範，這是他在清末新政改革受到器重的重要原因。

二、擬定憲政法規性文件

憲政編查館為中央政府籌備憲政之樞紐，「內而部院，外而督撫，凡涉新政，皆當受成典章制度，尤非館員核訂不能頒佈。領其事者，又復重以軍機大臣，於是實力遂超出各官署之上，而莫之與抗。是

十　《憲政編查館之末路》，《申報》，1911年4月10日。

十一　《汪榮寶日記》第三冊，1911年4月1日，第826頁。

十二　《民政部尚書肅親王善耆等奏薦舉人才折》，《政治官報》，折奏類，第176號，1908年4月25日。

故議院未開，足以有為者，非憲改編查館莫屬。」[十三]憲政編查館的中心工作即制訂憲政法規，統籌規劃憲政進程。憲政編查館擬定的立憲籌備法規性核心檔是《欽定憲法大綱》和《逐年籌備事宜清單》，汪榮寶參與了這兩個文件的草擬。

《欽定憲法大綱》是憲政的總綱，相當於國家的憲法。清廷於一九〇八年七月二十二日下諭憲政編查館擬訂，由編制局負責擬定，八月二十七日該館具奏所擬憲綱，清廷批准頒佈。大綱是集體勞動的成果，參與各員「再三考核，悉心釐定」，共花費一個月的時間擬訂完畢，各條款中以「汪榮寶、楊度所擬居多」。[十四]汪榮寶列名楊度之前，可見他在此次制憲中的地位。

頒佈憲法大綱同一天清廷還公佈了《逐年籌備事宜清單》。該文件由楊度主擬，汪榮寶參擬。清單依據循序漸進的改革理念，依次辦理各項事宜，明確規定各項憲政的步驟和具體目標，內容包括籌備諮議局、資政院、地方自治、修訂法律、官制改革、司法獨立、憲法頒佈等憲政事宜。如規定地方自治的辦理步驟為：一九〇八年頒佈城鎮鄉地方自治章程，一九〇九年頒佈府廳州縣地方自治章程，籌辦城鎮鄉地方自治，設立自治研究所；修訂法律的計畫：一九〇八年修改新刑律，編訂民律、商律、刑事民事訴訟律，一九一〇年頒佈新刑律，一九一三年實行新刑律，頒佈民律、商律、刑事民事訴訟律，一九一五年實行民律、商律、刑事民事訴訟律。[十五]

十三　《警告憲政編查館》，《申報》，1910年6月6日。
十四　胡思敬：《國聞備乘》，民國史料筆記叢刊，上海書店出版社1997年版，第55頁。
十五　《逐年籌備事宜清單》，《清末籌備立憲檔案史料》上冊，第61-67頁。

《逐年籌備事宜清單》是籌備立憲的具體實施細則。方案的出臺表明了清政府實施憲政的決心，標誌著清末憲政從設想階段轉向實踐階段。同時也顯示出汪榮寶、楊度等擬定者的改革理念，他們期望通過和平漸進的方式，有步驟有計劃地將封建帝制演變為君主立憲制。按照他們的理解，憲政改革猶如築室，「必鳩工取材，經營無遺，而又朝夕程督，始終不懈，乃能聿觀厥成」；又如行路，「必衣糧舟車，各物俱備，而又逐日進行，不稍止步，乃能達其所向。」[十六]也就是說他們反對一蹴而就，更厭惡固步自封、不思進取，只求穩步地、有效地逐年逐月的頑強推進，得寸是寸，得尺是尺。

第二節　籌設諮議局

一、擬定諮議局相關章程

最早提出各省設諮議局的是兩廣總督岑春煊，他在一九〇七年六月上呈的《奏請速設資政院代上院以督察院代下院並設省諮議局暨府州縣議事會摺》中，提出各省開設諮議局的主張。同年七月直隸總督袁世凱在奏請實行預備立憲的十條建議中，提出了「設州縣議事會、省諮議局，遞升資政院，以借群力」的建議。[十七]岑、袁是頗具聲望的朝中要員，清廷不得不重視兩人的提議。同時留日學生沈鈞儒、熊範輿

十六　《逐年籌備事宜清單》，《清末籌備立憲檔案史料》上冊，第 56 頁。

十七　偽滿洲國務院輯：《大清德宗景皇帝實錄》，卷 575，滿偽洲帝國國務院影印本，偽滿洲康得四年（1937）。

等接連上書，請求政府「於一二年即行開設民選議院」。一九〇七年十月清廷諭令各省設諮議局，定職責為「採取輿論之所，俾其指陳通省利弊，籌計地方治安，並為資政院儲材之階」。[十八]這標誌著清末憲政改革過渡到開設立法機關的實際操作步驟。

首設立法機關最為關鍵的是制訂完善的法令制度以作保障，這是憲政編查館的職責所在，汪榮寶作為編制局的要員，負責擬定了《諮議局章程》及《議員選舉章程》。章程參照日本和西方各國議會制度，經汪榮寶等人花費一年時間方得以完成。「所有條項文句，均經斟酌再三，屢成屢易，椎輪之作，不敢即謂精密無遺，而因時制宜，斟酌亦不敢不力求詳慎。」[十九]一九〇八年七月二十二日即光緒三十四年六月二十四日，清廷正式頒佈《諮議局章程》及《議員選舉章程》。

《諮議局章程》共十二章六十二條，內容如下：諮議局設議長一人，副議長二人，常駐議員若干人，均由議員互選產生。議員、正副議長任期三年，常駐議員任期一年。諮議局權限包括：議決本省應興應革事件；議決財政預算、決算、稅法、公債，擔任義務之增加，單行章程規則的增刪修改，權利之存廢事件；選舉資政院議員；申覆資政院和督撫諮詢事件；公斷和解自治會爭議事件；收受自治會或人民陳請事件等。《議員選舉章程》共一百一十五條，詳盡規定了選舉區域、選舉人員、選舉年限、初選、複

十八 《著各省速設諮議局諭》，《清末籌辦立憲檔案史料》下冊，第667頁。

十九 《憲政編查館等奏擬訂各省諮議局並議員選舉章程折》，《清末籌辦立憲檔案史料》下冊，第668頁。

選、改選、補選、選舉訴訟、處罰以及專額議員等。[二十]這兩個法令在一定程度上體現出憲政精神，在制度上規範和保證了諮議局作為立法機關的正常行使和有效運行。

二、考察湖南省諮議局

汪榮寶不僅為諮議局初創起草制度文書，而且還實地指導諮議局的運行。一九〇九年十月，值議局第一屆會議開議之際，憲政編查館派出多位館員分赴各省考察，汪榮寶派赴湖南省考察。湖南諮議局於一九〇九年十月十四日在長沙府學宮明倫堂宣佈成立，共有議員八十二人，議長譚延闓，副議長曾熙、馮錫仁。從十一月七日至十一月二十三日，汪榮寶在湖南考察了半個月左右，在這段時間內他多次前往諮議局旁聽，曾於十一月十日由周儒臣、張鴻年陪同第一次參觀諮議局，十一月十二日第二次到諮議局旁聽，十一月十五日再次至諮議局旁聽，十一月二十三日在離開長沙回京之前又一次去諮議局聽議。[二十一]汪榮寶聆聽了議員們精彩的演講和辯論，看到各議員踴躍發言，針對該省財政、教育、實業等問題展開激烈辯論，議及的重要議案有振興工業案、商埠劃定地址案、改良擴充宣講所案、組織禁煙會案和整頓田稅契案等。作為《諮議局章程》起草者和中央指導人員，汪榮寶的蒞場無形中增加了議員們的議事勇氣和民主精神，在與督撫有爭議的議案中，議員們也敢於堅持局議，表現出強烈的參政議政意識。

二十 《憲政編查館等奏擬訂各省諮議局並議員選舉章程折》，《清末籌備立憲檔案史料》下冊，第 669-683 頁。

二十一 《汪榮寶日記》第一冊，1909 年 11 月 10 日、12 日、15 日、23 日，第 293-306 頁。

汪榮寶還廣與當地士紳交流。他聯絡湖南名士葉德輝、王先謙及政府要員莊賡良、吳慶坻、陳毓棻等，共同討論解決諮議局在實施中遇到的難題，他向湖南巡撫岑春蓂詳細解釋《資政院選舉章程》，與諮議局議長譚延闓、副議長曾熙、馮錫仁探討如何解決與督撫矛盾的議案。地方議會的成立大大突破了過去封閉式的政權結構，削弱、限制了地方長官的權力，標誌著民眾參與管理國家政治生活的開端。通過湖南考察，汪榮寶目睹了近代立法機關在中國的運作情形，更增強了憲政改革的信心。

第三節　籌辦資政院

設立資政院為清政府預備立憲的重要內容。五大臣出洋考察憲政回國後，端方便在《請改定官制以為預備立憲摺》中提出在中央設「集議院」說，集議院類似國家議會。[二十二] 一九〇六年奕劻等人在《釐定中央各衙門官制繕單進呈摺》中明確提出「立法當屬議院，今日尚難實行，似暫設資政院以為預備」的主張。[二十三] 一九〇七年九月二十日光緒三十三年八月十三日清廷下旨令設資政院，並任命溥倫和孫家鼐為資政院正、副總裁，成立開辦公所，負責籌備事宜。[二十四] 汪榮寶參加了資政院開議前的多項籌備工作。

二十二　《戴鴻慈等奏請改定全國官制以為立憲預備折》，《清末籌備立憲檔案史料》上冊，第 374 頁。

二十三　《慶親王奕劻等釐定中央各衙門官制繕單進呈折》，《清末籌備立憲檔案史料》上冊，第 464 頁。

二十四　《設立資政院派溥倫、孫家鼐為總裁並會同軍機大臣擬訂院章諭》，《清末籌備立憲檔案史料》下冊，第 606 頁。

一、議院組建方式之爭

設立資政院是中國歷史上之首次創舉，至於資政院如何運行、哪些人可作為議員等問題都沒有具體規定。朝中官員對此提出了各式各樣的計畫和方案，其中有些不諳憲政的守舊派官員提出了以都察院改為議院的主張，從而引發出一場爭議。一九〇七年九月二十五日，御史陳寶忠、伊克坦和陳名侃認為資政院類似各國的上院，奏請改都察院為國會，以立下院基礎，議員由都察院中官員簡充和各省督撫保薦二至三人共同組成。[二十五]這樣的想法無疑於將都察院換個招牌而已，與立憲精神大相違背。這一提議遭到具有憲政知識的官員的反對，汪榮寶為此專呈《論都察院不可改為下議院奏摺》，闡明反對態度。

汪榮寶從多方面闡述了都察院不可改為國會的理由：第一，各立憲國無此成例。他認為歐洲立憲各國大多採用兩院制，鄰國日本亦採兩院制，均分上院和下院，上院由貴族和敕選議員組成，下院由民選議員組成。中國實行立憲不能別出一格。第二，都察院的官員都由朝廷簡授，而立憲國家的下議院議員則通過公民選舉產生，若直接改都察院為下院，違反立憲原則，喪失立憲政體精義。第三，都察院的數十位言官不能代表全國國民意願。立憲國家的立法權屬於議會，法律的制定及預算、決算等事宜必經議會協贊、請君主裁可後國民才有遵從義務，而議會必須能代表全體國民之意，都察院的言官不足以代表國民。第四，都察院和議院的性質不同。都察院職責是「糾正官邪，疏通民隱，平時則有監察之責，遇事則有彈劾之權」，而議院之職「重在協贊立法」，二者性質截然不同。因此決不可都察院改以下議院，

二十五《御史陳寶忠奏請改都察院為國議會以立下議院基礎折》，《清末籌備立憲檔案史料》下冊，第606-608頁。

「用此有名無實之議院以塗飾耳目」。[二十六] 遵循憲政的原則，符合立憲的精神，這是汪榮寶的政治原則和信念，因此他極力反對不合憲政的各項規定。

陳寶忠等人的提議遭到憲政人士反對而被否決，清廷決定仿照日本的法律制度，規定資政院議員由欽定和民選兩部分組成，並下令擬訂《資政院院章》和《選舉章程》，根據制度籌備資政院和選舉議員。

二、起草資政院制度文書

考察政治館在一九〇六年的官制改革中曾擬定《資政院官制清單》，時汪榮寶和曹汝霖、張一麐、金邦平作為官制起草課成員參與了該文件的起草。官制清單對資政院的性質、地位、組織、議員的種類和產生辦法、議事權限、會議程序、常駐人員與秘書機構等進行了初步的規定。[二十七] 該草案為後來資政院一系列規章的出臺奠定了基礎。一九〇七年清廷宣佈設資政院，院章的擬定重新提上日程。資政院開議前應頒佈《資政院院章》、《議員選舉章程》等相應配套法律，還需制訂相關系列法規包括議事細則、分股辦事細則、旁聽規則、守衛章程、秘書廳辦事細則等，以保證資政院的正常運作。汪榮寶是這些法規的主要擬訂者。

二十六 汪榮寶：《論都察院不可改為下議院折》，《今薤琳琅齋文存》，文海出版社 1970 年影印本，第 89-92 頁。

二十七 《考察政治館擬具資政院官制清單》，《中華民國檔案資料彙編》第一輯，江蘇人民出版社 1979 年版，第 93-98 頁。

（一）擬定《資政院院章》

資政院總裁溥倫鑒於「院章為他日議院法之根本」，相當重視資政院章程的草擬，經過慎重甄擇奏調九名官員「酌定綱目，分任擬稿」，分別為：署學部右侍郎內閣學士寶熙、署農工商部右侍郎沈雲沛、前通政史顧璜、民政部右參議汪榮寶、御史俾壽、御史趙炳麟、農工商部主事章宗祥、外務部主事曹汝霖、法政科進士程明超。[二十八]事實上以上多數官員沒有參與直接擬訂，院章由汪榮寶、章宗祥、曹汝霖三人負責起草，其中汪榮寶出力甚多。

汪榮寶等人首先擬訂資政院章程的十章章目及前兩章條文，溥倫於一九〇八年七月八日奏呈清廷，所奏院章的章目為：第一章總綱，第二章選舉，第三章職掌，第四章資政院與行政衙門關係，第五章資政院與各省諮議局關係，第六章資政院與人民關係，第七章會議，第八章紀律，第九章秘書廳官制，第十章經費，此為資政院院章的基本框架。[二十九]清政府批准，並諭令各員悉心擬定餘下各條。

在院章擬訂過程中汪榮寶對原擬章目進行了調整。在一九〇九年二月二十二日的資政院籌備會議中他提議將章程前二章並續訂八章一併酌加修改，「另擬選舉章程，一同具奏」，提議得到總裁溥倫的贊同。隨後的幾個月內，他一直忙於院章事宜。三月二十一日，汪榮寶和曹汝霖同往章宗祥住所修訂院章，汪指出「第二章選舉、第十章經費不妥處甚多」，應大加修改，曹、章表示同意，三人當即簽

二十八《資政院奏敬陳開辦情形並請派員幫同厘定章程折》，《政治官報》，折奏類第 141 號，1908 年 3 月 21 日。

二十九《資政院奏擬訂資政院院章折》，《清末籌備立憲檔案史料》下冊，第 627 頁。

改若干條。[三十]至三月三十日擬就院章初稿。[三十一]隨後呈送正、副總裁溥倫、孫家鼐閱看，並分送各樞府大臣簽改，再加以修正。

汪榮寶等人所擬資政院院章力求仿照憲政國家的通例，賦予資政院應有職權，但遭到守舊派官員的指責，就在一九〇九年七月院章即將定稿時，第二次考察政治大臣於式枚上疏攻擊章程。在一九〇八年所擬的《諮議局章程》中有「資政院居全國輿論最高之地位，故諮議局與督撫、或資政院有相持之時，則資政院應施行解決之權」的條文，這成為於氏攻擊的對象。他指責如此則資政院逾越權限，「對國家則得以民權抗政府，對國民則又曰權在議院矣」，流弊甚多，請求預籌善後之策。[三十二]於式枚的奏摺表面攻擊《諮議局章程》，實則將矛頭指向全國議會機關資政院。清廷決定在《資政院院章》中加以補救，令憲政編查館修改。軍機大臣張之洞對章程中削弱督撫權力的規定十分不滿，並「簽出數條，大率多保護督撫權勢之意」。儘管汪榮寶包括總裁溥倫等對於張的意見很不贊同，但面對巨大阻力，最終只得妥協折衷，對院章又進行一個多月的修改。至八月十日，汪榮寶把樞府簽改的條目酌加整理，「頗費周折」，方歸入院章正文。[三十三]

三十　《汪榮寶日記》第一冊，1909年3月21日，第59頁。

三十一　《汪榮寶日記》第一冊，1909年3月30日，第68頁。

三十二　政學社編：《考察政治大臣于式枚奏各省諮議局章程權限與普國地方議會制度情形不符折》，《大清法規大全·憲政部》，卷二，清政學社石印本。

三十三　《汪榮寶日記》第一冊，1909年8月1日、10日，第192、201頁。

一九〇九年八月二十三日，總裁溥倫上奏《資政院院章》，清政府批准。院章共十章六十五條，除原擬第二章選舉改為議員外，其他章目均據前奏。院章規定資政院宗旨是「取決公論，預立上下議院基礎」，議決職權包括：國家財政預算和決算、稅法及公債、新定法典及其修改（憲法不在此限）、特旨交議事件等。院章詳細規定了資政院與行政衙門、各省諮議局、人民的關係，以及議員資格、組成、任期等。因于式枚的攻擊，修改後的院章將原稿中的「各省諮議局與督撫異議事件、或此省之諮議局相互爭議事件，均由資政院核議」條，改為「由資政院議決，再由總裁、副總裁具奏，請旨裁奪」。[三十四]這樣，資政院便喪失了本應擁有的「核議權」，而歸「裁奪權」於皇帝，實際上降低了資政院的地位。

（二）主擬《資政院議員選舉章程》

汪榮寶還主持擬訂了《資政院議員選舉章程》。一九〇九年八月二十八日，汪榮寶與曹汝霖等商定各類議員的選舉章程，議定章目包括以下七種：（一）《宗室王公選舉章程》，（二）《外藩王公選舉章程》，（三）《滿漢世爵選舉章程》，（四）《宗室覺羅選舉章程》，（五）《碩學通儒及納稅多額者選舉章程》，（六）《各部院衙門選舉章程》，（七）《各省諮議局選舉章程》。議定分工如下：汪榮寶草擬第一至第四種，程明超擬第五種，曹汝霖擬第六種，章宗祥擬第七種。[三十五]但依據後來資料可

三十四《資政院會奏續擬院章並將前奏各章改訂者》，《清末籌備立憲檔案史料》下冊，第629-637頁。

三十五《汪榮寶日記》第一冊，1909年8月28日，第219頁。

知，曹、程二人實際上並未執筆，汪榮寶和章宗祥則為章程的主纂者，其中章氏僅擬訂《各省諮議局議員選舉章程》，其餘六種均由汪榮寶負責。

從汪榮寶日記看，在一九一〇年九月至十月間，他一直緊張地忙於起草各類選舉章程。九月一日至十日，草擬宗室王公及宗室覺羅選舉章程。十一日，擬滿漢世爵及外藩王公世爵選舉章程。十二日，酌加修改章宗祥所擬的各省諮議局選舉章程。十五日，擬訂各部院衙門官、納稅多額及碩學通儒選舉資政院章程，晚間復改各選舉章程。十六日，續訂碩學通儒議員選舉章程。至九月二十二日，各種選舉章程擬定完畢。汪榮寶還接著負責全部章程的統稿和校刊，為此花費了大量時間，隨後將各章程呈送總裁溥倫閱定，溥倫囑咐他再細加斟酌，以免貽誤，然後分送各樞府大臣處簽改。到十月八日選舉章程方正式修改完畢，汪榮寶受溥倫委託起草奏稿。一九〇九年十月二十六日溥倫上奏各類議員選舉章程。[三十六]

（三）草擬其他相關法規

資政院相關法規中還有與之配套的保障議會運行的細則，包括《資政院議事細則》、《資政院分股辦事細則》、《資政院旁聽規則》等，汪榮寶也參與這些法規的策劃和草擬。《資政院分股辦事細則》規定把全部議員分為六股，即預算股、決算股、稅法公債股、法典股、陳請股、懲戒股，每股推舉股長，

三十六《汪榮寶日記》第一冊，1909年9-10月，第223-274頁。

互選理事，並規定股員為專任、特任兩種，專任股員分數科，各科互選審查長。[三十七]該細則規定的議事程序與立憲國家的制度類似，開會、討論和表決均依民主程序。《資政院旁聽規則》有十三條，詳細規定旁聽人員的資格及應遵守的紀律。限定王公世爵、各國外交官、京外大員、報館主筆方有資格入院旁聽，細定旁聽辦理程序以及應遵守的紀律，如旁聽人須憑旁聽券進場，入場時應將旁聽券交守衛官查驗，由守衛引入旁聽席，旁聽者均須遵守不得發表議論、不得參與議事、開秘密會時應行全數退出等紀律。[三十八]細則之細，反映了汪榮寶等起草人員的用心之細緻和工作之辛苦程度。

《資政院院章》、《議員選舉章程》和相關的法規均為資政院開議的制度保證。有了這些法規，方能樹立議會的尊嚴和保障議會的正常運作，汪榮寶試圖通過制定完善的議院制度，使清政府第一次召集的議會儘量具備立憲國家的會議特徵。從這個角度上講，稱汪榮寶為中國近代議會制度的助產士和護衛士都不為過。

三、籌辦資政院實際工作

資政院副總裁孫家鼐於一九〇九年十一月二十九日去世，僅剩溥倫一人綜理其事。清廷直到一九一〇年九月十五日即資政院開議前夕，方任命修訂法律大臣沈家本充副總裁，在此期間，汪榮寶作為總裁溥倫的重要助手，參與籌備資政院各種實際事務。

三十七《資政院會奏酌擬議事細則及分股辦事細則折》，《盛京時報》，1910年9月28日。

三十八 資政院檔案，中國第一歷史檔案館，全宗號520，案卷號1。

（一）辦理速記學堂相關事宜

根據西方議會的規則，議院內的辯論和演說均需速記人員當場錄寫，因此開設速記學堂、培養速記人才是資政院開議前亟需籌備的事項。汪榮寶負責擬訂了《速記學堂章程》，一九〇九年十二月，汪榮寶和李家駒將擬訂的十二條《速記學堂章程》及經費預算方案呈資政院總裁溥倫核閱。[三十九]一九一〇年二月四日《速記學堂章程》得到清政府諭准。清廷命李家駒、汪榮寶、程明超三人負責籌建速記學堂，以「預備資政院及各地方議會速記之用」。[四十]其實早在一九〇九年十月，汪榮寶就已開始籌備速記學堂各事，在選擇速記學堂教習和所用教材時，他曾考慮聘用日本人熊崎健一郎為教習，以其所著的《支那速記本》為教本，並親自寫信給熊崎健一郎，請日人清木宣純代轉。後因熊氏無意來中國任教而罷。[四十一]汪榮寶遂向溥倫建議最好採用國內速記法，聘用本國教習以避免語言障礙，溥倫表示贊同，委託汪辦理此事。

汪榮寶經過再三比較和斟酌，決定採用湖北蔡錫勇所撰的《傳音快字》為教本，聘蔡錫勇之子蔡璋為速記學堂教習，他的決策無疑是正確的。蔡錫勇是我國近代中文速記的創始人，長期從幕於張之洞，曾在京師同文館學習外文，任駐美使館翻譯，歸國後參考美國凌士禮（Lindsley）速記法，結合我國的音韻學，花費十年時間研創出「傳音快字」速記法，並於一八九六年撰寫出《傳音快字》一書，此為我

三十九《汪榮寶日記》第一冊，1909年12月23日、27日，第336、340頁。

四十《資政院籌設速記學堂辦法》，《申報》，1910年2月26日。

四十一《汪榮寶日記》第一冊，1909年10月8日，第260頁。

國速記學的濫觴。「傳音快字法」是一種利用中文拼音書寫的速記術，其中包括二十四個聲母，三十二個韻母。聲母用橫、直、斜、正、粗、細直線；韻母用小孤、小點、小畫；切音以北京音為準，採用一聲一韻的雙拼制。蔡璋為蔡錫勇的次子，我國第一位專業的中文速記工作者。他少年時跟父親學過《傳音快字》，一九〇三年留學日本，精研日文源綱紀、熊崎健一郎的速記術，將其父的《傳音快字》改編為《中國速記學》，一九一三年正式出版，成為我國第一本以速記命名的專著。汪榮寶主動去信聯絡蔡璋商談聘任事宜，一九一〇年三月蔡璋受資政院之聘擔任速記學堂總教習，負責教授第一個速記班，培養了我國近代第一批速記人才。

汪榮寶還負責速記學堂的招生工作。按照章程學堂學員由各省督撫咨送與京師招考合格人員組成，汪榮寶、金邦平主持了選拔考試，批改試卷，按成績慎選合格人員十二人，附取十二人。[四十二]加上各省咨送八十人，中央各部院選送近二十人，共計一百二十餘人，此為速記學堂的第一批學員。一九一〇年四月四日，速記學堂正式開學，當日舉行了開學儀式，資政院總裁溥倫到場發表訓詞，速記教習蔡璋演說「傳音快字」速記大意，汪榮寶作為創辦人也登臺發言，襄勉學生盡心學習。速記學堂開設速記法、國文、法政、官話等課程，秦汝欽任國文教員，朱紹廉任法政教員，榮綬任官話教員。[四十三]自速記學堂開課後，由於資政院開院在即，學生們的學習非常緊張，畢業期限為六個月，以致暑假均在校加課，至

四十二 《汪榮寶日記》第二冊，1910年3月21-27日，第442-448頁。

四十三 《汪榮寶日記》，1910年4月4日；《資政院速記學堂之內容》，《申報》，1910年7月19日。

同年九月份第一批速記學員提前合格畢業。[四十四]

（二）選擇資政院會址

資政院院址之事也頗費汪榮寶心思。當時京師內城區域市廛櫛比，隙地無多，求一寬廣適用之處非常不易。汪榮寶和曹汝霖等通過實地勘查，瞭解到位於京城內城東隅觀象臺西北的貢院舊址可資利用。貢院自一九〇五年科舉停考後空閒日久，以致漸次圮頹，此址南北約一百四十餘丈，東西廣約六十餘丈，用作資政院地址甚為合適。汪榮寶還多次陪資政院總裁勘查貢院地形，一九一〇年十二月二十日德國工程師測量貢院面積及尺寸，他「陪之行荊棘瓦礫中」，後又登明遠樓眺望貢院在京師之位置。一九一〇年一月五日他又與溥倫、章宗祥等陪德國工程師測量，隨同踏勘一周，最終擇定貢院為資政院大樓之地址。[四十五]

四十四 《速記學堂不放暑假》，《申報》，1910年7月23日。

四十五 《汪榮寶日記》第二冊，1910年12月20日、1911年1月5日，第333、349頁。據資料記載，當時資政院暨上下議院均請德國建築師羅克格（CurtRothkegel）進行設計。羅克格設計的資政院大廈高四層，中部議院大廳、右側參議院和左側眾議院上都覆有彎頂，同下部柱廊相配，十分莊重壯麗。由於工程浩大，設計任務繁重，當時有八名歐洲建築師、五名中國建築師協助羅克格進行設計，由德國特格．施洛特公司承建。資政院建築工程核估工費約需庫平銀一百萬兩。處於辛亥革命前夕的清政府已經不具備這樣的經濟實力。雖然大廈基礎工程已經動工，但隨著清王朝的崩潰，這項工程亦告夭折。（張複合．《中國第一代大會堂建築——清末資政院大廈和民國國會議場》，《建築學報》，1995年第5期，第45-48頁。）

在資政院大樓工程竣工之前，汪榮寶與金邦平、曹汝霖等商量選定順治門內象坊橋京師法律學堂的大講堂作為一九一〇年資政院第一次常年會議場。大講堂是一幢西洋風格的兩層樓房，汪榮寶和李家駒、章宗祥等仿日本國會式樣對其進行改建，將大講堂改為議事堂，設為半圓形，議員席亦是半圓形，上設御座，下設院長席、演說台，兩旁設各部尚書侍郎出席答覆席，演說台下有速記席，又以教員室改為客廳，及議員談話室、休息室等。

四、主持資政院準備會和召集會

為訓練議員的議政能力，提高參政意識，已經到京和在京的資政院議員商定成立開院準備會，模擬資政院開議情形，從實踐層面進行演練。汪榮寶主持了準備會的工作。

一九一〇年五月二十五日，議員在石橋別業集會，[四十六]討論準備會成立前的相關問題。當日二十八人到會，議定成立資政院準備會，租石橋別業為會場，每月開會三次，以每旬之第五日為會期。選舉假定幹事二人，汪榮寶以十八票、勞乃宣以七票當選，公推胡礽泰、雷奮為準備會章程起草員。[四十七]一九

四十六 石橋別業為汪榮寶、曹汝霖、章宗祥、陸宗輿等所置的留日同學會館。據《汪榮寶日記》載，別業於 1909 年 5 月由曹汝霖委託德昌洋行代購，價一萬七千兩銀。約有房屋幾十間，所有權屬汪榮寶、曹汝霖、章宗祥、陸宗輿、良弼、章宗元等十五人，購置別業後，眾人在此處配置了廚房、娛樂專案（時汪榮寶等經常在此玩一種名「玉笈」的撞球運動），該處成為京中留學生聚會之地。後鹽政處租借其中一部分為辦公場所，勞乃宣發起的「簡字運動」也在此成立並定為會址。資政院準備會也選定此處為臨時會址。民國後曾一度為共和黨與進步黨兩黨總部。

四十七 《汪榮寶日記》第二冊，1910 年 5 月 25 日，第 509 頁。

一〇年六月二日，準備會第一次例會在石橋別業開議，汪榮寶日記記載到：

飯後三時頃到石橋別業，為資政院開院準備會第一次會期，同人到者三十九人。先由余與玉初報告上屆發起會議情形，次由胡伯平、雷季興將所擬本會簡約朗讀，逐條討論，約內定會員應行調查事項有官制及外交，寶瑞臣、陳徵宇、沈佩崑等輩以為官制、外交非資政院權限內之事，本會無庸調查。餘起聲明資政院對於官制、外交無議決權而有建議權，非絕對不能容也，本會調查有益無損。群議紛紛，良久不決，趙竺垣、林惠亭諸君請以會員多數之意見決之。餘出席朗讀條文，以有官制、外交為然者請起立，贊成者占三分之二，因即可決，簡約通過後投票選舉幹事四人，餘以三十二票、勞玉初以二十一票、雷季興以十四票、李柳溪以十三票當選，六時許散會。四十八

資政院準備會是議員在議會正式召開前組織的「模擬會」，汪榮寶以總幹事身份敦促議員提出假定議案，仿照議會情形進行演講和辯論，力求體現民主氛圍，並親自演說日本議會等憲政知識。六月十一日準備會第二次例會召開，約二十人參加，汪榮寶演說了議決機關和諮議機關性質之別，指出諮議局第一屆會議中存在的諸多弊端，希冀資政院開議後毋蹈其失。七月一日的例會中，汪榮寶擔任主席主持會議，議員提出議案，如沈林一提出加稅免厘說帖，劉澤熙、奎濂報告調查國債款項數目，蔣鴻斌提出纂

四十八 《汪榮寶日記》第二冊，1910年6月2日，第517頁。

擬憲法應屬資政院權限、開院後將該條修正說帖。七月十一日汪榮寶再次任例會主席，資政院秘書長金邦平講演日本眾議院委員會先例，劉澤熙報告國債數日，雷奮演說資政院院章。七月二十一日的例會上雷奮任主席，汪榮寶演說日本第一期帝國議會歷史，約講解一小時之久，聽者「均大讚賞」。在八月九日的例會中，汪榮寶又演說了日本第二期議會歷史。這次會議由速記學堂派了四名學生做記錄，實地練習速記法，成績甚佳，堪備應用。[四十九]

汪榮寶還參與籌畫資政院召集會。按照院章資政院在開議前應舉行召集會，汪榮寶和李家駒、金邦平等多次共同商榷議員座號、分股等細節問題。一九一〇年九月二十三日即宣統二年八月二十日上午，資政院召集會開會，到會議員計一百五十四人。照議事細則每位議員報到的程序為：先往注到室簽名，隨後至驗照室核實身份，領取座號單、議事細則、章程及徽章。[五十]十點鐘召集會正式開議，議長溥倫、副議長沈家本到會，各議員依所發座號單按號就座。資政院的座位共有七排，座號如下：第一排一號至二十九號，第二排三十號至五十八號，第三排五十九號至八十九號，第四排九十號至一百二十號，第五排一百二十一號至一百五十五號，第六排一百五十六至第一百八十八號，第七排一百八十九號至一百九十六號。兩旁是秘書長和秘書官的座位。[五十一]會中議員進行了抽籤分股，分全體議員為六股，並投票選舉股長、理事，汪榮寶分在第六股，六股股長及理事分別為：第一股股長趙炳麟，理事沈林一；第二股

四十九《汪榮寶日記》第二冊，1910年6月11日、7月1日、11日、21日、8月9日，第527、547、558、568、588頁。

五十《資政院召集議員詳情》，《申報》，1910年9月30日。

五十一資政院檔案，中國第一歷史檔案館，全宗號520，案卷號6，中國第一歷史檔案館。

股長許鼎霖，理事孟昭常；第三股股長勞乃宣，理事顧棟臣；第四股股長莊親王，理事陳寶琛；第五股股長睿親王，理事雷奮；第六股股長陶保廉，理事汪榮寶。[五十二]

綜上所述，汪榮寶是資政院的主要籌備者，他把資政院視作中國民主政治的開端，殫精竭慮地籌備資政院各項事宜，以保障資政院正常和有效的運轉。

第四節　參與國會請願運動

一、關注前兩次請願運動

國會請願運動由立憲先鋒楊度率先倡議。楊度認為「開國會為憲政上第一重大之事」，政府自行立憲較難，快速開國會之法即由國民強迫政府立憲，故不可「坐待他人以政權授我」。他主張仿照日本阪垣退之助組織愛國社發動國會請願的先例，組織政黨號召民眾，發起國會請願運動。[五十三]與楊度操鼓相應，立憲派也在考慮促使清廷儘快召開國會的良策。在籌備憲政過程中，立憲派日益認識到「以樞臣之老髦，疆臣之畏葸不前，但足以亡國而有餘，絕不足以喚起沉痾，挽回危局。」[五十四]只有早開國會、人

五十二 《汪榮寶日記》第二冊，1910年9月23日。
五十三 楊度：《致〈新民叢報〉記者》，《辛亥革命前十年間時論選集》第二卷下冊，三聯書店1978年版，第877頁。
五十四 《論政府無立憲之能力》，《大公報》，1909年12月13日。

民參政議政方是挽救之策。一九〇九年十月，各省諮議局開議，立憲派領袖人物江蘇諮議局議長張謇醞釀聯絡各省諮議局發起國會請願運動，他派雷奮、孟昭常、楊廷棟等人分赴各省，約定各省諮議局閉會後派代表到上海共商速開國會問題。一九〇九年十二月二十七日，各省代表共五十一人在上海召開各省諮議局聯合大會，決定派代表進京請願。[五十五]

全國民眾對諮議局代表赴京請願寄予極大希望，《申報》曾登載題為「國民之花」的文章讚譽代表，以國魂「梅花」喻之，足見國民對請願代表的尊敬及對速開國會的期盼。文章寫道：

> 人有恆言曰：議院者，國民之花也。日本以櫻花為和魂，初設議院時，日人執此以送其政黨之領袖；近年英國女子要求選舉權，有女子千餘人執維多利亞花以送其代表。今國會請願之十六省代表行矣，實我國他日國會之光輝。梅花，百花之首，中國之國魂也；國會，百政之首，民之魂也。今梅花適當開放之時，國會代表行將入都之日。諸代表品性之清潔，他日名氏之馨香，有似此花者乎？[五十六]

作為京城立憲派的代表人物，汪榮寶是推行憲政的堅定支持者，因而他密切關注著國會請願運動。一九一〇年一月十四日到京的各省請願代表召開會議，宣告開始第一次國會請願，十六日代表們列隊

五十五 《憲政篇》，《東方雜誌》，第6年第13期。

五十六 《國民之花》，《申報》，1910年1月6日。

赴都察院呈遞請願書，請督察院代呈攝政王。在清廷未發佈諭令之前，汪榮寶即與國會請願代表聯絡探尋速開國會資訊。一月二十八日，他與江蘇請願代表方環和於定一談論請願問題，對結果持懷疑態度，他認為阻力甚大，清廷不會讓步。[五十七]果然，一月三十日清廷下諭堅持原定九年預備之期，拒絕了代表們速開國會的請願要求。[五十八]汪榮寶得知消息後，急忙與方環和於定一聯繫，探尋各代表的反映，並商酌各事。[五十九]從汪榮寶主動與請願代表聯絡和商談各事可見他在國會請願的開始階段就關注著運動的進展情形。

第一次請願失敗後各省代表決定繼續活動，他們改請願速開國會同志會名為請願即開國會同志會，並撰擬長達萬言的《國會請願同志會意見書》。各代表還於一九一〇年四月組織國會請願代表團，推舉孫洪伊等任幹事。六月十六日請願代表齊集都察院，向都察院呈遞了直省諮議局議員、各省商會、東三省紳民、江蘇教育會等十份請願書，發起第二次請願運動。汪榮寶此時正忙著籌備資政院事宜和草擬法規，六月二十二日從肅王善耆處得知消息後，他隨即趕赴憲政編查館，向時任軍機大臣的蘇州同鄉吳鬱生詢問具體情形，探尋政府對速開國會的態度。吳鬱生告知請願書已於六月二十一日由都察院代遞，監國載灃留覽，因各團體代表請願書有十件之多，恐非數日不能披覽完竣。次日汪榮寶又急忙與國會請願代表雷奮、孟昭常等聯絡，詢問進展情況。同時他密切關注著政府的動向，六月二十五日清廷有旨令內

[五十七]《汪榮寶日記》第二冊，1910年1月28日，第372頁。

[五十八]《俟九年預備完全定期召集議院諭》，《清末籌備立憲檔案史料》下冊，第641-642頁。

[五十九]《汪榮寶日記》第二冊，1910年二月1日，第376頁。

閣會議政務處王大臣於二十七日預備召見，汪榮寶推測「今朝廷別無何等緊急問題，此舉必為對付國會速設請願無疑」。[六十]

為準備二十七日特別召見會議，六月二十六日汪榮寶趕往肅王府，向善者提出了自己的見解，並請其力爭早開國會。他替肅王分析道：「召集國會為立憲政體題中應有之義，何必斷之於三、五年，遲早之間。人心難得而易失，借此激發輿情也未嘗非絕好之政策」。主張「應請以資政院議員任滿之日，改設上下議院，以時計之不值提早三年」，此舉既能振奮人心，又對清廷有益無害，「朝廷何憚而不為？」他提出如下解決方案：第一，設立責任政府。第二，實行欽定憲法，先設憲法講筵，皇帝親臨講習。[六十一]汪榮寶提出了立憲政治中三個核心問題的解決辦法，即早開國會、設立責任內閣和編纂欽定憲法，並強調這是實現憲政的關鍵所在。肅王認為汪榮寶的建議甚為合理，囑其撰成說帖以備呈遞。

但是在六月二十七日召開的會議，政務處特別會議中，多數軍機大臣依然固執己見，拒絕請願代表的請求。當日載灃下詔稱朝廷希望立憲早日實現，「惟思國家至重，憲政至繁，緩急先後之間，為治亂安危所繫，壯往則有悔，慮深則獲全」，況「近日財政之艱，屢值地方偏災，兼虞匪徒滋事，皆於憲政前途不無阻礙」。因此，國會必待九年期滿再開，其他「毋庸瀆請」。[六十二]顯然汪榮寶煞費苦心為肅王撰擬的說帖未能發揮效用。

六十 《汪榮寶日記》第二冊，1910 年 6 月 22 日、23 日、25 日，第 538-541 頁。
六十一 《汪榮寶日記》第二冊，1910 年 6 月 26 日，第 542 頁。
六十二 《仍俟九年預備完全再定期召集議院諭》，《清末籌備立憲檔案史料》下冊，第 644-645 頁。

二、第三次請願中的舉動

立憲派因前兩次國會請願運動失敗，於一九一〇年八月聯合各省成立諮議局聯合會，頻頻召開會議商議對策。一九一〇年十月三日資政院正式開院，全國議員齊集資政院共商國事。立憲派利用這一時機，聯絡各省並通告全國，發起了聲勢浩大的第三次國會請願運動。鑒於前兩次的經驗，請願代表決定不再依賴都察院代奏而是直接上書攝政王和資政院。十月七日請願代表上書攝政王，當日呈遞請願書破費周折。孫洪伊等二十三名代表前往攝政王府上書，而載灃「已赴三所」。經過商議代表團成員李芳、楊春泰、王慶昌、潘智遠、賀培桐、文耆自願留下守候，六人在王府前的樹蔭下苦等載灃，他們還向圍觀的群眾演說國家危機之情勢，聞者悲憤落淚。內城巡警總廳官員想為代表尋找住處，六位代表予以謝絕。民政部尚書肅王聞訊親自前來慰問，告以載灃回府尚需數日，不如由他代達，並保證明日即轉奏請願書，李芳等人方將上書交給善耆而歸。[六十三]

十月九日下午，請願代表孫洪伊等赴資政院呈遞請願書。呈遞到資政院的請願書中痛切陳詞，首先扼要陳述了國家形勢危迫，認為「時局驟變」，「驚心動魄」，哀鴻遍野，各省饑民「鋌而走險」，極易激發民變，局勢危急不得不尋求解決之策。其次，談到籌備立憲之所以沒有利國利民，主要是因沒有國會，「蓋立憲之真精神，首在有統一之行政機關」，即是責任內閣，「責任內閣何以名？以其對於國會負責任而名之也。是故有責任內閣謂之憲政，無責任內閣謂之非憲政。有國會則有責任內閣，無國會

六十三 《國會請願問題情形》，《時報》，1910年10月16日。

則無責任內閣。」他們認為「責任內閣者，憲政之本也，國會者，又其本之本也」。最後，代表們提出必須儘早召開國會，建立責任內閣，呼籲清政府提前到一九一一年召開國會。[六十四]於是，速開國會問題就被提到資政院議程之中。

（一）推動資政院通過速開國會案

在資政院正式討論速開國會案之前汪榮寶就聯絡活動親貴要員尋求支持。十月十五日，他和許鼎霖、雷奮、孟昭常共同拜見陸軍大臣載濤，請其支持提前召開國會，為消除載濤的疑慮，汪榮寶向這位親王陳述立憲政體的要義「首先在統一行政，所以須設責任內閣，而國會與責任內閣為對等機關，既設責任政府，則不可不設國會。」[六十五]十月十九日，資政院開議討論速開國會問題，陳請股向各議員報告國會請願代表和諮議局聯合會陳請速開國會的理由，多數議員提出應首先討論議決，遂議定於十月二十二日的例會中表決。

社會各界密切關注資政院十月二十二日（陰曆九月二十日）會議。當日資政院中人滿為患，連旁聽席也被搶佔一空，「滿場魂魄，並在國會，不容有一刻之緩一瞬息。」[六十六]匆匆議決前幾項議案後接著

六十四 《第三次國會請願記》，《申報》，1910年10月16日；《國會請願代表孫洪伊等上資政院書》，《中國大事記》，《東方雜誌》，第7年第11期，第143-146頁。

六十五 《汪榮寶日記》第二冊，1910年10月15日，第657頁。

六十六 《議場兩日所見錄》，《時報》，1910年11月1日。

討論速開國會案，議場氛圍為之大振，議員們情緒高漲。羅傑首先登臺演說：「國會速開一事為我國存亡問題」，「此案不決，諸案均不能決」，要求本院議員全體贊成通過。江辛接著疾呼：「國會早一日成立，即國家早一日有些轉機。現在國家危險已達極點，救亡問題除速開國會問題別無他法。」於邦華登臺演說國家形勢危急，必須早開國會，其言詞戇直，神情悲壯，聲調淒涼。議員們對發言均報以熱烈掌聲，於是滿場催促表決。副總裁沈家本宣佈採用起立表決法，全體議員「應聲矗立」，連一些頑固的欽選議員也在左顧右盼之後囁嚅而起，議場頓時「鼓掌如雷」。[六十七]汪榮寶看到此情此景，激動得帶頭振臂高呼：「大清帝國萬歲！大清帝國皇帝陛下萬歲！大清帝國立憲政體萬歲！」旁聽席上的中外人士也深受感染均違章忘其所以，隨之鼓掌高呼，「萬歲聲、拍掌聲融成一片，聲震天地」。會中當即公推汪榮寶、陳寶琛、趙炳麟、許鼎霖、雷奮、孟昭常為具奏案起草員，起草速開國會奏稿。[六十八]汪榮寶首呼「立憲萬歲」，足見其對通過速開國會案的欣喜之情，他在日記中稱此舉為「自開議以來第一次有聲色之舉矣！」[六十九]

汪榮寶深知儘管資政院通過速開國會，擁有行政大權的樞要們未必會贊同，而他們的態度又影響攝政王的決策。在通過國會案的第二日，他拜見了軍機大臣毓朗，[七十]向其痛陳利弊，請求支持。毓朗對資

六十七 資政院編：《資政院會議速記錄》，宣統二年第一次常年會，第九號，第44-48頁。

六十八 《國會萬歲！》，《民立報》，1910年10月29日；《議場兩日所見錄》，《時報》，1910年11月1日。

六十九 《汪榮寶日記》第二冊，1910年10月22日，第664頁。

七十 毓朗（1854-?），滿洲正黃旗人，宗室。字月華，號餘癡、餘癡生。1902年，奉命考察日本員警制度，歸國後任民

政院的舉動頗感疑慮，汪榮寶「竭力解釋」，詳細剖陳速開國會理由，並出報刊所載《國會同志會意見書》請其閱看，毓朗表示願在樞府中調停疏通。汪榮寶還力爭慶親王奕劻的支持。二十四日午後他與林紹年商談事情，論及財政窘劇等種種難題，汪榮寶趁機進言唯有國會可以解決，並向林建議「與其開資政院，不如逕開上下議院之為宜」，囑託林氏見到奕劻時乘機告知速開國會之利。[七十一]汪榮寶還與資政院總裁溥倫商討應對策略，他建議溥倫聯合載澤，面見攝政王破釜沉舟向其痛陳厲害，力爭贊同早開國會。

十月二十三日，百餘名資政院議員在財政學堂召開國會問題研究會，商討速開國會案的善後之策。莊親王載功主持會議，許鼎霖報告會議主旨。汪榮寶登臺發言，闡明自己對國會問題的態度，發言大意有四：一、政府不明外國歷史，不知會議性質，故我輩小有爭議，彼即視為囂張，望諸君對於小問題寧以讓步，至大問題乃以死力爭；二、會場雖有爭議，不可存意見，並詳舉歷史上黨爭之禍；三、國會問題宜使政府知其利，並使政府知國會之利勝過資政院；四、資政院既開，國會亦即可開，速開國會並無煩。[七十二]汪榮寶的發言反映出他對憲政改革的一貫看法，包含以下三點內容：第一，國會作為實現君主立憲政體的基礎，是民主政治的核心，必須在中國儘快成立。第二，當有人不解國會之利時宣傳爭取是必須的工作，在策略上力爭和平對待，在小問題上予以讓步以求大目標的實現。第三，國會為民主的聖

政部侍郎、貴冑學堂總辦。1908年任巡警總監、步軍統領。1910年任軍機大臣，1911年任軍諮大臣，民國後隱居北京。毓朗為親貴中出洋留學之第一人，其思想較為開明，但處事圓滑，載濤等皆鄙其風節。

七十一 《汪榮寶日記》第二冊，1910年10月24日，第666頁。

七十二 《汪榮寶日記》第二冊，1910年10月23日，665頁；《資政院議員研究國會問題》，《申報》，1910年10月30日。

堂，允許爭議存在，但不可囂張跋扈流於舊式黨爭。歸結一句話即理念、目標不可改變，而形式、手段皆可妥協折衷。

（二）起草《資政院奏請速開國會奏摺》

汪榮寶與趙炳麟、陳寶琛等共同起草了國會奏稿。據日記載，國會奏稿在十月二十三日先由趙炳麟起草，後由孟昭常修改，汪榮寶於二十五日見到孟的修改稿認為不妥之處尚多，遂對該稿進行改動，「用其意而變其詞」，最後定稿。[七十三] 十月二十六日，資政院開會議討論速開國會議案，秘書長金邦平朗讀了此奏稿，議員們起立敬聽。隨後汪榮寶演說「恭擬摺稿之主旨」，作六點說明：一、此係具奏案，依議事細則的規定與都察院代奏不同；二、代奏者但據陳請書上聞不加按語，具奏者則須加入；三、本院具奏於各呈請書可撮其大意，而加入主張意旨；四、各國憲法除德意志聯邦外，無不用兩院制度，因兩院制度可消弭各黨爭端於無形，而尤適用於中國；五、既述明理由，然後加以時地，所謂人心一失而不可得，時機一失而不還，以為堅請縮短國會期限之最後理由；六、此摺由趙議員炳麟起草，復由孟議員昭常修改，復由本議員修改，凡三次修正。[七十四] 會中全體議員表決一致通過該奏稿。汪榮寶定稿的《資政院奏請速開國會奏摺》寫道：

七十三 《汪榮寶日記》第二冊，1910 年 10 月 26 日，第 668 頁。

七十四 資政院編：《資政院會議速記錄》，宣統二年第一次常年會，第八號，《民立報》；《汪榮寶日記》，1910 年 10 月 26 日。

前據各省諮議局及各省人民代表孫洪伊等，又僑日本橫濱、神戶、大阪、長崎四埠中華會館湯覺頓等各以陳請速開國會說帖赴臣院呈遞，……隨於九月二十日開全院會議，全體議員合詞贊成，認為應行具奏之件。表決之後，群呼大清國萬歲！皇帝陛下萬歲！大清國立憲政體萬歲！眾情踴躍，歡聲雷動，合王公士庶於一堂而表其一致，此中國數千年來所未見也。查順直各省諮議局說帖，稱立憲政體，根源於三權分立，若無國會，則無立法機關，即無所謂立憲，籌備憲政未完全也。由於立憲政體為確定，欲確定立憲政體，非速開國會不可……資政院性質與議院不同。以法制言，議院為獨立機關，而資政院不然；以效力言，議院議決之案，經君主裁可，大臣署名而實行，而資政院不然；以責任言，議院議決案對之負責任者為內閣，而資政院不然。……查僑寓日本橫濱等處代表湯覺頓說帖，稱日本因開國會財政始能發達，內亂始能消滅，外交始能平等。朝鮮以不開國會，監督機關不立，百事皆有名無實，庶政廢弛，民生凋敝，以至於亡。……臣竊惟世界政體漸趨一軌，立憲者昌，不立憲者亡，歷史陳跡，昭然可睹。而立憲政體之要義，實以建設國會為第一，國會之作用，在協贊立法、監督財政，與政府、法院鼎立並峙，而為國家統治機關之一，不可不備者也。……與其維持現狀，得偏遺全，不如採取各國通法，徑設兩院之為愈也。……人心難得而易失，時會一往而不還……乞伏皇上毅然決斷，明降諭旨，提前設立上下議院，以維危局而安群情。七十五

七十五《中國大事記》，《東方雜誌》，第7年第11期，第149-151頁。

奏摺首先概述了各地請願運動的情形及代表們懇請速開國會的理由，強調立憲政體根源於三權分立，若無國會則無立法機關，即無所謂立憲，國會為確立君主立憲政體的基礎。奏摺還以朝鮮不開國會以致亡國為例，理直氣壯地向清政府當權者挑明了「立憲者昌、不立憲者亡」的觀點。文中雖沒有激烈之詞，但誠懇勸告的字裡行間卻充滿了不容當道者任何回避躲閃的意味。

汪榮寶與趙炳麟、陳寶琛、許鼎霖、雷奮、籍忠寅等，分頭拜謁各軍機大臣，陳說理由以爭取支持。各地督撫在轟轟烈烈國會請願運動的影響下也在十月二十五日聯銜致電軍機處，力主立即組織責任內閣，提前開設國會。汪榮寶見到各省督撫請速設內閣、開設國會的奏稿，對清政府贊同速開國會懷有極大希望，「此事上下一心，機會成熟，以理度之，應有圓滿之結果。」[七十六]他翹首以待清廷的明智決斷。

（三）痛心國會五年說

十月二十八日，議長溥倫代表資政院具奏《資政院請速開國會奏摺》，汪榮寶為此惴惴不安，焦急地期盼著消息。第二天他和章宗祥同至肅王府探聽善耆的態度，請其力主以宣統三年為召集之期，但肅王頗持超然態度，這讓汪榮寶深感失望的同時，也預感到國會問題可能會受到挫折。果然，十一月二日傳出政府仍議定以宣統五年為召開國會之期的消息。汪榮寶聞之不禁失望之至，他試圖做最後的挽救，急忙作書一封，送至議長溥倫府邸，請其務必設法提前一年。其日記中記載了該書的大致內容：

七十六 《汪榮寶日記》第二冊，1910年10月27日，第669頁。

> 今日危急存亡之際，朝廷政策以鼓舞人心為第一要義。多一日預備不過多一日敷衍，又言安危之機在此一舉，若發表之後再有更動，則朝廷之威信盡失，即大權之根本不堅，與其後悔於將來，何如審機於此日。又言若堅持五年，必令花團錦簇之舉謂消歸烏有，決非得策。[七十七]

書中反覆陳說利弊，陳詞肯切，其焦灼之情溢於言表。溥倫接信後第二天面奏攝政王載灃，「竭力敷陳」，而載灃推脫為群臣的決定，溥倫又向各軍機大臣力爭，「應者寥寥」。十一月四日清廷正式發佈上諭仍定五年設國會，只把「召集議院」改為「開設議院」，並下令解散請願同志會，令各省代表迅速返鄉不得滯留京城。[七十八]

五年說發表之後，社會各界有不同的反映。有些省份的代表對清廷提前開設國會深感欣慰，江蘇諮議局和一些商學團體致電資政院，表示對提前開設國會「天恩高厚，感激涕零」。大多數議員對宣統五年召開國會的決定十分不滿。十一月七日資政院開議，場內氣氛沉悶，秘書剛讀完江蘇、浙江的叩謝電報，「忽聞議場南面發一種悲涼之聲，謂國會開設年限乃可悼之事，非可賀之事，眾愕然。」[七十九]易宗夔、于邦華、李素等相繼發言表達反意見，李素表示「速開國會之目的不能達，人民失望，而江浙獨爭先電賀，以懈民氣，本員甚覺痛心。」易宗夔提出質問會議政務處說帖，羅傑提出應再議具奏，吳賜齡

七十七 《汪榮寶日記》第二冊，1910年11月3日，第677頁。
七十八 《宣統政要》，卷四十三，遼海出版社1934鉛印本，第5頁。
七十九 《汪榮寶日記》，第二冊，1910年11月7日，第681頁。

指責清廷不尊重立法機構之法律效力，質問政府「所謂資政院『立議院基礎』、『養議院精神』者何在？」議長溥倫提議先上奏易宗夔質問說帖，等答覆之後再作舉動，第三次國會請願運動就此不了了之。[八十]

汪榮寶對五年說深感失望和氣憤。在他看來請願運動連續高漲表明立憲派的主張在社會中已產生重大影響，清廷若能把握時機贊同速開國會，就能贏得立憲派的信任，此是振奮人心、挽救危局的良策，而政府最終宣佈五年說，簡直在冒天下之大不韙。國家前途何在？汪榮寶滿懷惆悵惟有作詩解懷，寫道：「風雨蕭蕭滿八荒，秋風漠漠惻肝腸。已看金虎成終始，空向耆龜校短長。一往深情餘逐日，百年至計只揚湯。杜陵枉解吟梁甫，歲晚登樓也自傷。」[八十一]形勢危急，國事日艱，統治者卻毫無進取之意，坐失時機，樞府大臣懵懂無知，對國家不負責任，攝政王載灃更是庸碌之輩，毫無眼光和魄力，全詩彌漫著傷感和失望情緒。

值得一提的是，儘管汪榮寶在立憲請願活動中為之奔走，但在當時的輿論媒體中卻盛行他反對國會的傳聞。《申報》十月二十八日刊登《異哉汪榮寶以一人而具兩副之面貌！》一文指責他：「對於資政院眾議員也，則主張見樞臣痛陳國會不可不速開之理由，並有資政院可開國會何獨不可開之語；其對於政府也，則發起秘密會，為運動反對國會之首倡」，最後怒道「真別具肺腸！」。[八十二]十月三十一日，《申報》又刊文指責汪榮寶「自稍負物望者，忽焉而怒目，忽焉而低眉，忽焉寅夜走親貴之門，忽焉鼓

八十 資政院編：《資政院會議速記錄》，宣統二年第一次常年會，第十五號。

八十一 《汪榮寶日記》第二冊，1910年11月5日，第679頁。

八十二 《異哉汪榮寶以一人而具兩副之面貌！》，《申報》，1910年10月28日。

掌登民選之席，此為何等現狀乎？」[八十三]十一月三日，《申報》再次刊文批評汪榮寶首鼠兩端之舉，「以各樞臣全體贊成國會，而乃有暗中阻梗之某邸；以御史團全體贊成國會，乃有上書反對之胡思敬；以資政院全體主張速開國會，而乃有首鼠兩端之汪榮寶。」[八十四]由於報紙的連續報導，加上有人暗中到處宣揚，關於汪榮寶反對國會的傳聞很快傳播開來。資政院的同仁們紛紛質問，許多國會請願代表信以為真，東三省請願人士更揚言要行刺殺之舉。

汪榮寶一開始認為這些傳聞是空穴來風。當十月二十三日他在財政學堂演講國會問題結束，孟昭常以聽聞外間反對國會消息相告時，他先驚詫十分，繼而覺得「可發一笑」。而流言洶洶，人言可畏，汪榮寶不得不重視。至晚間他與議長溥倫論及傳聞，遂「相與太息」，再看到各報館的疑謗之詞「頗令人灰心」。[八十五]時正在請願速開國會的風頭浪尖上，要想澄清事實恐非容易，汪榮寶只得先請楊度代為設法解釋，並於十月二十四日在石橋別業舉行的會議中請國會請願代表孫洪伊向各代表解釋說明。[八十六]汪榮寶對自己遭到誣陷傷感不已，十一月二日是他三十三歲生日，感慨道：「行年三十餘，居官碌碌了無建樹，以致疑謗橫生，不能自解。先師有言，四十無聞，斯不足畏，思之懍然。」[八十七]自己熱心憲政處

八十三《時評》，《申報》，1910年10月31日。

八十四《時評》，《申報》，1910年11月3日。

八十五《汪榮寶日記》第二冊，1910年10月23日，第665頁。

八十六《國會反對者投降》，《民立報》，1910年10月31日。

八十七《汪榮寶日記》第二冊，1910年11月2日，第676頁。

處以大局為重，卻引來滿身誹謗，能不痛心？

如前文所述汪榮寶是速開國會的堅定支持者，那麼傳聞因何而起呢？《申報》在十一月十六日載有題為《楊度、汪榮寶交惡情形》一文，文章稱：楊度在憲政編查館處處受汪榮寶及陸宗輿、章宗祥等的齟齬無足以自表，近又因鄂路風潮不敢出頭。遂編造謠言，諑嗾其同鄉陸某、黃某、林某在北京設法陰傷之。恰逢國會代表團中東三省數人因激刺較深，平時專探政府有何人反對國會者擬作激烈方式對待。聽聞汪榮寶反對國會，於是東三省代表到處揚言欲殺之。[八十八]此種解釋只能算一種可能性，但筆者目前也未見到相關的其他材料，只能暫時存疑，留待以後新資料的發現。

第五節　活躍於資政院議壇

一、活躍的欽選議員

資政院是西方代議制度在中國最早嘗試的全國性議事機關，它的創設使清王朝的憲政改革深化到最高層次，推動了中國政治制度的近代化。資政院第一次年會的召開議事，不僅是當時國家政治生活中的一件大事，更是我國數千年以來沒有過的盛典，「開千古未有之創局」，對清廷政局變動、社會時局乃至後世都產生了深遠影響。汪榮寶是資政院各項制度的重要構建者，在資政院開議後又活躍於議壇，在

八十八《楊度、汪榮寶交惡情形》，《申報》，1910年11月16日。

各種議案例如速開國會案、彈劾軍機案中均可聽到他慷慨激昂的呼聲，他與民選議員保持著較為一致的憲政觀念，同時又顧慮清政府之地位和權威，竭力調停議員和政府之間的矛盾，從而成為資政院中最為活躍的欽選議員。

一九一〇年十月三日（宣統二年九月初一日）資政院正式開議，全國議員濟濟一堂，各處英彥薈萃一處共謀國事。資政院舉行了隆重的開院典禮，攝政王、軍機大臣、各部院尚書蒞臨議場，奕劻宣讀諭旨，攝政王親自演說。資政院第一次常年會會期按院章應為三個月，後因議事未竣延長十日，至一九一一年一月十一日閉會共一百天。這一百天裡議場內風波迭起，議員們爭相發言辯論，上演了一幕幕有聲有色的民主劇目。在議長溥倫、副議長沈家本的主持下，除分股、分科會議外，共召開正式的議事大會三十九次，廣大議員依據院章、議事細則及分股辦事細則的基本要求，履行議員職責，行使參政議政權力，就議案進行提議、倡議、審查、討論、表決，特別是憲政、法典、預算等議案引起議員普遍關注，成為會議期間爭論的焦點。汪榮寶參與了資政院的多項議事，「以能言得時譽」，成為會中最值得關注的欽選議員。八十九

一般來說，資政院發言踴躍者多為民選議員，其中易宗夔、雷奮、羅傑、籍忠寅極為突出，據統計第一屆常年會共開例會三十九次，易宗夔一人發言高達四百一十六次，平均每次例會發言有十次之多，高居全院議員之首，雷奮發言一百七十六次，邵羲、籍忠寅、羅傑分別為一百五十九次、一百四十一次、

八十九 李振華編：《國聞週報》，臺北文海出版社 1981 年影印本，第 17 頁。

一百四十次。而汪榮寶作為欽選議員，其發言次數則多達二百七十四次，平均每次例會發言七次，僅次於民選議員易宗夔，位列全院第二位，居欽選議員第一位，也遠遠高於其他民選議員。[九十]汪榮寶發言的內容幾乎涉及到資政院中所有的議案，重要的議案如速開國會案、彈劾軍機案、赦免國事犯案、大清新刑律案等，辯論中均能看到他活躍的身影，在有關學務、財政、禁煙、官制等議案中同樣能聽到他的侃侃陳詞。

汪榮寶還任多個特任股股員或股長。資政院整個議程中共設立了二十四個特任股，汪榮寶共出任七個特任股股員，這些股會包括審查各省諮議局關係事件特任股、教育議案特任股、官制案特任股、赦免國事犯案特任股、修改籌備立憲清單特任股等，這個數目在欽選議員中是較多的，與民選議員相比也毫不遜色。法典股是資政院中最令人矚目的股會，汪榮寶擔任該股副股長和第一科審查長。法典股份為二科，第一科掌審查公法事件，股員有振將軍、盈將軍、那親王、劉道仁、書銘、陶保廉、周鏞、顧視高，汪榮寶當選為審查長。第二科掌審查私法事件，股員有張緝光、胡礽泰、曹元忠、陶鎔、康泳、蔣鴻斌、劉曜垣，貢郡王為審查長。事實上，法典股股長潤貝勒被選只因代表王公世爵的身份，他對法律並不熟悉，在會中發言也不多，因此法律議案的審查基本上由汪榮寶主持。這充分表明汪榮寶在法律界的聲望和在議員中活躍的程度。[九十一]

九十 尚小明：《留日學生與清末新政》，江西教育出版社 2003 年版，第 32 頁。

九十一 專電，《資政院選舉專任股員》，《申報》，1910 年 10 月 8 日。

二、主持重要議案

（一）速開國會案

在第一次常年會中最引人注目和討論最為激烈的首推速開國會案，汪榮寶是速開國會案中的活躍人物。在一九一〇年十月二十二日召開的速開國會議案的大會辯論中，議員羅傑、于邦華、江辛等相繼發言強烈要求速開國會，議場氛圍甚為熱烈，結果表決時全場議員一致通過速開國會案。汪榮寶帶頭振臂高呼「大清帝國立憲政體萬歲！」把贊成速開國會的氣氛推向高潮。之後他與趙炳麟、陳寶琛、孟昭常、許鼎霖、雷奮執筆起草資政院奏請速開國會奏摺，溫和卻頑強地敦促清政府接受人民的選擇。

在十月二十六日資政院會議中，汪榮寶依然痛陳形勢危機，聲稱若從速設立國會還可以鞏固國家大局，「不然就有難言之隱」，忠告清廷應「毅然獨斷，上下議院提前設立」以救阽危。汪榮寶還注意到各階層民眾在國會請願運動中爆發出強大的力量，他深為清政府擔憂，思忖著如何抓住民心推進憲政。他懇請清廷在資政院上奏之前主動頒佈諭旨，宣佈提前至宣統三年為召集國會之期，如此既不違背民意，又昭示出政府改革的誠意，為一舉兩得之策。汪榮寶在速開國會案中的表現充分說明了他對代議制度的熱切嚮往。（詳細內容見本章第四節）

（二）彈劾軍機案

彈劾軍機案是資政院會議中又一引人關注的議案，其中透視出立法權和行政權的強烈對抗。汪榮寶在彈劾案中起初站在政府的立場上為其解辯，當認清朝廷面目後，又同民選議員一道，彈劾不負責任的軍機大臣。

彈劾案起因於資政院核議各省諮議局和督撫異議事件。資政院自開議後先後議決了廣西禁煙限期案和湖南發行公債案，後呈交清廷裁決。十一月八日清政府依然按照舊制，將資政院議決的議案交付行政衙門核議，這引發資政院議員的強烈不滿。議員們認為議會同行政部門對等，經過院議的議案君主應直接裁決，若再交行政部門即是違背了立憲政體的基本原則。部分民選議員認為此舉蔑視資政院，副署諭旨的軍機大臣更公然侵犯議會權限，要求軍機大臣到院接受質問。十一月十二日民選議員吳賜齡針對湖南發行公債事件提出說帖，詰問軍機大臣為何以命令變更法律，為何不給楊文鼎處分。說帖語言犀利，讓軍機大臣頗難答覆。十一月十五日各軍機大臣派華世奎前來與汪榮寶商量應對辦法，並委託汪氏起草答覆稿，時行政大臣並未有過分違反憲政的舉動，汪榮寶遂答應起草，該稿略言：現在憲法未頒，法令界限尚未別清，「現初七日諭旨（十一月八日）對於局奏但有保護，並無變更」，「賞罰黜陟，乃君上大權，貴院既不敢擅議於先，該議員等更何從質問於後？」[九十二]汪榮寶的覆稿實有為政府開脫、袒護軍機大臣之意。

十一月二十日，資政院又上奏三件議決案即江西統稅改徵銀元案、廣西高等警察學堂限制外籍學生案和雲南鹽斤加價案，而清政府同樣下諭將三件具奏案交行政部門再議，江西案交度支部核議，廣西案

九十二 《汪榮寶日記》第二冊，1910年11月15日，第689頁。

交民政部具奏，雲南案交鹽政大臣辦理。汪榮寶聞知諭旨驚愕萬分，「不得不疑樞府輔弼之失宜」。三件議案為資政院議決案，准或不准清廷應直接裁決，委諸行政部門覆核嚴重違背立憲政治精神。他料到此舉定會引起民選議員的公憤，院中極有會可能掀起反對風潮，急忙與議長溥倫及曹汝霖、許鼎霖、金邦平等商討解決之策，「殊無善法」。[九十三]果然，民選議員得知諭旨後大為憤慨，於二十一日在全蜀館開會討論對付政府之方。汪榮寶得知消息與曹汝霖等往謁延鴻貝子商量平息風潮對策[九十四]。他提議政府須派員到院向各議員委婉解釋諭旨交議理由，李家駒能言善辯，此事應委諸於此人，延鴻即邀其前來商酌，李答應明日到院解釋。[九十五]

十一月二十二日資政院開議，李家駒作為政府特派員出席，議長命宣讀二十日上諭，當即引起軒然大波。各議員紛紛登臺發言質問政府，易宗夔怒道：「資政院是立法機關，凡立憲政體之國皆係三權分立」，軍機大臣副署諭旨侵犯了資政院的權限，提議按照院章第二十一條彈劾軍機大臣。牟琳、陶鎔、羅傑、江辛、于邦華、籍忠寅、劉春霖等相繼發言，指責清政府不該把資政院議決案再交行政衙門查核，稱為「保全資政院資格」、「尊重法律」應彈劾軍機。[九十六]李家駒解釋說查核具奏是在裁奪

九十三 《汪榮寶日記》第二冊，1910年11月20日，第694頁。

九十四 延鴻，滿洲鑲紅旗人，字達臣，又字達程，號漸齋、蒨士，曾留學日本，為旗人中才士。1907年授民政部右參議，旋升左參議，1908年升民政部右丞。

九十五 《汪榮寶日記》第二冊，1910年11月21日，第695頁。

九十六 資政院編：《資政院會議速記錄》，宣統二年第一次常年會，第二十號。

以前諮詢行政大臣意見，並非以資政院議決委諸行政大臣，這顯然不能自圓其說，議員們交相質問，他也理屈辭窮。辯論至最後表決是否彈劾時，結果到會一百二十四名議員贊成彈劾者竟有一百一十二名之多，彈劾案得以成立，推舉趙炳麟、沈林一、邵羲、籍忠寅、孟昭常、李文義六人起草彈劾奏稿。[九十七]

清政府無視資政院、肆意侵犯立法權之舉讓汪榮寶深感痛心，在資政院通過彈劾案後他決定與民選議員聯合，參與起草彈劾不負責任軍機的奏章。十一月二十三日彈劾初稿由孟昭常起草完畢，汪榮寶評其「措詞太拙」，提議奏稿只應指責軍機副署而不負責任，不能著力批駁諭旨，孟昭常等遂按汪榮寶意思進行了修改。[九十八]以奕劻為首的軍機大臣鑒於議員的強烈反對，於十一月二十五日命民政部和鹽政處加班呈遞覆奏，並促使清廷降旨兩案均依資政院議。當日正值資政院開議宣讀了上諭，有些議員認為前兩案既已按照院議，主張取消彈劾摺稿，而最後表決時多數議員贊同保留彈劾案，另換題目以不負責任為議題重新擬稿。[九十九]

汪榮寶主持了此次奏稿的起草。據其日記載：十一月二十七日他與雷奮、孟昭常等共同商討彈劾奏稿措詞之法時，孟等頗覺措詞費力，汪遂表示願意「代作一篇」。[一百]二十八日，汪榮寶連資政院秘密會

九十七 《汪榮寶日記》，1910年11月22日；《議員之彈劾熱》，《民立報》，1910年11月23日。

九十八 《汪榮寶日記》第二冊，1910年11月23日，第697頁。

九十九 資政院編：《資政院會議速記錄》，宣統二年第一次常年會，第二十一號。

一百 《汪榮寶日記》第二冊，1910年11月27，第701頁。

議也未去參加，在家中撰擬奏稿，「草奏竟日」，再三斟酌，至晚間始於「燈下成稿」。[一百零一] 孟昭常見所擬奏稿大為嘆服，「以為極得立言之體」，「就坐索紙，抄尋一稿」以示資政院同仁，由汪榮寶所擬的奏稿得到院中多數議員的贊同。十二月十日資政院召開會議，會中宣讀了奏稿，奏稿將原來的《彈劾軍機案》改名《籲懇明定樞臣責任並速設責任內閣具奏案》，內容如下：

立憲國家有協贊立法之議會，同時必有擔負行政責任之政府。一司議決，一司執行，互相提攜，互相維繫，各盡厥職，政是以修。比者朝廷預備立憲，以臣院為上下議院之基礎，何蒙聖恩，責以代表輿論，議決法律、預算之事。……臣院開院伊始，竊意軍機大臣必當開誠佈公，於大政方針有所宣示，乃遲之又久，寂然無所聞。臣等恐懼尤不知所措，是用遵照院章提出說帖，質問軍機大臣對於內外行政是否完全負責。……今朝廷既明定國是，採用立憲政體，為大臣者應如何仰體聖謨，因國事為己任，乃於臣院創立之始，即以不負責任之言，明白相告。受祿則恐其或後，受責則惟恐其獨先，不特立憲大臣不應出此，揆諸古人致身之義，亦未有安。其一咎也。

立憲國家大臣之作用，在能定行政之方針，謀各部之統一，故必統籌全國之政務，審其緩急輕重之宜，循序進行，有條不紊。今朝廷設立內閣會議政務處，而以軍機大臣為其領袖，是其地位，隱與各國內閣總理大臣相當，自應於各部行政從容審議，就時勢之所宜，以定方針之

一百零一 《汪榮寶日記》第二冊，1910年11月28日，第702頁。

何在。今乃議會政務處謹等具文，批閱奏章，幾成故事。平時以泄遝為風氣，臨事以脫卸為法門。言教育則與學部不相謀，言實業則與農工商部不相謀，言交通則與郵傳部不相謀，言財政則與度支部不相謀，乃至言外交、言民政、言藩務、言海陸軍政、言司法行政，無不如是。每有設施，動多隔膜，以致前後矛盾，內外參差，紛紜散漫，不可究詰。徒有參預國務之名，毫無輔弼行政之實。其咎二也。

夫以今日危急存亡之際，內憂外患相迫而來，民窮財盡，不可終日。軍機大臣受國家莫大之恩，居人臣最高之位，謂宜悚懼惕勵，殫竭忠誠，共濟艱難，稍圖報稱。乃以不負責任則如彼，不知行政又如彼，旅進旅退，虛與委蛇，上無效忠皇室之思，下無顧畏民眾之意。持祿保位，背公營私，視國計之安危，民生之休戚，若秦人視越人之肥瘠，漠然無動於其心。坐令我監國攝政王憂勞慨歎於上，四萬萬人民憔悴困苦於下。雖復迭之恩，優加倚任，而諸臣以陽奉陰違之習，坐致危亡。臣等實不勝憤懣憂念之至，輒以多數議決，披瀝上聞。……速即組織內閣，並於內閣未經成立以前明降諭旨，將軍機大臣必應擔負責任之處，宣誓天下，俾無諉卸。[一百零二]

奏摺首先強調立憲政體的特徵，即立法機關和行政部門具有同等重要地位，且二者相互提攜，相互監督。奏稿中將處於行政權核心地位的軍機大臣批駁得一無是處，指出各軍機大臣咎責有二：一是空受俸祿，推卸責任，有功則歸己，遇過則諉君主；二是沒有擔負起責任，責任不明，職責不分，呼籲清廷

[一百零二]《宣統二年十一月中國大事記》，《東方雜誌》，第7年第12期，第172-174頁。

儘快建立擔負責任的內閣。稿中將新成立的資政院提到與西方國會的同等地位，這說明欽選議員出身的汪榮寶已經不滿意資政院被政府忽視的現狀，公開要求國會權威了。該具奏案在會中被通過，議長溥倫於十二月十八日將摺稿上奏。

軍機大臣聞摺大怒，指責溥倫縱容議員彈壓不力。奕劻「竟將溥倫叫至班房（軍機大臣每日起坐之處），痛加申斥，嗔其不將此案壓制。」[一百零三]各軍機大臣又在資政院奏稿上奏的同日聯名辭職以示要脅。攝政王載灃袒護軍機，壓制資政院，他頒佈硃諭申飭資政院干預朝廷「設官制祿及黜陟百司」之權。[一百零四]汪榮寶得知硃諭後深感「駭怪」，意識到事情的嚴重性，若宣佈諭旨資政院定會再起風潮，當即趕到肅王府邸，與善耆進行了長時間「劇談」，商討挽救之法。[一百零五]溥倫「恐議場有過激之語，愈滋咎戾」也請汪榮寶尋求應對辦法。但政府的舉動顯然過分了，汪榮寶對所謂的硃諭也頗感失望，遂以「殊無良策」答覆之。[一百零六]十二月十九日的資政院掀起了風波，議員李素、易宗夔、邵羲等競相登臺演說，李素提出解散資政院之說，邵羲指責君主如此對待國會違反立憲的精神，易宗夔提議繼續彈劾軍機大臣，[一百零七]辯論的結果再次多數通過明定軍機大臣責任案。

一百零三 載潤：《有關奕劻的見聞》，《辛亥革命回憶錄》第6集，文史資料出版社1981年版，第464-465頁。

一百零四 《政治官報》，諭旨類，第113號，1908年10月19日。

一百零五 《汪榮寶日記》第二冊，1910年12月18日，第719頁。

一百零六 《汪榮寶日記》第二冊，1910年12月19日，第720頁。

一百零七 資政院編：《資政院會議速記錄》，宣統二年第一次常年會，第二十七號，第49-58頁。

經過與軍機大臣的前番較量，汪榮寶意識到中國歷來首重行政大權，立法機關附屬於行政部門不可能在朝夕之間改變，若要明定軍機之責任恐非易事。因此他對彈劾案的堅決態度稍有軟化。十二月二十一日資政院開會討論彈劾問題，通過了籍忠寅提議的修正案，二十四日資政院決定上奏速設責任內閣的修正案。以奕劻為首的軍機大臣得知資政院再行彈劾，一面責令溥倫設法壓制，一面尋找對付策略，二十五日他們促使清廷下諭飭憲政編查館趕辦內閣官制，以對付資政院的奏摺。議長溥倫認為清廷既下令擬訂官制即是有設責任內閣之意，奏摺就沒有必要再上，於是當晚把奏摺追回。在十二月二十六日的會議上各議員對奏稿展開討論，分為兩派，一派主取消，一派堅持修正再奏，雙方爭論激烈相持不下。汪榮寶倡議表決，結果多數贊成取消，第二次彈劾軍機議案就此作廢。[一百零八]可以看到，汪榮寶此時已不再積極主動提倡彈劾，而是主張緩和立法機關和行政機構的衝突。

儘管汪榮寶態度稍有變化，但他依然維護立法機關的權威，不能容忍對資政院和議員的無端攻擊。十二月二十七日保守派劉廷琛受軍機大臣唆使上摺參劾資政院，指責議員「品類不齊，恒視朝廷之威福以為進退」，「習氣器張，議論偏激，輕更國制，公倡邪謀」，「勾通報館以擾亂民心，奔走權門以刺探消息」，又稱「朝廷避專制之名，而議員行專制之實，神聖不可侵犯者非皇上，乃議員矣！」[一百零九]劉的奏摺雖未明確指責汪榮寶，但就其內容卻在批評汪與民選議員聯手彈劾軍機等事，汪榮寶看到後感到

一百零八 《汪榮寶日記》第二冊，1910年12月26日，第727頁。

一百零九 劉錦藻主編：《清朝續文獻通考》卷三九九憲政七，商務印書館1937版，第11502-1505頁。

劉廷琛所言「迂謬之論，真是淆惑聖聽，動搖國是」，令人氣短神索，應設法回敬之。[一百一十] 在資政院二十八日的會議上議員們為反擊劉廷琛，決定再提彈劾案時，汪榮寶表示贊成。三十一日第三次彈劾軍機大臣奏摺上呈，指責軍機大臣難資輔弼，各軍機感到無詞答覆，後由徐世昌想出「高招」奏請留中不發，彈劾案失去效力。議員們失望之極知再彈劾也無效。一九一一年一月三日易宗夔倡議擬寫一奏稿，說明資政院的性質、地位，申明朝廷對於資政院奏摺不能留中之意，以期「上悟君心」。汪榮寶和陳懋鼎、孟昭常、易宗夔等負責起草奏稿，政府對奏稿置之不理。[一百一十一] 轟動一時的彈劾軍機案就此消於無形。

彈劾軍機議案是議員與政府的第一次較量，該案反映出立法機關和行政部門的深刻矛盾，議員們敢於彈劾不負責任的軍機大臣，體現出強烈的民主意識。汪榮寶在該案中態度有過轉折起伏，但基本上屬資政院權威的維護派，他與民選議員的唱合對行政當局造成了一定的政治壓力。

（三）赦免國事犯案

國事犯案指赦免因變法或革命被清廷懲罰的「政治犯」，包括赦免戊戌黨人、昭雪戊戌冤案和赦免革命黨人案。赦免戊戌黨人指赦免一八九八年維新變法後逃亡海外的康有為、梁啟超；昭雪戊戌冤案指為戊戌變法中被戮的六君子「平反」，還其變法志士的聲名；赦免革命黨人案指赦免孫中山等革命派。

[一百一十] 《汪榮寶日記》第二冊，1910年十二月27日，第728頁。

[一百一十一] 資政院編：《資政院會議速記錄》，宣統二年第一次常年會，第三十四號；《汪榮寶日記》，1911年1月3日。

赦免國事犯起自羅傑、方環、趙熙、溫肅等人的提議，在資政院十二月十三日的第二十三次會議中討論，會中選舉出赦免國事犯案特任股員十八人，汪榮寶列名其中，其餘十七人為莊親王、潤貝勒、胡礽泰、長福、章宗元、陳寶琛、陳樹楷、胡家祺、江謙、文龢、陳敬第、胡柏年、易宗夔、李文熙、牟琳、書銘、吳懷清，由莊親王任股長。汪榮寶積極奔走，希望首先昭雪戊戌冤案，進而赦免國事犯。

汪榮寶尤其重視昭雪戊戌案。他曾於一八九八年在京師目睹了戊戌政變的全部過程，為維新改革的失敗痛心不已，更為在變法中犧牲的「六君子」鳴不平。對此他一直掛念於心，希冀有朝一日能為六君子昭雪。一九〇九年九月楊銳之子楊慶昶把光緒皇帝在戊戌政變中賜給楊銳的密詔呈交督察院，請督察院代奏。趙炳麟轉告了汪榮寶這一消息，並請汪與肅王善耆協商解決辦法，汪把此事密告善耆，二人認為此事事關重大，若倉卒具奏恐引起政局波動，商定暫緩上奏。[一百一十二] 九月二十六日汪榮寶詣趙炳麟轉告肅王意思，並乞請抄錄了密詔原文。資政院的開議為昭雪戊戌冤案提供了契機。在十二月十五日的第二十四次會議上，汪榮寶與陳寶琛、陳懋鼎等提出昭雪戊戌冤案。

十二月十七日，赦免國事犯特任股召開會議討論該議案，汪榮寶在會中向各議員宣佈光緒帝手詔的來歷及內容，強調宣佈手詔之必要：「宣佈手詔、昭雪被戮者之罪名，其事甚小，其關係甚大。一示朝廷維新之決心，一使國民知吾國憲政確定於先皇帝，則愛戴皇室之心必日盛。」多數股員表決通過了昭雪戊戌具奏案。議員還討論了國事犯問題，汪榮寶主「以不背立憲政體宗旨者為在應赦之列，

[一百一十二]《汪榮寶日記》第一冊，1909年9月25-27日，第247-249頁。

其餘始俟諸將來」，陳樹楷則主「不分黨派，籠統乞恩，一律開赦，免招反動。」[一百一十三]易宗夔要求同時赦免所有國事犯，「如謂甲黨當赦，乙黨不當赦，是不啻顯與乙黨宣戰，殊非代表全體人民之意。且謂某黨不當赦，則某黨必生極大之反動力，更在海外造謠生事，於國家前途多窒礙，究不如一概赦回，置之國內，反可相安於無事，既可以示寬大之皇仁，又可以殺反對之勢力。」[一百一十四]相比之下汪榮寶明顯地傾向於折衷，即先赦免立憲黨人，將來再赦免革命黨人，這顯現出汪榮寶立憲為上、漸進為上的務實主義政治觀。

資政院在一九一一年一月三日的第三十二次會議中對國事犯案進行議決，汪榮寶承股長莊親王委託向全體議員報告審查戊戌冤案的結果，報告內容如下：

> 為審查報告事，本股股員於十一月十六日、十九日開會審查，得議員陳寶琛提議，奏請宣佈楊慶昶所繳景廟手詔並昭雪戊戌冤獄一案。據稱，比年以來，朝野上下汲汲於籌備立憲，促開國會。因由時會所趨，而變法圖強之宗旨，則我德宗景皇帝十數年前實造其端，乃事勢牽阻，使吾仁孝英斷之聖主不能伸其志而永其年，比天下臣民所同為慟慕者也。戊戌八月之事，不知者非以為先帝求治之太急，即以為新進諸臣獻得之不藏，甚至以風影之談妄測宮廷，積成疑義。幸而楊銳奉有先帝手詔，於孝欽顯皇后顧念人心，謹慎變法之至意與先帝承志不違，委曲求全之苦心，

一百一十三 《汪榮寶日記》第一冊，1910年12月17日，第718頁。

一百一十四 《股員會討論請赦國事犯之結果》，《申報》，1910年12月23日。

> 皆已昭然若揭。此詔去年秋間由楊銳之子楊慶昶呈由都察院恭繳，外間多能傳誦，並聞當時楊銳等複奏亦複仰贊孝治，謂變法宜有次第。是先帝所以任用諸臣，與諸臣所以恪承詔旨者，皆在於妥籌變法之良策，而必以不拂慈意為旨。歸於素所規劃者，且不免躊躇審顧願出萬全，豈有感激酬知而反悖逆甘其為危害兩宮之舉者。……所可病者，是非失實，不但有累先帝用人之明，且使我兩宮至孝至慈皆無由大白於天下。此則在天之靈長留隱憾，而尤為天下臣民所不可解者也。竊以為非明降諭旨，將楊慶昶所繳詔書宣佈，無以彰先帝仁孝之真。非援據先帝手詔，以昭雪被罪諸臣之冤，無以服人心而作士氣。……本股員等議決意見相同，應請議長諮詢本院全體議員，討論表決具奏，特此報告。[一百一十五]

報告詳細解釋了光緒皇帝手詔的來歷及相關內容，將光緒皇帝定位成憲政的開創者，同時為慈禧太后扼殺維新變法開脫，並懇請清廷明降諭旨，將光緒皇帝的手詔宣示天下，使臣民共仰，以此激勵人心，汪榮寶在報告中的語氣依然是折衷溫和的，希冀清廷能夠利用各種方式振作國人推行憲政事業的士氣，從而實現自救和自強。

在汪榮寶等人的努力下，資政院表決一致通過赦免國事犯案。然而赦免國事犯案面臨諸多阻力。首先，清廷統治者沒有誠意。光緒帝的皇后隆裕太后剛開始同意赦免，但她心胸狹隘，居然認為非康、梁

一百一十五 資政院檔案，中國第一歷史檔案館，全宗號520，案卷號6。

二人「先帝何至十年受苦？」[一百一十六]又變卦反對赦免。親貴大臣奕劻、載澤堅決反對赦免，攝政王載灃則搖擺不定。第二，立憲派內部存有矛盾。立憲派作為一個政治派別有著共同的利益，皆以立憲救國為其政治目標。但該派又分為國內和國外兩大團體，各自利益並非完全一致。康有為、梁啟超因領導戊戌變法而獲得很高的威望和聲譽，在海外影響很大，若赦免讓其歸國，國內的如張謇和楊度等時被清廷重用的立憲派，就要居於康梁之下。因此國內的立憲派表面支持赦免，實則不贊成。第三，守舊派的阻撓。守舊派極力反對赦免康、梁和革命黨人。御史胡思敬曾上疏專論反對赦免國事犯，要求懲辦楊度等支持赦免案的人員。[一百一十七]鑒於以上原因，清廷最終並未批准赦免康、梁及革命黨人，對昭雪戊戌冤案也置之不理，致使赦免國事犯案無疾而終。儘管如此，汪榮寶在該案討論中尋求政治和解與黨派寬容的運作思路還是有其意義和價值的。

三、負責籌組政黨

中國歷代王朝為維護封建統治均嚴禁結黨立會，結黨設團在舊式政治價值觀中無異於逆謀，自維新運動以來政黨觀念得以傳播，具有憲政革新思想的人士以組織政黨為實現民主政治的手段。一九〇六年清政府宣佈預備立憲，國內實行憲政的呼聲日益高漲。隨著新式教育的普及，憲政運動的訓練，刺激了

一百一十六 丁文江、趙豐田編：《梁啟超年譜長編》，上海人民出版社 1983 年版，第 528 頁。

一百一十七 胡思敬：《退廬疏稿》，卷四，新昌胡氏問影樓 1913 年刊本，第 8-12 頁。

國人參與政治的意願。立憲派開始學習和研究政黨的學說，介紹資產階級國家政黨與政府、國會、憲政的關係，至一九一〇年一批立憲團體已初具規模。資政院正式開議後，各派議員感到有必要組建政黨以統一團體意見。汪榮寶多方奔走聯絡議員，為政黨的組建做了大量準備工作。

資政院開議的第四天即十月六日，肅王召見汪榮寶及蒙古喀喇沁王貢桑諾爾布，「大有組織政黨思想」，他囑咐汪榮寶「邀同志數人」，明夕「在喀喇沁府商榷一番」。[一百一十八]貢桑諾爾布，字樂亭，蒙古喀喇沁右翼旗第十四任郡王。貢桑諾爾布雖然出身少數民族，但他積極參與清末的變革運動，曾在京師貴胄學堂學習，後留學日本，歸國後推行諸多變革措施，例如革弊政、興學堂、舉農桑、辦工廠，力圖振興蒙古。[一百一十九]汪榮寶和貢桑諾爾布早有聯繫，一九一〇年八月二十日因資政院開院在即外藩王公次第來京，貢桑諾爾布召見汪榮寶，請他協助組織研究蒙古問題準備會，並囑咐他邀請議員中通曉蒙古事情者加入，汪榮寶竭力贊助，貢桑諾爾布此時也積極參加籌組政黨。第二天，汪榮寶在資政院中將肅王組黨之意密告許鼎霖、雷奮、孟昭常、章宗元、邵羲等議員，並相邀散會後到喀喇沁王府商討相關事宜。當晚眾人在喀府聚會，肅王令汪榮寶代為宣佈組黨意見，眾皆贊成，議定「先草政綱，並分頭糾約」。[一百二十]十月九日汪榮寶又與雷奮、孟昭常、李文熙、邵羲等商榷組織政黨事宜，大略討論了建設國會、編定憲法和設立責任內閣問題，議定由孟昭常「草定政綱數條」，再商議辦法。

一百一十八 《汪榮寶日記》第二冊，1910年10月6日，第648頁。

一百一十九 沃丘仲子：《現代名人小傳》，中國書店1988年版，第19頁。

一百二十 《汪榮寶日記》第二冊，1910年10月7日，第649頁。

至十一月初，汪榮寶已聯絡到十餘名同意參加政黨的議員，他還爭取到資政院副總裁沈家本的支持。十一月九日汪榮寶與沈家本商議擬設一維持會，佈告該會的宗旨，邀請資政院議員參加，暗中組織政黨，並商定於十一月十一日在財政學堂集會。[一百二十一]但在第二天孟昭常、雷奮即向汪提出建議，認為十一日會議不應以「維持會」為名，定為「談話會」較為合適，至於組織團體一事，則應「另定辦法，慎密聯絡，俟聯絡妥洽，再行公然結黨」，議定民選議員方面由雷奮負責邀結，欽選議員方面由汪榮寶邀結。當日汪榮寶把組黨之意密告欽選議員勞乃宣和胡礽泰，二人均表贊同。[一百二十二]

有關新刑律的論爭促使了政黨的成立。一九一一年一月八日資政院議決新刑律案，針對第二百八十八條無夫婦女與人通姦應否定罪問題，以勞乃宣、陳寶琛為代表的禮教派，與以楊度、汪榮寶為代表的法理派進行了激烈地辯論。禮教派堅持有罪說，主列此條於正條之中，法理派依據法理認為此為道德問題，不應定罪，更不可列入正條。雙方舌戰多時相持不下，最後投票決定，贊成有罪者用白票，贊成無罪者用藍票，結果白票獲得多數。由於投藍票之議員和投白票之議員在新刑律案中相互對峙，時人稱「藍票黨」和「白票黨」。「兩黨」對抗的出現直接推動了政黨的成立。一九一一年二月，「白票黨」成立了憲政實進會，該會骨幹人物是莊親王載功、勞乃宣、陳寶琛、趙炳麟、沈林一、喻長霖等，而勞、陳、趙三人實居領袖地位，民選議員於邦華、宋育仁、陳樹楷、陶葆廉等為其成員。[一百二十三]

一百二十一 《汪榮寶日記》第二冊，1910 年 11 月 9 日，第 683 頁。

一百二十二 《汪榮寶日記》第二冊，1910 年 11 月 10 日，第 684 頁。

一百二十三 《資政院時代之政黨》，《辛亥革命》，第四冊，上海人民出版社 1958 年版，第 74 頁。

「藍票黨」組建了政學會，儼然與憲政實進會相對立。政學會成立的具體時間不詳，但從汪榮寶日記所載內容看三月二日他前往八角琉璃井政學會開會，表明該會至少在一九一一年三月前已成立。政學會的政綱、章程等均未見發表，活動亦不頻繁，據日記載三月二日本為該會例會日，但汪榮寶到會後發現除自己外無人到會。四月二日政學會又開會，陸續到會者僅有二十餘人。[一百二十四]政學會得到肅王善耆的支持，汪榮寶、孟昭常、章宗祥、曹汝霖、陸宗輿等為其領導人物，會員約五十餘人，主要以資政院議員中的法政留學生為主，且多是在職官員。[一百二十五]該會在政治目標上傾向於革新，主張清廷儘快建立君主立憲政體，在手段上力主和平漸進、穩紮穩打，為典型的政府改革派人士的政黨。

四、調和政府與議員關係

資政院自開議後風波迭起，議員踴躍發言，彼此辯論，一定程度上體現了民主政治的精神。而全體議員隱然分為欽選議員和民選議員兩大派，在各種議題的討論中有時相互對峙，有時又聯手對抗政府和軍機大臣。汪榮寶身為欽選議員卻與民選議員聯繫密切，他採取的是調和策略，試圖緩和兩派的衝突，進而緩解議員和清廷的矛盾。

[一百二十四]《汪榮寶日記》第二冊，1911年4月2日，第826頁。

[一百二十五]張玉法：《清季的立憲團體》，中央研究院近代史研究所1985年再版，第494頁。

資政院中的民選議員極為活躍，他們多數曾為各省諮議局議員，親身經歷過議員選舉，有過會議的經驗，懂得一些民主議會的議事程序，這是欽選議員所望塵莫及的。另外民選議員多是在野的立憲派，政治見解比較一致，若與欽選議員抗衡優勢不言而喻，在資政院中他們是主體，而易宗夔、雷奮、羅傑又被譽為「資政院三傑」，最有聲望。[一百二十六]易宗夔，湖南人，曾留學日本，發言時聲音宏亮，當時報紙刊載議會情況常有易宗夔「大聲言」、「大聲呼」、「大呼」、「又大呼」的記載，被喻《水滸》中的李逵，稱之為「李大哥」。羅傑，湖南人，畢業於日本法政大學，他發言老練，頗受議員尊重。雷奮，字季興，江蘇人，留學日本，畢業於早稻田大學，在會議中發言以論理見長，「發言時態度極其從容，言論極其透徹，措詞極其清晰而宛轉，等他發言之後，所有極難解決之問題，就得到一個結論，而付之表決了。因此該院的議員，無論屬於民選的，欽派的，一提及雷奮，就異口同聲，表示欽佩。」[一百二十七]汪榮寶與民選議員保持著較為和諧的關係，他與雷奮、易宗夔、羅傑、孟昭常等往來頻繁，經常聚會討論議案，商討解決之方。

在資政院重大議案中汪榮寶基本上都採取支持民選議員的態度。如在速開國會案中，他力爭通過議案，多方運動清廷權貴及政府要員如肅王善耆、毓朗、載澤等，並不畏清廷罪責，撰擬具奏案奏稿，力促早日速開國會。汪榮寶任審查各省諮議局關係事件特任股股員時，在處理諮議局與督撫爭議的議

[一百二十六]《資政院十五次記》，《民立報》，1910年11月17日。

[一百二十七]劉厚生：《張謇傳記》，上海書店出版社1985年版，第179-180頁。

案中均和民選議員保持一致意見。如廣西省諮議局禁煙案，廣西巡撫張鳴岐違反一九一〇年該省諮議局議決的禁煙日期規定，無視該局法定職權和已有的議決案，擅自批准將禁煙日期延後。廣西省議員認為巡撫此舉侵奪了諮議局權限，以「行政官專制」為由全體辭職。該案交至資政院後於十月四日開會討論，民選議員發言認為巡撫違背法律侵奪權限，表示支持諮議局。在十月五日特任股召開的審查會中，嚴復為張鳴岐辯護，汪榮寶當即駁斥嚴復的言論，雷奮、許鼎霖、邵羲發言支持，經過議員的通力合作，該案很快具奏，清廷下諭遵照諮議局議決案執行。[一百二十八]實際上，民選議員之所以能夠在資政院中有所作為，與部分欽選議員不被政府御用有著極大關係，欽選議員如汪榮寶、章宗祥、陸宗輿、劉澤熙等均在一些重大議案中採取與民選議員一致的態度，支持民選議員的舉動，從而擴大了民選議員的聲勢和影響。

汪榮寶之所以能與民選議員配合默契是有原因的，其一，政治主張與民選議員相同。汪榮寶熱衷於君主立憲政體，一貫強調漸進務實的革新，並積極投身到改革的實踐中。立憲派民選議員所追求的政治目標也為憲政政體，他們的政治理想一致。其二，希望資政院能發揮立法機關的職能。議會為民主政治的表現形式，資政院是在中國大地上第一次萌芽的國家議會，議員們只有相互提攜，利用法律所賦予的權限，協贊法律和監督政府，方可使議會真正具備民主實質。因此，汪榮寶不願完全為清廷所御用，他有意整合全體議員的力量擴大資政院的權威。

[一百二十八]《汪榮寶日記》，1910年10月4日、5日，第646、647頁。

與民選議員相對立的是部分思想守舊的欽選議員。欽選議員由宗室王公世爵、滿漢世爵、外藩王公世爵、宗室覺羅、各部院衙門官、碩學通儒、納稅多額者組成，在資政院中發言較多活躍的是各部院衙門議員，其餘王公世爵等限於教育程度及對西方議會的瞭解，每當與民選議員辯論，或語無倫次，或呆若木雞，屢辯屢敗。攝政王載灃對此十分惱火，他曾召諭對「所有欽選議員多有未發一言、未建一議者」，「擬立即撤退，另行選派。」[一百二十九] 院中實際為政府代言的是那些思想活躍、辦事靈通、具有憲政知識的部分欽選議員，汪榮寶即其中的代表。

作為欽選議員的一分子，汪榮寶在策略方面也時常考慮到政府的利益和難處，議論行事力避將政府特別是皇帝逼入絕境。如在資政院開議的第一天，他就為選擇合適議題出謀劃策。十月三日汪榮寶剛到資政院，總裁溥倫即邀商量院事，密告政府不打算交議預算案，而按院章規定設預算股專門負責審議，如不交議「恐群情激怒，致生變端」，應儘快想出解決辦法。汪榮寶冷靜分析到：現議員們正眼盯著政府的失措之處，倘若不交議預算案必定引起風波，他建議溥倫先將預算案暫時挪後，同時與樞府大臣商權，催促儘快交議。當日晚他又與溥倫、章宗祥和金邦平等協商對策，議定十月四日溥倫不到議場，由沈家本代理議長，同時變更議事日程，先行審議廣西諮議局議員因巡撫更改禁煙期限全體辭職事。經過汪榮寶的提議，資政院的首次議題就改為禁煙案，回避了十分敏感的預算案，緩和了民選議員與政府的對立情緒。又如十一月十一日在財政學堂開會時，議員們討論行政部門責任問題，黎尚雯指責十一月八

一百二十九 《資政院之是是非非》，《民立報》，1910年10月25日。

日的上諭，汪榮寶甚為憤怒，大聲斥責其「不得指斥上諭！」他的凌人氣勢竟讓席綬、黎尚雯等氣憤離去。[一百三十]

秉持穩健漸進改革觀的汪榮寶，不希望民選議員對政府有「過激」之舉，同時也不滿政府無視立法機構地位的「違法」行為。當政府與民選議員發生矛盾時，他上下調停以緩和衝突，避免議員和政府的直接抗衡，促使平和解決問題。針對汪榮寶在資政院中的表現，有人這樣評論：「汪榮寶的開明，其實正是為了保持清朝岌岌可危的統治，主張用較大劑量的藥物挽救清朝的危亡。汪榮寶其實像一些庸碌無能的欽選議員同樣頑固，同樣要為清王朝盡忠，僅是表現方式有所不同而已。」「汪榮寶在會上、會下有不同的面孔，使用不同的手法，時而故作『開明』，時而猙獰橫暴，軟硬兼施，從各個方面周密地維護清王朝的根本利益，這是勞乃宣、陳寶琛之流欽選議員所望塵莫及的。不過欽選議員中像汪榮寶這樣小有才幹，又有些謀略的人物實在太少了。」[一百三十一]將汪榮寶定位成反面人物顯然不合適，而肯定汪榮寶的才幹和謀略卻是事實。

汪榮寶的這種「調和策略」，受到當時輿論界的嘲諷，他被稱為「和事佬」和「媒婆」。《申報》曾刊載文章寫道：「男女兩姓之成眷屬也，必有媒婆為之牽引。甲乙兩人失和，勇鬥必有和事佬為之解圍。以故媒婆與和事佬無人不歡迎也。今資政院之某議員善於為政府與民黨之調停人。今日為某議案質

一百三十　《時評》，《申報》，1910年11月16日。
一百三十一　韋慶遠、高放、劉文源合著：《清末立憲史》，中國人民大學出版社1993年版，第420頁。

難，則該議員起而調停；明日為某議案舌戰，則該議員又起而調停。其能平兩黨之紛爭，而和兩姓之好，誠資政院之和事佬，而欽選議員與民選議員之媒婆也。」[一百三十二] 儘管評價帶有某種程度的譏諷意味，但從側面卻反映出汪榮寶上下調停、緩和矛盾的努力，採取調和兩派的議會行事風格，實際上與他漸進務實、講求實效的改革思想有關，體現了體制內海歸改革派的共同特點：大事講原則，小事講策略，不求激進，只求日有所得。

一百三十二 《時評》，《申報》，1910年11月3日。

第五章　構建清末法制體系

法制改革乃中國近代社會發展的必然結果。清末法制改革的推行為汪榮寶等一批海歸法政人才提供了施展專業才能的機會。作為近代第一批法律文書的始作俑者，汪榮寶參與編纂、修訂和審查《大清民律草案》、《大清民事訴訟律》、《欽定大清刑律》等多種律例，力圖構建中國的近代法律體系。他還參與創建近代司法制度，編訂《法院編制法》和各級審判機構的相關法規，推動司法獨立。在法制變革中，他執著地將人人平等、人道主義、罪刑法定等西方法律原則移植到中國，並儘量使之與中國傳統文化相調適。

第一節　法律修訂館要員

隨著近代政治、經濟和文化的轉變，清廷舊有的法律制度與社會現實牴觸日深，同時隨著民族意識的增強，國人要求取消西方列國在華享有的領事裁判權等法律特權的呼聲日益高漲。清政府決心修律的直接動因來自於《辛丑合約》簽訂後的商約談判。一九〇二年，呂海寰代表清廷與英國簽訂《中英續議通商行船條約》，其中條約第十二款規定：「中國深欲整頓本國律例，以期與各西國律例改同一律，英國允願盡力協助完成此舉。一俟查悉中國律例情形及其審斷辦法，及一切相關事宜皆臻妥善，英國即允棄其治外法權。」[一] 其後與美、日、歐洲各國訂約皆有此項規定。故修律之舉有著維護國家和民族主權利益的意味。清政府迫於內外形勢於一九〇二年三月十一日下詔修訂法律，邁開了法制改革的步伐。[二] 法律修訂館則是清末負責修訂和編纂法律的核心機構。

法律修訂館成立於一九〇四年五月十五日，這個機構的設立標誌著清末法律改革從宣傳啟蒙過渡到實質性操作階段。該館成立初期，以翻譯各國法律為主，一九〇七年重新改組，並頒佈了《法律修訂館辦事章程》，規範了其內部組織和管理。章程規定該館分「二科三處」：第一科掌管民律、商律的調查起草，第二科掌民事訴訟律、刑事訴訟律的調查起草。各科設總纂一人，纂修、協修四人，調查員一或二人；三處指編譯處、編案處、庶務處，編譯處掌翻譯外國法律書籍，編案處掌刪訂舊有律例及編纂各項章程，庶務處專司文牘、會計等雜務。綜其職責如下：擬定奉旨交議的各項法律；擬定民商法、商法、刑法、刑事訴訟法、民事訴訟法諸法典草案及其附屬法，並奏定刑律草案之附屬法；刪訂舊有律例；編纂各項章程；編譯各國法律書籍。[三] 可見法律修訂館擔任著修訂舊律和編纂新律的重任。

一 《大清光緒新法令》，第六冊，第四類外交，上海商務印書館，宣統元年鉛印本。

二 中國第一歷史檔案館編：《光緒宣統兩朝上諭檔》，廣西師範大學出版社 1996 年版，第 36-37 頁。

三 《修訂法律大臣沈等會奏開館日期並擬辦事章程折附單》，《東方雜誌》，第 5 年第 2 期，「內務」，第 114-115 頁。

法律修訂館由修律大臣沈家本主持負責。沈家本（一八四〇——一九一三），字子敦，號寄簃，浙江歸安（今吳興）人，中國近代著名的法律家，自一九〇二年擔任修訂法律大臣後全面負責清末修律，主持修訂和編纂新刑律、民事刑事訴訟律、民律等一批近代法律，對近代中國法律的轉型有突出貢獻，時有「法學泰斗」之譽。[四]沈氏還是「清季達官中最為愛士之人」，深知「法律之學繁頤精深，改弦更張功匪旦夕」，惟有明定職司，專門負責擬定，方可避免貽誤。為此，他廣泛搜羅賢才英彥進館，「當時東西洋學生之政治法律稍有聲譽者，幾無不入其轂中。」[五]

汪榮寶於一九〇七年十二月加盟法律修訂館。時沈家本乘法律修訂館改組之際，奏調了大批法學精研或才識優裕的法政人才進館。汪榮寶以民政部主事身份被調入館，同時被調入的還有章宗祥、曹汝霖、陸宗輿、章宗元、吳振麟、汪有齡、江庸、許同莘、陳籙、程明超等人。[六]這批法律人才多是東西洋留學生，除陳籙畢業於法國巴黎法律大學、章宗元（章宗祥之兄）畢業於美國加利福尼亞大學外，大多數畢業於日本法政大學、早稻田大學或東京帝國大學，精通日本法律。汪榮寶是這些留學生中的佼佼者。汪榮寶從中西法律的比較及歸國後的法律實踐中，認識到中國舊律已不是治國的善法，需把眼光投向西方世界，吸取西方法律文化的精華，「取人之長以補吾之短」，方可有補於當世。因而，進入法律修訂

四 張國華、李貴連：《沈家本年譜初編》，北京大學出版社 1989 年版，前言。
五 江庸：《趨庭隨筆》，文海出版社 1967 年版，第 61-62 頁。
六 中國第一歷史檔案館，《會議政務處全宗》，第 76 號；《奏調通曉法政人員折》，《政治官報》，折奏類，第 42 號，1907 年 12 月 6 日。

館後，他積極參加新法律的編纂和修訂，並堅持按照西方法律原則編定新律。他憑藉深厚的法律基礎及幹練的辦事風格，得到修訂法律大臣沈家本和提調董康[七]的賞識與信賴，成為沈氏修律過程中一員得力幹將。

從一九〇九年四月起，汪榮寶擔任了法律修訂館第二科總纂，開始進入領導核心層，負責《民事訴訟律》和《民律》的修訂和編纂。[八]總纂之職，雖在職位上不及提調，但因直接參與法律條文的纂擬，即是從事纂擬「第一線」人員，故其重要程度高於各管理職務，薪金也倍於提調。曾在清末法律修訂館工作過的江庸對此有過精彩地記述：「法律修訂館於兩大臣下，雖設有提調、總纂、纂修、協修之名目，然薪俸之厚薄，則不以位置之高下為標準。總纂薪金倍於提調，纂、修之專任者，薪金又倍於總纂。」[九]汪榮寶既擔任總纂職務，又兼有纂修之責，集總纂與纂修於一身，足見他在法律修訂館中的重要性。

汪榮寶還被聘為法律修訂館諮議官。按照章程規定，諮議官由各省提法使或按察使兼任，此外還聘任「深通中外法律之員」。汪榮寶於一九〇八年十月二十八日被法律修訂館聘請為第一批諮議官，同被聘的還有金邦平、陸宗輿、延鴻、唐寶鍔、丁士源等。[十]諮議官屬榮譽職務，不必到館辦事，但亦負有

七 董康（1867-1947），字授金、授經，江蘇武進人，近代著名法律家。1898 年進士，任刑部郎中等職。1907 年被沈家本奏調任法律修訂館提調，主持編纂新刑律，在「禮法之爭」為法理派的代表。辛亥革命後，赴日本研習法律，歷任北洋政府大理院長、司法總長、法制編纂館長、財政總長、幣制局總裁等職。

八 《汪榮寶日記》第一冊，1909 年 4 月 23 日，第 92 頁。

九 江庸：《趨庭隨筆》，文海出版社 1967 年版，第 61-62 頁。

十 中國第一歷史檔案館，《會議政務處全宗》，第 297 號；《修訂法律大臣遴員派充諮議官折》，《政治官報》，折奏類，

重要職責，如詳細回復法律修訂館的諮詢事項、就各項法律專件隨時條議陳述意見、協助所派調查員完成調查事項並隨時接洽辦理等。[十二]

根據憲政法規頒佈的原則，任何法律（除憲法）均須呈交憲政樞紐機構——憲政編查館審核。對汪榮寶而言，他既任憲政編查館科員，又兼法律修訂館總纂。在法律修訂館，他參與各項法律的編纂，在憲政編查館，則又成為法律的審核者，扮演著編纂者和審核者的「雙重」角色。必須要強調的是，雖然筆者著重論述汪榮寶這個法政留學生在整個修律中的活動和觀點，但並不是否認其他人的地位和貢獻，事實上，在清末整個修律過程中，法律的編纂、修訂和頒佈都是諸多法律人才集體智慧的結晶，尤其是沈家本、伍廷芳、董康等發揮著統籌規劃之作用，但所謂「獨木不成林」，一個人再勤奮，天資再卓越，也無法應付修律中頭緒紛繁的事務，因此可以說清末修律的成果是由人數眾多的法律精英所共同努力取得的。

第二節　修訂和支持新刑律

汪榮寶參與法制變革的核心內容是參加了《大清現行刑律》和《欽定大清刑律》的修改和編纂，有關新刑律的修訂是清末法制變革中頗值得探討的重要問題。參與晚清修律的章宗祥晚年曾道：「清末新

第370號，1908年12月五日。

十二 《修訂法律大臣沈家本等奏謹擬諮議調查章程折》，《政治官報》，折奏類，1908年6月28日，第5-6頁。

舊思想嬗換最明顯之事，為改訂新刑律問題。」[十二]新刑律草案融入了西方刑法思想，在相當程度上接納了西方刑法的罪刑法定、罪刑相應、人道主義等原則，體現了近代刑法的精神，因而遭到國內傳統仕人的反對。在一九〇五至一九一一年間，圍繞著該法律中的相關問題，禮教派和法理派發起了連續持久的「禮法之爭」，新刑律也在屢次激烈論爭中多次易稿，直到一九一一年一月才得以頒佈實施。

一、參修新律和修訂舊律

根據參與編纂新刑律的日本法學家岡田朝太郎回憶，該草案由預備草案算起，「共歷七稿」。最先的草案由法律修訂館起草，於一九〇六年春脫稿，此為預備案。第一案由岡田朝太郎等起草，於一九〇七年九月脫稿，法律修訂館上奏，名《新刑律草案》。第二案於一九〇九年十二月由法部、修訂法律館奏進，此案係法律修訂館編纂人員依據各部院及各地督撫的簽注增損而成，上奏時定名為《修正刑律草案》。第三案由憲政編查館核定第二案，加以修改而成。第四案憲政編查館將第三案提交資政院會議，資政院法典股修改而成，名《大清新刑律》。第五案，資政院三讀會通過第四案總則，分則未及議畢，而議院閉會，分則暫從第四案的分則而成者。第六案即是一九一一年一月清廷以上諭裁定第五案的分歧而欽定頒佈的，名為《欽定大清刑律》。[十三]在這七個稿本中，汪榮寶參加了第二案、第三案的修訂和審

十二 章宗祥：《新刑律頒佈之經過》，全國政協文史資料委員會編：《文史資料存稿選編》（晚清·北洋上），北京，中國文史出版社 2002 年版，第 34 頁。

十三 岡田朝太郎：《日本岡田博士論刑律草案》，轉引李貴連：《沈家本評傳》，南京大學出版社 2005 年版，第 175-176 頁。

核，主持第四案的修改，主審並促使第五案在資政院的通過。由此可見，在長達六年的時間內，汪榮寶自始至終關注新刑律的編纂，並親身參與此律的修訂和審查。

編纂新刑律的倡導者為修律大臣沈家本，他從「各法之中，尤以刑法為切要」的認識出發，極為重視刑律的修訂和編纂，他以「折衷各國大同之良規，兼採近世最新之說，而不違背中國歷世相沿之禮教民情」為宗旨，聘日本刑法專家岡田朝太郎「幫同考訂」，著手草擬新刑律草案。一九〇七年完成新刑律的初稿，定名為《新刑律草案》。同年十月三日和十二月三十日，沈家本先後將總則和分則上奏清廷。此次所訂新刑律仿效西方刑法體例，分總則、分則二編，其中總則十七章，分則三十六章，共五十三章三百八十七條。[十四]

《新刑律草案》上奏後，清廷諭交中央各部院及各省督撫進行簽注，整個簽注過程花費一年多時間，各種回饋意見便紛至遝來，收到各地督撫及各部院的簽注稿本達幾十種。[十五]新刑律草案受到禮教派的強烈反對，特別是學部大臣張之洞的評論極為尖銳，他於一九〇八年六月五日與學部會奏，針對草案中有違禮教之處，列出一份二十餘條的清單，提出詳細批駁意見，指責新定刑律完全違背以三綱五常為核心的中國禮教，「與君為臣綱之義大相刺謬」，「與父為子綱之義大相刺謬」，「與夫為妻綱之義大相刺謬」，「破壞男女之別」，「破壞尊卑長幼之序」，不維護等級差別，嚴重敗壞禮教。[十六]在他的帶動下，

十四 《奏刑律草案告成分期繕單呈覽並陳修訂大旨折》，《清末籌備立憲檔案史料》下冊，中華書局 1979 年版，第 845 頁。

十五 高漢成：《簽注視野下的大清刑律草案研究》，中國社會科學出版社 2007 年版。

十六 李細珠：《張之洞與清末新政》，上海書店出版社 2003 年版，第 273 頁。

守舊大臣群起而攻，主張修訂。一九〇九年二月，清廷綜合簽注結果和禮教派的意見，下達諭旨：「刑法之源本乎禮教，中外各國禮教不同，故刑法亦因之而異」，「凡我舊律義關倫常諸條，不可率行變革，庶以維天理民彝於不敝」，飭沈家本等「務本此意以為修改宗旨」，再行修訂。[十七]

此次修訂由法律修訂館主持。據汪榮寶日記記載，由他和許同莘等人具體負責。新刑律草案共五十三章，其中第一章至第二十章由汪榮寶修改，其餘由許同莘負責。[十八]從一九〇九年十一月至一九一〇年二月，汪榮寶一直未輟這項工作。十二月十一日，「草刑律草案分則按語至第一章畢」，十六日，「續刑律草案按語，盡分則第二章」，二十日，「續纂刑律草案，分則第三章按語」。[十九]至一九一〇年一月十日，修訂至第十章，後因上奏在即，提調董康催促，他加快修改速度，至一月底，將前二十章修訂完畢。在修訂過程中，汪榮寶等修訂人員遵照清廷的修律宗旨，參酌各部院及督撫大臣的簽注，耗時四個月，至一九一〇年一月將全部條文修訂完畢。然後由法部再加審定，改名為《修正刑律草案》。一九一〇年二月二日，修訂法律大臣沈家本會同法部尚書廷傑聯合上奏，此稿仍仿效西方刑法的體系，定總則、分則二編，共五十三章，凡四百〇九條，附則五條。[二十]一九一〇年五月五日，清政府批交憲政編查館核議。

十七　中國第一歷史檔案館：《修改新刑律不可變革義關倫常各條諭》，《光緒宣統兩朝上諭檔》第三十二冊，第36頁。

十八　汪榮寶：《汪榮寶日記》第一冊，1909年11月30日，第313頁。

十九　《汪榮寶日記》第一冊，1909年12月1-31日，第324-344頁。

二十　第一歷史檔案館：《光緒宣統兩朝上諭檔》第三十二冊，第529頁。

修訂法律館在進行制定新律的同時，還對原有法律進行了修訂。修訂法律大臣的沈家本鑒於新刑律難於一時通過之事實，決定先修訂一部過渡性的法律。一九〇八年三月一日即光緒三十四年正月二十九日，沈氏等奏上「奏請編訂現行刑律以立新律基礎」一摺，其中提出對《大清律例》做全面修訂的設想，摺中還提到了修訂現行刑律的辦法，共有四條：「一、總目宜刪除也。二、刑名宜釐正也。三、新章宜節取也。四、例文宜簡略也。」這意味著不僅僅要對傳統《大清律例》內容進行大幅度的修改，而且從體例形式上也有一番變革，故引起朝中官員的紛紛物議。時任第二科總纂的汪榮寶把握時機，在沈氏呈摺之後很快上了一道說帖，[二十一]即「修訂法律大臣編纂現行刑律刪除總目議」，說帖內容如下：

「本年正月二十九日，修訂法律大臣侍郎沈家本等奏請編纂現行刑律具陳辦法四事，其第一事為刪除總目，議者惑焉。愚以為修訂法律大臣所見為事理之至當，無可非也。今律篇目承明舊，既按切事理，析為三十門，復曰緣職制總為六律，牽強割裂，本不可通。夫刑律所以斷罪明罰，與會典等書、纂敘各種行政法者，體例固自不同。行政法可以官司職掌分列綱目，而刑律當以犯罪之事類為次序，不能與官司職掌一一比附。《周官》以六事分職，《唐六典》以一切令式

二十一 說貼即為一種建議書或意見書，沈家本很重視說貼的價值，認為說貼是闡發意見、訓練司法素養的重要形式，在他看來，衡量一個官員的法律才能，一個極佳的標準就是看其說貼說理是否透徹，思路是否清楚。此外，說貼還有交流資訊的重要作用，同僚司友可以借之傳遞資訊，互相學習。在修律過程中，大量運用這種形式，收集資訊，集思廣益，所以寫具說貼是修律中至關重要的一環。（陳煜著：《清末新政中的修訂法律館——中國法律近代化的一段往事》，中國政法大學出版社 2009 版，第 128-129 頁。）

分隸六司，均行政法之屬，乃政書而非律書。律書之最古者莫如李悝《法經》，其書分賊、盜、囚、捕、雜、具六篇，漢增戶、興、廄三篇為九章。魏承漢律之外增劫掠、詐偽、毀亡、告劾、係訊、斷獄、請賕、驚事、償贓九篇，為《魏律》十八篇，歷晉、梁、北齊、周、隋，代有因革，其中惟隨《開皇律》名例衛禁、職制、戶婚、廄庫、擅興、賊盜、鬥訟、詐偽、雜律、捕亡、斷獄十二篇，繁簡得中，唐武德中定律，一準其目，世稱詳允。宋用刑統，據王應璘《玉海》、傅霖《宋刑統復賦解》、洪邁《容齋隨筆》、沈括《夢溪筆談》所引，悉循唐律舊第。由是觀之，分曹名律本為唐宋以前所無。明太祖吳元年，命中書省定律，令準唐之舊而增損之，始有吏律、戶律、禮律、兵律、刑律、工律之稱，假官司之分掌，定犯罪之類別。以意為之，初非前人製作之舊第，爾時政事統於六曹，假借標稱便記憶，雖非古法，而有義例可言。若按諸今日情形，則分職設官已與明代絕異，京朝現行官制自外務部以下稱部者凡十有一，吏戶禮兵刑工之分類不足以概括一切，如故給事中等官向以六事分職者，今已欽奉諭旨撤去舊稱。而刑律標題尚沿曩軌。揆之，綜核名實之義，良有未要。修訂法律大臣所擬刪除總目，復唐宋體裁之舊，兼以免律令歧出之嫌，實於古制今情兩無永迂，且名例等三十門之篇目仍在，於律之大體初無累黍之變更也。」二十二

二十二 汪榮寶：《修訂法律大臣編纂現行刑律刪除總目議》，《金薤琳琅齋文存》，第 93-95 頁

汪榮寶的這份說帖列舉歷史與現實依據，清楚地區分了行政法和刑律之別，他認為「行政法可以官司職掌分列綱目，而刑律當以犯罪之事類為次序，不能與官司職掌一一比附。」接著詳細地考察歷代的刑法分類和名稱，他從最古老律書李悝的《法經》談起，該書首定盜、賊、囚、捕、雜、具六篇，之後漢魏、隋唐均據此增刪各罪名，由是觀之，「分曹名律本為唐宋以前所無。」至明朝修律後，始有吏律、戶律、禮律、兵律、刑律、工律六律之稱，也就是「假官司之分掌，定犯罪之類別。」清所定《大清律例》沿用明朝舊法，至今已不合時宜，應刪除六律之條目。該說帖有力地支持了沈家本大修舊律的論斷。此外，汪榮寶還受法律館提調董康之邀負責撰擬了《大清現行刑律》的奏稿，他於光緒三十四年八月十五日完成，並於次日交至法律修訂館。

一九一〇年五月十五日，清政府頒佈實施《大清現行刑律》，這是一部在大清新刑律制定頒佈前暫行適用的過渡性法典。該律依據《大清律例》刪改而成，共三十篇三百九十八條，重點是對舊律進行了修訂，首先在體例上，刪去吏、戶、禮、兵、刑、工等按六部分類之舊稱，改用唐宋以前之刑名稱謂，在內容上，主要是對舊律中規定的笞刑、杖刑改用罰金代替；對舊律中的到外地服刑的徒刑和流刑，一般改在當地服刑；對凌遲、梟首、戮屍等酷刑予以廢除，規定死刑只有絞刑和斬刑兩種，同時廢除了緣坐之法和刺字之法；增加了有關毀壞鐵路罪、毀壞電訊罪、私鑄銀圓罪等條文。《大清現行刑律》的內容雖有所變化，但基本上沒有超出《大清律例》的模式，可以說是一部經過改良的舊法典。由於清王朝的迅速滅亡，這部法典實施的時間並不長，但其民事部分在民國時期繼續得到有效實施。

二、憲政編查館中審核和修訂《修正刑律草案》

《修正刑律草案》送交憲政編查館後，該館的法政精英楊度、汪榮寶、章宗祥、許同莘、勞乃宣等參與核議，而汪榮寶除參加審議外，還與許同莘合作執筆修訂了全部條文。從其日記所載可知，他負責總則十七章和分則前二十章即共三十七章的修訂，其餘十六章由許同莘負責。如前所述《修正刑律草案》共五十三章，汪榮寶所訂三十七章占至全部草案近四分之三。

修訂工作從一九一〇年九月開始，同年十一月結束。在修訂過程中，汪榮寶遵照西方刑法原理原則，依據中國實際情形，增刪了部分條文，其中刪除分則十條，增加一條。[二十三]他針對每章節內容，逐條逐項地精研，推究法理所在。如在修改「國交罪」一章時，此章原為岡田朝太郎所擬，規定頗詳。但憲政編查館多數館員認為此章「多為各國刑律所未有」，主張刪削。而汪榮寶仔細研讀條文後，瞭解到原案「皆用相交主義，凡外國人對中國犯罪，有應與中國臣民處同一之罰者，則中國臣民若對外國有犯，亦以同一之處罰之報之。」若刪除外國人犯法的規定，而保留侵犯皇室及內亂外患罪各章，則「尊己卑人，似欠允洽」。他當即撰擬說帖，簽改出數條，向憲政館中同人建議保留相關內容。[二十四]

汪榮寶還能接受館中同人的正確意見。例如，在修至「誣告罪」一章時，汪榮寶和許同莘原計劃加入「對於尊親屬有犯之特別規定」條，而將「私擅逮捕監禁罪」條內「普通私擅逮捕監禁尊親屬」和「官

二十三 《汪榮寶日記》第二冊，1910 年 9 月 13-16 日，第 624-627 頁。
二十四 《汪榮寶日記》第二冊，1910 年 9 月 18 日，第 629 頁。

員濫用職權逮捕監禁尊親屬」有關尊親屬的條文刪去。董康則反駁說，新刑律所定對尊親屬有犯各條均指直接損害之罪，誣告只有在審訊後才能確定，不屬於直接損害尊親屬之罪，私擅逮捕監禁罪是為了防止虐待尊親屬的行為，因此不應當增彼刪此。汪榮寶認為「其言成理，因即從之」。[二十五]

在憲政編查館審核修訂新刑律之時，禮教派的代表人物張之洞於宣統元年九月辭世，使禮教派遭受重創，但憲政館考核專科總辦勞乃宣繼之，勞氏品秩雖不高，但學識與資望素為人欽佩，且能始終不渝維護名教，赫然成為禮教派領袖，當時人名「勞黨」，他對所修新律展開多方攻擊。[二十六]勞氏指責修正案有數條「於父子之倫、長幼之序、男女之別有所礙」，背棄禮教，將《附則》附於正文之後是本末倒置。他撰擬了長達幾千言的《修正刑律草案說帖》，提出關於十惡、干名犯義、犯罪存留養親、親屬相奸、親屬相盜、親屬相毆等多條修改意見，要求將「舊律有關倫紀禮教各條」直接列入正文。[二十七]他還將說帖遍示京內外，尋求支持，時「朝野多韙其言」，新律幾有被推翻之勢。

二十五 《汪榮寶日記》第二冊，1910 年 9 月 17 日，第 628 頁。

二十六 勞乃宣（1843-921），字季瑄、玉初，號韌叟（隱寓為維護名教堅韌不拔之意）。原籍浙江桐鄉，生於河北廣平（今河北永年）。1871 年中進士，1879 年至 1900 年先後在河北臨榆、南皮等地任知縣。1901 年 10 月年至 1902 年任浙江求是大學堂總理，1902 年至 1903 年 6 月任浙江大學堂總理。1908 年升為四品京堂，任憲政編查館參議、考核科總辦。1910 年，任江寧提學使，故有「勞提學」之稱。同年，以碩學通儒當選為資政院欽定議員，成為資政院中反對新刑律的核心人物。1911 年 11 月任京師大學堂總監督，後任袁世凱內閣學部副大臣。勞氏平生尊古重道，博通經史、禮制、刑法、教育，尤精古文字，曾與發起「簡字運動」。（勞乃宣：《韌叟自訂年譜》，北京圖書館編：《年譜叢刊》，第 180 冊，北京圖書館出版社 1999 年版，第 309-357 頁。）

二十七 勞乃宣編：《新刑律修正案匯錄》，桐鄉勞刊本，宣統二年。

法理派領袖沈家本對禮教派的攻擊「憤慨異常」，連續撰寫《書勞提學新刑律草案說帖》、《論殺死姦夫》等文，逐條「著論痛駁」勞乃宣的禮教說，闡明法理。憲政編查館、法律修訂館的留學生、日本顧問松岡正義等「亦助沈氏辭而辟之」。[二十八]汪榮寶作為法理派成員，也積極贊成新刑律，在憲政編查館中多次與勞乃宣展開唇槍舌戰，「二時頃，到憲政編查館，世相、吳侍郎在坐，論新刑律草案，勞玉初竭力反對，舌戰良久，不得要領。」[二十九]由於憲政編查館中留學生占居多數，故法理派在爭論中占居上風。

經過與禮教派的爭論，諳熟中國國情的汪榮寶意識到，新刑律的最終通過將面臨重大阻力。而資政院即將開議，他有心借助這一全國性立法機關的權威促使新刑律的頒佈實施。在一九一〇年七月二十二日憲政編查館的會議中，汪榮寶首次提議把新刑律交資政院協議，九月二十七日，憲政編查館開會討論新刑律，他再次提出交議說。汪榮寶的提法得到資政院秘書長金邦平的支持，卻遭到憲政編查館絕大多數館員的反對，兩位提調劉若曾和達壽均不贊成，甚至連法理派的楊度、胡礽泰、章宗祥亦持反對態度。他們擔心「資政院議員中有法律知淺者，倘交議恐致破壞」，主張趕緊出具定稿，不交院議，直接奏請清廷頒佈。[三十]而汪榮寶堅持交議說，並與楊度、胡礽泰再三辯論，解釋理由。因他一再堅持，再加憲政

二十八 江庸：《五十年中國之法制》，申報館編：《最近之五十年》，商務印書館 1923 年版。

二十九 《汪榮寶日記》第二冊，1910 年 8 月 10 日，第 589 頁。

三十 《汪榮寶日記》第二冊，1910 年 7 月 22 日、9 月 27 日，第 569、第 638 頁。

編查館大臣那桐、毓朗贊同交議，該館集體表決，議定將新刑律提交到資政院進行審議。[三十二]一九一〇年十一月五日，憲政編查館將新刑律核議完畢，更名為《大清新刑律》，送交資政院議決。

此處值得探討的問題是：汪榮寶為何堅持交議資政院？筆者認為原因有二：第一，對付禮教派的辦法。自清末修訂律例以來，「禮法之爭」就一直存在，禮教派和法理派各持觀點，多次交鋒相爭，難分勝負，而新刑律衝破了原有的禮教綱常，導致兩方相爭升溫，甚至達到白熱化程度。然而，禮教和法理兩派的論爭一直限於民間，其形式也以撰文批駁為主，並沒有上升到法律層面。汪榮寶提出交議資政院，就是試圖通過立法機關，運用法律手段平息無休止的論爭。第二，遵循立憲政體原則。作為憲政政治的支持者和改革者，汪榮寶在各項政治實踐中均身體力行，凡所辦新政事宜，均遵照立憲原則，新律的編纂也如此。按照立憲政體的規定，資政院有議決法律權，一九一〇年乃資政院第一次常會年，「若不交議即為違法」，而第一次開院「即開政府違院議之端」，「殊於立憲精神不合」。因而，他堅持將新刑律交至資政院進行議決。

三、資政院中主持審查新刑律議案

新刑律議案是資政院中最為引人矚目的議案。資政院議員圍繞著新刑律展開了持續激烈地大討論，而關於該問題的爭論也成為國人關注的焦點。資政院開議後，汪榮寶當選為法典股副股長，法典股負責

三十一《汪榮寶日記》第二冊，1910年9月29日，第640頁。

審查提交到資政院所有的法律議案，是院中五大股最重要的股會。法典股股長潤貝勒並不諳熟法律，關於法律案基本委託汪榮寶代為主持，故汪雖為副股長，但實為法典股的主導人物。

根據資政院議事程序，新刑律被提交到資政院後，須先由法典股審查。從一九一〇年十二月八日至十二月十四日，汪榮寶主持了該議案的審查工作。其日記載：十二月八日，「到法典股員會審查刑律草案迄一百十七條」。九日，「草刑律分則第四章修正案，竟日」，十日，「到法典股員會，將昨草刑案第四章修正案報告本股議員，各無異議。」十一日，「到法典股員會接續審查迄二百三十三條。」十二日，「到法典股員會，審查刑律草案，迄三百二十五條，又刪除第五十七條，修正增入第三項。」十三日，「到法典股股員會審查刑律草案迄三百三十二條。」，十四日，「到股員審查刑律草案議決，刪除第三百十一條之罰金，全部完畢。」[三十二]

審查過程中，汪榮寶負責撰寫修正案，隨時向法典股各股員報告修正情形，他堅持按照法理刪改了部分關於禮教的條文。十二月十六日，法典股開會討論修改案，政府列席特派員八九人。汪榮寶報告了刑律的修正要旨，倡議刪除第二百八十八條的第三項親屬相姦的處罰，理由如下：「親屬相姦，刑律既認為罪惡，而處以重罰，則必以此為有害社會秩序之事，而決不僅以為一家之醜行。今若以告訴權限於尊親屬或本夫，則似以尊親屬等為犯罪之客體，殊於立法初意不相貫徹，且使無尊親屬者而犯此罪，則國家遂無處罰之途。」而政府特派員多為禮教派人士，他們交相辯難，反對刪除，汪榮寶對此「詳加申

[三十二]《汪榮寶日記》第二冊，1910年12月8-14日，第709-715頁。

論」。而最後表決時，包括金邦平、章宗祥在內的多數股員贊成保留原條，汪榮寶對此「甚憤恚」，與眾決裂，當場欲辭去法典股副股長之職。[三十三]

十二月十八日，資政院開會討論新刑律修正案。汪榮寶代表法典股，報告審查刑律之經過及其結果，演說至兩個小時之久，其中詳解修改條文理由及《暫行章程》不能歸入正文的原因。汪榮寶的演說博得法理派議員陸宗輿、胡礽泰、雷奮等的贊許，卻遭到禮教派議員的激烈反駁，沈林一、高凌霄、勞乃宣等登臺演說，逐條批駁法典股的修正案，指責汪榮寶修改條文是違背禮教，時「樓上旁聽席中發聲嗤嗤」，高凌霄竟「對樓上大聲呼叱」。高又與辯難，汪榮寶為之「一一剖析」。兩派議員各持己見，相互辯論，最後竟引發了衝突。[三十四]

在法典股審查新刑律時，汪榮寶作為刑律議案的主審者，提出的修改意見頗多。如在十二月二十一日的法典股會中，他提出改正的修改稿件即有八件之多，依次為：一、總則修正案；二、分則第四章修正案；三、總則追改條項；四、分則第四章追改字句；五、分則修正條項字句；六、總則續改條項；七、

三十三《汪榮寶日記》第二冊，1910年12月16日，第717頁。

三十四《汪榮寶日記》第二冊，1910年12月18日，第719頁。會議結束後，高淩霄因附和勞乃宣、沈林一受嗤，惱羞成怒，出場時適遇新刑律維持會發起人周振麟、陳佐清，遂肆口謾罵。周、陳面叱之，高大怒，呼其同鄉萬慎（時有「萬瘋子」之稱）前來，同向周振麟揮拳。周退入財政學堂門內避之，陳質問何以如此野蠻，高反而叫嚷周毆人，最後圍觀議員只得叫巡警來才解決紛爭。此事從側面反映出新刑律爭論之激烈程度。（《高議員竟欲以揮拳勝口說耶！》，《申報》，1910年12月27日。）

總則第三條至第五條列舉條文；八、《暫行章程》刪除說帖。[三十五]十二月二十五日，又提出五件：一、原案二四條第三項刪除；二、原案三八條第二項改為三九條；三、原案四五條刪改文句；四、原案六七條修改字句；五、修正案八八條刪除。[三十六]這些修改案均被送往資政院秘書廳，以備全體議員參閱。經過多次會議審查和修改，綜合各股員提出的修改意見，汪榮寶執筆撰寫了審查草案。十二月底，法典股將審查完畢的新刑律草案提交到資政院全體議員大會進行議決。

資政院新刑律初讀會於一九一一年一月六日開始。汪榮寶代表法典股，向全體議員報告了新刑律審查情形及修正各條，演說長達一小時之久。[三十七]報告主要內容如下：第一，關於總則的修正。總則共四次修正，刪去二條，增加一條，原為八十八條，現在亦八十八條，其中有兩項分作兩條者。第四十一條刪去，理由是該條文已規定於《刑事訴訟法》；第五十條刪去，其理由是責任年齡分辨別能力和教育能力，股員會主張減輕責任年齡，《違警律》責任年齡定為十五歲，刑律應與之相符。增加者為三十八條，分析者為三十七條，而加入則在八十五條、八十六條。除刪去條文外，又刪除條項，如二十四條第二項，刪去重要字句，如第二十條。第二，關於分則的修正。分則修正不多，共十二處，編定雖按各國通則，但凡可以保存中國特色的內容，均竭力保存。至中國家族主義，股員會宗旨亦不竭力維持。至於第四章關於國家交涉者甚多，俱有增改。第五章第十二條及二十一條亦多刪改，至彩

三十五《汪榮寶日記》第二冊，1910年12月21日，第722頁。
三十六《汪榮寶日記》第二冊，1910年12月25日，第726頁。
三十七《汪榮寶日記》第二冊，1911年1月6日，第739頁。

票一項，全行刪去。第三，關於暫行章程。股員會討論結果認為贅蕪，全行刪去。[三十八]資政院自一月六日開始議決新刑律，至一月十一日閉會，限於時間緊促，又有禮教派的阻擾，僅議決了總則，而無暇議及分則。

四、對新刑律兩個核心問題的看法

新刑律在制定過程中，修訂法律人員包括汪榮寶，都注重引進西方的刑法原則，強調法律原理，淡化禮治色彩。然而，中國歷來是禮治社會，禮教滲透到法律之中，甚至成為法律的主宰，這樣便不可避免地引發「禮法之爭」。禮法之爭是在二十世紀初期中國制定新法的過程中發生的以「禮」還是以「法」指導新立法的論爭。「禮」指中國傳統的禮教，即法典化的三綱五常等綱常名教，「法」指西方法理。更進一步講，禮法之爭是以維護宗法等級家族制度，進而維護整個封建制度為目的的傳統法律原理，與以維護公民人身和財產權利，進而維護資本主義民主制度為指歸的法律原理，在中國嚴重對立而引發的一場爭論。[三十九]新刑律自一九〇七年編纂完竣後，即受到張之洞、勞乃宣等禮教派的多方攻擊，以沈家本、楊度、汪榮寶為首的法理派與之展開辯論，使早就存在的禮法之爭愈加激化，兩方或主禮教，或主法理，互相非難。汪榮寶作為法理派的代表人物，為維護新刑律作出了諸多努力。

[三十八]《資政院爭論新刑律之怪劇》，《申報》，1911年1月14日。

[三十九]李貴連：《禮與法：傳統的斷裂和斷裂後的傳統》，《中國研究》，1998年第38期。

（一）關於國家主義和家族主義

引發國家主義和家族主義論爭的是新律派人物楊度，汪榮寶緊隨其後，在禮法之爭中出力甚多。在十二月二日的資政院會議中，楊度作為憲政編查館特派員，作了洋洋萬言的關於國家主義的演說，會後又發表《論國家主義與家族主義之區別》文章，尖銳批評傳統法律所依據的家族主義，全面闡述改定新刑律的理由及宗旨。楊度指出：舊律依據家族主義，新律依據國家主義，這是新律和舊律「根本之區別所在」，所謂家族主義「就是以家族為本位的國家制度」，特點是嚴定家族內部的尊卑等級，「立法權、司法權均付其家族」；而國家主義「是以個人為本位的國家制度」，「國家對於人民有教之之法，有養之之法」，而「人民對於國家亦不能不負責任」，即國家給與人民權利，人民對國家負擔義務。[四十]楊度的國家主義理論引發了新舊兩派的大論爭。

禮教派對楊度向中國傳統家族制度發起挑戰極為震怒。勞乃宣對法理派展開了口誅筆伐，提出「三種生計產生三種法律」的原理作為禮教派的理論基礎，按照勞乃宣的見解，世界存在農桑、牧獵、工商三種生計，因而有家法、軍法、商法三種類型之法律。農桑之國，人有定地，家有定所，日出而作，日落而息，家人聽命與父兄，因而「一切法律皆以維持家法為重，家家之家治而一國之國治」，「人人親其親，長其長」而致天下太平；牧獵之國，「結隊野處，逐水草而徙居」，因而「一切法律皆與兵法相

[四十] 資政院編：《資政院會議速記錄》，宣統二年第一次常年會，第二十三號，第 53-56 頁；楊度：《論國家主義與家族主義之區別》，《楊度集》，湖南人民出版社 1986 年版，第 529-533 頁。

表裡」，合於用兵之道；工商之國，「人不家食，群居於市」，因而「一切法律皆與商法相覽表。凡所為崇尚平等重契約，權利義務相報酬，皆商家之性質」。並且指出「風俗者，法律之母」，中國為農桑之國，欲行歐美工商之法治，實不適宜。勞乃宣還舉西方之例，證明即便是西方也不是不注重於家，只是中國注重父子之義，而西方更注重夫婦之親。中國為父子上下的家，而西方為夫婦平等的家，且西方法律也有仿照中國家法而改革的事例，如今「欲舉我國固有之家族制度而破壞之，亦可謂不善變矣」。[四十一]勞氏抓住法律與社會必須相適合這一關鍵，企圖從社會內部去探求傳統文化與西方法律相衝突的根源。在撰文之外，勞乃宣還邀請議員一百〇五人，向資政院提出《新刑律修正案》說帖，修改、移改、複修、增纂維護宗法禮教條款十三條又二項。在新刑律已有禮教條文的基礎上，增加或加重幼卑對尊長、妻對夫殺害等罪的刑罰，減輕尊長對幼卑、夫對妻殺害傷害等罪的刑罰。他還採用酒食手段，拉攏思想保守的議員沈林一、陳樹楷、陶峻、高凌霄等，聯合起來破壞新刑律議決。[四十二]

勞乃宣的言論引起汪榮寶的反駁，他代表憲政編查館編制局撰擬說帖，為國家主義辯護，主要內容如下：

> 曆觀各國進化之理，均由家族主義而至於國家主義。國家主義者，即保護人權是也。誠以人生於世，與國家有直接之關係，故亦稱曰國民，對於國家有應盡之義務。國家對於國民，有應予之權

四十一 勞乃宣：《新刑律修正案匯錄序》，載桐鄉勞氏刊本，宣統二年，第4-10頁。

四十二 《新刑律之大激戰》，《申報》，1910年12月15日。

利。……極國家主義之利，國步縱底於艱危，而群策群力，可漸圖恢復，不致受滅亡之災禍。充家族主義之弊，急公奉上，不敵其自私自利之心。……民氣消阻，振作無由，未始以宋明以來空談名教之流有以中之也。今（新刑律）草案，除對於尊親有犯特別規定外，凡舊律故殺子孫、幹名犯義、違犯教令及親屬相毆等條，概從刪節，其隱寓保護人權之意，維持家族主義，而使漸進於國家主義者，用心良苦。夫保護人權，乃立憲之始基。議者不察，痛事詆諆，其反刑律乎？抑藉反對刑律而反對立憲乎？[四十三]

這份說帖是汪榮寶支持新刑律的代表言論，他提出了國家主義保護人權說，從人權的角度維護國家主義，與持家族主義觀點的禮教派展開論戰。誠如時論所言：「法典股最有勢力者為汪榮寶諸人，皆採用國家主義。」[四十四]文章首先以進化論為指導，闡明國家主義保護人權的本質，國民對國家有應盡的義務，但國家亦應賦予國民相應的權利。接著指出目前只有推行國家主義，強調國民對國家擔任負責，方可群策群力挽救危亡，倘若仍堅持家族主義，國民必置國家前途於不顧，徒增其自私自利之心。文章最後把反法理、反刑律提高到立憲的高度，一方面指出法理派的實質，一方面藉以嚇阻禮教派的圍攻。這份說帖集中反映了汪榮寶堅持法理、反對禮教的刑法理念及其毫不妥協的態度。

四十三 《編制局校訂新刑律意見書》，《沈家本傳》，北京大學出版社 2000 年版，第 347-348 頁。

四十四 《爭新律之怪怪奇奇》，《民立報》，1910 年 11 月 14 日。

（二）關於無夫姦問題

無夫姦問題是指十二歲以上的處女或孀婦和姦應否定罪及如何處罰問題。中國舊律定無夫姦婦女仗八十，新定的刑律草案卻規定無夫和姦婦女無罪，這成為法理派與禮教派爭論的焦點。禮教派認為，道德和法律相為表裡，中國風俗特別看重處女的和姦罪，如完全不為罪，則不合中國人心，堅持必須治罪、且要定重罪說。法理派則根據法學原理，力主無罪說，兩方在資政院的議壇中對此引發激烈辯論。汪榮寶主無罪說，他提出如下理由：

第一，道德與法律應分離。汪榮寶認為，中國歷來法律和道德相混淆，往往道德代替法律，家法、族法即可代表國家法律，對家族成員任意施刑，嚴重違背近代法律原則，「足為中國禮教之玷」。而無夫奸問題關係到社會、家庭、教育等諸多因素，非法律所能禁止。按照新的法律原理，道德不可與法律相混，刑法關係國家，道德關於個人，個人無道德，「國家亦無如之何言」。且今日中國禮教之所以不倡，正是受道德、法律混合的影響，如再牽混，「則禮教必亡於今日倡言保存者手」。

第二，法律要適應社會的發展。汪榮寶信奉進化論思想，任何事物都須適應外部環境或時代的發展而變化革新，法律亦同樣遵循這樣的宇宙規則。中國舊有的法律體系和制度，尤其有關禮教各條已嚴重脫離現實，與世界各國法律不相適應，隨著社會的發展，舊制度應該廢除。針對無夫姦問題，他舉例歐洲法律說：「歐洲中世紀以前，姦處以死刑，較我國更為重，其後逐漸改良，方至今日。」我國也應與世界各國同步。

第三，不合法理。汪榮寶認為凡訂法律應有相應之法理，刑律是公法，公法必須公訴而後有罪。倘若無夫姦婦女要定罪，在審判時雙方必口供相同，縱然口供不同，也找不到證人。無夫姦並沒有原告，「國家既無法治其罪，若律文中空贅此條，反而有失國家法律信用」。況且現在民法未定，家庭中的關係還沒有確定，例如妾的問題，按立憲政治的原則，不允許納妾，那麼妾等於無夫婦女，若將刑律中加入無夫姦有罪條，則將來納妾者皆為有罪。

無夫姦應否定罪問題在資政院一九一一年一月八日的第三十七次會議中的爭論中達到了白熱化程度，議決過程長達五小時之久，其中汪榮寶等新律派與禮教派發生了激烈的衝突。當日禮教派議員勞乃宣、陳寶琛、高凌霄、陳樹楷、沈林一等紛紛發言，竭力破壞通過新刑律，據《時報》載：「……高凌霄謂，請將無夫姦有罪付表決，汪榮寶謂此係道德上罪過，不應以刑律制裁。康詠反對之，萬慎亂呼亂叫不已。全場譁然，秩序又大亂。蔣鴻賓又反對汪榮寶之說，文和痛駁之。高凌霄又喧鬧，陳敬第謂當平心靜氣討論，並說明無夫奸萬萬不能有罪理由。康詠謂當列為報告罪。陳樹楷謂此條立意甚佳，但中國人民程度不足，不適用。汪榮寶謂，程度既不足，何必需資政院。陳懋鼎謂，國會亦可不要。雷奮謂，刑法是一種公法，一方維持國家治安，一方保護個人自由，因其為公法，必須公訴後有罪，試問無夫婦女和奸，以何人為原告？其言極中肯。陳樹楷、陳善同、李經佘、高凌霄、萬慎皆反對之。汪榮寶繼登臺演說，約數十分鐘之久。陳樹楷、陶毓瑞、王紹勳等紛紛阻其發言。胡礽泰欲登臺發言，反對者又紛紛止住，胡謂本員今日尚未說話，隨至台前謂本員贊成禮教，然不可與法律混合」，發言至此，高凌霄、萬慎等舊律議員「大嘩，雜以狂笑聲、呼號聲、詈罵聲」，議場「秩序愈亂，全場騷然，良久始定」。[四十五]兩派議員多次交鋒，「幾於舌敝唇焦」，時胡礽泰提議付諸表決，第一次表決有罪無罪，第二次表決加入暫行章程或加入正文，主無夫姦有罪者用白票，主無罪者用藍票。結果，第一次表決白票七十七票，藍票四十二票；隨後的第二次表決，贊同加入正文者竟也占多數。在這個問題上，禮教派取勝，法理派徹底失敗。汪榮寶氣憤之極，大呼表決有疑議，「議員所謂程度不足！」[四十六]

關於無夫姦問題的爭論實質上是禮治和法治的交鋒。汪榮寶試圖通過實現無夫姦不定罪，革除中國舊有律例中違背法理、不合時宜之處，進一步推動中國法律與世界法律的接軌，體現平等、人道的法律精神。但在接受過儒家思想侵染的保守勢力強大的輿論聲勢下，他的理想遭到挫折。曾參與其事的著名法學家董康後來曾回憶修律中對無夫姦的爭執：「新舊之爭，關於此點，較前尤烈，所謂甚囂塵上也。反對之領袖為勞乃宣，被選為資政院議員。康因兼職憲政編查館科員，政府遣派出席被諮詢。無夫姦應否科罪，在個人意見，無所可否。惟負法律修訂責任，不能不有所主張。資政院本借法律學堂作議場，與法律館比鄰，以政府員資格，時邀至法律股辯論，幾於舌敝唇焦。幸股長汪榮寶為編查、法律二館同僚，曲予維護，勉強提出大會，屆時逐條討論，已逾辦公時晷。至姦非罪章，先有政府員汪有齡，本館總纂，剴切陳述本章之應趨向大同之宗旨。最後投票表決，以贊成者投藍票，反對者投白票，議員多為

四十五 《時報》宣統二年十二月十六日，第一版。

四十六 資政院編：《資政院會議速記錄》，宣統二年第一次常年會，第三十七號；《資政院又演一場新劇》，《申報》，1911年1月15日；《汪榮寶日記》，1911年1月8日，第741頁。

文襄所招致，因之舊派從而操縱，結果白票居多數，政府員復有聲明，議場鬨散，秩序大亂。」[四十七]從中也可看出禮教派法理派針對無夫姦問題激烈交鋒之歷史情形，而汪榮寶在修訂和審定新刑律中發揮了重要作用，實為法理派之勇將。

五、協調新刑律頒佈辦法

汪榮寶力主新刑律交議資政院，本想借助立法機關的效力，使新律得以順利通過。然而，「種瓜得豆」，卻收到相反的結果，使他深感痛心。他和贊成新刑律的議員試圖尋求挽救的辦法。

在表決無夫姦婦應否定罪問題失敗的第二天即一月九日，汪榮寶與新律議員約定本日均不到院議事，甚至議長溥倫命其往會，他也「詭詞卻之」。一月十日即為資政院最後一次會議，時間緊迫，他聯絡陸宗輿商量應對策略，二人當即商定與胡礽泰共同作一書，召集藍票諸君，於「明日午前九時在財政學堂商討善後之策」。[四十八]一月十日上午，法理派議員在財政學堂開會，汪榮寶作為發起人，首先闡述開會宗旨，請與會各員出謀獻策，議決辦法如下：一、變更議事日表，破壞刑律分則再讀，二、將刑律總則付三讀。一九一一年一月十日午後，資政院召開最後一次常年會。當日共有七件議案需要議定，其中刑律居首，新律議員胡礽泰提議將刑律移至最後再議，多數議員贊成。至晚間八點半才開始議決新刑

[四十七] 參見《董康法學文集》，第461頁。

[四十八] 《汪榮寶日記》第二冊，1911年1月9日，第742頁。

律，汪榮寶報告結社集會修正要旨，旋付再讀，已近晚間十點，新律議員互相協作，先由籍忠寅提議將刑律總則付三讀，禮教派議員哄然退場，留下來的議員有七十人多人，汪榮寶隨即倡議省略三讀，即付起立表決，贊成者占多數，新刑律總則得以通過。[四十九]

根據籌備立憲清單的規定，一九一一年頒佈刑律，而資政院僅議決了刑律總則，分則無暇議及，汪榮寶又積極尋求請緩頒佈刑律解決辦法。一月十二日午後，新律派議員在財政學堂集會，汪榮寶主持會議。會中議決辦法四種：一、要求會奏總則；二、請緩頒佈年限；三、請開臨時會；四、全體議員辭職。會議結束後，他又趕赴憲政編查館，與陸宗輿、楊度等商討，議定辦法兩種：一、會奏總則，惟將其中不同意之點特別聲明，請旨裁奪；二、由憲政編查館草奏分則，請與總則同時頒佈，但須聲明明年交資政院追認。[五十]從汪榮寶等所提出的解決方案看，他力主尊重立法機關的立法權，反對政府欽定頒佈，同時又擬定折衷方案如請緩頒佈年限、陳請開臨時會議決和會奏等，力圖迫使清政府按照憲政國家的法律頒佈程序實施新刑律。

然而，清政府最終採取了直接頒佈的辦法。一九一一年一月二十五日，清廷將新刑律總則、分則及《暫行章程》一併頒佈，定名為《欽定大清刑律》。其章節內容如下：總則：共十七章八十八條，各章依次是：法例、不為罪、未遂罪、累犯罪、俱發罪、共犯罪、刑名、宥減、自首、酌減、加減例、緩刑、

四十九　《汪榮寶日記》第二冊，1911年1月10日，第743頁。

五十　《汪榮寶日記》第二冊，1911年1月12日，第745頁。

假釋、恩赦、時效、時例、文例。分則：共三十六章三百二十三條，各章依次是：侵犯皇室罪、內亂罪、外患罪、妨害國交罪、漏泄機務罪、瀆職罪、妨害公務罪、妨害選舉罪、騷擾罪、逮捕監禁者脫逃罪、藏匿罪人及湮沒證據罪、偽證及誣告罪、放火決水及妨害水利罪、危險物罪、妨害交通罪、妨害秩序罪、偽造貨幣罪、偽造文書及印文罪、偽造度量衡量罪、褻瀆祀典和發掘墳墓罪、鴉片煙罪、賭博罪、奸非及重婚罪、妨害飲料水罪、妨害衛生罪、殺傷罪、墮胎罪、遺棄罪、私濫逮捕監禁罪、略誘及和誘罪、妨害安全信用名譽及秘密罪、竊盜及強盜罪、詐欺取財罪、侵佔罪、贓物罪、毀棄損壞罪。另有《暫行章程》五條。[五十一]《欽定大清刑律》是一部單行的刑法典，代表著晚清修律的最高成果，其突出的特徵有：首先，在體例結構上，新刑律拋棄了舊律以吏律、戶律、禮律、兵律、刑律、工律的陳舊分類編纂形式，改而採用西方近代以來刑法分總則、分則兩編，下設各章、逐條羅列的方式。總則為全編的綱領，分則為各項之事例；其次，在法律條文，確立了新的刑罰體系，分主刑、從刑兩種。並更定刑名，將自隋代以來的笞、杖、徒、流、死五刑改為死刑、徒刑、拘留和罰金，規定死刑唯一，只用絞刑一種；最後，新刑律引進大量西方的刑法原則，如罪行法定原則、罪刑相適應原則、刑罰人道主義原則。此外，新刑律還實行懲治教育，規定凡十六歲以下的少年犯，以教育為主，送往懲治所進行懲治教育。

在新刑律纂擬和修改過程中，汪榮寶以法律修訂館和憲政編查館館員的身份，參與刑律的修改和審議，他與沈家本、董康、楊度等新律派堅持採用西方法律原則，力爭用西方的法律文明來改造中國的傳

五十一 政學社編：《大清法規大全·法律部》，卷十二，清政學社石印本。

統律例，使中國的刑法與世界接軌。在資政院的新舊刑律派大爭論中，他主持審查新刑律議案，與禮教派議員展開激烈辯論。針對這點，其後代回憶道：「宣統二年庚戌九月，詔開資政院，君以位望膺敕選議員，時爭議新舊刑律，久不決，君力持新刑律，便辭旨激切，眾莫能難，議遂定。」[五十二]以上評價雖有些過譽，但確實反映出汪榮寶在清末新刑律的修改和纂擬中發揮了推動者和維護者的作用。

第三節　司法制度的改革者

司法改革是清末法制近代化的內容之一。在清末憲政改革過程中，清政府對觸及中樞權力基礎的議會和責任內閣採取「緩設」之計，權且代之以作為輿論講壇的資政院和諮議局，而對在傳統權力結構中地位較輕的司法權則適當地放開。因此，晚清以司法獨立為核心內容的司法改革取得了一定的成效。以汪榮寶為首的海歸改革派則是推動司法獨立的主導力量。

一、力辯司法獨立

近代國人對司法獨立問題的重視始於維新派。嚴復最早提出系統的司法獨立思想，在他翻譯的《法意》中明確指出司法與行政權相混淆是清廷司法腐敗的根本原因，也是引發社會矛盾的主要因素，主張

五十二　汪孝熙等：《哀啟》。

嚴格劃分司法與行政，設立專門機構行使審判權，「法官裁判曲直時，非國中他權所得侵害」。隨後維新思想家康有為提出了設議院、開國會、定憲法的政治改革方案，在他上清帝第六書中詳述西方三權分立的政治原則：「近泰西政論，皆言三權，有議政之官，有行政之官，有司法之官，三權立，然後政體備。」[五十三]但這些僅是在理論層面的倡議。

作為實踐層面的司法獨立活動則始於清末丙午中央官制改革。一九〇六年九月，清政府宣佈仿行立憲，進行政治改革，首先進行中央官制改革，汪榮寶被任為官制起草員，參與編定官制，他聯合曹汝霖、章宗祥、陸宗輿等，堅持按照君主立憲制的政治原則釐訂官制，強調責任內閣和「孟德斯鳩三權分立」，認為二者是君主立憲政治的核心。[五十四]每日對於司法獨立問題撰寫說帖，附以條例，提出改革意見，努力促使清政府接受司法獨立理念。在清廷裁定的官制方案中，最終確定了司法獨立的具體辦法：刑部改法部，大理寺改大理院，「司法之權專屬法部，以大理院任審判，而法部監督之，均與行政官相對峙，而不為所節制。」[五十五]在翌年進行的地方官制改革中，清政府也確立司法獨立的方案：每省設高等審判廳，置審判官，受理上控案件，行政、司法各有專職。官制改革預示著行政和司法糾纏不清舊制的終結，開啟了近代中國沿著司法獨立模式構建全新司法體系的歷程。曹汝霖曾說：「此次修改官制，唯一收穫，

五十三　康有為：《上清帝第六書》，《戊戌變法》（第二冊），上海人民出版社 1961 年版，第 199 頁。

五十四　張一麐，《古紅梅閣筆記》，頁 45。

五十五　《裁定奕劻等覆擬中央各衙門官制諭》，《清末籌備立憲檔案史料》上冊，第 471-472 頁。

只是司法獨立。」五十六

實施司法獨立意味著習慣於集權官員們的權力將受到諸多限制，因而遭到地方官員的普遍抵制，一些督撫大員反對尤烈。湖廣總督張之洞就曾致電軍機處，表示對於「司法獨立」問題「不勝駭異」，指責「此乃出自東洋學生二三人之偏見，襲取日本成式，不問中國情形，故堅持司法獨立之議。」五十七各地方官提出了四種代表性反對意見：一、行政官不兼司法則無權辦事，二、立憲各國裁判制度於中國人民程度不合，三、添設司法衙員缺經費無著，四、新審判官人才不足。

面對各地督撫的反對聲勢，汪榮寶作為體制內改革派竭力支持司法獨立。他與陸宗輿一起，專門就「地方法司設專官」撰寫條辯，闡述司法分權觀點。在條辯中針對督撫們提出的諸如督撫司道無權干涉各屬審判則「民間難於上訴」、「州縣不親獄訟，疆臣不問刑名」、「愛民治民之實政皆無所施」等種種質疑一一加以辯駁，嚴厲指出：「憲綱首重三權，今立法機關未設，而又不欲改革司法制度，將安所謂立憲也？況行政司法之分權，中樞官制早已奉旨大定，則擬議地方官制豈容歧異！」五十八可以看出，

五十六 曹汝霖，《曹汝霖一生之回憶》，頁 45。

五十七 苑書義、孫華峰、李秉新編，張之洞撰：《致軍機處、釐定官制大臣、天津袁宮保》，《張之洞全集》，第十一冊，河北人民出版社 1998 年版，頁 9576-9577。

五十八 《汪榮寶、陸宗輿謹擬地方法司設專官條辯》，《山東官報》，1907 年第 38 期，轉引尚小明：《留日學生與清末新政》，江西教育出版社，第 124 頁。

汪榮寶已充分認識到了司法獨立是憲政的基礎，司法改革的成敗關係著憲政改革的結局，他竭力參與中央和地方構建新的司法體系的實踐活動，以期實現三權分立的理想政治。

二、修訂《法院編制法》

司法獨立需完善的法律制度予以保證，「司法之獨立，實賴法律之維持。息息貫通，捷於形影，對待之機，固不同偏廢。」[五十九]清廷在確定司法獨立原則後制定頒佈了《大理院審判編制法》、《各級審判廳試辦章程》、《法院編制法》等相關法規，其中最重要的是《法院編制法》，該項法律自一九〇七年至一九一〇年間多次易稿，修改良多。中國政法大學古籍部保存有《法院編制法最初之稿》的稿本，分十六章，加上附則共一百七十七條，該稿由法律修訂館館員及日本法學博士岡田朝太郎共同編纂，完成於一九〇七年九月。之後又對此稿進行修改，沈家本正式奏進《法院編制法》草案，共計十五章，加附則共計一百四十條。清廷隨後交付到憲政編查館審核和修訂，汪榮寶、陸宗輿、章宗祥三人負責了此律的修訂。

汪榮寶日記中記載了修訂情形。一九〇九年十二月二十七日，汪榮寶、章宗祥、陸宗輿在憲政編查館共商修訂辦法，議定先由章、陸二人修正，脫稿後由汪負責統一修改，並潤色文字。[六十]章、

五十九 《修訂法律大臣沈家本奏酌擬法院編制法繕單呈覽折》，《清末籌備立憲檔案史料》下冊，第843頁。

六十 《汪榮寶日記》第一冊，1909年12月27日，第340頁。

陸很快修改完畢，交付汪榮寶定稿，一九一〇年一月至二月間，汪榮寶一直忙於這項工作。如一月十二日，對編制法酌加修潤，十三日，修改多條。[六十一] 二月一日，詳加校閱法院編制法，覺得「應行刪改之處尚多」，隨即「細校改訂」。二日，續改編制法條文，三日，複閱編制法草案，「酌改審判衙門管轄事件及區域分化各暫行章程」，四日，又複閱司法區域分劃及審判廳管轄事件各暫行章程。[六十二] 五日，憲政編查館討論《法院編制法》，軍機大臣鹿傳霖對部分條目「頗有所疑」，汪榮寶為之「從容解釋」。[六十三]

汪、陸、章三人修改《法院編制法》草案的具體情形亦有史料可查。在中國第一歷史檔案館「憲政編查館全宗」第五十二號檔案中有一份《法院編制法》草案的修改手稿，這份草案的底稿撰寫工整，用紙考究，應為憲政編查館存檔清冊，在原稿之上，有三個人先後批註的痕跡：第一次在原稿上批改的是行草筆跡；第二次以紙條批改的是小楷筆跡；第三次在原稿上批改（偶爾附以字條說明理由）的是行草筆跡。對照影印本《汪榮寶日記》可知第三種筆跡為汪榮寶所寫。其中有一個小楷字條提到「第五條，本條後二句應照仲和改方與第四條文法一律」。據此可知，此前以行草筆跡在原稿上批改者必為章宗祥。這樣結合《汪榮寶日記》宣統元年十一月十五日的記載，如無意外，剩下的那種小楷筆跡當為陸宗輿所批。該手稿正是前述三人共同修改《法院編制法》草案的原始材料。

六十一 《汪榮寶日記》第一冊，1910年1月12日、13日，第356、357頁。

六十二 《汪榮寶日記》第一冊，1910年2月1-4日，第376-379頁。

六十三 《汪榮寶日記》第一冊，1910年2月5日，第380頁。

這份修改稿的底稿分十六章，共一百六十四條，修改後刪去一條，剩一百六十三條。從章節劃分和內容安排來看本稿與沈家本的奏進稿已有很大差別，而與憲政編查館的奏進稿則基本一致。汪榮寶等人的修改幾乎遍佈原稿的每一頁，但修改內容多屬於文字上的斟酌和潤色。比較重要的修改有：第一章標題的改動。即將第一章標題由「審判廳通則」改為「審判官署通則」。其理由是「廳」字無法將大理院包含在內。第四十六條的修改，本條原文為：「高等以下各級審判廳通行辦事章程由法部奏定頒行。」汪榮寶以字條表明自己的意見：「此項係奏訂各級審判廳辦事章程，若用會同大理院五字，似與一百五十七條所定司法行政監督權相觸背，仍似刪去此五字為宜。」另外一個字條上還有汪榮寶的一條修改意見，他寫到：「通則或相當章節內應酌增二條如右：各級推事除關於司法行政事務受法部及提法司或該審判長監督外，其所審判訴訟案件應依本法或其他項法律獨立行使職務。」[六十四] 該條建議用意顯然是想保證推事在審判活動中的獨立，使其免受其他官員的隨意干涉。

一九一〇年二月六日，汪榮寶將章宗祥負責撰擬的上奏摺稿修定，二月七日，憲政編查館奏呈《法院編制法》，同奏的附件還包括《法官考試任用章程》、《司法區域分別章程》、《初級及地方審判廳管轄事件各暫行章程》。憲政館上奏摺稿約有四千多字，其內容主要是《法院編制法》與其他法律之關係、法部與大理院的權限劃分、宗室覺羅的審判，奏摺花相當的篇幅著重論述司法獨立的保障問題，提

六十四《法院編制法》修改稿，中國第一歷史檔案館「憲政編查館全宗」，第 52 號檔案。引自吳澤勇：《清末修訂〈法院編制法〉考略——兼論轉型期的法典編纂》，《法商研究》，2006 年第 4 期，第 154-160 頁。

出如下辦法：（1）《法院編制法》中規定的司法各官權限，法部、大理院以及各級審判廳自應遵照辦理。（2）除了《法院編制法》規定的司法行政監督權外，其餘行政各官與司法各官不得互相侵越。（3）保證法官素質，選任法官務必嚴格遵守法官考試章程。非推事及檢察官者不經照章考試，不得奏補法官各缺；現有候補推事及檢察官，由該部堂官查驗合格後奏補現有員額。（4）朝廷飭下學部通行各省督撫擴建法政、法律各學堂。（5）為保證法官操守，請朝廷飭下法部迅速制定《法官懲戒暫行章程》。[六十五]清廷下旨頒佈實施。汪榮寶對於《法院編制法》的頒佈甚感欣慰，認為「司法獨立之基礎至是始為確定」，「立憲政體已得三之一矣！」[六十六]

欽定《法院編制法》共十六章一百六十四條。各章依次為：第一章「審判衙門通則」，第二章「初級審判廳」，第三章「地方審判廳」，第四章「高等審判廳」，第五章「大理院」，第六章「司法年度及分配事務」，第七章「法庭之開閉及秩序」，第八章「審判衙門之用語」，第九章「判斷之評議及議決」，第十章「檢察廳」，第十二章「推事及檢察官之任用」，第十三章「書記官及翻譯官」，第十四章「承發吏」，第十五章「法律上之輔助」，第十六章「司法行政之職務及監督」。[六十七]《法院編制法》吸收並總結了此前各次司法改革的成果，可謂清末正式頒佈實施的系統的各級審判機構組織法，也是晚清司法獨立進程中重要的法律。在審判機構上，編制法明確將審判衙門分為初級審判廳、地方審判廳、

六十五 奏摺原文參見奕劻編：《欽定法院編制法》，中國國家圖書館藏書 1909 年鉛印本。

六十六 《汪榮寶日記》第一冊，1910 年 2 月 7 日，第 382 頁。

六十七 參見北京政學社編：《大清法規大全》「法律部・司法權限」，第 4-15 頁。

高等審判廳和大理院四級，確定採用三審終審制、獨任制和合議制；在審判制度上，該法確認實行辯護、陪審、回避、公開審判及複判等西方審判制度。另外還規定了法官高薪、終身制度等。編制法否定了中國傳統的封建審判訴訟制度，體現了汪榮寶等纂擬人員司法改革的理想。

第四節　參與編纂其他法律法規

一、修訂《大清民事訴訟律》

中國歷來訴訟法與刑法不分，訴訟和斷獄依附於刑律，而無專門的程序法，這種體例已不適合清末變革的新形勢。主持修律的法律修訂大臣沈家本認識到各國法制「大致以刑法為體，以訴訟法為用；體不全，無以標立法之宗旨；用不備，無以收刑法之實功。二者相因，不容偏廢」，因此主張「變通訴訟之法」，改變「訴訟斷獄附見刑律」的舊律體系，儘快編纂訴訟法。[六十八]在他的主持下，法律修訂館於一九〇六年四月二十五日完成《刑事民事訴訟法》的初稿編訂，這是近代中國第一個訴訟法草案。然而，該法案在核議過程中受到各省督撫指責，稱其有違禮教，悖於國情，結果並未頒行。沈家本並沒有因此而放棄編纂訴訟律，他聘請日本法學家松岡正義，組織人員重新分別起草《刑事訴訟律》、《民事訴訟

[六十八] 朱壽朋：《光緒朝東華錄》，中華書局1958年版，第5503頁。

律》。汪榮寶於一九〇七年加盟法律修定館，從一九〇九年四月起擔任法律修訂館第二科總纂，直接負責民事訴訟律和民律的修訂和編纂。

《民事訴訟律》的編纂和修訂經歷了近四年之久，自一九〇七年起始至一九一一年一月才最終告竣，這是汪氏在法律館花費精力最多、用力最勤的法典。他參與該法典修訂大致可以分為三個階段：第一階段是從一九〇九年四月任第二科總纂至該年八月，此間日記對民訴律草案修改的具體情況所記較簡；第二階段是從一九一〇年二月十二日到三月二十四日，主要負責草案的第一至第一百二十條的第二輪修正；第三階段是從一九一〇年三月二十六日到同年九月二十五日，汪氏又重新對民訴律草案進行整體、細緻的覆改。[六十九]在一年多的時間內，他從未間斷這項繁重的任務。

根據日記和其他資料所載可概要勾畫汪氏參與民訴律草案修改的情況。一九〇九年五月十四日，他到法律修訂館，「修訂民事訴訟律草案七頁」，十八日，「修改民訴訟律草案正文九頁」。六月八日，「修改民訴律正文」，二十九日，「改訂民訴律草案」。[七十]修改進入第二階段後，因修訂極為繁瑣，從一九一〇年二月起，汪榮寶和提調董康商定實行分工，汪榮寶擔任第一條至二百二十一條的修訂。[七十一]三月四日，「修改民訴律草案十條」，八日「修改至二十九條」，十九日「修改民訴律草案至一百條」，

六十九　胡震：《親歷者眼中的法律修訂館——以〈汪榮寶日記〉為中心的考察》，《華中科技大學學報》（社科科學版），2010年第3期，第25-33頁。

七十　《汪榮寶日記》第一冊，1909年4月24日、5月14日、18日、6月八日、29日。

七十一　《汪榮寶日記》第二冊，1910年2月22日，第414頁。

二十二日「續訂民訴律案，至一百零九條」。至一九一〇年二月底，完成民事訴訟律的初次修訂。緊接著進入全面修訂的第三階段，在一九一〇年三月至九月間，汪榮寶又負責了此法典全部條文的覆核，茲摘數條如下：

宣統二年二月十六日
早起，冷水浴。到修訂法律館，復核民訴律草案自第一條至一百二十條。
二月十九日
早起，到修訂法律館，修改民訴律草案自二百〇一條至二百十二條。
二月二十一日
余往法律館，修改民訴律案迄二百二十條。
二月三十日
早起，騎馬到法律館，覆校民訴律案訴訟救助一章。
三月初七日
修改民事訴訟律案至二百六十四條，又追改第一百六十八條至二百條。
四月初六日
九時頃到法律館，修改民訴律案至三百四十五條。
四月十三日
赴法律館，修改民訴律案迄三百七十條。

四月十六日
一時許到修訂法律館，修改民訴律案迄三百八十條。
五月初十日
早起，到修訂法律館，修改民訴律案十餘條。
五月十二日
十一時頃，到修訂法律館，修改民訴律案迄四百三十二條。
五月十五日
早起，表熱漸解，在家修改民訴律案迄四百五十條。
六月初九日
早起、冷水浴。以民訴律案尚多不慊之處，覆加修改，自第一條至第五十二條，句斟字酌。
六月初十日
早起，冷水浴。到修訂法律館與子健、伯初討論民訴律改正稿本。
六月十五日
早起，冷水浴。到修訂法律館，覆改民訴案第二編，閱工藤氏帝國議會史。
七月初九日
早起，冷水浴。到修訂法律館，修改民訴律案迄五百十八條。
七月十四日
早起，冷水浴。到修訂法律館，修改民訴律案迄五百二十五條。

七月二十一日

早起，冷水浴。到修訂法律館，修改民訴律案迄五百三十八條。

七月二十三日

早起，冷水浴。到修訂法律館，修改民訴律迄五百五十條。

八月二十日

自七月廿三日以後久未從事民訴律案。昨子健以書來促，本日接續修改。午前自第五百五十一條修至第五百七十條，午後休憩片時續修至第五百八十五條。

八月二十一日

早起，冷水浴。修改民訴律案，自第五百八十六條至第六百〇二條……以修改民訴律稿函送子健，屬付書記寫印。

八月二十二日

修改民訴律案至六百〇五條。七十二

從上述資料中可見汪榮寶曾對民事訴訟律進行過整體的修正，在幾個月的時間內他一般上午均在法律修訂館修改該律。為按時完成修改工作，他往往伏案竟日，甚至連生病期間亦在家堅持修訂，後來因用眼過度視力下降，以至於右眼患了目疾。編定訴訟律在中國為首創之舉，所有名詞字句多半創制。且

七十二 《汪榮寶日記》第二冊，1910年4月、5月、6月、7月、8月。

民事訴訟律原稿多沿襲日本法律習慣，存有不少問題，突出一點是「所用術語多承襲東人名詞」。汪榮寶的修改並非機械的翻譯和簡單的「拿來主義」，而是結合本國傳統和西方法學進行了一定程度上的「創造性轉化」。最要者當為汪氏對法律名詞的再造，他字斟句酌地校訂整個草案朱墨。為求得確鑿詞語，他查閱了大量法學書籍，頗費心思。如他曾查閱過日本法律家渡部萬藏編著的《法律大辭典》、上野貞正著的《法律詞典》及相關的英文辭典等，同時還參考中國古代典籍《周禮》、《論語》、《經籍纂詁》等書，反覆斟酌，仔細推敲。[七十三]他還向日本法學專家岡田朝太郎請教用詞問題，二人「酌定數十語」，如將「票據」改為「券書」，「辯論」改為「辯理」，「相手方」改為「彼一家」，「檢證」改為「檢勘」。[七十四]誠然，這些改動未必準確，但可以從中看到汪榮寶為修訂法律所付出的心血以及所持嚴謹審慎態度。

修改後的《大清民事訴訟律》由修訂法律大臣沈家本一九一〇年十二月七日正式奏呈。奏摺首先詳論民事訴訟律的重要性：「東西各國，法制雖殊，然於人民私權秩序維持至周，既有民律以立其基，更有民事訴訟律以達其用。是以專斷之弊絕，而明允之效彰。中國民刑不分，由來已久。刑事訴訟雖無專書，然其規程尚互見於刑律。獨至民事訴訟，因無整齊劃一之規，易為百弊叢生之府。若不速定專律，曲防事制，政平訟理未必可期，司法前途不無阻礙。」[七十五]其次就法典的內容作了概要性的介紹。《大

七十三 《汪榮寶日記》第二冊，1910年4月29日，第482頁。

七十四 《汪榮寶日記》，1910年6月28日、7月15日，第544、562頁。

七十五 《修訂法律大臣奏進籌備事宜折》，第一歷史檔案館，憲政編查館全宗，第9號檔案。

清民事訴訟律》共四編二十二章八百條，系統規定了民事訴訟的各項制度，是一部相當完整的近代民事訴訟法典。各編章依次為：第一編審判衙門，共五章，第一章事物管轄，第二章土地管轄，第三章指定管轄，第四章合意管轄，第五章審判衙門之回避、拒卻及引避。第二編當事人，共七章，第一章能力，第二章多數當事人，第三章訴訟代理人，第四章訴訟輔佐人，第五章訴訟費用，第六章訴訟擔保，第七章訴訟救助。第三編通常訴訟程序，共五章，第一章總則，第二章地方審判之第一審訴訟程序，第三章初級審判廳之訴訟程序，第四章上訴程序，第五章再審程序。第四編特別訴訟程序，共五章，第一章督促程序，第二章證書程序，第三章保全程序，第四章公示催告程序，第五章人事訴訟。觀其結構和內容，可謂是較為完整之近代法典，也稱得上是皇皇巨製。

遺憾的是，直到清廷滅亡，《大清民事訴訟律》仍是一部法律草案，沒有頒佈實施，不過這部草案在中國訴訟制度史上卻有劃時代的意義。民事訴訟律將歐洲的大陸法系民事訴訟制度完整引介到了中國，為近代民事訴訟法學提供一個基本文獻，也開創了中國歷史上民事訴訟制度的法典化時代。法律引進了近代民事訴訟通用的「當事人本主義」、「法院不干涉」及辯論等原則，體現出重視私權的精神。這項法典的編纂修訂否定了先前民刑混同、家族處斷的訴訟審判舊制，開創了近代民事立法的先例，初步構建了我國近代民事訴訟法體系。[七十六]無可置疑，《大清民事訴訟律》是集體智慧的結晶，正如在沈家本等在所上的奏摺中指出的：編纂各員博訪周資，考列國之成規，採最新之學理才最終完成編纂，「所

[七十六] 吳澤勇：《〈大清民事訴訟律〉修訂考析》，《現代法學》，2007 年第 4 期，第 186-193 頁。

有名詞字句，半多創制。改易再三，始克告竣。」[七十七]此番言語道出了編纂該法典的艱難情形，也反映出包括汪榮寶在內的編纂人員革新和完善中國法律的首創精神。

二、參編其他法律法規

作為清末留日學生歸國從政的代表人物，汪榮寶可謂是中國近代第一批法律文書的制訂者。根據《汪榮寶日記》記載，在一九〇九年至一九一一年間，他參與編纂或修訂的法律、法規和草案計有二十二部之多，分別為：《國籍條例》、《資政院章程》、《大清民事訴訟律》、《禁煙條例》、《資政院議員選舉章程》、《諮議局互選資政院議員章程》、《速記學堂章程》、《資政院議事細則》、《大清現行刑律》、《報律》、《大清新刑律》、《府廳州縣自治章程》、陝西省《違警律》草案、《府廳州縣自治章程》、《議事會選舉章程》、《法院編制法》、《審判衙門管轄事件及區域分劃各暫行章程》、《宗室訴訟暫行章程》、《內閣官制草案》、《地方學務章程修正案》、《大清憲法草案》、《大清民律草案》。

除去在上文中敘述的，他參與的一些重要的法律法規主要有《禁煙條例》草案、《大清民律》草案。《禁煙條例》草案由汪榮寶撰擬於一九〇九年夏，因他在民政部任職故主持擬定，他將所擬的《禁煙條例》呈交民政部尚書肅王善耆閱定上奏。條例共十四條，規定採用罰金、拘留、停止選舉權、有期徒刑等新刑罰。後經憲政編查館核覆具奏後修改為十二條，分別規定了製造者、販賣者、吸食者的

[七十七] 張國華、李貴連：《沈家本年譜初編》，北京大學出版社 1989 年版，第 257 頁。

法律責任，並特別規定了對失察官吏的處分。汪榮寶還參與了清末重要法典《大清民律》的修改，一九一一年他在法律修訂館與其他同仁會議《大清民律》草案，因民律草案主要由該館第一科負責，汪氏為第二科總纂，其參與會議並提出建議，但未專預其事，也是因後來忙於憲法草案的纂擬，故較少參與民律草案的修纂。[七十八]

綜上所述，汪榮寶可謂清末法制變革中的一員勇將，積極參與主持了大清新刑律、民事訴訟律等多種法律的修訂和編纂。在修訂法律過程中，他遵循「融會中西，貫通古今」的修律原則，將西方的法律原理運用到中國的法律實踐中，同時又把西方移植來的法律本土化，儘量使之與國情相調適，並拮取中國傳統法文化的精萃，力圖創造出完善的、適用的法律。筆者還想在此強調：像汪榮寶等進入政府體制內的、學習法政專業的海歸改革派，是清末法律改革的主導力量，這批法政人才包括曹汝霖、章宗祥、陸宗輿、楊度、董康、李景鉌、章宗元、胡礽泰、金邦平、江庸等，正是他們在具體層面上孜孜不倦地從事著法律革新，努力改造著舊有法律制度，創建新的法律體系，在實踐層面推動了法律的轉型，開啟了中國法律近代化的艱難歷程。

七十八 胡震：《親歷者眼中的法律修訂館——以〈汪榮寶日記〉為中心的考察》，《華中科技大學學報》（社科科學版）2010年第3期，第25-33頁。

第六章　主持編纂清末憲法

編纂憲法是清末預備立憲的核心，據《逐年籌備事宜清單》規定，在預備立憲的第九年頒佈憲法，憲政編查館作為憲政的樞紐機構，擔負有調查各國憲法、編訂憲法草案的職責。汪榮寶是該館的重要成員，常利用各種機會提倡和推動憲法事宜，並積極準備有關憲法資料。他憑藉紮實的法律基礎和穩健的憲政思想，一九〇八年參與草擬《欽定憲法大綱》，一九一一年被任為協纂憲法大臣，與李家駒共同纂擬中國近代第一部完整的成文憲法——《大清憲法草案》。章太炎曾評價說清末憲法汪氏「屬草為多」。汪榮寶可謂近代憲法實踐的最早開創者，其篳路藍縷之功應被後人銘記。

第一節　首次參與憲法編纂

一、參編《欽定憲法大綱》

近代以降，隨著西方法學知識的傳播，早期改良派和維新派均萌發了一定程度的憲法觀念和思想。近代思想家王韜曾在一八七〇年所著的《法國志略》中提到法國於一七九一年「立議定憲法布行國中」

之語。鄭觀應在《盛世危言後編．自序》中說「憲法乃國家之基礎」，「憲法不行專制嚴」，「憲法不行政難變」，表達了憲法作為國家根本法的思想。維新派領袖康有為也在《上清帝第五書》、《上清帝第六書》中，提出仿效日本明治維新之舉制定憲法，即「開制度局而定憲法」。[一]梁啟超也積極鼓吹制憲，把憲法的制定作為「維新開宗明義第一事」，並在一九〇〇年撰《立憲法議》，進一步論證擬定憲法之必要。[二]然而，晚清憲法的真正實踐卻是在一九〇八年，當年清廷頒佈了《欽定憲法大綱》，初步確定了三權分立的君主立憲政體，至一九一一年清廷方正式開始編纂憲法草案。汪榮寶憑藉紮實的法律基礎和穩健的憲政思想，被清政府任命為憲法草擬人員，主持纂擬了清末憲法，是中國近代憲法史制定中的核心成員。

汪榮寶與清末憲法的首次接觸即參與草擬《憲法大綱》。一九〇八年七月二十二日，清廷諭令奕劻、載澤、溥倫等編定憲法大綱，以定將來編纂正式憲法準則，奕劻等反覆商榷確定「鞏固君權」為原則，隨後督飭憲政編查館中諳習法政各員「擬就各節」[三]。汪榮寶以其優秀的法律才學被選參加擬定，另外該館風頭甚盛的楊度、曹汝霖、陸宗輿、章宗祥等也參與其中。這些法政菁英在擬定過程中，反覆商榷，「再三考核，悉心釐定」，經過一個月左右的時間方最後定稿。據時人回憶，憲法大綱中各條款以「汪

一　康有為：《上清帝第五書》、《上清帝第六書》，《康有為政論集》，第 200 頁、第 213 頁。

二　梁啟超：《立憲法議》，《飲冰室合集》，《文集之五》，上海古籍出版社 1992 年版，第 2 頁。

三　《憲政編查館資政院會奏憲法大綱暨議院法選舉法要領及逐年籌備事宜折》，《清末籌備立憲檔案史料》上冊，第 55 頁。

榮寶、楊度所擬居多」。[四]

一九〇八年八月二十七日，清政府頒佈《欽定憲法大綱》。大綱共二十三條，分正文「君上大權」與附錄「臣民權利義務」兩部分。正文共十四條，規定了皇帝在立法、行政、司法、軍事等諸方面的權力；附錄九條，粗略規定了臣民的權利義務，其中包括：臣民有合於法律命令資格者得為文武官吏及議員；在法律範圍內有言論、著作、出版、集會、結社自由；非依法律規定不得加以逮捕、監禁、處罰；臣民應受法律所定審判衙門審判；財產及住宅無故不加侵擾；有納稅和當兵義務等。[五]《欽定憲法大綱》雖不是正式憲法，離憲政的要求有相當的差距，但它卻是中國歷史上第一份憲法性文件。

二、憲法大綱之意義

《欽定憲法大綱》的頒佈實施標誌著中國憲政邁出了艱難的一步，具有重大進步意義。首先，明確限制君主的權力。大綱確定了憲法的至高地位，「夫憲法者，國家之根本法也，為君民所共守，自天子以至於庶人，皆當率循，不容逾越」，即君主也須遵守憲法，受憲法約束。大綱還規定君主在行使權力時，受議院、政府、法院的制約，儘管這種限制是非常有限的，但這與專制時代的君主權力至上已有本質不同，在中國歷史上首次以法律制度形式限制君權。其次，確定君主立憲政體的合理性。大綱提出了

四 胡思敬：《國聞備乘》，民國史料筆記叢刊，上海書店出版社 1997 年版，第 55 頁。

五 《憲政編查館資政院會走憲法大綱暨議院法選舉法要領及逐年籌備事宜折》，《清末籌備立憲檔案史料》，上冊，第 54-61 頁。

立法、行政、司法三權分立的政治模式，三權分立正是君主立憲政體的基本原則，即在法律上第一次確定了君主立憲政體。最後，承認臣民權利。「附錄」中規定臣民在當兵、納稅、服從法律義務的同時，也享有言論、出版、集會、結社等權利，儘管權利範圍很有限，而且被放到次要地位，但畢竟首次以憲法形式賦予並保護人民的自由權利。

無可置疑，《欽定憲法大綱》存在諸多缺陷。如大綱以日本憲法為藍本，在二十四條中竟有十三條是規定皇權的，所定君上大權遠比日本天皇大；而「附錄」中關於臣民權利各條，均以「在法律範圍內」作為限制語。總體來說，大綱以維護君權為重心，表現出較大的保守性，因而受到社會各界的尖銳譴責。《盛京時報》發表社論說，全國民眾無不希望「編成中國完全憲法，而為實行立憲之預備，及大綱公佈，卻再三強調君權」，失望之情溢於言表。[六]憲政編查館中參與編訂的海歸派也成為被指責對象，有人質問：「該館人才，號稱濟濟，凡東西洋留學生平日熱心憲政而又廷試及第者，莫不投身其內，多數人中又率皆為法政出身人員，秀傑之士當亦不乏其選，平日逢人立憲之口頭禪，果安在耶？」[七]事實上，憲政編查館編定各員多是贊同立憲的，如楊度為提倡君主立憲的急先鋒，汪榮寶則竭力想仿效日本建立起君主立憲政體，只不過他們處於王大臣控制之下，只得以「鞏固君權」為首要原則，在此前提下，參與編訂各員即使有心制定一部完全憲法也不可能。

六　《論楊度以黨魁入政府》，《盛京時報》，1908年4月30日。

七　孫樓：《憲法大綱芻議》，《辛亥革命前十年時論選集》第3卷，三聯書店1977年版，第690-691頁。

對汪榮寶而言，此次參與編訂《憲法大綱》是一次極有意義的嘗試，他藉此機會把留學期間所學的法律知識運用到憲法實踐中，展示了他所擁有的傑出法學才華，同時讓主持憲政改革的樞要們關注到他，為日後參與纂擬憲法提供了機遇，也打下了基礎。

第二節 籌備編纂正式憲法

一、提出憲法編擬方案

學術界對清末編纂憲法的研討，主要圍繞《欽定憲法大綱》和《重大憲法信條十九信條》進行。至於出版的各種法制史、憲法學的教材與論著，雖多闢有中國近代修憲史的章節，但凡論及清末的立法活動亦均只列舉前列兩種而已，未涉及是否還有憲法草案之類的憲法性文件存在。《歷史研究》一九八九年第一期刊載了王曉秋先生的《清末政壇變化的寫照——宣統年間〈汪榮寶日記〉剖析》一文，作者通過對北京大學圖書館館藏本《汪榮寶日記》的整理與研究，指出「在宣統年間，可稱為中國第一部憲法草案的《欽定憲法》的條文已經全部起草完畢，只是來不及最後欽定頒佈清王朝就覆滅了」，「憲法草稿的實際執筆人是汪榮寶與李家駒兩人」，且這部憲法是清廷即將正式頒佈的欽定憲法。[八]這一結論不久便得到憲法學者的回應，如張國福著《民國憲法史》指出「李汪憲草就是中國歷史上擬定

[八] 王曉秋：《清末政壇變化的寫照——宣統年間〈汪榮寶日記〉剖析》，《歷史研究》1989年第1期，第73-84頁。

的第一部憲法草案。」[九]俞明俠著《中華民國法制史》認為「李汪憲草」是「中國近代史上第一部全文憲法草案。」[十]

但也有不同觀點，刊載在《歷史研究》一九九九年第六期俞江先生的《兩種清末憲法草案稿本的發現及初步研究》論文，通過對在第一歷史檔案館中查尋到的兩個憲法文本研究和探討，俞先生稱兩個文本分別為「甲殘本」和「乙全本」，作者經考證認為「甲殘本」極有可能是北鬼三郎擬訂的大清憲法案中之部分內容，而「乙全本」的編撰機構和時間暫未確定。文中向學界披露清廷已編纂過憲法，只是在秘密情況下進行的且並未頒佈，對「李汪憲草」是「中國第一部全文憲法草案」提出質疑。[十一]俞江先生的論斷引起學術爭鳴，尚小明先生在《歷史研究》二〇〇七年第二期發表題為《「兩種清末憲法草案稿本」質疑》的文章，詳細考證了俞文中的「甲殘本」實則是日本人北鬼三郎所撰的作為參考之用的大清憲法案，而非憲法草案，憲法「乙全本」則可能為民間立憲派團體或人士所纂擬，而不是清廷秘密立憲的所擬的憲草。[十二]儘管這些文章有所爭議，但一致的觀點是汪榮寶、李家駒曾在清末編纂出一部完整的憲法。由此可見，汪榮寶是清末憲法編纂的核心成員，事實上，汪氏在從事各項新政改革的同時一直密切關注著清廷憲法的制訂，並為憲法籌備做了諸多工作。

九 張國福：《民國憲法史》，華文出版社 1991 年版，前言。

十 俞明俠：《中華民國法制史》，中國礦業大學出版社 1993 年版，第 38 頁。

十一 俞江：《兩種清末憲法草案稿本的發現及初步研究》，《歷史研究》1999 年第 6 期，第 89-102 頁。

十二 尚小明：《「兩種清末憲法草案稿本」質疑》，《歷史研究》2007 年第 2 期，第 164-169 頁。

汪榮寶較早提出了編纂憲法的詳細方案。編纂憲法為預備立憲的核心內容，根據《逐年籌備事宜清單》在預備立憲的第九年「宣佈憲法」的規定，憲政編查館作為憲政的樞紐機構負有「調查各國憲法，編定憲法草案」的職責。[十三]汪榮寶作為該館成員，把握各種機會，提倡和推動憲法事宜。在一九一〇年六月的第二次國會請願運動中，汪榮寶為支持速開國會曾為肅王善耆撰擬說帖，提出了實行欽定憲法、設立憲法講筵、皇帝親臨講習的主張，後因請願運動失敗憲法事宜杳無音訊。然而，肅王善耆敏銳地意識到局勢的變化，他囑汪榮寶先事研究憲法講筵事，將意見撰擬成奏稿預備呈奏攝政王。六月二十八日，汪榮寶花費整整一天時間起草了憲法摺稿，日記載道：

> 飯後回寓，為肅邸草敬陳管見摺，約二千餘言，大旨如下：（一）國會與憲法成立先後視國體而異，（二）中國國會之成立當在憲法制定以後，（三）憲法必須欽定，（四）憲法必須真正欽定，（五）欽定憲法必要之預備及預備之時機，（六）日本制定憲法之歷史，（甲）天皇之英斷，（乙）伊藤博文自述之語，（七）請設憲法講筵。至晚飯後始行脫稿。[十四]

以上是汪榮寶提出的編纂憲法正式方案，從上述內容看，他力主憲法制定和頒佈須在國會召開之前，也就是議會沒有憲法協贊權，必須由君主欽定。另外，他著重介紹日本制憲的歷史，可見他所推崇

十三 《奕劻等擬呈憲政編查館辦事章程折》，《清末籌備立憲檔案史料》上冊，第 49 頁。

十四 《汪榮寶日記》第二冊，1910 年 6 月 28 日，第 544 頁。

的憲法是以日本憲法為模版的。第二天他將摺稿帶給肅王閱看，善耆「極表同意」，汪榮寶當即勸說肅王聯手載澤等諸王公請訂憲法事宜，肅王答應先商於月華貝勒毓朗。[十五]七月二日，汪榮寶又攜奏稿拜謁軍機大臣毓朗，請其閱看，毓朗提議改奏摺為說帖，並刪去請設講筵部分內容，汪榮寶即就座中修改。[十六]遺憾的是汪榮寶後來的日記中未再提及此事，故無法得知肅王是否呈奏稿於攝政王。

二、準備憲法有關資料

汪榮寶還經常研讀憲法書籍，為纂擬憲法備好法律基礎。據其日記載，在清廷正式制憲前，他就精心研究過日本憲法條文及伊藤博文制憲歷史，認真閱讀過日本憲法學家穗積八束的《日本憲法說明書》、上衫慎吉的《大日本帝國憲法》、著名法學家清水澄的《國法學》和《行政學》，他還閱讀相關書籍如工藤氏的《帝國議會史》等著作。此外在一九〇九年至一九一〇年間他專心研讀過日本北鬼三郎編訂的《大清憲法案》。一九〇九年七月十五日的日記記載：「飯後三時到憲政館，達侍郎見示北鬼學士三郎所著《大清憲法案》，流覽一通，覺其精實，請得借歸細讀之。六時頃回寓。閱北鬼氏憲法案。」[十七]一九一〇年七月二日，汪榮寶寫道：「飯後，壽氏先散，貝勒復見他客。客去，乃與余論條陳欽定憲法事宜，貝勒意改奏摺為說帖，又刪去請設講筵一節，即就坐上改正，經貝勒閱定，囑

十五 《汪榮寶日記》第二冊，1910年6月29日，第545頁。
十六 《汪榮寶日記》第二冊，1910年7月2日，第548頁。
十七 《汪榮寶日記》第一冊，1909年7月15日，第175頁。

攜歸付繕。歸後，閱北鬼氏大清憲法案……六時半散歸，閱北鬼氏大清憲法案。」[十八]北鬼三郎所著的《大清憲法案》經學者尚小明考證是一九〇九年出版的一本書，在北京大學善本室保存有名為《大清憲法案理由書》的日文抄本，作者即北鬼三郎，全書共六冊一函，其中第一冊為例言、總目錄和《大清憲法案》正文，其餘五冊為「理由書」。從內容和篇幅看，該書實際上是一種在清廷正式任命纂擬憲法大臣前已在日本公開發行的、由北鬼三郎所著討論大清制憲問題的著作。[十九]通過對這些書籍的鑽研，汪榮寶系統地掌握了日本憲法及相應的憲法學原理，這在某種程度上也表明，他在清末一直從事著憲法的準備或纂擬工作。

實質上，在清朝正式編訂憲法之前就已經有完整的憲法草案。在中國第一歷史檔案館資政院檔案內第三號保存有一部完整的憲草，共九章八十一條九十三項。各章目依次為：第一章帝國領土（第一至二條），第二章皇帝大權（第三至十四條），第三章臣民權利義務（第十五至三十四條），第四章帝國議會（第三十五至五十五條），第五章立法權（第五十六至五十八條），第六章大臣（第五十九至六十一條），第七章司法權（第六十二至六十五條），第八章財政（第六十六至七十七條），第九章通例（第七十八至八十一條）。筆者在閱讀時注意到每條正文後還附「法理」，作為對該條正文的解釋，內容包括正文意思的解釋、所參考的別國憲法條文或各種憲法學以及一些法學名詞的詳細闡釋等。纂擬者在總

十八 《汪榮寶日記》第二冊，1910年7月2日，第548頁。

十九 尚小明：《「兩種清末憲法草案稿本」質疑》，《歷史研究》2007年第2期，第164-169頁；《汪榮寶日記》第二冊，1910年7月2日。

結各國憲法精神和特點的基礎上確立了纂擬原則，其總論寫道：「我中國制定憲法，其形式宜法日本，其精神宜法歐洲，蓋二美並從也。」這基本概括了該草案的特徵，即形式上模仿日本憲法為主，內容多參考普魯士憲法，並借鑒英、法等國的憲法理論。[二十]尚小明考證為此憲草是民間團體或個人草擬供清廷參考的，因汪榮寶日記中並未提及到該憲法，我們不能確認他是否見到過這個憲法文本。但該草案的出現表明清末正式憲法的纂擬已是形勢所逼，加之國會請願運動的高漲，至一九一一年三月清廷終於下決心要擬定一部完整的憲法。

第三節　主纂《大清憲法草案》

筆者注意到，學界所提到的由李家駒與汪榮寶所纂擬的憲法名稱多是依據纂擬人員名字而稱之為「李汪憲草」，筆者認為此種稱法不甚確切。實際上，李、汪纂擬的這部憲草，就是按照君主立憲政體所定的制憲程序、先由李、汪纂擬完畢、後由攝政王及各樞府大臣改定、最後由清廷頒佈的「萬世不易之法」——《欽定大清憲法》。因其事實上並未頒佈，故筆者認為稱李家駒和汪榮寶所擬憲法為《大清憲法草案》較為適合，本文即以此稱之。《大清憲法草案》在中國近代憲法史上佔有重要地位，然迄今

二十　資政院檔案，中國第一歷史檔案館，全宗號 520，案卷號 3；俞江：《兩種清末憲法草案稿本的發現及初步研究》，《歷史研究》1999 年第 6 期，第 89-102 頁。

為止學術界並未發現此憲法草案，筆者也曾在檔案館、圖書館仔細查找，可倍感遺憾的是仍未發現與此憲法相吻合的資料。當前學術界也並未對該憲法進行過專門的研究，而首次披露此憲法的王曉秋先生也僅把纂擬憲法作為其文章的部分內容。有鑒於此，筆者依據相關史料，以汪榮寶制憲為主線，儘量多方位闡述該憲法制定的概貌，並對憲法做概要性的評論。

一、纂擬人員的甄擇

一九一〇年十一月五日，清廷頒佈上諭，任命資政院總裁溥倫、度支部尚書載澤為纂擬憲法大臣，主持纂擬憲法，令其「悉心討論，詳慎擬定，隨時逐條呈候欽定」。[二十一] 同時上諭中授權「如應添辦協同纂擬之員，並著隨時奏聞，候補簡派。」顯而易見，編纂憲法的第一要事即選擇最適宜的纂擬人員。「憲法乃國家不刊之大典，一經制定，不得輕易變更」，此又是第一次制憲，對憲法頗懷疑慮的清政府，擔心頒定憲法會侵奪君主大權，因而對纂擬人員極為重視，甚至可以說十分挑剔。溥倫、載澤也指出：「憲法為挈矩法律之淵源，隻字片言，關係大局，非精研法理，參以國情不能輕事」，若「見聞過隘，

二十一《派溥倫、載澤為纂擬憲法大臣諭》，《清末籌備立憲檔案史料》上冊，第79頁。清廷命溥倫、載澤任纂擬憲法大臣也是基於多方考慮的。《時報》曾刊文指出原因有四：「二邸皆為親貴，一也；此次速開之局（第三次國會請願運動），倡以二邸奏封特多，二也；澤公素為監國禮重，而倫邸最近頗有領袖資政院群彥之資格，三也；蓋欽定憲法之奏，倡於竇芬樞臣，亦以為重要，故先行擬定，監國亦以此為重要，故慎重厚發論者，四也。」可見，攝政王載灃在任命時也是經過一番思忖和掂量的。（《纂擬憲法之消息》，《時報》，1910年11月17日。）

既恐貽杜撰之譏；學術稍偏，又徒持難行之論」，均不能擔當重任。必須「慎舉賢能，集思廣益」，嚴格挑選纂擬人員。[二十二]

當時朝中手握實權的樞要均薦舉了「候選人」。慶親王奕劻保薦三人：寶熙、李家駒、楊度；毓朗保薦二人：金邦平、汪榮寶；肅王善耆保舉二人：汪榮寶、章宗祥；那桐薦舉一人：曹汝霖；徐世昌保二人：章宗祥、陸宗輿。[二十三]其他大臣還保舉有于式枚、達壽、陳邦瑞，[二十四]以上所列共十一人均在候選之列，足見清廷在選擇協纂人員時，是再三斟酌和審慎行事的。經過多方考慮，一九一一年三月二十日，清廷最終任命學部侍郎李家駒、民政部左參議汪榮寶、度支部侍郎陳邦瑞[二十五]為協同纂擬憲法大臣，支持撰擬憲法條文。事實上在撰擬憲法過程中陳邦瑞只負責文字繕寫工作，憲法條文由汪榮寶和李家駒執筆草擬，即汪、李為主撰。那麼是哪些因素促使二人脫穎而出最終「入選」的呢？筆者分析有以下幾個原因：

第一，學識出眾，令人折服。李家駒，清末著名的政治人物，漢軍正黃旗人，字柳溪，號昂若，光緒二十年進士，授翰林院編修，歷任湖北學政、京師大學堂監督、學部侍郎等職，頗負才學。汪榮寶出

二十二《奏保協纂憲法人員原折》，《申報》，1911年3月1日。

二十三《有協纂憲法之希望者》，《時報》，1910年11月19日。

二十四《奏派協纂憲法人員之真相》，《申報》，1911年3月27日。

二十五 陳邦瑞：字瑤圃、輯侯，浙江慈溪人。1876年進士，歷任刑部郎中、戶部左侍郎、吏部左侍郎、度支部右侍郎。1911年，任協纂憲法大臣。

身讀書世家，父輩皆為飽學之士，從小深受家學薰陶，他「敏慧絕人」，後又在南菁書院求學於大儒黃以周，精研古文字、經學、音韻學，善著文，「每論文出，時流驚異」，是時人所稱頌的才俊之士。[二十六]

第二，秉持漸進改革觀。清廷推行的預備立憲凡事以日本為模仿對象，試圖建立重君權的立憲政體。李家駒和汪榮寶在政治上傾向於仿效日本，與清廷的立憲原則基本一致。另外，與楊度和其他主持改革的留學生相比，李、汪力主逐步推行改革，屬穩健改革派，這一點最為清政府所看重。汪榮寶一貫持漸進改革觀，李家駒更是處事謹慎，事事為政府考慮，尤其在資政院中為政府辯護，不惜與民選議員為敵，贏得清廷的信賴，清政府相信此二人主纂憲法必定不會有過激之主張。

第三，襄辦新政，成績斐然。溥倫、載澤在《奏保協纂憲法人員》摺中稱三人「志趣純正，學識淹通，歷經襄辦要政，頗著成績」，堪任協纂憲法大臣的要職。[二十七]汪榮寶自留學歸國後，在中央政府民政部、憲政編查館、法律修訂館擔任要職，參與或主持多項新政事宜，他處事溫和，辦事持重，受到清政府的器重。李家駒於一九〇八年被授予出使日本大臣，隨後被任為考察日本憲政大臣，考察期間他接觸到伊藤博文、有賀長雄、清水澄等日本著名的政治人物和法律專家，對日本的憲法、司法、官制等憲政事宜頗為瞭解。歸國後任學部侍郎、憲政編查館提調等職，並在資政院中多次作為政府特派員出席會議，表現不凡。

二十六 朱德裳：《三十年聞見錄》，嶽麓書社 1985 年版，第 143 頁。
二十七 《奏保協纂憲法人員原折》，《申報》，1911 年 3 月 1 日。

第四，得力的薦舉人。清末官場中得力的保薦人是被重用的要素。汪榮寶得到了民政部尚書善耆和時任軍機大臣毓朗的共同保薦。善耆和毓朗均在官場中有較高的聲望和影響，而在一九一〇年的資政院會議中，汪榮寶所展示的傑出才華和穩健辦事風格，以及在國會請願運動中的靈活處事方法，贏得了憲法纂擬大臣溥倫和載澤的賞識。李家駒因得到慶親王奕劻的保薦而得以重用。李氏與奕劻交往頗多，為奕劻集團的重要成員，由於奕劻在清政府中無人可及的權位，李也因此官運亨通，他不僅被任協纂憲法大臣，隨後又被任為責任內閣法制院院使、資政院副總裁、總裁等要職。此次他受奕劻推薦，溥倫和載澤自然要考慮選用他。

這樣，由纂擬憲法大臣溥倫、載澤和協纂憲法大臣李家駒、汪榮寶、陳邦瑞共五人，組成了纂擬憲法的核心團隊，擔當起了纂擬憲法的重任。

二、憲法纂擬之過程

從一九一一年三月至一九一一年七月共四個月左右的時間，「五大臣」並未急著立即開始纂擬，而先進行了多種籌備工作，其中包括：一、選擇憲法纂擬場所。此事頗費一番周折，溥倫首先意在文華殿旁邊之側殿。[二十八]後因文華殿不甚合宜，又改在武英殿西廡的煥章殿。[二十九]二、調運參考書籍。纂擬憲

二十八 《纂擬憲法將著手矣》《申報》，1911年4月14日。
二十九 《纂擬憲法之留學生》，《申報》，1911年4月13日。

法需參考大量法學書籍，為便於查閱和參考，溥倫、載澤從法律修訂館、憲政編查館等處調來各國憲法書籍，並組織人員專門翻譯各國憲法條文。[三十] 三、籌設憲法顧問處。依據各國纂擬憲法的程序，溥倫、載澤還考慮設立憲法顧問處，調派精通各國憲法的留學生及京中碩學通儒充憲法顧問大臣以資備用，還有意把精通西方法律、又通英、法、德三國語言的王寵惠調遣回國以資臂助。[三十一] 四、分配工作。五大臣為纂擬便宜進行了分工：溥倫、載澤總司其事，陳邦瑞主文稿繕寫，李家駒和汪榮寶執筆纂擬，後又增派李紹烈、恩華二人擔任秘書，專門負責文字校對。

在籌備憲法事宜中汪榮寶尤勤懇用心，凡事謹慎。在被任命為協纂憲法大臣的當日，他感到這項任務十分艱巨，日記載：「自維淺薄，何敢當此重任，用逾其量，不勝懍懍！！」即向自己的頂頭上司民政部尚書肅親王善耆請教，善耆叮囑應「謹慎秘密」，他心領神會，特地在日記中「謹慎秘密」四字旁加了圈點。[三十二] 第二天即三月二十一日，他就與李家駒、陳邦瑞一同拜訪了溥倫，略談纂擬憲法預備事宜，三月二十八日他與溥倫、陳邦瑞等「商酌纂擬憲法開拔各事」。至五月十三日，他訪問李家駒商榷纂擬問題，六月七日他「從事憲法纂擬，檢閱群籍」。[三十三] 為能夠專心從事制憲，汪榮寶還特從憲政編查館辭去所擔任的各項職務。

三十 《纂擬憲法者之通天本領》，《申報》，1911年4月7日。

三十一 《纂擬憲法之留學生》，《申報》，1911年4月13日；《纂擬憲法處將設立顧問》，《申報》，1911年4月23日。

三十二 《汪榮寶日記》第三冊，1911年3月20日，第814頁。

三十三 《汪榮寶日記》第三冊，1911年3月21、28日、5月13日、6月7日、八日、10日、17日。

經過緊張有序地籌備，一九一一年七月三日，溥倫、載澤、李家駒、汪榮寶、陳邦瑞五人在煥章殿正式著手纂擬憲法。[三十四]七月六日，汪榮寶和李家駒攜帶十餘種憲法書籍，前往京郊明十三陵擬憲，止宿在峋峋岩山頂的玉廬觀。七月八日二人開始草擬憲法，現摘錄汪榮寶日記有關內容如下：

六月十三日

與柳公商榷纂擬義例。飯後睡兩小時，起草凡例六條，又擬定章目如左：（一）皇帝，（二）攝政，（三）領土，（四）臣民，（五）帝國議會，（六）政府，（七）法院，（八）法律，（九）會計，（十）附則。

六月十四日

早起。與柳公討論弼德院應列為憲法上之機關與否，參考所攜群籍，不得要領。旋草擬第一章至第八條，規定命令權，餘意採普魯士等國憲法主義，不取獨立命令，而略採俄羅斯憲法之意，加入委任命令一層，議久不決，遂擱筆。

六月十五日

旋與柳公討論獨立命令問題，卒定議採日本憲法主義，而條件加嚴。接續起草，盡第二章。六時頃與柳公登玉皇觀，聯句聯辭：「漢家陵闕已蒼茫，西上靈巖見夕陽。徑路千磐飛鳥

三十四 《汪榮寶日記》第三冊，1911年7月3日，第919頁。

絕（衰），山阿終古女蘿荒。可憐鐘漏沉沉歇（柳），誰念衣冠寂寂藏（衰）。但使君臣同一體，更無來者吊興亡（柳）。[三十五]

由以上內容可見，李、汪二人首先商榷纂擬憲法義例，並起草「凡例六條」，接著擬定憲法十章章目，並起草正式條文。在十三陵他們面對明陵史跡，吟詩抒懷，幻想用君主立憲政體的憲法挽救清王朝的衰亡命運。此為二人第一次避居山林纂擬憲法。七月十二日，汪榮寶和李家駒回京，次日即向憲法纂擬大臣溥倫和載澤彙報纂擬情形。李家駒報告纂擬凡例和章目，汪榮寶「陳說大意」，溥倫和載澤均「以為然，擬即呈遞監國，恭候訓示。」[三十六]此後，汪、李便潛心起草憲法各章條文及按語，每擬出一部分就請憲法大臣議論修改，進呈攝政王審批。

八月十八日，汪榮寶和李家駒第二次外出，到位於京城西南部的方山擬憲，止宿於山頂幽靜的兜率寺中，日記載：

閏六月二十五日

飯後，草第三章成，又刪改第十五條按語。睡兩小時，天雨，傍晚與柳公討論第二章及第三章，大略粗定。

三十五《汪榮寶日記》第三冊，1911 年 7 月 6-10 日，第 922-926 頁。

三十六《汪榮寶日記》第三冊，1911 年 7 月 13 日，第 929 頁。

閏六月二十六日

……草憲法第四章，五時頃與柳溪遊華岩洞。

閏六月二十七日

早起，草憲法第五章，易稿數回，伏案竟日。又與柳溪討論第四章，修改文字，增加一條。傍晚就寺旁散步。柳公以日本憲法第三十一條，余未經採入，頗有疑義。余因謂：此條殊不可解，與其於第四章內採用此條，不如以大權事項，非列舉所可決之。惟酌採伊藤及穗積諸人學說，明白規定，列入第一章之末，作為第二十條。柳公大以為然，因酌擬條文，彼此商定而罷。

閏六月二十八日

早起，寫定憲草第四章，與柳公討論第五章，閱有賀氏《大臣責任論》。天雨。

閏六月二十九日

早起，天陰，與柳公討論第五章，條文略有修改。飯後閱清水博士《憲法》。四時許，下山止接待菴。[三十七]

在短短的幾天內，李、汪連續起草了憲法第三章、第四章、第五章條文，並對第二章的條文及按語進行了修改。八月二十四日回京。在京期間，汪、李對所擬憲法條文反覆修訂，逐條添加按語，又擬定

三十七 《汪榮寶日記》，1911 年 8 月 18 日至 24 日，第 965-970 頁。

第六、第七章條文。

最為值得一提的是汪榮寶和李家駒遠赴泰山制憲。九月十四日至泰山之巔，至九月二十一日下山共計七天時間，二人居住在泰山之巔後石塢，悉心研讀各國憲法內容，認真草擬剩餘憲法條文。汪榮寶日記詳細地記載了這一過程：

七月二十二日

早五時半即起，……車抵驛，則大令已在此迎候。共至岱廟，略憩。飯罷登岱，大令同行，過紅廟、鬥姆宮及二天門等處，皆下輿小憩。旋經倒三盤、快活山、步雲橋、十八盤，捨輿行百餘步，入南天門，回望府城，小如綦局。……遂由天街上玉皇頂，為山之最高處。時已昏暮，落日為雲所遮，天氣寒甚，著厚呢猶不溫。仰視星漢，俯瞰雲霧，蒼茫寥廓，真有別一世界之感。早睡。

七月二十三日

……飯後與柳溪復核第五章條文，意見未能一致，將第三章（領土）修正，又草第八章（法律）成。

上清盧籟夜蕭騷，俯見奔雲卷怒濤。列岫森羅如島嶼，萬松浮動作魚鼇。人間風雨元無定，天上星辰只自高。曾向海中觀日出，置身雲海意尤豪。

七月二十四日

早起。天雨，濕雲蔽空，一物無睹。閱副島學士《憲法論》，參考關於預算各學說。日本憲法六十七條於議會預算協贊權限制頗嚴，初疑照此規定，則議會對於預算殆無自由修正之餘地，似於事實不符。及細加考訂，乃及知其所得既定歲出者，指上年預算所既定之額而言，非得大權所定。自伊藤義解以及有賀、副島、美濃部、市村光惠、上野貞正及北鬼諸氏著書，均是如此解釋，惟清水博士及都築學士馨六頗持異議者，以為照此解釋於大權有非常之影響。因檢穗積氏《憲法提要》閱之，於此獨不及一語，蓋博士亦未必如清水之極端主張也。

七月二十五日

草會計一章，於既定歲出一條採用伊藤諸人說明白規定，以免將來論爭。夜與柳公討論改正憲法程敘（應為序，筆者注），草附則三條。

七月二十六日

早起，天晴，與柳公商定政府及法院兩章，改國務審判院為彈劾懲戒院。又將法律一章修改數處。……

七月二十七日

夜半即起，徘徊庭中，仰視有雲，東邊尚漏天體。五時許，與柳公同登東峰頂，候良久，始見日出。六時許回，復睡至八時而起。修改法律章，參考各書，柳公對於會計一章頗有增損。傍晚以改正本見示，余因就其意略加修飾，彼此商定而罷。晚飯後又商酌附則，修改字句為兩條。

七月二十八日

早起，於附則複加修正，與柳公商榷定稿。全部凡八十六條一百十六項。[三十八]

在七天時間內，二人起草了憲法第八章法律、第九章會計及附則條文。並對前擬第一章、第三章進行修正，西曆一九一一年九月二十日（宣統三年七月二十八日）由汪榮寶和李家駒執筆的憲法草案全文完成，憲草共十章八十六條一百一十六項，至此，我國歷史上第一部憲法草案起草完畢。他們躊躇滿志，「仰視星漢，俯瞰雲霧」，在泰山之巔懷古論今，吟詩對答：「大地風雲今變幻，中原萬物幾調寒。此行不為林泉僻，磐石基安待勒銘。」[三十九]對通過纂擬憲法穩固清廷統治、實現君主立憲制抱有極大希望。汪榮寶和李家駒於一九一一年九月二十三日回到京城，隨即向溥倫報告草憲情形。

三十八《汪榮寶日記》第三冊，1911 年 9 月 12-21 日，第 990-997 頁。

三十九《汪榮寶日記》第三冊，1911 年 9 月 20 日，998 頁。汪榮寶和李家駒同登泰山纂擬憲法之事被記載在《泰安縣誌》中，其中記道：「宣統三年七月（所指為舊曆），民政部右参議、協纂憲法大臣、詩人汪榮寶與李家駒同登泰山，宿岱陰後石塢，草擬憲法，並有《由玉皇頂來此草憲》等詩。」轉引於慶明、鄭新道主編：《泰安五千年大事記》。汪榮寶撰寫了一組詩歌，如「嶽色河聲結想賒，瞻岩今始遂淒霞。原書聖德三千牘，來溯靈文七二家。直向九關驅虎豹，回看大陸起龍蛇。天風習習吹襟袖，乘興須浮碧漢槎。玉宇高寒客夢醒，七星歷歷在疏櫺。棲遲漸欲忘人境，呼吸初疑接帝庭。指掌與誰談赤縣，探懷容我問青冥。欲從陽穀窺朝采，愁絕煙霏十二亭。」詩中描繪了泰山綺麗雄偉的美景，抒發了對登岱草擬憲法的躊躇滿志之情。（汪榮寶：《思玄堂詩》，第 57 頁。）

值得注意的是，主纂者汪榮寶和李家駒曾兩次避居北京郊區的幽靜之處，並遠赴泰山高登東嶽之巔纂擬憲法，二人如此舉動的原因何在。筆者認為有以下原因：第一，為保密起見。在纂擬憲法過程中，清政府對憲法的內容是保密的，從當時輿論媒體報導的相關資訊看，社會各界雖然非常關注制憲的進程，但各種評論均未涉及到憲法內容。清政府不希望在頒佈欽定憲法之前就被人探知，更不願社會輿論評頭論足，以免影響纂擬主旨。第二，纂擬憲法確需安靜環境。憲法牽涉到深奧的法律原理，需纂擬者避開喧囂的塵世生活，潛心鑽研，方可擬出完備憲法。第三，模仿日本制憲過程。日本憲法在擬定過程中，負責主持草擬的伊藤博文曾避居於森林深處，最後制定出為國人所稱頌的憲法。而汪、李三次避居深山，在一定程度上受到日本制憲的影響。對此輿論媒體也進行了報導，《申報》曾刊有《憲法大臣回京議會》一文，文中提到李、汪兩協纂「避往西山深處籌商一切」，因「聞昔伊藤博文草定日本憲法時亦曾避於大森」，「殆師其意」，雖汪榮寶有未敢與伊藤博文「竊比」之語，[四十]而揣其語氣，即是模仿伊藤氏纂擬憲法之舉。

三、纂擬憲法程序及奏呈情形

據汪榮寶日記所載資料，我們可推知此次纂擬憲法的具體程序：汪、李二人先議定章目，共同分章起草正文；在起草過程中對所擬條文進行討論，斟酌字句，並在每一章正文結束後起草每一條按語；次

[四十]《憲法大臣回京會議》，《申報》，1911年7月17日。

由憲法大臣溥倫、載澤修訂，在憲法會議上集體討論決定稿本；再對議定的稿本進行裝訂和圈點，完畢後將稿本上奏攝政王；攝政王和各樞臣修改上呈的稿本，修改後發還；纂擬憲法大臣參酌修改意見最後定稿。這可與當時參與制憲的曹汝霖的回憶相印證，在《曹汝霖一生之回憶》書中有以下內容：

> 憲政編查館第一大事為起草憲法。公推李柳溪（李家駒）、汪袞父（汪榮寶）為起草，另推若干人為參議，余亦參與之一。柳溪與袞父都是新舊兼通之學者，他們兩人特在紅螺山賃一小寺，精心研究，參酌各國憲法，採用責任內閣制，總理欽派，閣員由總理遴請欽派，國會兩院制，人民應享有之權利，與各國憲法相同。另設樞密院，以位置舊人。草案成後，在天壇開憲法審查會，由資政院選出議員二十四人，政府派十二人，憲政編查館全體參與，只作旁聽，開會討論。由起草員逐條宣讀解釋，又有議員等質問修改，通過兩月餘，按照三讀會，始行成立，名為《大清天壇憲法草案》。因適應時代，君權稍重，雖未實行，亦為有清一代之重要掌故。[四十一]

細讀曹汝霖對清末制憲的回憶，頗覺與汪榮寶日記所載的情形有較大差距。曹氏在書中再次確認了汪榮寶和李家駒於清末時編纂憲法之事實，並指明憲法中設立責任內閣、國會採用兩院制、人民應享有的權利的規定，以上均與歷史相符合。但在憲法編纂地點上說汪、李居住在紅螺山的寺廟，這與汪榮寶這位實際制憲者的記述有出入，另外，曹文中還談到制憲的程序，即草案完成後在天壇開憲法

四十一 曹汝霖著：《曹汝霖一生之回憶》，傳記文學出版社 1980 年版，第 46 頁。

審查會，並由資政院選出議員二十四人，政府派十二人，憲政編查館全體成員參與開會討論，由起草員逐條宣讀解釋，又有議員等質問等，這樣的程序讓人匪夷所思，與汪氏記載的實際制憲程序頗有差距。筆者推測，大約因年代久遠曹氏的回憶與史實有較大差距，不過他對憲法內容的評論卻與李汪憲法草案較為吻合。

依據汪榮寶的日記記載，事實上汪、李所纂的憲法並未公開討論，只是分批進呈攝政王，共進呈了九稿，其中第九稿呈後而無發還。第一批稿本包括第一條至第五條的正文和按語，一九一一年八月八日裝訂成冊，八月十日進呈，同月十四日攝政王將前五條稿本改定，交還憲法大臣，「其中正條無所更易，惟按語頗有刪節。」[四十二]第二批稿本包括第六條至第九條，八月十七日由溥倫、載澤校勘，填寫裝訂，八月十八日進呈，八月二十八日，清廷將刪改後的稿本發還。[四十三]第三批稿本第十條至第十五條於九月三日由溥倫、載澤、汪榮寶三人校勘，裝訂成冊，九月四日進呈，十日清廷發還稿本，當日各憲法大臣預備進呈第四批稿本即第十六條至十九條。[四十四]此後，因汪榮寶與李家駒到泰山纂擬憲法，其日記中並未記載此稿於何時呈上，但到汪、李回京的第二天即九月二十四日，第四批稿本即發還，「攝政王頗有刪改」。[四十五]第五稿本何時進呈在日記中沒有記載，而在汪榮寶十月四日的日記中載，各

四十二《汪榮寶日記》第三冊，1911年8月8日、10日、15日，第955、957、962頁。

四十三《汪榮寶日記》第三冊，1911年8月18日、28日，第965、975頁。

四十四《汪榮寶日記》第三冊，1911年9月4日、10日，第982、988頁。

四十五《汪榮寶日記》第三冊，1911年9月26日，第1004頁。

憲法大臣裝訂圈點第四章前六條，於十月五日進呈，據憲法章目和條文數來推算，這應是進呈的第五批稿本。[四十六]隨後因辛亥革命爆發，汪氏日記中也較少記載憲法事宜，至十月二十一日，其日記中有「到煥章殿，準備第九次進呈稿本」的記載。[四十七]可見，此前共有八批進呈稿本，汪、李所擬憲法共八十六條，如以每次進呈五條計算，在辛亥革命前後，該憲法草案有近一半條文即四十條已進呈給攝政王改定過。

可以肯定的是，憲法草案全文已經謄寫完畢。九月二十九日，汪榮寶在家中清寫憲法草案全文，「伏案竟日」，準備交付溥倫、載澤，商討定稿，分批進呈審閱。[四十八]然而，溥倫等尚未來得及將憲法草案全文及按語呈送攝政王審閱完畢，十月十日武昌便發生起義。十一月二日，駐守灤州的新軍第二十鎮統制張紹曾發動「兵諫」，提出「政綱十二條」，要求清政府立即召開國會，由國會仿照「英國之君主憲章」制定憲法。窮途末路之中，攝政王不得不令資政院協纂憲法，資政院很快就制定和通過了《重大憲法信條十九條》。而李家駒和汪榮寶起草的憲法草案遂胎死腹中，這部中國歷史上第一部憲法草案也為人們所淡忘，以致後來的人們知有《憲法大綱》和《重大憲法信條十九條》，而很少知道清王朝在滅亡前曾起草過一部完整的憲法草案。

四十六 《汪榮寶日記》第三冊，1911 年 10 月 4 日、5 日，第 1012、1013 頁。

四十七 《汪榮寶日記》第三冊，1910 年 10 月 21 日，第 1029 頁。

四十八 《汪榮寶日記》第三冊，1911 年 9 月 29 日，第 1007 頁。

四、憲法草案的初步評價

汪榮寶和李家駒所擬的《大清憲法草案》為我國歷史上第一部完整的憲法，而目前學術界尚未發現此憲法稿本。現只能從汪榮寶的日記記載的相關內容及參照有關資料，對此憲法展開粗略評論。筆者分析該憲法具有如下特徵：

（一）整體上仿效日本憲法

首先表現在章節結構。《大清憲法草案》十章內容依次為：第一章皇帝，第二章攝政，第三章領土，第四章臣民，第五章帝國議會，第六章政府，第七章法院，第八章法律，第九章會計，第十章附則。這一結構與日本在一八八九年頒佈的明治憲法基本相同，《日本帝國憲法》的章目是：第一章天皇，第二章臣民權利義務，第三章帝國議會，第四章國務大臣及樞密顧問，第五章司法，第六章會計，第七章補則。只是根據當時中國存有攝政王的實情，加入攝政一章。

其次在內容上。我們雖無法得知憲法具體條文，但從相關記載中可以推知憲法在很大程度上以日本憲法為標準。汪榮寶和李家駒曾參閱過多達十幾國的憲法條文，如日本憲法、普魯士憲法、俄羅斯憲法、土耳其憲法、英國憲法、法國憲法、美國憲法等，但辯論商酌到最後多數仍以日本憲法為標準。攝政王載灃更「以日本憲法為依據，不能有所出入也」為擬定大旨。[四十九] 尤其李家駒對日本憲法可謂是

四十九 《汪榮寶日記》第三冊，1911年9月26日，第1004頁。

有點過於拘泥，凡所擬條文均不能超越日本。如在起草憲法第四章時，他因汪榮寶所擬第四章沒有採入日本憲法第三十一條「本章所列條規，在戰時或國家事變之際，並不妨礙天皇大權之施行」的內容而「頗有疑義」，汪只好解釋說準備採用伊藤博文諸人的學說，加入第一章中作為第二十條，李家駒才「大以為然」。另外，李、汪二人在纂憲過程中，大量參考了日本法學家的憲法著作，並借鑒了他們的觀點，如清水澄、美濃部達吉、穗積八束、上衫慎吉、伊藤博文、市村光惠、上野貞正、副島義一、北鬼三郎的書籍，均為他們參考的重要資料。由此可見，這部憲法的內容及所體現的憲政精神，多以日本憲法為母本。

（二）某些具體條文上超越了日本憲法

汪榮寶不同於李家駒，並不贊同完全按憲法大綱的規定，將君主權力擴大到像日本天皇，甚至超過日本天皇，他試圖對君權加以限制，使所擬條文能夠超越日本憲法。如在草擬第一章皇帝命令權時，汪榮寶主張「採普魯士等國憲法主義，不取獨立命令，而略採俄羅斯憲法主義，加入委任命令一層」，但因李家駒不同意，最後仍「採日本憲法主義」，而將「條文加嚴」。[五十]同時，汪榮寶並不完全依照日本憲法撰擬條文，若日本憲法存有疑義即考慮另擬。例如，日本憲法第二章關於臣民權利義務的規定，只是沿襲歐洲各國的成例，冀以防治專制政府濫用權力之弊，無法理可言。汪榮寶認為「我國制定憲法，

[五十] 《汪榮寶日記》第三冊，1911 年 7 月 9 日，第 925 頁。

盡可用概括主義，不必一一列舉」，以免「轉生誤解」，於是捨日本條文不用，而是一面與李家駒商酌，一面「參考各書，根據法理，另擬概定之條文」。[五十一]

汪榮寶對攝政王隨意刪改所呈憲法條文非常不滿，常常根據法理，向溥倫、載澤陳述不可輕改之意。如第一批稿本由攝政王改定發還後，對按語進行了多處修改，汪榮寶認為「第二條所採主義與攝政一章頗有關係」，所改不妥，遂向溥倫、載澤陳說按語不能刪節的理由，使兩邸同意於下次進見時再婉陳攝政王。[五十二]再如進呈的第三批稿本，「除刪改按語外，又將第二十條第二項刪去」。汪榮寶認為「此項似不可刪」，「當即婉白兩邸」，請其將來面奏理由。[五十三]持這樣的制憲觀點，無疑使得最後纂擬出的憲法草案在一定程度上超出了日本憲法之條框，更能體現憲政精神。

纂擬憲法在中國歷史上為首創之舉，可想而知這項「工程」的難度。汪榮寶為纂擬憲法付出了大量心血，竭力想制出一部適合國情且高品質的憲法。纂擬中，他曾「將十七國條文逐條比較，分別異同，採輯成書，以資參證」。[五十四]他經常與李家駒再三斟酌條文，常「易稿數回，伏案竟日」，為「撰擬條文，轉輾不寐」，甚至「連日鑽研憲法」，以致「方寸縈迴，跬步不忌，夢寐皆是」。[五十五]足見他對纂

五十一 《汪榮寶日記》第三冊，1911 年 9 月 30 日，第 1008 頁。

五十二 《汪榮寶日記》第三冊，1911 年 8 月 15 日，第 962 頁。

五十三 《汪榮寶日記》第三冊，1911 年 9 月 10 日，第 988 頁。

五十四 《兩協纂再遊西山》，《申報》，1911 年 7 月 27 日。

五十五 《汪榮寶日記》第三冊，1911 年 8 月 29 日，第 976 頁。

擬憲法所費之心神。

汪榮寶對纂擬憲法可謂精益求精，若遇有不合意的條款反覆思索，以求得確鑿字句。如原擬第十六條第二項「頗多紕漏」，他考慮加以修正，為此遍檢清水澄、美濃部達吉、上衫慎吉等日本法律家的著書，「酌擬條文」，然均不滿意。第二天，他仔細查閱了副島義一的《憲法論》，頗與意見相合，「即採其意擬成條文」。[五十六]再如因續增第二十條的疑義甚多，易滋誤解，「遍讀日本諸博士說」，以求準確的條文。[五十七]同時，他對文字反覆推敲，力求精準，如第三章領土的規定，原文「語太渾則，近於循環詞」，他加以修正，「易稿三四次」方得愜意的佳句。[五十八]另外，汪榮寶對自己不能十分確定的用詞，均詳慎探源。如各國憲法對諭旨、詔、誥、制、敕向來未有通用的名詞，日本憲法第十五條第二項規定只用「詔、敕」兩種就隱含其他，普魯士憲法概括為「國王所發之公文書」。他認為兩種說法「一文一質於中國均不合用」。為此，他查閱中國典籍《唐律疏議》，以求準確的解釋和用詞。[五十九]

汪榮寶對憲法中的每一個問題都力求準確解釋。如關於大臣責任問題，他首先閱讀了有賀長雄的《大臣責任論》和清水澄的《憲法》等書籍，又細研各國憲法相關條文，認為「土耳其憲法於此事規定獨詳」，反

五十六《汪榮寶日記》第三冊，1911 年 8 月 25 日、26 日，第 972、973 頁。

五十七《汪榮寶日記》第三冊，1911 年 8 月 31 日，第 978 頁。

五十八《汪榮寶日記》第三冊，1911 年 9 月 12 日，第 990 頁。

五十九《汪榮寶日記》第三冊，1911 年 9 月 8 日，第 986 頁。

覆審思，他領悟到該憲法規定的精意，「竊思採用」。[六十]再如關於司法權解釋的問題，因各國憲法疑義甚多，汪榮寶特向日本法律專家岡田朝太郎請教，而岡田為刑法專家，於其他公法未嘗十分研究，結果「頗不了了」，只得自己思考。再如預算問題，他原擬採用日本憲法第六十七條「凡基於憲法上大權之已定之歲出，或法律上屬於政府義務之歲出，非經政府同意，帝國議會不得廢除或消減之」的相關規定，但他認為憲法中對議會協贊預算權力限制過嚴，而議會對預算若無自由修正的餘地則於憲政事實不符，為此，他閱讀了副島義一的《憲法論》，參考預算各學說，決定採用伊藤博文的說法，「明白規定，以免將來論爭」。[六十一]

纂擬憲法為立憲要務，所以輿論媒體十分關注制憲事宜，而綜其所看輿論界普遍對此次纂擬的憲法持懷疑態度，《申報》曾刊登時評一則，筆者以為頗有意味，文中寫道：

> 憲法之編纂，有如美術起草者，以三寸之筆端，描畫四萬萬人之權利義務；有如將帥起草者，憑一己之指揮，保護全國上下之身家性命。故當其著手之時，選擇起草人員，不可不慎。博覽強記之法學家，詞藻富麗之文章家，斷不能勝任而愉快也。惟須洞達內外政治之情狀而富有判斷力，通曉各國憲法之原理而精於抉擇法，始可足以當此重任，雖然，此等學識完全之人才非易得也。
>
> 故各先進國之纂權憲法者，必先以各種委員會，協同商議，借數人之特長而集其大成焉。一曰準備委員；二曰起稿委員；三曰審查委員；四曰修正委員。凡此四者之設置，非特纂擬憲法為

六十 《汪榮寶日記》第三冊，1911年8月23日、9月9日，第970、987頁。

六十一 《汪榮寶日記》第三冊，1911年9月16日、17日，第994、995頁。

然，即編定各種法典亦莫不皆然。今中國貿然編纂憲法，開辦於文華殿之側殿，僅派汪、李二人為編纂員，而以陳瑤圃總司核定。夫此三人之學識，果足以擔此重任與否且勿問，而起草者之組織一切機關尚不完備，又遑論其他乎？嗚呼！所謂中國之憲法！六十二

時評中提出了憲法編纂者的要求，即僅僅為法學家還不足以勝任，而須法學家與政治家兼於一身，既要洞悉內外政治，又要通曉各國憲法原理，具備以上才能者方可勝任。文中還指出纂擬憲法須置準備委員會、起稿委員會、審查委員會、修正委員會，經過此種程序起草的憲法才可稱得上完備。相對於以上標準而言，顯然清廷此次憲法纂擬的程序過於簡單，可見社會各界對此次憲法並不看好。

汪榮寶也清楚地看到晚清內憂外患的政局情形，時常懷疑這樣「依樣畫葫蘆」是否就能挽救清王朝的「頹運」。他在一九一一年九月五日的日記中寫道：「晚間閱美濃部譯述尼利納克氏《憲法變化論》，末段述國會制度之缺點及代表主義之無用，精警過激。以他人行之數十年而猶未慊意者，我乃方思學步，即一一摹擬維肖，已不免為學人所嗤。況復襲其皮毛而遺其精意，期以挽回頹運，豈可得哉？掩卷深思，百憂交集！」六十三歷史的發展正如汪榮寶所憂慮的，清政府的預備立憲，無論是仿效日本、改革官制、起草憲法，或是開諮議局、設資政院均未能阻擋革命風暴的到來。

六十二《敬告今之纂擬憲法者》，《申報》，1911年4月8日。

六十三《汪榮寶日記》，1911年9月5日。

第七章　鼎革之際的政治應變

晚清末年，清政府推行的新政改革並未緩解內憂外患的局面。以攝政王載灃為首的滿清權貴過分強調集權，對新政過程中出現的複雜矛盾卻熟視無睹。汪榮寶以其敏銳的眼光和深邃的洞察力，意識到清政府的處境已相當艱難，每當與陸宗輿、章宗祥、楊度等人談論時局時，彼此相與嘆息，抱有危機意識和悲觀態度，時刻擔心體制外革命派的活動會對清廷造成威脅。在處理一九一〇年謀炸攝政王事件中，汪榮寶採取保護汪精衛的策略，以期平息革命。辛亥革命爆發之際，作為體制內成員和海歸派代表的汪榮寶思想上經歷了痛苦的轉變。鼎革之期，他對清王朝抱有希望，希冀政府儘快平息戰亂，穩定局勢，使國家在和平安定的環境裡繼續改革。但隨著形勢急轉直下，環顧國內外局勢，他喪失了對清廷的信心。經過內心痛苦地徘徊掙扎之後，汪榮寶轉而擁護新政治權威袁世凱，支持新生的民主共和制，並成為新制度的維護者。

第一節　謀炸攝政王案中的表現

一、確定「保汪」策略

一九一〇年京城發生了汪精衛等革命黨人謀炸攝政王載灃案件。謀炸案件震驚朝野。按照清朝法律，謀刺攝政王即犯有逆謀之罪，按律應立即處死，而清政府最終並未對汪精衛等實施極刑，僅判終身監禁，這其中的原因到底為何？時社會輿論眾說紛紜，史學界亦有多種說法，莫衷一是。筆者通過對史料的挖掘和整理，發現汪榮寶、章宗祥尤其是前者在案件審理中發揮了甚為關鍵的疏通作用。正是他首先確定保汪，並提出避開正常的法律程序、在量刑時變通處罰的策略，最終促使清政府對汪精衛等作出寬大處理。

謀炸事件是由同盟會會員汪精衛等人製造的。在清政府進行新政改革的同時，以孫中山為首的革命派在海外積極活動，聲勢漸大，成為晚清複雜政局中的重要力量。革命派於一九〇七至一九〇八年間在中國南部邊境相繼發動一系列起義，均以失敗告終。於是，革命黨人中出現了困惑悲觀的情緒，同盟會組織內部嚴重分裂。此時，頗得孫中山賞識的同盟會骨幹會員汪精衛為振奮革命精神，決心「與虜酋拼命」，「藉炮彈之力，以為激動之方」[1]。他與黃復生、喻培倫等在東京組織了暗殺團，於一九一〇年一月北上京城行刺。他們最終將謀刺的目標鎖定為攝政王載灃，然而，謀刺未成即被洩露。四月十六日，

---

[1] 孫中山：《中國革命之經過》，左舜生選輯：《中國近百年史資料初編》，中華書局1983年版，第641頁。

汪精衛和黃復生被捕入獄。[二]作為清朝中央政府官員的汪榮寶密切關注著這一案件，並積極從中協調，採取了保護汪精衛的策略，妥善地處理了該案件。

汪榮寶時任民政部左參議，而民政部及所屬內城、外城巡警警廳均擔負保衛京城安全之責，職責所繫，使他更加關注此事。在四月三日炸彈案案發的當日，汪榮寶就與民政部尚書肅王善耆、步軍統領毓朗、京城內城巡警總廳廳丞章宗祥等親往察看，驗證所獲炸藥成分。他當天日記中記載：「本日午前三時頃，在後門外監國攝政王邸第至禁城之道中橋下發現極猛烈之爆裂彈，係英國格拉斯哥地方所製造，驗之內含甘油九十三分，綿火葉七分，石膠狀，勃拉斯廠用以炸礦石者。幸而早發，得以無事，否則，不堪設想矣。」[三]次日，他趕至民政部，與部中丞、參各員研究案發原因及處理辦法，決定增派員警暗中巡查，隨後他又趕到內城總廳，晤見章宗祥，商量對策，傳訊發現炸藥的居民劉培真。[四]這時，汪榮寶並不知曉此案就是革命黨人汪精衛等所為。

至四月十六日汪精衛等被捕後，謀炸案方真相大白。針對如何處置汪精衛，朝中出現兩種觀點：一是以御史胡思敬為代表的「嚴懲派」，主張使用極刑，以儆效尤；二是以肅王善耆、章宗祥、汪榮寶為代表的「寬容派」，認為政府現正推行憲政改革，應對革命黨人表示寬容，力主從寬處理。據汪榮寶日記載，四月十六日即逮捕汪精衛、黃復生的當日，他就參加了審訊工作，汪精衛的從容及無畏氣慨，讓

二　《汪精衛先生庚戌蒙難實錄》，拜袁堂校刊，1943 年，第 5 頁。
三　《汪榮寶日記》第二冊，1910 年 4 月 3 日，第 455 頁。
四　《汪榮寶日記》第二冊，1910 年 4 月 4 日，第 456 頁。

汪榮寶頗為心動，他和章宗祥秘密交流了處理意見。[五]四月十八日，他同章宗祥到內城左一區探視汪精衛的舉動。時汪精衛和黃復生被分別拘押，從窗外窺望，二人「各默坐觀書，態度從容」，毫無懼色，汪榮寶甚為革命者的氣度所感染。當晚，他邀章宗祥到自己家中，向好友表達了保汪性命的想法，章宗祥此時也有意保汪。二人經反覆商酌，遂決定採取「保汪」策略。[六]四月二十一日午時，汪榮寶到憲政編查館，秘密抄錄了汪精衛和黃復生的供詞，以轉呈肅王善耆、軍機大臣兼步軍統領毓朗等閱看。[七]

在處理謀炸案事件中，主持審訊工作的是肅親王善耆。善耆時任民政部尚書，掌管內外城警廳，若想保汪，爭取他的支持頗為關鍵。善耆作為汪榮寶的上級，甚為賞識汪氏的才學和品行，視之為參謀和智囊，平素對其信任有加。汪榮寶遂利用這層關係，力勸善耆：革命黨不止汪、黃二人，不若從寬處理，以示政府誠意。善耆對汪榮寶的此番言論頗為重視，又考慮時局危急，隨轉陳攝政王，請其從寬處理。

二、提出變通處罰

謀炸案震驚朝野，按立憲國家的正常法律程序，司法審判權屬大理院掌管。大理院於一九〇六年成立，是當時全國最高審判機關，依據《大理院奏審判權限釐訂辦法》和《大理院審判編制法》的規定，國事犯應歸大理院專管。但若該院開庭審判，動用審判權，按律治罪，必定會處以極刑，這一點汪榮寶

五 《汪榮寶日記》第二冊，1910年4月16日，第469頁。

六 《汪榮寶日記》第二冊，1910年4月18日，第471頁。

七 《汪榮寶日記》第二冊，1910年4月21日，第474頁。

很清楚。怎麼樣才能避開大理院？汪榮寶與章宗祥經過多次商量，最後向肅王善耆建議：避開繁瑣的法律程序，直接由民政部過堂審問，再與法部、步軍統領衙門聯合上奏。這樣一來，掌管全國最高審判權、應對該案擁有最終裁決權的大理院被繞過去了，改由民政部直接過堂審問，如此可便宜行事。

避開了正常的司法程序，對變通處罰汪精衛提供了可能。汪精衛謀炸載灃案，若依照當時通行的法律《大清律例》當屬「謀反大逆」，不但本人要凌遲處死，還要對親屬實行株連，根據親疏關係處以斬、流等刑。汪榮寶親身參與了清末《大清新刑律》等諸多法律的制定，他深知無論按照什麼法律定罪量刑，謀刺案犯均被應被判處極刑。為找到合適的處罰辦法，汪、章二人多次密商，最後商之肅王善耆，提出「變通處罰」的方案。肅王並向攝政王載灃請示從寬發落。

在得到攝政王的允諾後，四月二十八日，善耆急忙召汪榮寶和章宗祥等民政部官員，宣示此意，並命立即起草奏稿，明日呈遞。奏稿由顧鼇執筆，汪榮寶修正，奏稿略謂：該犯等膽敢在京師地方埋藏炸藥，有意擾亂治安，不法已極，情罪重大。應如何從嚴懲治之處，臣等未敢擅便，謹請旨遵行。同時指出，該案應根據刑律草案、大清現行律，變通處罰。民政部當天提審汪精衛、黃復生，讓其在供詞上簽字畫押。一九一〇年四月三十日，攝政王批諭：汪精衛、黃復生以擾害治安定罪，判決二人「皆處以無期徒刑，加重，永遠禁錮。」著交法部，羅世勳著交法部監禁十年。就定罪而言，遍查晚清法律，皆無「擾害治安」這一罪名。就量刑來看，判處無期徒刑，加重為永遠禁錮，則根本沒有相應法律依據。這正是汪、章二人頗費周折提出變通處理提出的處罰方案。針對汪榮寶在處理謀炸案中所起的作用，曹汝霖回憶道：

仲和（章宗祥）以革命黨非殺戮能制止，又以汪之文才，殺之可惜，擬設法拯救。若交刑部，必處大辟，乃商之袞父（汪榮寶），請肅王設法拯救。並以供詞呈閱，由肅王提訊過一次。袞父又向肅王力言，革命黨只能以改革政治使之感服，決非以刑殺所能制止，汪兆銘供詞，政府可作參考。肅邸聽了袞父之言，又愛汪之文才，乃轉陳攝政王，力請從寬辦理，以示朝廷寬大，使革命黨感激自新，若殺一汪兆銘，反可激起無數之「汪兆銘」也。攝政王從其言，傳令處以無期徒刑，收禁刑部（筆者按：應為法部，刑部已於一九〇六年改名法部）監。[八]

從以上文字可以看出，在處理謀詐案過程中，汪榮寶和章宗祥特別是汪氏的奔走運作甚為關鍵。筆者這樣說，絕非誇大之詞。汪精衛等被捕後，革命派亦積極進行營救，[九]但這些措施並未能發揮實效；而身為親貴的善耆和毓朗，未必在剛開始就會產生寬容革命黨人極端行為的想法。正是汪榮寶首先確定了「保汪」策略，隨後向主審此案的肅親王善耆力言從寬處理之必要，方使得善耆同意網開一面，並爭取到奕劻、毓朗等其他樞府要員的支持，奏請攝政王寬大處理此案。汪榮寶因籌畫此事得罪了侍郎烏珍，

八 曹汝霖：《曹汝霖一生之回憶》，臺北傳記文學出版社 1980 年版，第 31-33 頁。

九 孫中山對汪精衛的被捕十分惋惜，先後指示胡漢民、吳稚暉從事營救工作。革命黨人黎仲實等集重金欲買通官府門路，香港同盟會分會還專門成立了營救汪精衛及繼續謀刺攝政王的秘密機關，並速派鄒魯、郭守敬、張煊諸人前往北京設法營救，均未有果。陳璧君作為汪的未婚妻，得知消息急赴南洋籌款，後又冒險返京，通過各種途徑，買通獄卒，進獄中探望汪精衛，二人鐵窗情深，被傳為一時佳話。

烏埋怨他越權行事，侵奪大理院司法權，違背司法獨立原則，「以此大恨，遇事齮齕」[十]。

關於汪榮寶在謀炸案中的活動，其後人回憶道：「革命黨人埋炸藥道中，謀殺攝政王，事覺被逮，人心詾懼，諸滿大臣尤憤，將實極刑。君（汪榮寶）與章仲和（章宗祥）廳丞陰左右之。肅王善耆管民政部，方倚重君，即用君議，密啟攝政王，謂此曹皆政治犯，朝廷屬欲收拾人心，宜從寬大，卒有旨著永遠監禁。」[十一]在章太炎為汪榮寶所作的墓誌銘中也指出：「宣統初，革命黨人謀殺監國載灃，捕得將置極刑，君陰左右之，得毋死。」[十二]以上文字均表明汪榮寶在謀炸案中向肅王進言的史實，也可以看出他在汪精衛減刑中發揮了重大作用。

當然，清廷之所以未殺汪精衛等還有其他原因。首先，清政府標榜立憲，故做姿態。清廷時值預備立憲之際，不願自損革新形象，況藉此可緩和人心，顯其寬容誠意，同時還可避免革命黨人的激烈報復行為；其次，肅親王善耆的力保。善耆為清末頗具自由思想的親王，積極支持新政改革，他甚喜汪精衛的才學，欲收為己用，故力勸攝政王從寬處理；[十三]再次，日本人的干預。據末代皇帝溥儀回憶

十　汪孝熙等：《哀啟》。

十一　汪孝熙等：《哀啟》。

十二　章太炎：《故駐日本公使汪君墓誌銘》，《章太炎全集》第五冊，上海人民出版社 1986 年版，第 258-259 頁。

十三　在汪精衛等移送到民政部時，肅王對其訓諭曰：汝等對於國家本甚熱心，但汝等系外國而回，不知政府為難之處，亦所難怪。但國家自有法律，今不能不按法律處待汝等。然汝等亦不必灰心，所有書籍應用等物仍可一切送進獄中，以備研究，倘有見地，仍可隨時條陳交餘，代為呈遞。（《民政部消除黨禍之苦心》，《申報》，1910 年 5 月 10 日。）他在看過汪精衛的供詞後又大為讚賞，即令除去汪所戴之鐐鎖，將其移入裱糊一新的房屋內，並多次到獄中探望，「贈

說，在其父載灃的年譜中記載有日本勢力介入之說。另外，時任肅王家庭教師的同盟會成員程家檉亦向肅王進言道，國家如殺汪、黃，則此後黨禍日夕相尋，非朝廷之福。[十四]但是，汪榮寶的奔走協調最為關鍵。我們看到，汪精衛於四月十六日被捕，而汪榮寶在四月十八日即確定了保汪策略，並多方奔走，爭取善者的支持，謀劃處理方案。到四月三十日，廷即下諭判刑，中間僅十餘天時間，這固然有清政府急於了事、平息社會輿論之意，但也側面反映出汪榮寶等從中奔走、促使攝政王果斷處理該案的良苦用心。

三、荊軻刺秦王之喟歎

那麼，汪榮寶為何在謀炸案中採取「保汪」策略？筆者認為他基於以下幾點考慮：

第一，維護清朝統治秩序。汪榮寶屬清政府內部的官員，堅持通過體制內漸進改革的方式實現國家富強和民族獨立，反對用革命暴力手段推翻清政府，並積極投身到改革的實踐中。然而，作為頗具政治遠見的改革者，他清楚地認識到清廷已處於內外交困的危殆境地，體制外的革命派在國內外已有巨大影響，倘若此事處理不當，形勢一旦失控，對政府極為不利。可以肯定地說，他對汪精衛等人減刑的想法首先是出於維持清政府秩序的目的。

圖史百餘帙」供其閱讀。（林闊：《汪精衛》，中國文史出版社 2001 年版，第 34 頁。）

十四 文斐：《我所知道的汪精衛和陳璧君》，中國文史出版社 2005 年版，第 8 頁。

第二，反對用激烈方式對待政治反對派。汪榮寶在反對革命派用暴力推翻原有秩序的同時，也不希望清政府對反政府派採取過激舉動。他深知革命派之所以興起，皆源於清政府的腐敗無能，國勢衰微，其目的仍是為強盛國家，只不過他們選擇了武力方式。此時清政府正值憲政改革之際，應在政治策略上靈活地應對革命派，寬容從事，以昭示革新圖強的誠意。

第三，親人之顧念。在汪精衛的供詞中提到他曾任東京《民報》主筆，這讓汪榮寶聯想到胞弟汪東寶。汪東寶於一九〇四年留學日本，一九〇五年加入同盟會，成為激進的革命黨人，後在《民報》任撰述，宣傳革命思想。汪榮寶和汪東寶雖然政治立場不同，但二人為一母所生，且皆才華橫溢，平時書信往來頻繁，感情甚為深厚。汪精衛既然與汪東寶同在《民報》撰文，汪榮寶在佩服汪精衛才學的同時，也極有可能憐及到胞弟。何況他在日本留學期間曾有一段時間傾向於革命，並參加過青年會革命團體，對革命派抱有某種程度的同情心理。這些都促使他對此事採取不同尋常的處理方式。

但值得注意的是，汪榮寶在為汪精衛減刑奔走的同時，對其所持政治觀點是頗不贊成的。這在他的日記中有明確表示，如在四月三日發現炸彈後，汪榮寶這樣歎道：「幸而早發，得以無事，否則不堪設想矣！此種逆謀究係何黨所為，殊不可解。」[十五] 足見他首要考慮的仍是社會秩序。炸彈案發生後，為避免引起輿論大嘩，民政部封鎖消息，嚴令京城各報館刊登此事，並電諭上海等處嚴禁登載。四月十四日上海《天鐸報》、《中外日報》刊載了謀炸事件，汪榮寶對兩報刊的違法刊登十分氣惱，評其說「頗妄

十五 《汪榮寶日記》第二冊，1910年4月3日，第455頁。

誕」，發電到上海道進行詰問。[十六]四月二十三日，汪榮寶至內城總廳，閱讀了從汪精衛身上搜查出的三篇文章，即《革命之趨勢》、《革命之決心》及《告別南洋同志書》。文中闡發革命宗旨，通論請願國會對實現立憲政治幾乎是「不可望」之舉，提出「欲達民主之目的，捨與政府死戰之外，實無他法」。汪榮寶認為此番言論「持論偏宕，按之實無真理」。[十七]

謀炸案固然得到了變通處理，革命黨人汪精衛等也保住了性命，汪榮寶卻對清廷面臨的形勢愈加擔憂。就在案件發生的第三天即四月五日，汪榮寶賦詩一首，表達自己的憂慮之情。詩曰：

白虹昨夜應荊軻，十日長安斥堠多。
玉宇霜寒淒疊鼓，金門風細靜鳴珂。
嚴更近署屯龍虎，神策新軍列鶴鵝。
聞道屬東輟遊豫，山靈望幸定如何。[十八]

該詩顯然是因謀炸案而發的喟歎，在詩中汪榮寶把此案與荊軻刺秦王之事相提並論。清廷統治者對危機局勢漠然處之，不知應對策略，而革命派舉事頻繁，甚至威脅到京師的安全，不禁讓人擔憂，他感

十六 《汪榮寶日記》第二冊，1910 年 4 月 14 日，第 467 頁。
十七 《汪榮寶日記》第二冊，1910 年 4 月 23 日，第 476 頁。
十八 《汪榮寶日記》第二冊，1910 年 4 月五日，第 457 頁。

到此事是山雨欲來風滿樓的前兆。這種擔心絕不是杞人憂天，在謀炸案發生後的第二年就爆發了辛亥革命，革命浪潮很快席捲全國，滿清王朝的統治也一舉被推翻。

第二節 挽救清王朝的方案

一、探尋和觀察時局

晚清政府已處於眾叛親離、內外交困的危殆境地，只要稍有不慎點燃一根導火線頃刻即會崩塌。一九一一年五月九日，清廷推出「鐵路幹線國有政策」，將已歸民間所有的川漢、粵漢鐵路築路權收歸「國有」，實質上假「國有」之名，將鐵路又賣給英、法、德、美四國銀行團，這激起了湘、鄂、粵、川等省人士的強烈反對，為此掀起了轟轟烈烈的保路運動。運動在四川省尤其激烈，各地組織保路同志會，推舉立憲黨人蒲殿俊、羅倫為正副會長，以「破約保路」為宗旨，參加者數以十萬計。清廷下令鎮壓。此時革命黨人在一九一一年四月黃花崗起義失敗後，一部分革命派決定把目標轉向長江流域，準備以武漢為中心的兩湖地區發動新的武裝起義。清廷為撲滅四川的保路運動，派端方率領部分湖北新軍入川鎮壓，使得清軍在湖北防禦力量減弱。革命黨人決定在武昌發動起義。十月十日，革命黨人發動了武昌首義。革命石破天驚，震撼著清王朝的統治秩序。汪榮寶作為體制內成員，最初對政府抱有希望，希冀清廷能消弭戰亂，儘快穩定政局。

武昌起義的當天，汪榮寶並沒有得到消息，他正忙於憲法事宜。十月十一日，他參加了資政院的召集會，晚飯時方從曹汝霖處得知革命消息，當天日記寫道：「聞湖北兵變，武昌已陷，總督瑞瀓退駐楚豫兵船中，提督張彪陣亡。」[十九]對起義沒有進行評論，可見對此事並不十分關心。十二日，他仍到纂擬憲法的辦公場所煥章殿，與憲法大臣溥倫、協纂李家駒等共同預備即將進呈的憲法稿本，聞知漢陽失陷，方意識到事態的嚴重性，隨後四處探聽消息，關注戰事進程。[二十]

十三日，汪榮寶即無心工作，到官報局與陸宗輿討論時局，查詢新聞。「聞有湘豫皖三省同時回應鄂亂之說，又有揚州失守之說」，「各處傳來亂耗，多言長沙已陷，長江流域一帶均有搖動之勢」。不禁驚歎：「中原鼎沸，大亂成矣！」此時，他已意識到武昌革命不再是以往小範圍的武裝舉事，而極有可能演變成難以控制的全國性鼎革之舉。若長沙失守，時任長沙知府的父親汪鳳瀛會有危險，他不禁焦灼萬分，到處探聽確鑿消息，下午「四時頃以電話詢諸民政部，不得確耗」，晚上又電詢曹汝霖，曹答：未聞長沙失守。接著又打電話給吳祿貞，吳說據長沙法國領事的電報言長沙已於昨晚失守，均無確信。[二十一]十四日，他仍四處探聽，先到大清銀行探詢，後到外務部找曹汝霖詢問，曹告知「昨日各公使到外部會晤，並未聞法公使言長沙失守之事，當係謠傳」。他得到確信後才稍稍放心。[二十二]

十九《汪榮寶日記》第三冊，1911年10月11日，第1019頁。

二十《汪榮寶日記》第三冊，1911年11月12日，第1020頁。

二十一《汪榮寶日記》第三冊，1911年10月13日，第1021頁。

二十二《汪榮寶日記》第三冊，1911年10月14日，第1022頁。

武昌起義讓清政府慌亂不已，本能的反應就是鎮壓。清廷頒佈上諭，稱瑞澂「辜恩溺職」，予以革職，但仍暫署湖廣總督，以期戴罪立功；同時調派北洋兩鎮精銳兵力，命蔭昌為帥，督師南下，圍剿革命軍。[二十三]然而，北洋軍隊皆為袁世凱舊部所屬，根本不服從調遣，攝政王載灃被迫啟用隱居彰德的袁世凱，授袁為欽差大臣，節制所有參戰軍隊。汪榮寶覺得朝廷如此舉動，似可挽回時局。

而關於各地戰事的傳聞越來越多，有時甚至一日之內有多種說法，難辨真假，汪榮寶真有點惶恐不安和不知所措。十月十五日，他與江蘇同鄉「聚談亂耗」，分析時局，覺得終難預測。[二十四]湖北是革命首舉之區，汪榮寶關注著官軍在湖北的戰況。十八日，先聽說「武昌叛兵已攜資潰逃，無煩官軍一戰矣！」但傍晚時又聞陸軍部情報「並無叛軍潰逃之說」，夜間則聞「官軍與叛軍於江岸接仗，叛軍敗退」。[二十五]消息真假，實難判斷。二十二日，聽說「武昌兵變，府城失守」，又聞「劉家廟之捷乃官軍伺匪退而收復之，非真戰勝也」。[二十六]二十三日，又聞知「各處回應」武昌之亂，驚歎形勢變幻之速，他不禁發出「殆有燎原之勢矣」的感歎。[二十七]

二十三　中國史學會主編：《武昌起義清方檔案》，《辛亥革命》，第五冊，上海人民出版社 1981 年版，第 291 頁。
二十四　《汪榮寶日記》第三冊，1911 年 10 月 15 日，第 1023 頁。
二十五　《汪榮寶日記》第三冊，1911 年 10 月 18 日，第 1026 頁。
二十六　《汪榮寶日記》第三冊，1911 年 10 月 22 日，第 1030 頁。
二十七　《汪榮寶日記》第三冊，1911 年 10 月 23 日，第 1031 頁。

總之，這段時間，汪榮寶主要是探詢戰情，觀察形勢，對清廷挽救危局尚抱有很大希望，因而竭力支持清政府消弭革命。

二、借助議會消弭革命

在為清朝擔憂的同時，汪榮寶積極活動尋找救危良方。一九一一年十月二十二日，資政院第二次年會開幕，他希冀通過全國性的議會尋找到消弭革命的辦法。資政院開議後首先提出了對盛宣懷的彈劾案。時郵政大臣盛宣懷不顧民眾反對，堅持推行鐵路國有，並大舉外債，革命爆發後成了眾矢之的。二十五日，資政院全體議員表決，一致通過彈劾盛宣懷案。次日清廷發佈關於四川保路風潮的上諭，決定懲治涉事地方官，釋放被捕各紳，罷免盛宣懷。汪榮寶對清廷的做法深為贊許，認為「有此二事，亦足以挽回人心一半矣！」「足以伸國論而平公憤矣」！[二十八]二十七日，資政院又提出消除「弭亂」具奏案，要求罷親貴內閣，將憲法交資政院協纂，解除黨禁，以圖挽救。清廷諭允，同時為昭示誠意，十一月六日，又把因謀炸攝政王被終身監禁的汪精衛、黃復生釋放出獄。[二十九]汪榮寶認為：「朝廷既有悔過之心，吾民有望治之意，流血慘禍或可免乎？」清廷的姿態讓汪榮寶對維護原有統治抱有希望。

二十八《汪榮寶日記》第三冊，1911 年 10 月 26 日，第 1034 頁。

二十九《汪榮寶日記》第三冊，1911 年 10 月 30 日，第 1038 頁。

武昌起義後，各種傳聞紛起，京師更是謠言四起，「或云民政大臣將勒令內城漢民移住外城，或云禁衛軍隊將對於漢人起暴動」，以致人心惶懼，紛紛遷避。汪榮寶和陸宗輿、章宗祥、曹汝霖等擔心京城安危，「如不設法鎮撫，恐生意外」，他們商擬運動政府明降諭旨，「解釋鬪疑」，穩定人心。[三十]可見，在十月下旬，他的一切活動仍以挽救清廷為目的。

然而，形勢發展之速出乎汪榮寶的預料。十月二十九日，靠近京師畿輔的灤州軍在張紹曾的帶領下發動兵諫，提出速召國會、擬定憲法等十二條政綱，要求清廷限期答覆，否則進攻京師。清政府審察情形，非將灤州軍要請各條交予決答，不足以救危急，遂倉惶令資政院立即制定憲法。十一月二日，資政院開會討論憲法信條，汪榮寶作為資政院議員參與了憲法信條的商榷。會間他對議會採用兩院制或一院制問題發表看法，力主兩院制，有些議員主一院制，汪榮寶與之辯論激烈，「幾至決裂」。當日資政院通過信條十九條，各議員皆「歡呼」，以為找到了救危良策。而汪榮寶卻感慨頗多，他想到自己幾個月來費盡心血纂擬的憲法竟然作廢，不由得痛心惋惜；又揣測形勢，似對清廷極為不利，自己雖竭力挽救，卻也無法左右，「未及散會，先行退出」。[三十一]十一月三日，清廷頒佈《重大憲法信條十九條》，汪榮寶評論道：「朝廷如此讓步，是亦可以已矣！」[三十二]語氣中依然對清政府抱有希望。

三十 《汪榮寶日記》第三冊，1911 年 10 月 27 日，第 1035 頁。
三十一 《汪榮寶日記》第三冊，1911 年 11 月 2 日，第 1041 頁。
三十二 《汪榮寶日記》第三冊，1911 年 11 月 3 日，第 1042 頁。

但革命之火以不可遏止之勢迅速蔓延開來。十月二十二日，湖南首先回應起義，宣告獨立，緊接著陝西、江西、山西、雲南四省相繼脫離清政府宣告獨立。十一月初，東南重鎮上海及江蘇、浙江、安徽等省先後宣佈獨立。東南各省為中國經濟最發達和富庶的區域，這些地區的「光復」使革命黨人的聲勢大振，給清廷以致命的打擊。汪榮寶不禁哀歎道：「嗟乎！我瞻四方，蹙蹙靡騁，強鄰環伺，豈有幸哉！」[三十三]十一月七日，傳聞「保定失守」，又聞山西巡撫吳祿貞被殺，他斷定「北方大局將不可收拾矣」！當夜，汪榮寶決定舉家到天津避難。[三十四]次日，他與家人到車站時，因出京者紛紛，「車中擁擠，已無立足之地」，只得「勉強就道」，至天津後又遇居無住所之困，狼狽情形，不堪言狀。[三十五]當日到津後，其「眷屬等擬投租借長發棧暫住」，但打聽後才得知根本沒有房屋可住，後只有將家眷安頓在長發分棧暫住，他自己去朋友家裡。此後兩天到處租房，聽說日本公園附近有一處空屋可租，趕去一看則已有人先占，幾經周折，在親戚的幫忙下租下旭街七十八號一處房屋，月租七十元，才將家眷接來居住。

從十月十日武昌起義到十一月上旬避難於天津，汪榮寶雖對清政府有些失望，但仍抱有希望，相信清廷憑其統治權威，能重新穩定秩序，因而依然為挽救清廷上下奔走。

三十三 《汪榮寶日記》第三冊，1911 年 11 月 5 日，第 1044 頁。

三十四 《汪榮寶日記》第三冊，1911 年 11 月 7 日，第 1046 頁。

三十五 《汪榮寶日記》第三冊，1911 年 11 月 8-11 日，第 1047-1050 頁。

三、代表資政院向袁世凱妥協

在革命形勢迅猛發展、清廷處境日漸艱難之時，汪榮寶也在思考著中國應何去何從，採取何種政體既能穩定局勢，又符合民意，為此他參加了國事共濟會。國事共濟會成立於十一月十五日，由楊度和汪精衛[三十六]聯名在天津《民興報》上發表《國事共濟會宣言書》，楊、汪兩人分別代表立憲黨和革命黨，其他主要成員還有范源廉、江庸、李景鉌、陸宗輿、汪榮寶等。該會提出南北雙方停戰，請召開臨時國民議會，議決君主民主問題，並向資政院提出陳情書。[三十七]資政院曾三次集會討論這一陳情書，由於議員分歧大，尤其是滿清宗室議員強烈反對，最終沒有結果。事實上，國事共濟會所提倡的解決國體的方案缺乏實施環境和條件，國內各政治勢力反應冷淡。滿清宗室堅決反對，袁世凱似乎對這種無用的表面文章無動於衷，南方革命軍力主共和制，輿論界則斥其為無聊之舉。因此，該會提出的解決方案未對時局產生多大影響。十二月五日，國事共濟會宣佈解散，汪榮寶等人試圖通過國民會議迅速解決時局的計畫流產。

三十六 汪精衛被清廷開釋後，滯留在京師，靜觀國內形勢。剛被釋放的汪精衛聲名煊赫一時，在同盟會中有較高的聲望，他在天津召集北方革命黨，成立中國同盟會京津分會，創辦《民意報》，作為革命派在北方的輿論陣地。時袁世凱看准了汪的聲名，而汪精衛也欲有一番作為，遂接受了袁世凱的暗中指派，與南方革命軍進行聯絡，為袁及南軍穿針引線。

三十七 楊度：《國事共濟會宣言書》，《楊度集》，湖南人民出版社 1986 年版，第 538-540 頁。

在加入國事共濟會之外，針對如何解決時局，汪榮寶保持著自己的判斷。時資政院議員章宗元因各省搖動，倡議「採用美利堅聯州制」，主張嗣後各省行政長官由省議會公舉。汪榮寶表示反對，認為「現在各省正在紛擾中，無論何等朝命，均不能行，此舉恐無效」。[三十八]他對形勢的分析把握是正確的，各省獨立，倘若擁兵自重，朝命根本無效。另外，議員徐佛蘇主張南北分立說，「力言統一主義之不可行於今日」。汪榮寶認為徐的言論「頗有理由」，但國家一分為二，南北對峙是他不願看到的。[三十九]實行何種政體，恐怕要等待時局發展再作決定。

汪榮寶還注意到袁世凱的地位和聲勢日漸突出。此時，清廷對時局已漸失控制能力，只有把袁世凱當作救命稻草，授以大權，委以重任。十一月一日，奕劻皇族內閣辭職，八日，資政院開議，選舉袁世凱為內閣總理大臣，十三日，袁世凱率眾抵達京師，於十六日組成新的責任內閣。袁世凱為抬高身價，故意聲稱憲法信條上關於總理大臣權力的規定不夠清楚，且不知與資政院的政見能否一致，「故非討論明白不能擔此重任」，要求資政院開會討論。資政院為此召開特別會議，議員們商榷結果，決定推舉汪榮寶、陳懋鼎、邵羲等面見袁世凱，解決各項問題。汪榮寶等四人當晚即赴錫拉胡同謁見袁世凱，袁有意為難，「首述主張君主立憲之宗旨及理由，次對於信條上種種之疑問，次言對內對外各種困難情形」，並言「辭職之意」。汪榮寶等為之解釋，力勸袁以天下為己任，「不可固辭」。[四十]

三十八 《汪榮寶日記》第三冊，1911 年 11 月 6 日，第 1045 頁。

三十九 《汪榮寶日記》第三冊，1911 年 11 月 21 日，第 1061 頁。

四十 《汪榮寶日記》第三冊，1911 年 11 月 14 日，第 1053 頁。

十一月十五日，資政院開會，汪榮寶將昨日謁見袁世凱情形報告給同仁。同時建議資政院將可能與袁氏發生矛盾的各條自行撤銷，以安其心。[四十一] 汪榮寶之所以如此遷就袁世凱，固然是迫於形勢，但間接反映出他對清政府的信任已開始動搖。面對各地革命烈火，滿洲親貴的反應頗不相同，與汪榮寶交往密切的肅親王善耆和延鴻貝子就持截然相反的態度。善耆是強硬派，他貶低革命，竟然認為「東南各省之紛擾，殆同兒戲，倘中央政府立定腳跟，各省自然瓦解」，並力勸汪鎮定，「毋自驚擾」。[四十二] 延鴻貝子則已喪失信心，當十一月二十二日汪榮寶與章宗祥、曹汝霖、陸宗輿四人同去祝賀其生日時，延鴻出示了汪榮寶去年請周旋速開國會所作的信函，歎道：「君等未嘗負大清，大清實負君等耳！言之慘然！」[四十三] 其悲觀情緒略見一斑。汪榮寶保持著自己的政治判斷：既然滿清王朝無力維持大局，就該另覓他路，袁世凱日益權重，威信日熾，極有可能就是擔當大任的合適人選，故稍有妥協並無妨礙。

四、與莫理循探討時局

在努力從內部尋求救世良策的同時，汪榮寶還與一些外國人聯絡，交流對時局的看法，瞭解國際社會對中國革命事件的態度，以決定應對之策，他聯絡的主要人物是莫理循（其日記中寫為摩利森）。莫

四十一 《汪榮寶日記》第三冊，1911 年 11 月 15 日、16 日，1054、1055 頁。
四十二 《汪榮寶日記》第三冊，1911 年 11 月 18 日，第 1057 頁。
四十三 《汪榮寶日記》第三冊，1911 年 11 月 22 日，第 1061 頁。

理循，全名喬治·厄尼斯特·莫理循（George Ernest Morrison），英國《泰晤士報》駐北京的記者，民國初任袁世凱政府高級顧問。[四十四]他藉記者身份，在中國官場廣交朋友，汪榮寶即其中之一。[四十五]自武昌起義爆發後，莫理循以記者特有的職業敏感，密切關注中國局勢的變化，通過各種管道頻繁與清朝官員聯絡，以期對局勢有準確預測，為英國在革命事件上明確立場提供參考。

據汪榮寶日記記載，十一月十七日，莫理循主動登門拜訪，各自交流對時局的態度，二人密談一小時之久。[四十六]他們交談的詳細內容可從莫理循同日寫給好友布拉姆的信中窺探一斑。莫理循在信中寫道：「今日早晨我見到了資政院同袁世凱談判的代表。他是從骨子裡反對清朝，主張共和的革命者。這裡有才智的中國人，我還沒有見到不反對清朝的。」[四十七]莫理循沒有指明這位原代表姓名，但根據前述可知，莫理循在十七日上午曾面見汪榮寶，而汪氏正是資政院與袁世凱接洽的代表之一，因此，基本可以肯定信中所說之人即汪榮寶。而我們從莫理循的信中也可以推知，在十一月中旬，汪榮寶的政治態度和立場已發生了明顯轉變，他已不信任清朝政府。實際上，他此後很快便轉向共和，成為新的民主共和制的擁護者了。

四十四 莫理循在1897年至1918年間，在中國工作和生活了20多年，他所居住的大街被稱為莫理循大街，在清末民初的政治舞臺上具有較大影響。

四十五 竇坤：《莫理循與清末民初的中國》，福建教育出版社2005年版，第2頁。

四十六 《汪榮寶日記》，1911年11月17日，第1056頁。

四十七 （澳）駱惠敏編，劉桂梁等譯：《清末民初的政情內幕——〈泰晤士報〉駐北京記者袁世凱政治顧問喬·厄·莫理循書信集》上冊，知識出版社1986年版，第791頁。

為進一步交流對局勢的看法，第二天即十一月十八日，汪榮寶又接受莫理循的邀請，同章宗祥到莫寓所共論時局。汪榮寶向莫氏詢問英國政府的態度，莫氏暗示英國已有意支持袁世凱。又探尋日本對中國是否會有所舉動，莫氏告知：「日本若不得英國之同意，絕不敢單獨行動。」[四十八]可以看到，汪榮寶非常重視國際社會對中國局勢採取的態度，而日本對中國存有覬覦之心，此時特別要堤防日本趁機侵佔中國。莫理循通過與汪榮寶等的交談，意識到君主立憲制已不被國人認同，建立民主共和制已成為歷史潮流。因此至十一月中旬，莫理循的態度亦發生了根本的轉變，他不再呼喊維持清政府，而是把眼光轉向了北洋權臣袁世凱。而汪榮寶通過同莫理循的談論，也瞭解到國際社會的主流方向，使其愈加離心於清王朝，開始逐步接受民主共和制。

自十一月下旬，汪榮寶已意識到清廷大勢已去，無可挽回。他明確表示了自己的政治傾向：支持民主共和制。在資政院開會時，竟然「尚有多數議員主張痛剿者」，他譏諷道：「真可謂至死不悟矣！」[四十九]一九一一年十一月二十六日，汪榮寶到日本理髮店，果斷剪掉髮辮，此時離清廷發佈剪辮上諭還有十多天。[五十]剪去代表滿清王朝臣民的長辮，也剪斷了汪榮寶和清廷的臣屬關係。自此，他的政治活動即是為儘快和穩健地建立民主共和制而努力。

四十八　《汪榮寶日記》第三冊，1911 年 11 月 18 日，第 1057 頁。
四十九　《汪榮寶日記》第三冊，1911 年 11 月 24 日，第 1063 頁。
五十　《汪榮寶日記》第三冊，1911 年 11 月 26 日，第 1065 頁。

第三節　支持民主共和制

一、關注南方革命勢力

隨著形勢的發展，汪榮寶敏銳地意識到清廷已是朽木一塊，也清楚地觀察到中國社會的前景在於民主共和制，經過痛苦地心理掙扎，加以深思熟慮之後，他選擇了支持民主共和制。從一九一一年十二月至一九一二年二月間，汪榮寶頻繁往來於北京和天津之間，為實現民主共和制多方奔走。

汪榮寶非常關注南方的軍事及政治動向，利用各種機會探聞南方革命軍實情。在武昌起義的第二天即十月十一日，湖北成立了以黎元洪為首的軍政府，此為革命黨臨時領導機關。十一月初，同盟會領袖人物黃興從上海抵達武漢，任戰時總司令。黃興向袁世凱拋出橄欖枝，十一月九日致信袁世凱，明確告訴袁氏：「以拿破崙、華盛頓之資格出，而建拿破崙、華盛頓之事功，直搗黃龍，滅此虜而朝食。」聲明若袁促使清帝退位，贊成共和，就保證拱手讓權。[五十一]袁世凱也有意與南軍議和，以抬高自己在國內政治力量中的地位。通過這些資訊，汪榮寶預測到袁世凱和軍政府之間將會出現和談局面。為此，他通過友人介紹，與奉湖北軍政府之命進京遊說袁世凱的曾廣為見面，探聽軍政府消息。曾面陳道：「彼黨宗旨，願以共和之名義，暫行開明專制之精神」，並直言「項城如果有意，決無人願與爭總統之一

[五十一] 毛注青編：《黃興年譜長編》，中華書局1991年版，第221頁。

席」。[五十二]後來曾廣為試圖接洽袁世凱的親信蔡廷幹，面見袁氏陳說上述意思，但被拒絕。此後，汪榮寶一直與曾廣為保持著聯繫，通過他瞭解議和消息。

汪榮寶與江南舊友聯絡頗多，張一麐和費樹蔚是其往來的對象。張、費二人曾為袁世凱幕僚，前因袁氏被罷官，二人亦賦閒歸里，此次袁世凱再度出山，張、費也即刻出來活動，協助奪取權力，成為南方的「擁袁」派。二人主動與汪榮寶聯絡，告知南方情形，並通過他向袁世凱轉達南方動態。十一月二十九日，汪榮寶收到費樹蔚的信件，信中附上袁世凱書，囑託代呈；十二月一日，他收到張一麐和費樹蔚信函，告知南方資訊；十二月四日，他又接到張一麐、楊廷棟公電，內容為兩軍各有和談之意，會議結果應絕對服從，「請預儲實力」，囑咐轉達袁世凱。[五十三]汪榮寶遵信所囑，一一照辦，他成了南方「擁袁」勢力與袁世凱的中間聯絡人。

汪榮寶一直與張謇互通南北政治和軍事動態。張謇是清末立憲派的領袖，在全國士紳中聲望頗高，特別在江南地區，張氏可謂一呼百應的人物，他對時局的態度在一定程度上影響著江南的局勢。袁世凱極為重視張謇的作用，因為籠絡了張謇不僅可以取得東南上層紳商的支持，而且可以通過他對南方的革命黨人施加輿論壓力。一九一二年二月九日，汪榮寶收到張謇來電，張氏請其到南方共襄時局，他立即覆電，答應「稍緩即歸」，並透露道「國體將決，此間正在準備」，又趁機將東三省危機情形轉告張，

五十二《汪榮寶日記》第三冊，1911年12月11日，第1080頁。
五十三《汪榮寶日記》第三冊，1911年12月1日、4日，第1070、1073頁。

請其在南軍中疏通，阻止革命黨在東三省起事。當日，汪榮寶至內閣後，梁士詒告以南方的激烈派反對議和所談優待條件，「恐生枝節」，請他「設法疏通」。汪榮寶當即給張謇去電，希望促使南方接受所議優待清室條件。[五十四]

汪榮寶還一直關注南方革命軍的舉動。武昌起義後，南方「光復」各省曾為領導權問題紛爭不已，發生了「鄂滬之爭」，一時間無法協調。孫中山的歸國打破了僵局，一九一一年十二月，革命派領袖孫中山從海外歸國，受到各省代表的熱烈歡迎，隨後在十二月二十九日舉行的十七省聯合會上被推舉為臨時大總統。一九一二年一月一日，孫中山在南京宣誓就任臨時大總統，宣佈成立中華民國，改元紀年，一九一二年為中華民國元年。汪榮寶十二月三十日的日記中記道：「昨日各省代表集南京，開臨時總統選舉會，投票之結果孫文得十六省之同意，當選為臨時大總統。」[五十五]汪榮寶頗為擔心革命黨人掌握政權，但在十二月三十一日的《民意報》上看到孫中山致袁世凱的電文，文中有「文暫承乏，虛位以待之心，終當大白於將來」之語，他贊道：「蓋孫固以國家為前提，非必有自居成功之意也。」[五十六]他又通過參加南北議和的章宗祥、李景鉌瞭解南軍實況，得知「此次革命幾於萬眾一心，各以死自誓，雖婦孺走卒無不踴躍。」[五十七]這讓汪更堅定支持民主共和的決心。總之，汪榮寶通過多種管道，逐步加深對南

五十四 《汪榮寶日記》第三冊，1912年12月9日，第1140頁。
五十五 《汪榮寶日記》第三冊，1911年12月30日，第1099頁。
五十六 《汪榮寶日記》第三冊，1911年12月31日，第1100頁。
五十七 《汪榮寶日記》第三冊，1912年1月5日、6日，第1105、1106頁。

方革命軍的瞭解，促使他轉變態度，支持南北議和，贊成共和政體。

二、私擬議和條款

汪榮寶知清廷大勢已去，決心加快自己民主共和的步伐，以求不落形勢之後。既然南北雙方已經在醞釀議和，遂考慮提出議和條款，以供袁世凱參考。十二月十二日，汪榮寶在天津草擬了南北媾和九條條款。內容如下：

一、改大清帝國為中華民國；
二、民國之統治權由國民依憲法組織各機關行之；
三、大清皇帝及其繼統之子孫永遠享有皇帝之高稱及榮譽；
四、皇帝駐蹕熱河；
五、皇帝於皇宮自治事宜有制定法規之權；
六、皇族之有爵者依舊世襲；
七、皇族除特免兵役外，與國民有同一之權利義務；
八、皇室經費年三百萬圓；
九、本約與民國憲法有同一之效力。[五十八]

五十八《汪榮寶日記》第三冊，1911 年 12 月 12 日，第 1081 頁。

當汪榮寶草擬媾和條款時，南北議和尚未正式開始，他憑藉自己的政治敏感，分析和斟酌戰時資訊，從瞬息萬變的時局中找出主流方向，改變政治立場，轉向支持民主共和制。從所擬的條款可以看出，汪榮寶已經意識到以中華民國取代大清帝國是大勢所趨，無法抗拒，因此在第一條中就明確提出改大清帝國為中華民國，廢除王朝統治，建立民主國家。他預計到即將開始的南北議和對於國體問題應不會有所爭議，然兩方想要和平解決，促使清帝主動退位，優待皇室的條件甚為關鍵。因此，他在第三條至第八條中規定了皇室經費、爵位、法制等諸多權力。這些內容在某種程度上也反映出汪榮寶在感情上與清王朝的藕斷絲連，難以割捨，故盡力為皇室爭取一些特權與利益。

汪榮寶審視所擬條款，認為倘若以此「調停君民之間，彼此均可相安無事」。他將條款示陸宗輿，希望遊說徐世昌將此條款轉達袁世凱，陸宗輿表示反對。一九一一年十二月十九日，汪榮寶從天津回京，將所擬條款示曹汝霖，曹氏極為贊同，二人當即拜謁徐世昌和袁世凱，擬呈遞條款，但徐、袁均辭謝不見，條款暫被擱置。至十二月份，南北雙方才開始議和的實際行動。十二月八日，袁世凱委任唐紹儀為議和全權大臣，十二月九日，南方軍政府正式舉伍廷芳為南方議和代表，十二月十八日，唐紹儀和伍廷芳正式在上海南京路工部局市政廳舉行第一次會議。期間汪榮寶無時不在關注著談判內容及進展情形，與參與議和的楊度保持聯絡。至十二月二十二日，曹汝霖從外務部電告南方堅持共和，「川陝均有電告急」，「外債又無從借貸」，建議速將所擬條款「轉達東海，忠告項城」。汪榮寶當即以信函形式將私

擬條款交付內閣成員徐世昌。[五十九]

自南北議和開始後，唐紹儀和伍廷芳先後討論了停戰、政體、國民議會和優待清室條件等問題。其中關於清室優待條件的討論在十二月二十九日的第三次會議上。此次會中，南北兩方大致達成優待清室條件，內容包括以外國君主之禮待之、退居頤和園、優給歲俸、保護其原有財產等，後經過反覆磋商，最終簽訂關於大清皇帝辭位後之優待條件的相關文件。汪榮寶身在天津卻時刻關注著南北對清室優待的討論和發佈情形，與張謇等南方人士保持聯絡，就在一九一二年二月十日即宣統三年十二月二十三日，他還收到張謇來電，內中針對優待皇室條約何時發表事與之商酌，電文稱：「南方與優待皇室條件，當局與參議院反覆磋磨，視來件無大出入，不獨體項城為難，亦以顧全項城維持國防而然。伍昨日覆閣電，實已筆舌俱瘁，費盡磋磨，無可再說。要之種種優待，專為辭位二字之代價，若不說明，何以合南北贊同共和之心理，亦何以示將來政治之健全？二君明於時勢，務望力助項城，必踐廿四發表之約，萬務遷延兩誤，敗壞大局，追悔無及。」電文敦促汪榮寶和陸宗輿要力助袁世凱保證於第二天發表優待條件。就在當天，汪榮寶到內閣辦公，梁士詒囑咐草擬奏稿，準備明日呈遞，汪氏當即執筆撰稿，午飯後又按照袁世凱之意，將奏稿修正數處，而他所草擬並修改的奏摺，極有可能就是二月十二日詔書的正式文本。十二月十二日，袁世凱等國務大臣請旨發表《清帝遜位詔書》、《優待條件詔書》、《善後安民詔書》三道詔書。其中關於清帝和皇室的優待條件內容如下：

五十九 《汪榮寶日記》第三冊，1911 年 12 月 22 日，第 1091 頁。

甲、關於清帝退位後優待之條件：

第一款：清帝遜位之後，其尊號仍存不廢，中華民國以待外國君主之禮相待；

第二款：清帝遜位之後，歲用四百萬兩，俟改鑄新幣後，改為四百萬元，此款由中華民國撥付；

第三款：清帝遜位後，暫居宮禁，日後移居頤和園，侍衛人員照常留用；

第四款：清帝遜位之後，其宗廟陵寢，永遠奉祀，由中華民國酌設衛兵，妥慎保護；

第五款：清德宗崇陵未完工程，如制妥修，其奉安典禮仍如日制，所有實用經費，均由中華民國支出；

第六款：以前宮內所用各項執事人員，得照常留用，惟以後不得再招閹人；

第七款：清帝遜位之後，其原有私產，由中華民國特別保護；

第八款：原有禁衛軍歸中華民國陸軍部編制，其額數俸餉仍如其舊。

乙、關於清皇族待遇之條件：

（一）清王公世爵概仍其舊；（二）清皇族對於中華民國國家之公權及私權，與國民平等；（三）清皇族私產一律保護；（四）清皇族免兵役之義務。[六十]

六十 中國史學會主編：《南北議和史料》，《辛亥革命》，第八冊，上海人民出版社1981年版，第84頁。

此清單的內容與「汪擬條款」有很多相同之處。如在清帝的尊號和禮遇問題上，二者都規定尊號不廢和享有君主禮遇。又如清帝退位後歲俸問題，兩文件均規定供給歲俸，只不過清單中規定四百萬元，汪款限定三百萬元。再如優待皇族問題，在皇族爵位世襲、保護私產、免兵役等方面，清單所列內容基本上與汪擬條款相同。

那麼汪榮寶所擬的條款是否為南北議和提供借鑒了呢？汪榮寶擬定條款的時間是十二月十二日，並於十二月二十二日交到徐世昌手中，再轉交袁世凱，而南北議和在十二月二十九日方首次討論優待問題。當然，最終形成的有關清室優待的條件是南北雙方反覆磋磨討論的結果，可以說是綜合了集體意見，但是從時間來看，「汪擬條款」草就較早，且已交到袁世凱好友徐世昌的手中，而袁是完全有時間對其進行借鑒和修改的。因此，我們可以推測，最後頒佈的關於清室優待的條件極有可能參考了汪榮寶所擬的九條條款，也就是說汪擬條款為南北議和中討論清室優待條件提供了最原始的參考方案。

三、靠近並襄助袁世凱

南方革命形勢迅猛發展，清廷處境日窘，愈加倚重袁世凱。自攝政王載灃引咎歸邸不再預政後，袁世凱成了清廷惟一可以依靠的力量。袁世凱權勢日重，野心也隨之膨脹，欲借清廷和革命之力，樹立個人權威，統領全國。他暗中指使楊度、汪精衛等，叫嚷收拾時局「非袁不可」、「非袁莫屬」，為自己大造輿論聲勢。汪榮寶通過觀察，逐步認識到袁世凱是穩定時局的合適人選，遂有意向袁靠近，希冀其能力挽狂瀾，早日實現國內穩定。

一九一一年十一月二十九日，汪榮寶乘拜謁袁世凱、轉交蘇州費樹蔚的信函之機，與袁「入談良久」，向袁「告以大勢之所趨及國民意向之所在」，暗示靠近之意。袁世凱也表達了外交危急、現以和平為要的意思，汪榮寶認為袁的言論「持之有故、言之成理」。[六十一]第二天，徐世昌即來找汪幫忙，稱革命黨在東北奉天和大連得日本人相助，有準備起事之跡象，一旦發動，日本極有可能會以平亂為藉口乘機出兵佔領奉天。另外，英國有進兵廣州之意，法國伺機將進兵雲南，若再不穩妥解決，即召瓜分之禍。希望汪榮寶「設法將此意宣佈國民，先將奉天暴動暫行按住，徐商平和解決之策」。汪榮寶答應盡力妥辦。[六十二]

為爭奪時局的控制權，袁世凱先以武力威脅，指使在前線作戰的親信部將馮國璋進擊革命軍，後見以武力壓迫革命勢力使其讓步目的已達，又指使北洋將領反過來通電要求清廷承認共和。汪榮寶聞知前敵各將領段祺瑞、倪嗣沖、張勳、曹錕及姜桂題等聯名電奏，力請清廷承認共和制，初「殊覺出人意外」，不解此舉何意，轉而恍然大悟，明白了這些都是袁世凱的安排，頓時心悅誠服：「項城佈置著著進步，機會已熟，解決不難矣！」同時更是欽佩不已，稱讚袁「真天下英雄也！」[六十三]他終於看清了風向，決心襄助袁世凱。

當時儘管多數滿清親貴已喪失信心，但小部分頑固派依然堅持以武力解決，叫嚷與革命軍作戰。一九一二年一月，以良弼和善耆為首的部分皇族結成宗社黨，力主宣戰，提出罷免袁世凱內閣之說。皇族

六十一 《汪榮寶日記》第三冊，1911年11月29日，第1068頁。

六十二 《汪榮寶日記》第三冊，1911年11月30日，第1069頁。

六十三 《汪榮寶日記》第三冊，1912年1月27日、29日，第1127頁、1129頁。

親貴如此叫囂，汪榮寶不禁憂心如焚，「暗殺疊出，危機四伏，若大局再不解決，恐京津之亂即在目前！」他憤慨地斥責「年少皇族之肉豈足食乎？」[六十四]

由於汪榮寶活動頻繁，竭力為袁世凱掌握大局製造聲勢，他常與南方張謇、張一麐、楊廷棟等以及在鎮江的家人聯絡，結果他寫給父親汪鳳瀛的書信被披露報端。一九一二年二月一日的《國民公報》以《表白項城心理》為標題，將汪榮寶一月二十六日的家書內容公諸於眾，信中直言：項城並不堅持君主政體，惟所處地位斷不能直截了當宣佈共和，「南中輿論每不諒其苦心，疑忌甚深，不無誤會。」汪榮寶在自治局看到報紙，報上稱蘇州軍政府檢查郵件，發現一極有關係之信，即是他寫給家人的信件。汪榮寶對此事極為憤怒：「此種侵害民權之舉動，究竟依據何種法律，殊為駭異！」從信中內容足以可見汪氏已決意支持袁氏掌權了。

二月五日，正在天津的汪榮寶接到袁世凱心腹梁士詒和阮忠樞的來信，信中轉述袁的意旨，催促他趕快回京「襄理閣務」。[六十五]第二天即二月六日，汪榮寶和陸宗輿乘快車回京，趕至內閣見梁士詒諸人，正式參與袁世凱總理公署的機要文案，即刻參與處理閣務。[六十六]自此，汪榮寶就忙於為袁世凱起草各種文件和南北交涉的電稿。據汪榮寶日記中載，在他所擬的文件中，較為重要的是《對北方各省督撫宣言》。此件原由他人所擬，阮忠樞不滿意其措辭，交付汪重擬。汪榮寶在宣言中陳述了對時局的看法，略謂：

六十四 《汪榮寶日記》第三冊，1912 年 1 月 27 日，第 1127 頁。

六十五 《汪榮寶日記》第三冊，1912 年 2 月 5 日，第 1136 頁。

六十六 《汪榮寶日記》第三冊，1912 年 2 月 6 日，第 1137 頁。

「此次改革為中國從未有之變局，非捨故君而代以新君，乃由帝政而變為民政。非但與印、韓諸國亡國敗家者不同，抑且與夏商以來易姓受命者迥異，吾人同屬國民，各有天職，艱難締造，義不容辭！」最後寫道：「諸公爰在前朝，夙膺陲寄，幸能同心戮力，克奏成功，有以慰同胞望治之心，方不負清廷致改之意。」在此宣言中，汪榮寶明確地表達了對民主共和制的認同，認為此次革命是和平變革，不同於中國歷史上的改朝換代，力促各督撫接受改制，共同締造共和國家，這番話可謂他自己的心聲。[六十七]該項宣言經梁士詒、袁世凱的補充修改，於二月十三日用「全權袁」的名義以《致北方各督撫各府州縣電》為標題公開發表。同時公開發表的還有《關於組織臨時共和政府佈告》等多項文告。二月十日，南北談妥清室優待條款，梁士詒請汪榮寶起草正式奏章，汪立即動筆，下午「四時頃脫稿」，交給梁士詒，並於當晚回津。[六十八]而次日，內閣即來電催促他速回北京，因清帝退位詔書即將發佈，「應辦文牘甚多」，當天他趕回北京，車上還碰到赴內閣的楊度，到晚上七點二人才抵前門，又換乘馬車趕至內閣，汪當即草擬電稿與信稿各二件。[六十九]

汪榮寶關注的至關重要的文件是清帝退位詔書，在一九一二年一月十九日日記載道：「聞遜位詔書已預備安貼，三四日內當宣佈矣！」二月一日，聽說遜位詔書將於二月四日頒佈，至二月四日又得知遜國詔旨不能發表，因袁氏與南京政府商榷條件尚有未盡妥恰之處，「有緩至二十一日之說」。至二月十

六十七《汪榮寶日記》第三冊，1912年2月8日，第1139頁。
六十八《汪榮寶日記》第三冊，1912年2月10日，第1141頁。
六十九《汪榮寶日記》第三冊，1912年2月11日，第1142頁。

日他在內閣起草清帝退位奏稿，閱看了退位詔書的內容並遵袁世凱之意對其進行修改。清帝退位詔書，據說由張謇所擬，由袁世凱修改定稿而成，而張謇幕友劉厚生則說詔書原由他先撰稿，後由張氏修正而成。在張謇將電稿寄給袁世凱後，據說汪榮寶也參與了電稿的修改。劉厚生回憶道：「據好幾個參與清廷機密的老朋友說：電稿到京後，袁世凱、徐世昌就把稿子交給汪袞甫（汪榮寶）。汪讀後，就說『張季直為文，力模班史，詞句硬碰硬，此稿卻婉轉莊肅，情見乎詞，不類季直手筆，或當另有其人』。汪遂援筆修改，把我原文末句『有厚望焉』改為『豈不懿歟』。」[七十]而後曾經跟隨梁士詒、阮忠樞等人在袁世凱內閣擔任文案幕僚的葉恭綽回憶：退位詔書原有人草擬，由葉修改，但未來得及呈上，而南方已擬好一稿電知北京，「此稿聞係張謇、趙鳳昌所擬」，「由某君修改定稿。此稿末句『豈不懿歟』四字，聞係某太史手筆，余甚佩之。蓋捨此四字，無可收煞也。」又據後人回憶稱退位詔書原文為南中張謇所擬，後經袁世凱和徐世昌修改而定，其中「末一語尤為人所稱道，蓋分際輕重，恰到好處，欲易以他語，實至不易也。」現據學界研究基本可以確定：清帝退位詔書並非出自一人之手，張謇也不是最初草稿的撰稿人，而是南北雙方的隆裕太后、袁世凱、孫中山、伍廷芳、唐紹儀、汪精衛、梁士詒、阮忠樞、張元奇、徐世昌、朱芾煌、李石曾等人反覆協商修改的集體智慧的結晶，其中汪榮寶是最後一位參與修改的，之前詔書最後一句是「有厚望焉」，他遵照袁世凱之意修改而定稿，所以極有可能是詔書最後一句的執筆者。

七十 劉厚生：《張謇與辛亥革命》，《辛亥革命回憶錄》，第六集，文史資料出版社 1981 年版，第 262 頁。

袁世凱對清帝退位展開攻勢，採用政治手腕，迫使隆裕皇太后接受優待條件，答應退位遜國。一九一二年二月十二日（宣統三年十二月二十五日），清廷發佈遜國詔書。當日，汪榮寶和其他清廷官員同到內閣靜候。此時，他「惴惴恐中有變」，至中午得知「一切照辦」方才放心。清帝退位，標誌著統治中國二百六十八年的滿清王朝退出歷史舞臺。同日，袁世凱發佈「真電」，表示贊成共和。

汪榮寶為用和平手段建立共和制欣慰不已，揮筆記道：「大清入住中國自順治元年甲申至今宣統三年辛亥，凡歷十帝二百六十八年，遂以統治權還付國民，合滿、漢、蒙、回、藏五大民族為一大中華民國，開千古未有之局！」[七十一]下午他到陸宗輿寓所攀談，二人登高遠望，汪澎湃心潮難於自抑，進一步感慨道：「匕鬯不驚，井邑無改，自古鼎革之局豈有如今日之文明者哉？」共和制最終塵埃落定，汪榮寶也從立憲派轉變為民主共和制的堅定支持者。

第四節　從立憲到共和的轉變

鼎革之際時局變幻不定，汪榮寶的政治態度及立場隨著形勢的發展也在發生著變化，經歷了從支持清廷到靜觀時局、再從變幻多端的局勢中堅定支持共和制的複雜而艱難的轉變。最明顯的轉變反映在對清王朝和革命軍的稱謂上。鼎革之初，他堅決支持政府，稱清軍為「官軍」，對清廷平息革命抱有希望，

七十一《汪榮寶日記》第三冊，1912年2月12日，第1143頁。

並積極從事挽救原有秩序的各種政治活動。然而革命發展速度出人意料，近代以來受到壓制的民氣迸發出來，成為不可阻擋的力量，革命勢如燎原，燃遍全國。汪榮寶雖為挽救清廷不遺餘力，但是已懷有「知其不可為而為之」的絕望心情。自十一月中旬以後的日記中他已改稱清軍為「北軍」，與南方的革命軍稱謂對等。

汪榮寶對革命派的稱謂前後迥異。在革命爆發初期，他稱武昌起義為「兵變」，呼革命軍為「叛匪」、「叛軍」或「叛兵」，支持清廷儘快消弭革命恢復秩序。但同時，汪榮寶具有政治家的敏感，深知形勢難於預測，處於這樣的「非常時期」定要謹慎從事。他秉持「宜處以鎮靜，密事防範，萬不可略涉張惶，免生枝節」的原則，審慎發表言論。[七十二] 因此，當十月二十七日資政院提出「彌亂案」時，他力辭起草員之職。[七十三] 到十月底，各省屢現戰亂，清廷無法掌控時局，汪榮寶不禁發出「殆有燎原之勢」的慨歎，對清廷的信任在逐步動搖，以至絕望。這時對南方革命軍的稱謂也發生了變化，從十月二十四日起，他在日記中改稱為「革命軍」、「南軍」或「民軍」。[七十四]

汪榮寶的政治主張及舉動雖然發生著轉變，但這種轉變是有過程的，並非一蹴而就式的，而是在經過一段時間的猶豫徘徊之後，才選擇和接受民主共和制的，這種曲折轉變的原因是多方面的：第一，汪榮寶自小接受儒家思想的薰陶，深受中國傳統文化中忠君報國及封建綱常禮教觀念的影響，這使得他在

七十二 《汪榮寶日記》第三冊，1911 年 10 月 13 日，第 1021 頁。
七十三 《汪榮寶日記》第三冊，1911 年 10 月 27 日，第 1035 頁。
七十四 《汪榮寶日記》第三冊，1911 年 10 月 24 日，第 1032 頁。

感情上與清王朝藕斷絲連，對舊秩序懷有深深的依戀。倘若決心轉向民主共和，對於肩負傳統重荷在清廷體制內任職的官員來說，跨出這一步是需要勇氣的。因此，他不可能從革命一開始就轉變立場，而要進行一番挽救清朝的努力和思想上的痛苦掙扎，才能在道義上找到支持共和制的依據。

第二，汪榮寶持漸進改革的政治理念，主張尊重原有統治秩序和政府權威，在體制內進行革新，反對用暴力手段徹底推翻現有體制，他在清末的改革實踐活動正是遵循這樣的信念。針對革命派發動不影響全局的暗殺等活動，他力主寬容，但當革命派威脅到滿清王朝統治時，就本能的與清廷站在同一立場上，主張剿殺。

第三，汪榮寶具有海外留學的經歷，留學日本時接觸到大量的西學新知，接受了當時盛行的進化論思想，並以進化論指導自己在清末的改革活動。他深知歷史潮流浩浩蕩蕩不可阻擋，任何事物的發展必須遵守這一規律。而在當前萬國競爭的時代，君主專制早已不適合歷史，必代之以新的體制。面對革命的滾滾洪流及各地的相繼獨立，革命派提出的創建民主共和制的政治主張受到國人的普遍認可和歡迎。汪榮寶敢於正視現實，最終捨棄了在鼎革初期所持的觀點，轉而支持共和。

第四，所交往的人物對其產生的影響。鼎革之後，汪榮寶即主動與各方政治人物交流看法，他與楊度、汪精衛、陸宗輿等探討時局的動態，與南方的張謇、張一麐、楊廷棟等保持通信聯絡。這些人的觀點影響著汪榮寶的態度，如聲望甚隆的張謇在革命初支持清廷，但隨著形勢的變化轉而支持民主共和制，張謇的舉動無疑給汪樹立一個範本。另外，與汪榮寶關係最為親密的胞弟，原同盟會成員汪東寶也回國參加革命，為革命軍出謀劃策，還擔任了江蘇都督府駐上海辦事處秘書。以上因素都促使汪榮寶轉變態度。

在各種政治勢力中，汪榮寶之所以擁護袁世凱，是經過審慎思考做出的選擇。汪榮寶在日本留學時對革命派有過接觸，總體上對孫中山的印象和評價不算差，但是，這位西裝革履、常年漂泊海外的領袖對中國的國情到底瞭解多少，會把國家帶至何方，掌權以後政治會有什麼變動，皆是未知數。與孫中山相比，汪榮寶更容易接納袁世凱，袁擁有豐富的政治經驗，頗具聲望，在一九〇九年因「足疾」被攝政王載灃趕回老家時，汪深感惋惜，曾做詩慨歎罷黜事。七十五同時袁世凱手中握有一支強有力的軍隊，又得到英、美等國的支持，尤其是袁在鼎革之後的聲望頓時陡增。汪榮寶對袁氏在非常時期能夠用強硬手腕穩定局勢佩服之至，雖然袁有諸多缺點，但在此危難之際，使全國在共和旗幟下重獲統一與和平的實力人物非袁世凱莫屬了。汪榮寶正是看準了這一點，因而極力擁護和襄助袁世凱掌握政權，以儘快結束混亂局面。

七十五 所作詩題目為《朱門》，其文曰：「白袷經年卷，朱門此夜過。猶餘遺意在，不奈寸腸何。感激淮山館，宣傳鄞市歌。酬恩撫身世，身世醉時多。高閣客竟去，寒雲路幾曾。英靈殊未已，風物正相仍。政已標三尚，言皆在中興。驚皇期一舉，何不向雕陵。猿別方長嘯，鴻軒不可攀。劉楨元抱病，謝傳已登山。橐籥言方喻，關河蒙幾還。故園煙草色，歸去有簾閒。北斗兼春遠，西溪許日曛。可憐漳浦臥，方信阮家貧。自苦誠先檗，防虞要徙薪。京華他夜夢，遠遠隔芳塵。」（汪榮寶：《思玄堂詩》，臺北文海出版社 1970 年版，第 195-196 頁。）

這裡需要再次強調的是，汪榮寶主張通過和平手段解決國體問題，這是他堅守的政治理念。他參加國事共濟會，力圖通過協調南北停止作戰，讓國民決定國體，從而穩定局勢。在民主共和制已被國人普遍認同的情況下，他希望清廷能夠順應歷史，早日遜位。而當清帝最終頒佈退位詔書時，汪榮寶對通過和平手段解決國體問題甚為欣喜，盛讚道：「隆裕皇太后尊重人道，以天下讓之，盛心亦當今我國民感念於無極矣！隆裕皇太后其可謂至德也已矣！」[七十六]和平解決，平穩過渡，這正是汪榮寶所期望的，回顧幾個月來的險象環生、跌宕起伏的政局今朝終於落定，喜悅之情溢於言表。

一九一二年二月十七日，正是農曆除夕，汪榮寶從京城回到天津，與家人團聚，他的心情相當愉快。早起上街，「一路見五色旗飄揚空際，氣象一新」，並到理髮店理髮，換新面貌。[七十七]一場席捲全國的革命風暴總算過去了，民國初建，萬象更新，新國家充滿了希望，他滿懷激情地在宣統三年日記的扉頁上寫下了「革故鼎新」遒勁有力的四個大字，在憧憬中迎接新年和新國家的到來。

七十六《汪榮寶日記》第三冊，1912 年 2 月 12 日，第 1143 頁。

七十七《汪榮寶日記》第三冊，1912 年 2 月 17 日，第 1148 頁。

第八章　民國初年的政治實踐

民國初年，汪榮寶一方面因其原有地位和聲望，另一方面因其和平漸進理念，被吸納進政府，成為民主共和制下的體制內成員。在民初政黨運作、議會政治和法律創建活動中，他依然秉持一貫的漸進改革觀，參加了較為穩健的共和黨、進步黨政治黨派，在議會中也較多地站在國家立場上議政，他支持國民黨宣傳的民主選舉，但反對武力方式的二次革命，力圖通過國會等立法機關來解決政治分歧，期待民主政治能在和風細雨中得到完善。當新的政治權威袁世凱違背民心、妄圖稱帝、破壞共和秩序之時，他能堅持自己的民主價值觀和漸進理念，抵制袁氏帝制，維護社會和平進步。

第一節　政黨、議會觀及其實踐

一、政黨實踐和政黨觀

民國初年建立了民主共和制度，人們嚮往已久的政黨制得以確立，「集會結社，猶如瘋狂，而政黨之名，如春草怒生。」[一] 各種政黨如雨後春筍般湧現出來，成為民初社會上引人注目的政治現象，據臺

一　丁世嶧：《民國一年來之政黨》，《國是》，第1期，1913年5月。

灣學者張玉法統計，民初具有政治性的黨會有三百一十二個之多。[二] 在民國初年的政黨實踐中，汪榮寶並無過多的言論闡述對政黨的認識，他是以實踐行動來表明立場及觀點的。在穩健思想的支配下，他主張體制的穩定，維護中央政府的權威，保證政治秩序的有效運作，面對縱橫捭闔的政黨政治，選擇參加了穩健派政黨。

在民國初期數量眾多的政黨中，汪榮寶先後加入了民社、統一黨、共和黨、進步黨四個政黨。民社於一九一二年一月十六日在武昌成立，由兩湖人士宣導組織，發起人主要包括黎元洪、譚延闓、王正廷、吳稚暉等，成立後不久將總部遷往上海。汪榮寶在該會設立京津分部時成為其成員，並任該部負責人。[三] 統一黨成立於一九一二年三月二日，本部初設上海，後遷往北京，章太炎、張謇、程德全、熊希齡等為主要領導，汪榮寶參加了該黨，並擔任交際科幹事。共和黨成立於一九一二年五月，由民社、統一黨、國民協進會、國民公會等團體合併而成，汪榮寶作為民社和統一黨成員，被並至共和黨中，成為共和黨黨員。進步黨的成立直接受到國會選舉的影響。鑒於以宋教仁為代表的國民黨的巨大影響，共和黨、民主黨和統一黨領袖梁啟超、張謇、黎元洪都意識到合作的必要性。一九一三年五月二十七日，三黨宣佈合併，組建進步黨，黎元洪任理事長，梁啟超、張謇等任理事。汪榮寶作為共和黨成員，又被合併到進步黨中，並擔任了該黨政務部法制科主任之職。

二 張玉法：《民國初年的政黨》，嶽麓書社 2004 年版，第 32 頁。

三 宗方小太郎：《一九一二年中國之政黨結社》，章伯鋒：《近代稗海》第十二冊，四川人民出版社 1988 年版，第 87-88 頁。

民初雖然黨派林立，但總體不外兩派：一是以孫中山、宋教仁為代表的原同盟會系統的激進派政黨——國民黨。該黨強調民權，公開宣揚「鞏固共和，實行平民政治為宗旨」，推行和維護共和制；二是以共和黨、進步黨為代表的穩健派政黨。共和黨和進步黨強調國權，持國家主義至上觀，擁護政府，秉承政治漸進主義。汪榮寶之所以選擇穩健派政黨，無疑與其政治理念有關。他一貫秉持務實漸進的改革理念，注重體制穩定，強調國家統一，維護中央政府的權威。而這樣的理念與共和黨、進步黨的宗旨相一致。如共和黨的宗旨是「不取急躁，不重保守，惟以穩健為第一要義」[四]，進步黨以「將全國政治導入軌道，造成一種可為模範之政黨」為宗旨。另外，這些黨派所宣佈的政綱都強調國家主義，主張聯合袁世凱政府，建立強固的中央政權，並在此基礎上實行政治改造，確立和完善民主共和制。

民國初年，中國的政黨已經形成了政治上的制衡力量，開始在國家的政治實踐中發揮作用。然而，民初政黨制度移植於西方，難以與中國的社會實際融合調適，因此難免存有諸多缺陷，呈現出一定的幼稚性，其中致命的弱點是缺乏民眾基礎。李劍農指出：民初政黨與民眾不生關係，都成了水上無根的浮萍，因此都沒有成功的希望；[五]梁啟超亦指出：民國初年的多黨政治與社會勢力缺乏通道，不代表社會上的利益與階層。總體來說，政黨政治並未在民初政治秩序的重建中發揮顯著作用。汪榮寶真誠地希望通過政黨組建內閣，行使國家權力，按照西方政黨的運作模式，構建完善民主制度，他反對各黨意氣用

四　《大共和日報》，1912年3月13日。
五　李劍農：《中國近百年政治史》，復旦大學出版社2002年版，第328頁。

事，不顧國家利益而爭一己私利，力促各黨形成有序良性的競爭，以保證民主共和制的有效運作。但是，限於政治環境，其理想的政黨模式在中國無法正常運作。

二、議政活動及議會觀

汪榮寶還積極參政議政，在議壇各項活動中，他的議會觀得以形成和表達。議會的出現是民主共和制的產物，符合時代潮流。民國初年，隨著共和政體的確立，議會政治應運而生，在政治精英大力鼓吹下議會政治最終確立。汪榮寶亦積極宣揚議會政治，並親身參加議會實踐，以實際行動推動立法機關的有效運行。

汪榮寶參與議會活動集中在北京臨時參議院和第一屆國會時期。在「兩會」階段，他首先當選為北京臨時參議院議員。一九一二年春，南京臨時參議院遷至北京，並按照袁世凱的意旨進行了改組，與南京參議院相比，北京參議院議員的成份有很大變化，思想激進的同盟會議員數量受到限制，思想相對保守的舊立憲派及舊官僚人數增多。汪榮寶以江蘇省代表的身份，當選為北京臨時參議院議員，四月二十九日到職，並被選為法制委員會的委員。[六]法制委員會是北京臨時參議院內職責最重、工作最為繁忙的一個常任委員會，據統計，該委員會審查的法律、法規議案共計有一百一十三件，占全院付審議案的百

六 顧頓鍒：《中國議會史》，蘇州木瀆心正堂1931年版，第127-128頁。

分之六十六點一。[七]汪榮寶在會中踴躍發言，闡述對多種問題的看法，參加法律案的討論，協助法制委員長張耀曾起草與審定各項法律，有時受張氏委託主持法律案的審核。汪榮寶還是第一屆國會議員。按照選舉法，他以蒙古土謝圖汗部的代表，被選為國會眾議院議員。一九一三年四月，中華民國第一屆國會在北京正式開幕。同年五月，汪榮寶在進步黨第四次議員會上被推選為眾議院院內幹事長，負責該黨在眾議院內的活動。[八]汪榮寶對民初各種政治問題的觀點，及對議會政治的主張，基本上體現在他的議會發言中。下文將通過分析這些言論探尋其議會觀。

（一）對國會組織法和選舉法相關問題的看法

組建正式國會是民初議會政治的核心內容，更是完善民主共和國體的程序之一。各省都督府代表聯合會、南京臨時參議院及北京臨時參議院，均明確表示是臨時性質，為正式國會成立前的過渡機關。因此，儘快制定國會組織法、選舉法乃是臨時參議院緊迫的要務。

南京臨時參議院時期就曾擬定國會組織法及選舉法大綱，北京臨時參議院開議後，接續討論兩大法案。根據法律程序，北京臨時參議院於五月六日的第二次會議上，提出南京臨時參議院時期所擬的國會組織法及選舉法大綱，交付全院委員會審議。全院委員會經過共十五次的討論，將大綱審議完畢，又經

七 李學智：《民國初年的法治思潮與法制建設》，中國社會科學出版社 2004 年版，第 112 頁。

八 張玉法：《民國初年的政黨》，嶽麓書社 2004 年版，第 118 頁。

參議院第二十五、二十六、三十一、三十二、三十四次的五次會議通過二讀，省略三讀審議完畢。[九]在參議院第三十四次會議上，選舉出起草委員，其中包括張耀曾、谷鍾秀、殷汝驪、劉崇佑、湯化龍、楊廷棟、李國珍、王家襄、秦瑞玠等，汪榮寶也是其中成員之一。[十]在所當選的委員中，汪榮寶的得票數僅次於得票最高的張耀曾、谷鍾秀二人。汪榮寶和其他委員合作，起草了《中華民國國會組織法》、《參議院議員選舉法》與《眾議院議員選舉法》，一九一二年八月十日，臨時大總統袁世凱頒佈實施了這三項法案。

在討論起草以上三個法案過程中，議員們就相關問題展開了激烈爭論，汪榮寶亦積極參與辯論。針對國會採用兩院制還是一院制，各議員爭論甚烈。汪榮寶支持採用兩院制，認為與一院制相比，兩院制具有如下優點：第一、立法經兩院決定，可避免草率；第二、可容納各階層代表，平衡保守勢力與激進勢力之力量；第三、可防止議會被少數人專斷而造成「議會專制」局面；第四、當行政部門與一院發生衝突時，可由另一院加以緩衝。因為當時持兩院制觀的議員佔據多數，國會組織法中亦最終採用兩院制。

針對兩院職權及兩院關係，汪榮寶發表了看法。由於《臨時約法》中未具體規定兩院行使職權的範疇，為此汪榮寶提出在《國會組織法》中應明確限定兩院職權的權限。針對兩院職權，他力主應區分共同行使和分別行使兩種。共同行使的職權如「法律案之提出」，然亦有例外，「如陳請政府、建議政府、質問政府之權」，不必兩院同意，一院可以單獨行之，是為共同行使之例外。其分別行使職

九 參議院歷次會議記錄，《政府公報》。

十 《參議院第三十四次會議速記錄》，《政府公報》，第88號，1912年7月27日。

權者，如法律案、預算案，不可同時兩院皆議，必有一先議，而一後議，是兩院分別行使之權。然此亦有例外者，如制定和修改憲法、選舉大總統、副總統之權，不能與議決平常法律同視，必要兩院合併一個團體，或稱之國民議會。針對同意權問題，汪榮寶力主同意權歸參議院，為此他提出二點理由：第一，就立法上言，凡兩院制國家，立法權必不平等。凡民主國家，「除預算由下院先議，法律兩院同議外，其他職權譬如彈劾大總統權、裁判權，兩院不必同等。又如行政官須求法部同意者，外國此例甚少，惟美國任命外交公使、領事官、大總統須求元老院同意外，其他各國立法例未曾見此。要之：此種同意權不有則已，有則必歸於上院，若兩院同時行使，必事實上種種危險。第二，就事實而言，中國政治現狀是「黨派之觀念尚弱，而地方之觀念甚深」。參議院由二十二省議員、蒙藏議員、華僑議員組成，可謂「以全國之分子組合而成者」，且「每省均選出十人，各地方有平等之觀念」。因各省議員人數相同，「有合全國分子觀念」，所以在性質「較下院為穩健，對於國家之信用較下院為厚」。而眾議院議員人數眾多，且每省人數不等，有些省議員多達四十多人，有些則僅有十餘人，倘若「將來設有三、四大省聯同一氣在下院反抗政府」，則「無論何事，均可為數省之人所操縱」，如此對國家前途尤為不利。因此，汪榮寶極力主張同意權歸參議院，議員劉崇佑、李肇甫等表示贊同。而法制委員長張耀曾反對，認為國會既規定為兩院制，須兩院共同行使其職權，不能一院單獨行使；況且眾議院人數較參議院多過一倍，「對於人民之信用實較上院為親切」，群眾基礎尤為穩固，堅決主張同意權歸參眾兩院。十二

十二《參議院第三十二次會議速記錄》，《政府公報》，第84號，1912年7月24日。

針對增設蒙、藏、青海議員問題，汪榮寶表示支持。在原擬的《國會組織法》中未設蒙、藏、青海議員，在參議院七月二十日第四十三次會議中，多數議員對此提出質疑。汪榮寶首先發言，稱眾議院中若無蒙、藏、青海議員的名額，則背離國會代表全國國民的政治原則，且極易引發這些地區民眾的不滿情緒，不利民族平等，提議增設蒙、藏和青海議員。多位議員亦極力贊成增加，結果，蒙藏青海增設眾議員的提法得以通過，並在《國會組織法》第五條中規定了名額：「蒙古二十七名，西藏十名，青海三名。」[十二]在隨後的國會選舉中，汪榮寶、曹汝霖等多人皆是作為蒙古代表被選為國會議員的。

（二）關於省制和省議員選舉問題的觀點

省制和省議員選舉法是北京臨時參議院議決的內容之一。在會中，議員們對省制問題展開激烈爭論，觀點各異，主要分兩種：一、主張採用美國式的聯邦制，理由是中國各省面積頗大，人口眾多，各省獨立性強，應給予較多權力；二、主張採用國家主義，由國家統一管理各省，各省服從中央政府。汪榮寶力主實行國家主義，反對聯邦制。他認為中國國人地方觀念十分牢固，各省多以本地方利益為重，而忽視國家利益，如要建立統一的五族共和的民主國家，就應以國家為核心，摒除地方觀念，限制地方主義；若實行聯邦制則可能會加深地方觀念，使中央政府難於管理，「對國家前途生種種之危險」。[十三]

十二 《參議院第四十三次會議速記錄》，《政府公報》，第 97 號，1912 年 7 月 22 日；《參議院第四十四次會議速記錄》，第 98 號，1912 年 7 月 23 日。

十三 《參議院第六十七次會議速記錄》，第 138 號，《政府公報》，1912 年 9 月 15 日。

無疑，這種省制觀與中國的實際相符合，有利於維護國家統一。

汪榮寶還受法制委員會委員長張耀曾的委託，負責審議了《省議員選舉法》。在審議過程中，他對原案進行了多處修正，例如，關於選舉制度和選舉區，原案規定「以縣以下為初選區，以縣為複選區」，他提議修正為「以縣為初選區，以從前之政府及直隸廳、州為複選區」，同時重新限定選舉監督人員的資格。在討論議員選舉資格是否加入居住年限時，汪榮寶主張不可加入，他認為現省界觀念已非常難破，若再於法律明文規定則有害無益，亟宜淡化彼此省限；且《臨時約法》中規定國人居住自由，有權選擇居住省份，故不宜嚴格限制居住年限。[十四]

針對省議員當選票數與計票方法問題，各議員頗有爭議。在參議院第六十八次會議中，劉顯提議十五票即可當選，汪榮寶根據選舉原則，反駁劉的提法，力主至少二十票說。在計票方法問題上，汪榮寶與谷鍾秀展開辯論。谷鍾秀質疑原案的決選人以得票較多者當選，認為這樣則以前所得票數豈不是無效？汪榮寶解釋道：在選舉中，每次都將得票較多者加倍開列，選出的即為得票數高者，決選時自然得票多數者為當選人，十分清晰，沒有疑義。連賢基提出限定初選、複選名額數，汪榮寶則認為毋需規定，解釋說：初選時當選人有一定名額，再依據同樣名額加倍開列候補當選人，如當選議員十人，再據得票數多少依次選出十人為候補當選人，故無需限定名額。對議員的選舉方法問題，秦瑞玠主初選、複選所用方法不必一致。汪榮寶則反對道：「大凡選舉制度，有採用當選以票數較多者，有採用決選以票數較

十四 《參議院第六十七次會議速記錄》，第138號，《政府公報》，1912年9月15日。

多者，有先採用當選票而後行決選者」，但無論何種方法，在選舉中應該前後一致。[十五]

（三）對服制問題的觀點

民國初立，除政治體制上仿效西方外，其他方面也多以歐美為典範，對《服制》案的爭論即體現了這一潮流。「服制案」原由政府提出，其主要內容是禮服式樣和質料問題。該案經過議院討論後，交付庶政委員會審查。原本是服制這樣的小問題，卻引發出議員關於國計民生的大討論，汪榮寶積極參與其中。

政府在提出「服制案」時，曾說明基於以下兩點考慮：一仿效西制，趨向世界大同；二崇尚國貨，發達國民經濟。所以規定禮服在形式上採用西方之制，在質料以絲織為主，毛呢為輔。此案提交到參議院後，各議員針對服裝的質料問題展開了激烈爭論。汪榮寶首先發言反對用「毛織品」。理由有二：第一，中國現在織呢業不發達，無法滿足市場所需。中國目前的織呢業剛剛起步，出產不能供全國人民需用，且品質難有保證。而現值「歐化時代，普通人民均喜用西洋服式，喜用毛織品」，若在服制上明定「毛織品」字樣，如此則「啟全國人民購用外國之風」，將來必趨重於毛織品，而置絲織品於不顧。第二，不利於經濟發展。辛亥革命後，國內的工商業已大受打擊，尤其是南方絲綢業虧耗嚴重，此時如不加以扶持，「工商之前途更為可慮」。因此，提出應刪去「毛織品」三字，改為「絲織品或棉織品」。汪榮寶的這番言論將服制問題提升到國民經濟的高度，言之成理。陳時夏、李槃均等贊成，而江辛和李

十五　《參議院第六十八次會議速記錄》，第104號，《政府公報》，1912年9月17日。

素則反對，稱「大禮服並非普通之服」，若用布則不雅觀，必用「毛織品」。王家襄提議道：普通人民不能人人用絲織品或毛織品，禮服可用布料，亦可用毛織品，此舉對「人民經濟上有許多之便利」。谷鍾秀道：此種規定對國計民生並無大影響，可以規定用「本國毛織品」，反對改用棉織品。爭論至最後，此條遂改為「料用本國絲織品或棉織品或痲織品」。[十六]汪榮寶在「服制案」中的言論，反映出他不僅重視政治制度的構建，而且已經注意到了政治與經濟發展的相互關係，即經濟發展對穩定社會有巨大作用，因而力促政府注重經濟發展，保護本國民族工業，以利民生民計。

汪榮寶在議會中的活動，集中在法律案的討論中。作為法律專家，他具有法律家所應有的嚴謹審慎的態度，常常對法律條文字斟句酌，修正容易引起誤解和歧義的字句，甚至注意到標點符號的對錯，以求法律的精確。如在審議《國務院官制修正案》第八條時，法制委員會審查提出的條文是：「臨時大總統公佈法律、教令及發佈其他關於國務之文書」，汪榮寶認為不妥，提議改為「臨時大總統公佈法律、發佈教令及其他國務之文書」，其修正意見獲多數議員的贊成而通過。[十七]又如，討論蒙古優待條件問題時，對蒙古優待條件的表達各議員有不同提法，谷鍾秀提議改為「待遇蒙古條件」，汪榮寶提議改為「蒙古待遇條件」，最後汪的提議多數通過。[十八]類似這樣的修改討論在參議院記錄中還有很多。

十六 《參議院第五十一次會議速記錄》，《政府公報》，第116號，1912年8月24日；《參議院第五十四次會議速記錄》，《政府公報》，第121號，1912年8月29日。

十七 《參議院第二十次會議速記錄》，《政府公報》，第54號，1912年6月23日。

十八 《參議院第六十次會議速記錄》，《政府公報》，第127號，1913年9月4日。

綜上所述，在民初的議會政治中，無論在北京臨時參議院，還是在第一屆國會，汪榮寶均是值得關注的人物。他發言踴躍，陳詞條理清晰，辯論鏗鏘有力，是議場上頗受矚目的雄辯家。他的言論皆以事實為根據，按照他的說法：「議場之言論，原以服從真理，如果人之真理較自己之真理為優，乃毅然決然以贊成他人言論。」[十九]這裡的真理即是依據事實的正確觀點，可見遵循法律和真理是他一貫的理念。汪榮寶憑藉紮實的法律基礎和卓越的雄辯才華，在議會中贏得了較高的聲望，其聲名堪與張耀曾、谷鍾秀並列。

第二節　纂擬民主共和制憲法

民國初創民主共和制，各項法律制度處於草創階段，而憲法乃重中之重，倍受國人關注。許多政治人物皆提議儘快制定完善的憲法，孫中山曾指出開國後「辟頭第一事，須研究一部好憲法」[二十]，宋教仁亦稱「國會初開，第一件事，則為憲法」[二十一]。汪榮寶密切關注著憲法問題，並積極參與了憲法的擬定，其憲法思想和實踐在民國憲法史佔有一席之地。

十九　《參議院第二十三次會議速記錄》，《政府公報》，第 63 號，1912 年 7 月 2 日。

二十　《孫中山先生演說詞》，《民立報》，1913 年 1 月 21 日。

二十一　《宋鈍初先生演說詞》，《民立報》，1913 年 2 月 20 日。

一、參加各種憲法討論會

汪榮寶的憲法實踐首先表現在參加各種憲法討論會、憲法團體，他參加了四黨憲法討論會、研究憲法委員會，並發起京城有名的法學團體——法學會，通過諸多的方式研究和解釋憲法，在當時憲法學界頗有聲望。

（一）發起法學會

一九一二年八月，汪榮寶參與組織了法學會。法學會為研究憲法的純學術團體，由民初一批政治名流如劉崇佑、章士釗、秦瑞玠、陸宗輿、施愚、汪有齡、方樞、林棨等組成，汪榮寶擔任總負責人。法學會發行《法政雜誌》作為會刊，並創辦了法政學校。

法學會參加了當時憲法問題的大討論，至國會開幕前，集中討論了憲法中是否規定領土、總統選舉方法、總統候選資格、兩院職權、政府與國會權限等問題。如關於總統選舉方法，該會主張「以國家立法機關組織選舉會，用記名投票法，得票在總數三分之二以上為當選」；又如關於總統候選資格，主張「中華民國男子年在三十五歲以上，居住本國十年以上，完全享有公權，能知國語者」。[二十二]

二十二《憲法新聞》，1913 年，第 6 期，「憲史」，第 16-22 頁；第 8 期，「憲史」，第 11-16 頁；第 3 期，「憲史」，第 7-8 頁。轉引自張玉法：《民國初年的政黨》，嶽麓書社 2004 年版，第 413、417、418、516 頁。

（二）參加研究憲法委員會

研究憲法委員會亦稱憲法研究會，初名憲法起草委員會，由政府籌組。袁世凱原擬以此作為法定的憲法起草機關，負責擬定憲法草案，再向國會提出審議。後因國民黨堅持國會制定憲法說，該會遂更名為研究憲法委員會，變為純學會性質，專門研究憲法問題。

汪榮寶由袁世凱政府參政院推薦加入該會。當時各委員由國務院、各省都督和各地將軍推薦，參政院推薦了李家駒、梁啟超、楊度、施愚、達壽、嚴復、馬良、王世澄、曾彝進為憲法起草委員，汪榮寶是其中之一。楊度任會長，馬良任副會長。研究憲法委員會共組織召開了幾十次會議，討論的內容涉及到憲法中的多個問題，如採用內閣制抑或總統制、總統選舉、總統權限、國會權力、內閣總理職權等。一九一三年八月，該會宣告停會。[二十三]

（三）參加四黨憲法討論會

四黨憲法討論會源起於北京臨時參議院時期，為了防止國會制憲時出現黨見之紛爭，國民黨、統一黨、共和黨、民主黨四大黨決定在國會開議前，聚集最具「聰明、才力、學識、閱歷」的議員組成憲法討論會，定期討論憲法相關問題，同時醞釀制定憲法。四黨憲法討論會從一九一三年二月四日開始至四月一日結束，四大黨共有十八名議員參加，汪榮寶被共和黨推舉為成員參加該會。一九一三年二月四日，憲法討論會第一

二十三　《憲法新聞》，第1期，「憲史」，第20-34頁；《研究憲法委員會之成績》，《申報》，1913年8月25日。

次常會暨成立大會在北京江蘇會館舉行。民主黨黨員孫洪伊宣讀開會辭，參加此次討論會四黨成員有：國民黨黨員張耀曾、聶權、蔣舉清、谷鍾秀、顧視高、伍朝樞、湯漪、易宗夔、李肇甫；統一黨黨員王印川、饒孟任、江紹傑、趙管侯；共和黨黨員汪榮寶、王家襄、項驤、方樞；民主黨黨員孫洪伊、王國琛、李慶芳。與會各員推舉汪榮寶、易宗夔為討論會的總幹事，負責討論議題的提出及討論結果的整理。[二十四]

四黨憲法討論會針對領土制、總統選舉、總統權限、兩院關係等十二個問題展開討論和磋商，共召開七次大會，每次針對憲法中的某一問題進行討論。第一次會議闡述了憲法討論會的目的和意義。第二次會議二月二十八日召開，討論兩個議題：一憲法應否規定地方權限，二政府組織採用內閣制還是總統制。第三次日期未見載，會議接續討論了總統制和內閣制問題，並對憲法應否規定領土，若規定是採用列舉式還是概括式展開磋商。第四次會議於三月十一日舉行，議題集中在總統選舉問題上，涉及到選舉機關、投票方法、總統資格等問題，並討論了是否在憲法制定前出臺《大總統選舉法》問題。第五次在三月十八日，接續第四次會議的內容，並擴展至總統、國務員的職權問題。第六次是三月二十五日，會議集中在國務院組織採用單獨制還是合議制，及大總統任命國務員是否須國會同意兩個問題。第七次會議的時間為四月一日，時已屆國會開會期，各黨把握機會，交換了兩個關鍵問題的看法：一、國會兩院職權應否平等，二、總統是否有權解散國會問題。憲法討論會的使命在這次會議上宣告終結。[二十五] 在歷

二十四 李慶芳主編：《憲法新聞》，1913 年第 1 期，「憲史」，第 1-26 頁。

二十五 《憲法新聞》，1913 年，第 1 期，「憲史」，第 1-26 頁；第 2 期，「憲史」，第 1-21 頁；第 3 期，「憲史」，第 1-16 頁；第 4 期，「憲史」，第 1-14 頁。

時近兩個月的會議中，汪榮寶在所舉行的七次會議中，參加了除第六次外的所有會議討論，他作為共和黨代表闡述了對憲法各問題的觀點。[二十六]如關於總統選舉問題，他力主「由國會之參眾兩院議員組織選舉會，用投票選舉大總統」，候選人得「票數過總額三分之二，到會人數或五分之四」為宜。而對何時選舉總統，他主張先定總統選舉法再行選舉，而不必等到制定憲法後。關於總統權限問題，他主張總統有權任命國務員，無須國會同意有權解散國會。關於制定憲法和修憲問題，他力主制憲及修憲的機關皆為參眾兩院組成的國民議會，大總統無權制憲和修憲。[二十七]

四黨憲法討論會是民國初期四大政黨首次和平與理性的協商會議，充分顯示了以公開協商方式討論憲法的誠意，在民初複雜的政情下這是來之不易的。考察與會人員的學術背景，可以看到參加者均為四黨有聲望、且有法律知識的魁翹。可以說，憲法討論會是近代中國憲政史上法政精英首次大規模參與立憲活動的有益嘗試，正是這群政界、法律界精英的積極參與保證了討論會的成效。[二十八]參加四黨憲法討論會為汪榮寶撰擬憲法稿本及參與《中華民國憲法草案》的擬定積累了極有價值的經驗。

通過參加各種憲法研究團體和討論會，汪榮寶更深入理解和把握了西方憲法的精神實質。同時也促使他對憲法進行更多地思考，即如何使所制定的憲法與政治實際相適應，既能平衡立法權和行政權，又

二十六 憲法討論會規則之一為會員發言，「只許代表黨論，個人資格應無發言權」，但「經公決個人意見可供參考」，惟意見不載於議事錄，故汪榮寶的言論代表了共和黨的具體主張。

二十七 《憲法新聞》，1913 年，第 1 期，「憲史」，第 1-26 頁；第 2 期，「憲史」，第 1-21 頁；第 3 期，「憲史」，第 1-16 頁；第 4 期，「憲史」，第 1-14 頁。

二十八 夏新華：《民國初年四黨憲法討論會及其意義》，《湘潭大學學報》2004 年第 6 期，第 26-31 頁。

能保證共和國體的長久生存，避免民主政治成為遠離實際、虛無飄渺的空中樓閣。這些活動均反映出他對憲法的關注，也為他參與正式憲法草案的擬定積累了經驗，奠定了基礎。

二、草擬憲法草案

民國建立了民主共和制，統治中國兩千多年的封建專制集權被推翻，新建立的民主國家帶來了自由民主氛圍，但新的政治權威尚未真正樹立，這便形成政治領域內的真空。政治上的真空給了思想領域一個極度寬鬆的環境，知識界的思想十分活躍。而當時國家面臨的主要問題，即是制定一部怎樣的憲法以確定國家的根本政治制度，知識份子紛紛按照自己對憲法的理解和認識，設計中國今後理想的憲政道路。他們在報刊雜誌上暢言憲法觀，並公開發表私擬的憲法草案。在中國推翻清王朝君主專制建立共和民國的第二年、中華民國第一屆國會成立國家憲法起草機關起草《中華民國憲法草案》之前，湧現出中國憲政史上空前絕後的「私擬憲法」熱潮。部分政要或法學精英親擬憲法，公開發表於各種期刊，因這些憲法草案非官方制定，學界多依據擬定者的名字稱之。據統計，當時私憲草計有十五部之多，分別是：王寵惠憲草、康有為憲草、梁啟超憲草、李慶芳憲草、汪榮寶憲草、席聘臣憲草、何震彝憲草、王登乂憲草、吳貫因憲草、彭世躬憲草、姜廷榮憲草、華僑憲草（又稱李超憲草）、古德諾憲草、巴魯憲草、畢葛德憲草。[二十九]汪榮寶也根據自己對民主共和國家的理解，擬定出一部完整的憲法，本文稱之為「汪榮寶憲法草案」。

[二十九] 夏新華、劉鄂：《民初私擬憲法研究》，《中外法學》2007年第3期，第318頁。

「汪榮寶憲法草案」發表於《憲法新聞》雜誌第四期（一九一三年五月四日）和第五期（一九一三年五月十一日）上。該憲法草案共九章七十五條，各章目依次是：第一章中華民國（第一至二條）、第二章人民（第三至十七條）、第三章大總統（第十八至三十五條）、第四章民國議會（第三十六至五十二條）、第五章國務總理（第五十三至五十五條）、第六章法院（第五十六至六十條）、第七章法律（第六十一至六十六條）、第八章預算決算（第六十七至七十三條）、第九章附則（第七十四至七十五條）。[三十]為進一步說明此憲草的主要內容及特徵，現列表如下：

《汪榮寶憲法草案》的主要內容

條目	規定主旨	具體條文內容
第一條、第二條	民國領土及區劃	中華民國唯一不可分，領土及區劃非以法律不得變更之。
第四條	法律平等	中華人民不論種族及宗教之異同於法律之前為平等。
第五條至第七條	人民應負義務	中華人民依法律所定有納租稅、服兵役、服公務之義務。
第八條至第十二條	人民所享權利	中華人民依法令所定有請願之權，非依法律所定不受逮捕、監禁、審訊及處罰，不得侵犯居住之安全、通信之秘密。
第十三條至十六條	人民所擁的自由	中華人民於法律範圍內有集會、結社、言論、著述、印行、信仰宗教、選舉、居住及職業之自由。

三十　《汪榮寶擬憲法》，《憲法新聞》，第4期、第5期，1913年5月4日、5月11日。

第十七條	財產所有權	中華人民之財產所有權無論何人不得侵之。
第十八條	大總統資格	一、完全享有公權，二、年齡滿三十五歲以上，三、居住國內滿十年以上。
第十九條	選舉機構	大總統於兩院議員聯合組織之選舉會選舉之。
第二十一條	總統任期	大總統任期為五年。
第二十三條、第二十四條	大總統權限	召集民國議會、宣告開會及閉會、停止民國議會之會議，但同一會期內停會不得逾兩次，每次不得逾十日。
第二十五條	解散議院權	得解散衆議院，但自解散之日起須於六個月以內召集之。
第二十七條	臨時權力	為維持公共治安或為捍禦非常災患，當民國議會閉會以後且不及召集時，以不違反憲法為限，得制定與法律同一效力教令。
第二十八條	任命官吏權	定官制及官規，並任免官吏，但憲法及其他法律有特別規定者各依其規定。
第三十一條	軍事權	大總統為民國陸海軍大元帥，統率陸海軍。
第三十二條	宣戰、締約權	大總統宣戰媾和並締結條約，但商約及增加人民或國家義務之條約，非經民國議會之承認不生效力。
第三十三條	司法權	大總統宣佈免刑、減刑及複權，但須得最高法院之同意。
第三十四條	總統責任	大總統不負政治及刑事之責任，但大逆不在此限。
第三十六條	國民議會組成	民國議會以參議院及衆議院之兩院組成之。
第三十七條、第三十八條	議員	兩院各以公選之議員組織之，無論何人不得同時為兩院議員。
第三十九條	議員任期	參議院議員之任期為六年，每二年改選三分之一，衆議院議員之任期為三年。

第四十一條	會期	常會之會期以四個月，但大總統民國議會之議定或其他事情之必要，得宣佈延長會期。
第四十二條	兩院之關係	民國議會開會、閉會及停會兩院同時行之，衆議院解散時，參議院同時閉會。
第四十六條	彈劾總統權	兩院認大總統有大逆行為時得彈劾之。
第四十七條	彈劾總理權	民國議會認國務總理有違反憲法行為時得彈劾之。
第四十八條至五十條	兩院職權	兩院各得建議於大總統或國務總理，各得提出質問書於國務總理或請求其出席質問之，各得受理請願。
第五十三條、第五十四條	國務總理責任	國務總理輔佐大總統，對於民國議會擔負責任，得隨時出席兩院並發表其意見。
第五十八條	法官資格及任職	法官以具有法律所定之資格者任之，非受刑事處分及其他法律所定懲戒處分之宣告者不得罷免之。
第五十九條	行政訴訟問題	行政訴訟於平政院裁判之。
第六十條	處理彈劾總統或國務總理的機構	對於大總統或國務總理之彈劾於國務裁判院裁判之，國務裁判院以最高法院聯合互選九名之裁判官組織之。
第六十一條	法律制定	凡法律須經民國議會之議定。
第六十二條	法律案的提出	大總統、參議院及衆議院各得提出法律案，但經一院否決者不得於同一會期內再提出，同一法律案不得同時提出於兩院。
第六十三條	法律案的公佈	大總統須於送達後一個月以內公佈之，但經民國議會請求迅速公佈者須於七日以內公佈之。

第六十八條	預算案的議決	大總統提出之預算案須先經衆議院之議決，參議院於衆議院議決之預算案，非發見有違反法律之收入支出時，不得修正或否決之。
第七十條	預備費	為籌備預算之不足及預算外必要之支出，得於預算案內設預備費，預備費之支出須於次期民國議會開會求其承認。
第七十二條	決算機構	國家歲入歲出之決算每年於審計院檢查之。
第七十四條、第七十五條	憲法修正、憲法會議	憲法之主旨不得變更之，大總統、參議院及衆議院各得為改正憲法之發議。前項發議經民國議會議定時，兩院議員即聯合組織憲法會議議決之。憲法會議非兩院議員三分之二以上之出席議員三分之二以上同意不得為改正之議決。

資料來源：《憲法新聞》，第四期、第五期，一九一三年五月四日、五月十一日。（注：本表並非逐條羅列憲法，而是就憲法中重要條款所限定的主旨及內容進行歸納，所列條款較能反映汪榮寶對民初核心政治問題的主張。）

《汪榮寶憲法草案》是民國私擬憲法中較有影響的憲法，具有獨特的特徵，從體系結構上看，憲法草案具備了共和憲法的基本構成要件，如總統、議會、行政、法律、預算等內容，符合共和憲法的體例結構。憲法還將「法律」作為一章單獨編排並詳細規定，這是除《梁啟超憲法草案》[31]以外的其他私

---

[31] 梁啟超所擬的憲法發表在 1913 年 8 月的《庸言》雜誌上，共 11 章 95 條，依次是：總綱、人民、國民特會、國會、總統、國務員、國家顧問院、法律、司法、會計和附則。從發表時間上看，汪榮寶擬憲法草案比梁啟超擬憲法草案要早，梁啟超作為進步黨的領袖，他所擬定的憲法是在進步黨經過討論，綜合多數黨員的憲法意見而成。汪榮寶是進步黨成員，因此，二者的憲法有較多的相似之處。（《進步黨憲法討論會會員擬憲法草案》，《庸言》，第 1 卷第 18 號，1913 年 8 月。）

擬憲法中所沒有的，而這一結構編排為國會擬定的《中華民國憲法草案》提供了借鑒。[三十二]下面試探析憲法中有關問題。

首先，關於人民權利。民國初年民權的提倡受到法政界的關注，而民權問題亦是憲法的核心議題之一。進步黨曾在《進步黨政務部特設憲法討論會通告》中專門對此列出，即「人民的權利義務，應為列舉的規定？抑為概括的規定？若列舉規定，則其項目如何？」汪榮寶是進步黨的活躍成員，因而對此較為關注，並在所擬憲法第七條至十七條中詳細列出人民所享權利的內容，具體條文如下：

第七條　中華人民，依法令所定，有從事公務之權。

第八條　中華人民，依法令所定，有請願之權。

第九條　中華人民，有受法官之裁判之權，無論何人不得奪之。

第十條　中華人民，非依法律所定，不受逮捕、監禁、審訊及處罰。

第十一條　中華人民居住之安全，非依法律所定，無論何人，不得侵之。

第十二條　中華人民通信之秘密，非依法律所定，無論何人，不得侵之。

第十三條　中華人民於法律範圍內，有集會及結社之自由。

[三十二] 在擬定憲法過程中，憲法起草委員會在議定的憲法大綱中，並無「法律」專章，至草案起草完畢後，「因起草員等有以最近學說，法律多列專章」，遂決定增設「法律」一章，作為第八章。(《憲法全案條文起草員集議紀事》，《憲法新聞》，第21期。)

第十四條　中華人民於法律範圍內，有言論、著述及印行之自由。
第十五條　中華人民於法律範圍內，有信仰宗教之自由。
第十六條　中華人民於法律範圍內，有選擇居住及職業之自由。
第十七條　中華人民之財產所有權，無論何人，不得侵之；為公益所必要之處分，依法律所定。[三十三]

可見該憲法採用列舉方式，將有關人身自由、言論、集會及結社自由等都列入憲法，明確規定國家不得干涉的權利如請願、集會、結社、言論、著述、居住及財產等，尤其是第九條和第十條中對人民權利做出保障規定，即國民有受法官裁判之權和沒有法律依據不能隨意逮捕、監禁、審訊及處罰，可見憲法在認同人民基本權利的同時，對權利的保障也做出相應的規定，這顯示出撰者對民初政治的深刻理解。從清末帝制向民初共和制轉型的過程中，汪榮寶觀察到諸多無視或違背法律的事實，因而愈加關注對人民基本權利的保證，一方面要賦予人民應有的較多自由，同時更要重視其權利如何得到切實的保障。

其次，關於政體的設計。民初流行的政體設想不外美國式與法國式兩種，美國實行總統制，法國實行內閣制。汪榮寶是法學界的精英，對內閣制和總統制的利弊自然了然於胸，後來又參加四黨憲法討論會，故對政體的思考是經過深思熟慮的，他所設想的政體為責任內閣制。憲法第五十三條明確限定：「國務總理輔佐大總統，對於民國議會擔負責任。」國務總理擁有副署權，但對議會負責。汪榮寶之所以堅持內閣制，也是基於多方面考慮的。他同從清末君主專制體制進入到新的共和體制內的其他改革派一

三十三　汪榮寶：汪榮寶擬《憲法草案》，《憲法新聞》，1913年5月4日，第4期。

樣，擔心實行總統制不免「有帝制自為者」，[三十四]中國原本是帝制之國，確立共和政體內，「欲救此弊，非內閣制不為功」。[三十五]況且，實行內閣制可調和與均衡行政權和立法權，有利於保持國家政局的穩定，如果內閣失政，可以用法律和平解決，而實行總統制，若總統不善，「必致搖動國體」。[三十六]

再次，對大總統權限的規定。憲法中較能體現總統權限大小即總統是否擁有解散國會的權力。汪榮寶在憲法第二十五條規定：「大總統得解散眾議院，但自解散之日起須於六個月以內召集之。」又在第四十二條規定：「民國議會開會、閉會及停會兩院同時行之，眾議院解散時，參議院同時閉會。」可見他賦予了總統解散國會權。憲法中還規定總統擁有公佈法律、任命官吏、掌管軍事等較大權力。但在憲法中也對其權限進行一定限制。如第二十七條規定：「大總統為維持公共治安或為捍禦非常災患，當民國議會閉會以後且不及召集時，以不違反憲法為限，得制定與法律同一效力之教令。前項教令不論繼續執行與否，至次期民國議會開會時須即提出與議會求其承認。」第三十二條規定：「大總統宣戰媾和並締結條約，但商約及增加人民或國家義務之條約，非經民國議會之承認不生效力。」[三十七]由此可見，憲法力圖對總統的權限進行限制，汪榮寶期望通過根本大法將總統權力限定在法律允許的範圍內，避免行政權力的過分膨脹。

[三十四]《庸言》，第1卷第2號，1912年12月。

[三十五]《庸言》，第1卷第20號，1913年9月。

[三十六]宋教仁：《宋教仁集》下冊，中華書局1981年版，第460頁。

[三十七]《憲法新聞》，第4期，1913年5月4日。

最後，對立法機關的相關規定。汪榮寶所擬憲法採用兩院制的議會模式，兩院分別稱參議院和眾議院。針對國會的職權問題，憲法第四十六和四十七條明確賦予議會有彈劾總統和國務總理之權，即「兩院認大總統有大逆行為時得彈劾之」，「民國議會認國務總理有違反憲法行為時得彈劾之」。[三十八]但是汪榮寶所擬憲法並未賦予國會過多的權力，這體現出他對民主政治的獨特理解。民初的多數政治家持「議會至上」觀，認為立法機關的權力應該超越於行政部門，主張限制行政機關的權力，使國家權力向立法機關傾斜。這樣的觀念和實踐無疑違反西方民主的權力均衡原則，導致立法機關和行政部門的矛盾衝突，若雙方互不妥協，必然造成民主政治的挫折甚至中斷。汪榮寶認識到民初議會政治的這一弊端，因此有意加以糾正。

總之，《汪榮寶憲法草案》是一部按照民主共和制原則擬定的憲法，反映出編訂者對新國家的法制理想：力圖通過憲法確保共和國體的穩固長久，防範專制餘孽的死灰復燃。汪榮寶通過諸多憲法實踐，宣傳了民主共和憲法思想，也為他參與國會草擬憲法正式草案提供了極有價值的參考和借鑒。

三、參擬《中華民國憲法草案》

汪榮寶的又一重大法律活動是參與擬定《中國民國憲法草案》。一九一三年四月八日，中華民國國會正式開幕。本來國會召開後的第一大問題即為制定憲法，但開幕後因選舉正副議長、宋教仁案、大借款等問題，國會陷於無休止的紛爭中，直到六月中下旬，制憲問題才被提上議事日程。參眾兩院按制憲程

三十八《憲法新聞》，第 5 期，1913 年 5 月 11 日。

序規定選舉組織了憲法起草委員會，著手擬定《中華民國憲法草案》，該憲法草案是民國正式擬定的第一部憲法，在中國憲法史上佔有重要地位。汪榮寶參與了這部憲法的全部擬定過程。

制定憲法的首要步驟是組織憲法起草委員會。按照《國會組織法》第二十條的規定：「民國憲法案之起草，由兩院各於議員內選出同數之委員行之。」為此，參、眾兩院各自議定了憲法起草委員會互選規則，六月三十日兩院分別召開選舉會，各選出三十人共六十人組成憲法起草委員會。各黨派展開了激烈競爭，在最後當選的憲法委員中，國民黨二十五人，進步黨十九人，共和黨九人，政友會八人，其餘屬於各小政團。汪榮寶以進步黨黨員當選。

憲法起草委員會成立後擬定了《憲法起草委員會規則》，規定憲法起草程序：先起草憲法大綱，將憲法內重要問題提出，作為議題在憲法起草委員會逐條討論和決議；然後依大綱的精神，分章起草憲法條文，形成憲法草案；草案再經憲法起草委員會第二、三讀審議通過後，提交憲法會議（參議院、眾議院兩院合會討論憲法即稱憲法會議）。[三十九]鑒於時間緊迫，兩院議決自委員長選定之日起，限憲法起草委員在四十五天內將憲法草案製成，提交國會。

七月十三日，憲法起草委員會召開第二次會議，討論制憲地點，確定以天壇祈年殿為制定憲法場所。[四十]隨後，憲法起草委員會推定憲法大綱起草員，國民黨黨員張耀曾、進步黨黨員汪榮寶、政友

三十九 吳宗慈：《中華民國憲法史》前編，東方印刷局 1924 年版，第 15-16、26 頁。

四十 委員們意見各異：王揖唐主在北海，孫潤宇、吳宗慈主在天壇，曹汝霖、易宗夔主用參議院，何雯、褚輔成主暫在眾議院。後議定由曹汝霖、汪榮寶、王揖唐、朱兆莘、張耀曾為勘察員，負責選定會議場所。在經過一番調查比較

會會員孫鐘、公民黨黨員李慶芳四人當選。從八月二日至九月二十三日，憲法起草委員會共開十八次討論會，提出共計十二項憲法大綱議題：（一）領土問題是否有規定之必要；（二）人民權利義務是否列舉；（三）國會採用一院制或兩院制、國會權限問題；（四）行政採用總統制還是內閣制；（五）大總統選舉方法及其權限；（六）副總統應否設置；（七）國務員之權限；（八）平政院應否設置；（九）審查法律權；（十）解釋憲法權；（十一）預算、決算、審計院；（十二）憲法修正。憲法大綱討論結束後，憲法起草委員會又推汪榮寶、張耀曾、孫鐘、李慶芳，另加共和黨黨員黃雲鵬共五人，任憲法正式條文起草員，根據大綱精神分別章節，詳細擬定條文。[四十一]

（一）對憲法三個重要問題的觀點

1、關於總統職權問題

總統職權問題實質上是如何平衡協調行政權和立法權的問題，這是國會和袁世凱矛盾的焦點，憲法起草委員會對該問題進行了多次討論。在憲法起草委員會中，國民黨和進步黨因人數相當，因而形成兩黨對峙情形。國民黨以民權主義為旗幟，堅持限制行政權，持「議會至上」觀；進步黨秉持國家主義原則，主張給政府較大權力。汪榮寶作為進步黨成員，保持與該黨的一致意見，力主不要過分抬高議會地

後，最終選定天壇祈年殿為制憲場所，因此，所擬的憲法亦稱「天壇憲法」。（《憲法起草委員會第二次談話會》，《申報》，1913年7月20日。）

四十一 吳宗慈：《中華民國憲法史》，前編，第26頁。

位而抑制政府，以協調均衡立法權和行政權。但同時贊同對總統權力進行必要的限制，以免造成行政權的過分膨脹。例如在九月十三日憲法討論會談論《大總統選舉法》問題時，汪榮寶依據先選總統後定憲法的實際情形，為防止臨時大總統僭越法律，支持在選舉法內附加「大總統職權暫時使用臨時約法」的規定。[四十二]憲法起草委員會草擬的《大總統選舉法》於十月四日正式頒佈，其附則中明確規定：「大總統之職權，當憲法未制定以前，暫適用臨時約法關於臨時大總統職權之規定。」

關於總統是否擁有宣戰媾和權，憲法委員會成員們意見不一。朱兆莘、伍朝樞、李慶芳、張耀曾都有各自的觀點，朱兆莘認為宣戰、媾和需得國會同意，締結條約只須參議院同意；伍朝樞認為宣戰應得國會同意，但抵禦戰爭不在此例，媾和不必得國會同意，締結條約國會有批准權。李慶芳稱我國「版圖遼闊，交通不便」，「應給與充分活動之權力」，大總統應有批准條約及宣戰媾和權；張耀曾提出總統宣戰須得國會同意，惟在國會閉會期間為防禦戰爭，亦得宣戰，但須於下期國會求其承認。汪榮寶綜合各議員意見，提出：「大總統宣戰須得國會同意，但應敵之戰爭不再此列，締結條約關於立法事項者須得國會之同意」。後在正式憲法中的規定基本採用了他的提法。[四十三]

袁世凱政府對即將制定的憲法有兩個極為擔憂的問題，一總統任命國務員是否須國會同意，二總統有無解散國會之權，袁氏堅持憲法應賦予總統任免閣員權及解散國會權。針對以上兩個重大問題，

四十二　《十三日之憲法起草委員會》，《申報》，1913年9月19日。

四十三　《憲法起草委員會討論大總統宣戰媾和權》，《申報》，1913年8月27日。

汪榮寶採用折衷調和方略，提出總統有權解散國會，但任命國務總理須經眾議院同意，其他閣員總統自由任命。

2、關於國會委員會問題

在擬定的憲法草案中，最讓袁世凱感到不滿的即國會委員會問題。該問題是在臨近憲法草案起草完畢時由公民黨議員李慶芳提議的。[四十四]設置國會委員會的辦法一經提出就得到多數憲法起草委員的認同。在十月十四日憲法草案的二讀會上，張耀曾首先說明設置委員會目的，汪榮寶等多位委員表示贊同，「主張不設置國會委員會者，只孫鐘一人」，孫認為「國會委員會權力太大，不啻一國會小影子，恐有時不免為政府所推諉。」汪榮寶則認為「其利勝於弊」。最後表決以多數贊成通過設置國會委員會。[四十五]在隨後的多次會議中，各委員討論確定了國會委員會的組成和職權，其中規定：在國會閉會後，國會委員會作為國會的常設機構，成員共四十人，參眾兩院各選出二十人。職權包括：大總統為維持公安或防禦非常災患需發布與法律有同等效力之教令時，應經國會委員會之議決；大總統宣告戒嚴如國會委員會認為無必要時，應宣告解散戒嚴等。

國會委員會作為在國會閉會期間監督袁世凱政府的機構，它的設置明顯擴大了立法機關的權力，在某種程度上限制了行政部門的權威，打破了權力均衡，違反共和國家三權分立的民主原則。國會委員會

四十四《憲草會提議加入國會委員會》，《申報》，1913年10月13日。

四十五《憲法起草委員會開始討論》，《申報》，1913年10月19日。

問題受到當時一些政治家的批評，袁世凱政府的高級顧問日本人有賀長雄就持反對態度，認為憲法內設立國會委員會為常駐機關，實為各國憲法所沒有的「奇例」，此條可謂「對袁之第三次革命」。[四十六]那麼平素強調維護政府權威的汪榮寶為何也持贊成態度呢？筆者分析汪榮寶之所以支持設置國會委員會，皆因袁世凱干涉、破壞憲法的意圖日益明顯，他試圖通過國會委員會這一機構，對袁世凱在國會閉會期間的活動進行監督，將政府的行為限定在法律範圍內，其用意可謂深矣！

3、關於孔教入憲問題

民國初年，社會道德失範，信仰發生危機，國民思想處於無序和真空狀態。一些深受儒家文化薰陶的知識份子如康有為、梁啟超、嚴復、夏曾佑組織了「孔教會」、「孔道會」等團體，發起了聲勢浩大的「孔教運動」，試圖借助傳統文化穩定社會秩序。國會開始制定憲法後，陳煥章、嚴復等致書憲法起草委員會，呼籲定孔教為國教，各團體或個人紛紛致書，陳述孔教價值，要求將其寫入憲法。在這樣的氛圍中憲法起草委員會被迫考慮孔教入憲問題。

汪榮寶作為憲法起草委員會成員，積極提倡「孔教入憲」。九月中旬，他和陳銘鑒提出了定孔教為國教案，提案認為中國的國粹「即孔子之教」，漢唐以來，已「公認孔教為唯一之國教」，孔子之教足以「扶植國脈，維繫人心」。若不明定孔教為國教，任人民自由信仰，恐怕不僅會「啟人誤會」，招致「邪說橫行，異端蜂起」，且「全國將失其中心」，流弊甚大。文中最後要求「在憲典內定孔教

四十六 專電，《申報》，1913年10月29日。

為國教」。[四十七]他們的提案受到憲法起草委員會的重視。在九月二十七日的憲法會中，汪榮寶再次提出「孔教應於憲法中定為國教案」，並強調說孔子「大同小康等學說即盧梭之民約論」，皆為治本之要義，「孔教為文明進步之國教，非野蠻時代之迷信宗教可比，應定為國教。」汪榮寶還駁斥了若定孔教為國教即激起蒙藏各族反對的觀點，聲明孔教並無仇視他教之意。[四十八]憲法起草委員對此展開討論，令他失望的是當日議會表決時否決了該提案。首次討論沒有結果，汪榮寶又尋找合適時機再行提出。十月十三日，憲法起草委員會又開會討論孔教入憲問題。汪榮寶搶先發言道：「孔教為中國二千年來歷史上習慣上固有之國教。憲法上規定信教自由，即係開放主義。如不定孔教為國教，不能保障固有，必致孔教消滅於無形。」議員向乃祺、朱兆莘、王敬芳等均表贊成，而徐鏡心、伍朝樞、汪彭年、盧天游、谷鍾秀表示反對，他們認為定孔教為國教與宗教自由相矛盾。此次提案依然未獲通過。[四十九]

前兩次討論的失敗促使汪榮寶改變策略，他決定避開宗教字眼，改用較容易讓其他委員接受的提法。十月二十八日，在憲法草案的二讀會上，汪榮寶第三次提出孔教入憲案，提議在憲法第十九條中增加「民國教育依孔子之教義為大本」一項。委員們對此展開爭論，藍公武建議改為「國民教育以孔子之道不牴觸共和國體者為大本」，朱兆莘提出「國民教育以孔子之道為大本」，陳銘鑒提出「國民教育以孔子之道為倫理之大本」。汪彭年、張耀曾表示反對，指責孔子學說如君為臣綱之類多不合民主政體，

四十七 《憲法中規定孔教之提議者》，《申報》，1913年9月16日。
四十八 《憲法規定國教問題之舌戰》，《申報》，1913年10月3日。
四十九 《憲法起草會不贊成國教》，《大公報》，1913年10月15日；《憲法起草委員會紀事》，《申報》，1913年10月18日。

嚴重違反宗教自由原則。結果以上各種提法在表決時皆未獲通過，最後孫潤宇提出折衷方案，建議改為「國民教育以孔子之道為修身之大本」，該提法在表決時獲三十一票贊成，多數通過。[五十]

關於定孔教為國教的爭論，體現的是在現代憲法框架下將儒家思想制度化的方式，這必將與信仰自由等民主原則有所衝突，使多數憲法委員感到若定孔教為國教即違反憲法的精神。汪榮寶採取折衷方案，避開宗教信仰自由問題的爭執，使得多數議員能夠達成共識，促成通過該案。汪榮寶之所以提倡和支持孔教入憲是有其深刻的思想根源和社會原因的。從思想上來看，他作為富有保守情懷的知識份子，深受儒家思想的浸潤，對傳統文化抱有難以割捨的情愫。隨著近代中國的政治、法律制度的變革，原來與政治體制融為一體的制度化的儒家文化，逐漸失去了其固有的支持，尤其是科舉制度的廢除，使得儒家文化的傳播管道、儒家文化和權力之間的關聯被割斷，造成儒家思想「魂不附體」的狀況。為重新找回儒家文化的價值，他竭力支持孔教入憲，以使儒家文化回歸到人們的思想和生活中。從社會現實上看，民國初期社會秩序混亂，國民信仰出現真空，亟需一種能夠統攝社會各階層的思想理論。汪榮寶認識到儒家文化的價值系統對整合社會及規範國人行為具有制約作用，這是一種強大的、無形的道德維繫力量。因此，他試圖仿效西方啟蒙運動之後政教分離的方式，將儒家宗教化，使儒學作為人生的向度，以約束國人的道德和規範社會秩序。[五十一]現在，我們再回頭審視陳煥章、康有為、汪榮寶等一批知識份子

五十 《憲法起草委員會紀事》，《申報》，1913年11月2日；《憲法草案二讀會之尾聲》，《大公報》，1913年10月30日。

五十一 幹春松：《清末民初孔教會實踐與儒家現代轉化的困境》，《齊魯學刊》2005年第3期，第20-26頁。

的觀點，不得不承認他們對中國文化的獨特思考和理解：正是擔憂傳統文化的命運，正是看到當時社會缺少信仰無序的危險，正是預測到掙脫出文化制約的人們可能會演變成崇尚武力的惡魔，他們才重視儒家文化的保存和延續，堅持將孔教寫入憲法，明定為國教。而民國後的歷史發展也證明了他們觀點的合理性。

（二）反對袁世凱干預制憲

《中華民國憲法草案》某種程度上置議會超越政府的地位，這與袁世凱的初衷相違背，袁氏即有心干涉制憲。「二次革命」的爆發提供了藉口，他首先派軍警逮捕褚輔成、張我華、趙世鈺、劉恩格四位國民黨憲法起草委員，隨後又採取要求增修《臨時約法》、直接派人干涉制憲、拉攏軟化憲法委員、指使各省都督和民政長官反對憲法等種種手段，破壞憲法的順利制定。[五十二]

袁世凱的肆意干涉讓作為憲法起草委員會委員的汪榮寶警覺起來，他敏銳地意識到臨時大總統有意破壞新的民主制度，倘若不加抵制恐有大逆之可能。他和憲法委員一起不畏壓力，抵制袁氏的破壞活動，堅持按照民主共和精神起草憲法。在憲法起草委員會第二十三次會議中，針對以上被袁世凱逮捕的四名起草員的資格問題，委員長湯漪提出褚、張、趙、劉四委員已缺席五次，請假七次，照相關規則應解職另補。汪榮寶則當即反對，他認為規則中所定的是「無故缺席」方可解職，而四位委員明明有故，

五十二 謝振民：《中國民國立法史》，中國政法大學2000年版，第85-86頁。

不得到會，故萬萬不可解職。其他委員均表贊同。[五十三]當袁世凱諮文要求修改《臨時約法》時，汪榮寶和其他憲法委員一致稱：憲法即將制定頒佈，約法即當廢止，現在修改約法無異於畫蛇添足，拒絕修約要求。[五十四]為對抗由袁世凱親信梁士詒聯絡組織的公民黨，憲法起草委員會內進步黨、國民黨、共和黨等黨派彼此協商，於十月十二日組建了新的政黨——民憲黨。[五十五]該黨的宗旨是：「群策群力，以相結合，以貫徹民主精神，厲行立憲政治為宗旨。對於國家負忠誠之義務，如有搖撼民主國體者，則竭力維持之、保護之。對於政治先培養國力，而繼之發揚國光。政府而有逸出憲政之常規，吾黨則認為之為公敵，不為阿諛，亦不專為攻擊為事，務以公平之態度，為完密之監督。」當時進步黨的李國珍、丁世嶧、劉崇佑、藍公武等，共和黨的黃雲鵬、汪彭年等，國民黨的張耀曾、谷鐘秀和湯漪等均加入了該黨。自民憲黨成立後，憲法起草委員會中有半數成員列名其下，結果使國民黨、進步黨兩黨所占委員數大為減少。對進步黨而言，其對於擁護該黨主張的已幾無衝鋒陷陣之人，在憲法委員會中，「發言有章，足以動聽者，惟汪榮寶一人耳。」[五十六]

袁世凱於十月十日當選為正式總統後，其破壞制憲的意圖越來越明顯，汪榮寶與憲法起草委員保持著一致意見，決定加快制憲進程，從十月十四日起憲法開始二讀，十月二十至二十五日連續開會審議憲

五十三 吳宗慈：《中華民國憲法史》，前編，第 36 頁。

五十四 《憲法起草會之劇戰》，《申報》，1913 年 10 月 27 日。

五十五 專電，《申報》，1913 年 10 月 15 日；《民憲黨之宣言》，《申報》，1913 年 10 月 22 日。

五十六 吳宗慈：《中華民國憲法史》，前編，第 39 頁。

法。十月二十七日，全會對第八十四條國會委員會問題再次進行議決，委員們均堅持設置，並在討論時將「委員」二字刪除，議定「惟國務員得到議院發言」，以避免政府對憲法的干預。[五十七] 三讀完畢後，汪榮寶和其他四位起草員又爭分奪秒地撰寫條文，到十月三十日晚七時，將憲法條文整理完竣。十月三十一日，憲法委員會舉行三讀，通過憲法草案。十一月一日，憲法起草委員會將憲法提交到憲法會議進行議決。在憲法委員會加速制憲時，袁世凱也加快了干預制憲的步伐。十一月四日，他宣佈解散國民黨，隨後收繳國會兩院中國民黨議員的證書和徽章，致使國會因人數不足而無法開會討論憲法。憲法起草委員會迫於形勢，於十一月十日召開理事會，宣佈將憲法草案及一切文件統交國會收存，宣告自行解散。[五十八] 十一月十三日，國會參眾兩院議長發出通告，宣佈國會「停止議事」。《中華民國憲法草案》終未能成為民國正式憲法。

《中華民國憲法草案》是多位政治精英集體智慧的勞動成果，而汪榮寶作為憲法大綱及條文的草擬者之一，為此更是付出了大量心血。在草擬過程中，他能夠與其他委員保持一致意見，同心合力對抗袁世凱的干預，為制定出一部真正體現民主實質的憲法而努力，這種敢於追求民主並付諸行動的實踐精神誠為可貴。

五十七 《再記憲法起草會之劇戰》，《申報》，1913年10月28日。

五十八 《憲法委員會實行解散矣！》，《申報》，1913年11月15日。

第三節 與革命派和袁世凱的關係

一、與革命派的關係：從抗拒到同情

民國初年各種政治力量競爭激烈，以袁世凱為首的政府派，及以孫中山為代表的革命派成為兩大政治勢力，兩派在諸多問題上的觀點相互對峙，從而引發各種矛盾衝突，以至發展到兵戎相見的地步。汪榮寶一方面專注於民主共和體制的完善，同時又竭力防止君主專制舊制度的復辟，與革命派、袁世凱的關係都較為複雜。

民國初期，汪榮寶對革命派抱有較強的排斥心理，基本態度是不支持，抗拒為多，合作較少，這首先表現他對改組參議院的態度上。在南京臨時參議院中，以同盟會會員為主體的革命派議員佔據多數，占參議員總數的百分之六十二左右，這讓袁世凱頗為不滿。袁氏就任臨時大總統後，力主參議院遷至北京，在北遷過程中乘機對參議院進行改組。他利用參議院相關法規中未對如何執行民選作具體規定的漏洞，發電全國限定各省以省議會為選舉機關，省議會未成立者，即以清末所設諮議局改稱省議會，從中選舉出參議員。作為剛剛從清王朝蛻變來的舊改革派，汪榮寶亦擔心革命黨主張過於激進，若讓他們佔據議員多數會影響政府的決策，因而積極支持改組參議院。[五十九]

五十九 顧頓鍒：《中國議會史》，蘇州木瀆堂 1931 年版，第 127-129 頁。

汪榮寶以舊參議員多為同盟會成員的理由，和湯化龍、曾有瀾、張伯烈等共同極力主張重新選舉議員。他不顧南京參議院中「新舊議員交替更換」的規定，聯合新議員反對原議員出席會議，不遺餘力地排擠南京舊議員。[六十]在四月二十九日參議院舉行的第二次會議中，出現了「新舊議員衝突激烈」的局面。開會後江西議員李國珍、湖北議員張伯烈等人相繼演說，均稱各省官派參議員自經改選後即當取消，萬無再加入本院理由，汪榮寶更是高聲附和：「據約法第十八條所規定，各省參議院五人，由各地選派。此條所謂選派，與都督之委派不同，依此條解釋，各都督委派之議員，已無繼續存在之理由。」[六十一]在袁世凱和舊官僚的阻擾下，北京臨時參議院重新改選後，在議院一百二十六席中同盟會占四十餘席，僅占席位約百分之三十二，人員比南京臨時參議院時期明顯減少。

汪榮寶抗拒革命派最為明顯的表現即是對「二次革命」的態度。一九一三年三月，袁世凱派人刺殺了國民黨領袖宋教仁，引發轟動一時的「宋教仁案」。「宋案」在社會上引起了強烈反響，激起革命黨人對袁政府的嚴重不滿。同年七月，以孫中山為首的革命黨人打起反袁旗幟，發動「二次革命」。汪榮寶作為進步黨成員，極力反對革命派武力對抗政府，他代表進步黨在國會中提出和撰擬《咨請政府征伐叛徒建議案》，聲稱：「臨時政府，曾按照約法組織正當機關，此外有潛竊土地，私立名號，與政府反抗，就是背叛民國，為四萬萬人公敵」，建議政府為維持國家生存起見，應適用武力的嚴厲方法對待「亂

六十 《汪榮寶蠅營狗苟》，《太平洋報》，1912年5月5日。

六十一 專電，《時報》，1912年5月1日；《參議院開院之風潮》，《民立報》，1912年5月6日。

黨」。執筆討伐革命派，足見他抗拒革命派的心理。

汪榮寶與革命派抗拒還反映在參加穩健的政黨，與激進的同盟會、國民黨相抗衡。他選擇參加共和黨、進步黨，這些黨派所持政綱皆屬穩健，主張與政府合作。共和黨和國民黨是北京臨時參議院中的兩大政黨，相互抗衡彼此競爭，汪榮寶是共和黨成員，與國民黨相對立。一九一三年國會召開後，他又加入進步黨，與國民黨相對抗。從其政黨活動來看，基本上處於與國民黨相對立的一方，可見對革命派的抗拒心理。

誠然，汪榮寶對革命派的態度並不友善，但他是民主共和制的贊同者，在國體及政體等問題上與革命派的觀點總體上是一致的。在政體形式上，他清醒地認識到總統制和責任內閣制的區別，責任內閣制使國家權力相對分散和均衡，在處理重大問題時可以經過集體討論，能夠限制個人權力的過渡膨脹，防止個人權威影響到國家的政治走勢，因而力主實行責任內閣制。儘管與革命派的出發點不同，但汪榮寶與他們的觀點本質上是相同的，因此，當袁世凱政府的行為超越了法律界限，違背共和國家的政治原則時，他能毫不猶豫地與革命派站在同一戰線上，譴責政府的違法行為。

二、與袁世凱的關係：從信賴到杯葛

袁世凱乃近代歷史中的梟雄，他是清末的權臣，又是民國初期的權威。汪榮寶和袁世凱在清末時曾有所接觸，鼎革之際也曾合作，民國建立後隨著政局的變動，他與袁氏的關係也發生了從信任到杯葛的變化。

在袁世凱剛組建政府時，汪榮寶對其百倍信任，為袁爭奪權力和穩固地位出謀劃策。這首先表現在他支持袁世凱在北京就任大總統事件上。袁世凱當選為臨時大總統後，孫中山提出須到南京就職的要求，再三電促袁南下，並派出以蔡元培為首的代表團北上迎袁。袁世凱採用兩面策略，表面上答應，暗中卻策劃計謀。一九一二年二月二十七日，蔡元培一行到達北京，袁世凱佈置了隆重的歡迎儀式，並派趙秉鈞、胡惟德、周自齊、王樹堂、顏惠慶、范源濂、蹇念益、汪榮寶等十三人為招待員。[六十二]汪榮寶列名招待員，可見他願意聽從袁世凱的派遣。在民初的其他政治活動中，汪榮寶也基本上與政府保持一致，如在北京參議院改組過程中，配合袁世凱排斥同盟會議員，防止革命派在參議院中佔據多數席位。二次革命爆發後，他明確表示自己的立場：反對革命，支持現任政府。

然而，隨著地位的穩固，袁世凱開始違背共和制的原則，不擇手段地打擊和限制民主。一九一三年三月二十日，袁世凱派人刺殺了國民黨理事長宋教仁，舉國輿論譁然。袁在窘迫之中，為掩人耳目，竟採用「移屍嫁禍」之計，謊稱在上海發現一秘函，內有宋教仁、孫中山、黎元洪、梁啟超、袁世凱、趙秉鈞、汪榮寶等皆犯有賣國之罪、特判處宋教仁以死刑、即時執行等語。[六十三]袁世凱將汪榮寶、梁啟超等列為陪客，想以此轉移國人視線，混淆視聽。在這件事上汪榮寶雖未明確表示自己的態度，但可以想見，當得知事實真相後必定有所感觸，促使他對自己一貫的態度進行反思，對袁政府重新評價。

如果說宋教仁案並未改變汪榮寶對袁世凱的信任，那麼袁世凱在國會制憲過程中，屢屢掣肘，處處設阻，強迫起草者按照他的意志制憲，最終促使了汪態度的轉變。一九一三年七月，國會組建憲法

六十二 李新：《中華民國史》，第二編第一卷，中華書局 1987 年版，第 2 頁。
六十三 陶隱菊：《北洋軍閥統治時期史話》，三聯書店 1983 年版，第 166 頁。

起草委員會著手擬定《中華民國憲法草案》。為建立真正的民主國家，憲法委員在憲法中強調了議會的地位，對總統權力進行一定的限制。袁世凱對此十分不滿，於十一月下令解散國民黨和國會，不承認憲法起草委員所擬的憲法。袁世凱的種種僭越法律的舉動讓汪榮寶逐漸動搖了對袁的信任，他決定與其保持距離。

此時國內的形勢異常複雜。革命派雖被袁世凱鎮壓下去，政局暫歸平靜，但袁氏攬權不止，並在各項政治活動均隱約顯露出復辟帝制的圖謀。汪榮寶保持著清醒地頭腦，預感到這是暴風雨來臨前的「徵兆」。他深知自己無力掌控局勢，隨時有捲入政治漩渦中而難以脫身的危險，深思熟慮之後，決定採取權宜之舉，未雨綢繆，出國外任公使，遠離中央政治，避開國內將要出現的政治風潮。針對他外任公使的原因，其後人回憶道：「君（汪榮寶）窺其（袁世凱）意，終不肯守法度，建民治，因乞外任。」六十四這也證明汪榮寶對袁世凱態度的轉變。

一九一四年三月，汪榮寶出任比利時公使。他揣度袁世凱的心思，在赴任前辭行時心情沉重地向袁進言，很委婉地說道：「總統制最大的缺點是事事要總統首當其衝，近日辦事，十有九難如人意，倘總統當國，則一切怨恨尤集於總統一身，九十九樣事辦好了，有一樣不好，亦會被咒罵。不如仍行總理制有個迴旋餘地。」袁世凱卻不以為然，笑道：「不然，過去一年的情形恰恰和你說的相反，我們不是一直行的是內閣制嗎？可是只聽到討袁之聲，並未聽到討唐（唐紹儀）、討陸（陸徵祥）、討段（段

六十四 汪孝熙等：《哀啟》。

祺瑞）、討熊（熊希齡）之音。」[六十五]汪榮寶誠摯地勸誡袁世凱，囑其實行責任內閣制，勿行總統制，萬一國民反對政府，還有總理可以作為迴旋緩衝，總統所擔任的責任就相對減少，這仍是為袁著想和考慮的。

總之，汪榮寶雖然在政治上依靠袁世凱，佩服袁在歷史關鍵時刻所具有的膽略，但對袁不擇手段打擊民主的做法極為反對。他最終沒有成為袁的幕僚，也未受到袁的寵信，因此不可能成為袁政府中的要員，只能算袁氏政治權力圈中的邊緣化人物。

三、洪憲帝制的反對者

隨著袁世凱復辟活動的展開，汪榮寶對袁的態度發展了驟變，成為帝制的反對者。袁世凱在解散國民黨和國會後，於一九一五年又重新組織憲法起草委員會制憲，召時任比利時公使的汪榮寶回國參與。汪榮寶奉命回國，袁世凱想探知對稱帝的態度，遂召見談論中西政治，詢問西方各國對中國國體的意見，汪榮寶答道：「咸願公為華盛頓，不願公為拿破崙也。」袁世凱嘿然。[六十六]他親眼所見歐洲各國之民主和憲政政體，認定民主共和制乃世界大勢所趨，中國此時再退回去搞帝制是違背歷史潮流，儘管話語含蓄，並未直接指責帝制，但反對復辟帝制之意已很明顯。

六十五 丁中江：《北洋軍閥史話》，第一集，中國友誼出版社 2000 年版，第 498-499 頁。

六十六 汪孝熙等：《哀啟》；章太炎：《章太炎全集》第五冊，上海人民出版社 1986 年版，第 258-259 頁。

袁世凱最終還是迫不及待地走向復辟帝制之路。從一九一五年開始為稱帝進行緊鑼密鼓的準備，他授意政府高級顧問美國法學家古德諾[六十七]、日本學者有賀長雄撰寫論帝制與共和的文章，為復辟帝制製造輿論聲勢，又指使楊度等組織籌安會籌備帝制事宜，掀起了帝制逆流，一時間復辟帝制之聲甚囂塵上。袁世凱的帝制活動遭到舉國上下的一致反對，當時反對稱帝的言論頗多，其中梁啟超的《異哉所為國體問題者》與汪榮寶之父汪鳳瀛所撰擬的《致楊度與籌安會論國體書》並列齊名，頗為世人所傳誦，是反對袁世凱稱帝極有分量的文獻。

《致籌安會與楊度論國體書》首先對籌安會進行隱晦地諷刺，指責組織者楊度為「陋儒瞻顧囁嚅」之人，組織該會並非是「愛國」，而是「壞國」。堅決反對袁世凱更改國體，指出政體已採用總統制，「已將無限主權，盡奉諸大總統」，且國之大體，豈可反覆無常，「斷不可於國體再議更張，以動搖國脈」。針對為何不能變更國體，文章提出了「七不可說」：第一，失信於天下。袁世凱已任大總統，且「遵約宣誓，屢次宣言，決不使帝制復活，其言至誠愷切，亦播諸文告，傳諸報章，為天下所共見聞矣！」，而現若改君主政體，必「失信於天下，悖禮傷義，動搖國本」。一不可也。第二，為孫中山、黃興等革

六十七 古德諾是美國哥倫比亞大學大學院院長，1913年被袁世凱聘為政府高級顧問，其間又被美國約翰·霍普金斯大學聘為校長，時古氏在美國聲望日隆，共和黨有意提名古德諾為總統候選人，與威爾遜一爭高下，可謂前途不可限量。1915年，他針對中國政局撰寫《共和與君主論》一文，提出共和與帝制各有所適，不料後被楊度等人有意解釋為君主制優於共和制，併發之於媒體廣為宣傳，該文成為籌安會宣傳帝制的「聖經」。後袁世凱身敗名裂，古德諾竟因助袁稱帝之嫌疑被罷黜校長，學問、政治前途皆失，以致含恨終生。（唐德剛：《袁氏當國》，廣西師範大學出版社 2009年版，151-166頁。）

命黨人提供反政府的藉口。倘若稱帝，「使黃輩實其誣言」，而天下皆將信服孫、黃等有先見之明，「頓長其聲價，增其信用」。此二不可也。第三，失掉旅居各國華僑的資助。吾國旅居各國之僑民不下數千萬，「莫不醉心歐化，以獨裁帝政為不然」，他們一旦見復興帝制，必對祖國失望，「不啻推而出之，以為孫黃之外府，隱助以無限之資財」。三不可也。第四，恐天下自此多事。假使復行帝制，域中斷不容二帝，勢必消清帝之尊號，塞滿族之人心，「慮復為奸人所利用，設有僉壬叢而間之，為德不卒，勢非獲已，而貽人口實，恐天下從此多事矣！」四不可也。第五，國內災害不斷情勢危急。民國後厚增賦稅，繁征苛斂，視清末有加，「咨怨之聲，已所難免」，現若增稅設捐，紳商受不公平之待遇，「怨懟不平之氣，鬱結於中，加秩薪之蘊火，遇有梟雄，鼓而煽之，則一發不可復遏。」五不可也。第六，若稱帝必賢人隱退、小人得勢。設若改為君主專制，「稍知自愛者，名節所關，天良難昧，勢必潔身引退，相與遁荒」，而「其留而不去者，貪榮勢利寡廉鮮恥之徒，必居多數」，他們往往「視仕官為投機事業，勢盛則爭先推戴，勢衰則出力擠排，彼且不愛其身，尚何愛於國，更何愛於君？」六不可也。第七，易受到他國肆意要脅。中國積弱，在國際上無絲毫地位，「今我忽無事自擾，謀更國體。際此歐戰相持，愛我者或不遑東顧，而忌我者則虎視眈眈，惟恐我國之宴安無事，不先與謀，事必無幸，苟欲求其同意，非以重大權利相酬，足饜彼與，殆不可得」。如這些國家以國體相同之故，「佯與贊成，觀釁而動，但使我與國體變更之際，地方稍有不靖，彼乃藉詞干涉，別有所挾，以兵力臨我，人心向背，正未可知。」此七不可也。六十八

六十八 高拜石：《新編古春風樓瑣記》，第一冊，正中書局 2002 年版，第 287-296 頁。

「七不可」說從信義、國內複雜的政治形勢、國民經濟狀況、國際局勢等方面，詳盡地闡述了不能恢復帝制的理由。這些話語可謂汪鳳瀛的肺腑之詞，他引經據典，力勸袁世凱吸取歷史教訓，遵循歷史發展規律，勿行忤逆之舉。現在看來，雖然文中有些言語詆毀革命，然而立場不同，不足為詬病，尤其是他所列各點，竟然一一如其所料，可見汪鳳瀛超群的預見性。

關於《致籌安會與楊度論國體書》一文的由來，章太炎為汪鳳瀛所作的墓誌銘有如下記錄：「項城袁公既尸大總統四年，與群下議帝號，始有籌安會，吏民矍梧，佞詞百端，府高等顧問元和汪君書籌安會，稱七不可。」當汪鳳瀛撰寫完畢，「以示諸子，諸子皆跽曰：『是懸諸日月不刊之論也。雖然，恐不免虎口。』君不應。明日復問，曰：『已發矣，雖死市曹，吾分也。』」[六十九]也有說汪鳳瀛寫完此文後，托同鄉張一麐轉呈袁世凱，張一麐時任政事堂機要處處長，極不贊成袁世凱稱帝，張見信問：「翁不畏禍耶？」汪鳳瀛卻曰：「余作此文，即預備至軍政執法處。」張大為感動，揖汪言曰：「老輩正言可敬，吾輩愧死！」乃轉呈袁世凱。[七十]以上均證明了文章為汪鳳瀛所撰，但也有人說此文原出自汪榮寶的手筆，其父汪鳳瀛擔心惹來禍端，遂自己署名上呈。[七十一]該文究係汪鳳瀛所作，還是汪榮寶所作，筆者目前尚未找到其他的史料，只能暫時存疑。不管此文係誰所作，很顯然在對袁世凱稱帝一事上汪家父子的觀點是一致的：堅決反對帝制。據說袁世凱閱至此文，又回想與汪榮寶的談話，知汪氏父子終不為

六十九 章太炎：《章太炎全集》，第五冊，上海人民出版社 1986 年版，第 256-257 頁。
七十 劉成禺：《洪憲紀事詩本事簿注》，山西古籍出版社 1997 年版，第 19 頁。
七十一 高拜石：《新編古春風樓瑣記》，第一冊，第 296 頁。

自己所用，對汪鳳瀛亦未採取不利舉動，遂將汪榮寶遣回比利時公使任。七十二

汪榮寶為何要反袁稱帝呢？《致籌安會與楊度論國體書》實際上提供了這樣一種解釋：即之所以反袁，是因袁復辟封建帝制，這種破壞民主共和秩序的舉動，與他的政治理念相違背。作為體制內改革派的典型代表，汪榮寶有他的政治理想以及與此理想相應的政治品格。他一直追求社會進步和國家獨立，但實現的途徑和手段是穩健的、漸進的、有秩序的改良，而非激烈的、暴力的革命。在清末持這種改革觀，民國後依然如此。民主共和制作為初建的新政體，帶來了國人期盼已久的議會制、政黨制等，已顯示出它內在的歷史優點，汪榮寶在思想上已接受了共和制。但是，這種體制還未有效地運行和發揮功能，袁世凱卻要恢復剛剛被歷史遺棄的封建君主專制，回頭走舊路，不僅違背歷史發展的規律，更不符合汪榮寶追求政治民主、社會進步的理想。可見，汪榮寶所持的歷史發展進步觀和穩健漸進改革理念正是他從「擁袁」到轉而「反袁」的思想基礎。

清朝覆亡，民國建立，民主共和代替君主專制，這是歷史的偉大進步。汪榮寶對新政府充滿希望，積極參加民主政黨、議會實踐活動都是有力的證明。他試圖按照自己的政治理想，實現民主共和政治穩定和有序地運行，真誠地希冀不但革命派在法律允許內活動，而且袁世凱也應遵循民主原則，堅持用法律手段保障民主共和體制的完善，而不是顛覆或是破壞這一體制。他還注重文化對國人道德和社會秩序的約束和整合作用，支持「孔教入憲」，以儒家思想來規範國人的行為。總之，在民初的政治實踐中，汪榮寶亦堅持了穩健漸進的改革理念，以其溫和的社會改革方式推動著共和政治的完善和進步。

七十二 汪孝熙等：《哀啟》；劉成禺：《洪憲紀事詩本事簿注》，第19頁。

第九章　折衝樽俎——駐外公使生涯

出任外交使節是汪榮寶政治生涯的轉捩點，自一九一四年任駐比利時公使起，到一九一九年擔任中國首任駐瑞士公使，至一九二二年正式擔任駐日全權公使，他在民國的外交舞臺上馳騁達十七年之久。在任期間，他研究歐洲各國政治，代表中國參加國際會議，與日本進行艱苦的外交談判，在諸多事件中無不折射出折衝樽俎、為維護國家利益而百折不撓的愛國情懷和民族情感。汪榮寶站在職業外交家的角度為國家發展提供外交策略和定位，尤其在處理複雜的中日關係中，他一直堅定保持著清晰的思路和敏銳的判斷。

第一節　出任比利時公使

一、調查歐洲政治局勢

汪榮寶於一九一四年至一九一九年間擔任中國駐比利時公使近五年時間。任職期間，他綜合調研第一次世界大戰前夕的各國情形，洞觀歐洲戰局，為北洋政府處理與歐洲各國關係提供政治參考，為中國參加一戰提出政策和建議，並妥善處理華人留學生等事務。

比利時在歐洲的地位較為特殊，該國位於歐洲西北部，東與德國接壤，北與荷蘭比鄰，南與法國交界，無論是地理上還是文化上，都處於歐洲的十字路口，在過去的二千年內見證了各種族和文化的興盛與衰敗，凱爾特人、羅馬人、德意志人、法國人、荷蘭人、西班牙人和奧地利人都留下了文化的痕跡，可謂歐洲真正的種族熔爐，因此，比利時被譽為歐洲的十字路口。人口稠密的比利時是當時世界上工業最發達的地區之一，亦是歐洲大陸較早進行工業革命的國家，經濟技術和文化十分繁榮，具有相當的軍事實力。該國在十九世紀至二十世紀初一直是世界範圍內的活躍份子，曾參加八國聯軍出兵入侵中國，在辛丑條約中也分得諸多特權。

清政府早在一八八五年就開始派遣出使比利時欽差大臣，初為兼任，首任欽差大臣為許景澄，任職時間從一八八五年七月至一八八七年六月，此後薛福成、羅豐祿、楊兆鋆、李盛鐸曾先後擔任過此職，從一九〇二年起改稱專使，清末最後一任專使為李國杰。一九一二年中華民國成立後改派為外交代表，當時比利時還未承認民國，仍由李國杰擔任外交代表，直到一九一三年十月六日比國承認中華民國，民國政府派王廣圻擔任首任特命全權公使，但他尚未到任就調駐義大利公使，此後由章祖申任代辦。一九一四年二月十九日民國政府正式任命汪榮寶為駐比利時全權公使。接到任命後，為擺脫國內複雜多變的政治局勢可能帶來的危險，汪榮寶即收拾行李赴任。他取道俄國西伯利亞，中間憑弔在滑鐵盧戰役中失敗的拿破崙，從北歐瑞典輾轉到達比利時，到任時間為同年四月二十，從此踏上民國外交舞臺，成了一名職業外交家。汪榮寶擔任駐比利時公使曾受到國中留學歐美外交官們的質疑，據曹汝霖回憶：「汪袞父（汪榮寶）先派比利時公使，部中歐美出身的人，頗有後言，疑我偏袒東洋學生，一若侵了西洋學生的地盤。」[一]及至後來，汪氏在處理外交事務中敏銳之判斷和靈活之手段，贏得了曾經反對者的肯定和贊許。

首度出任外交官，汪榮寶頗為慎重和勤勉從事，至比利時首都布魯塞爾後，他向比國政府遞交國書，拜會各國外交使節，並對使館實施內部整頓，詳定規則，要求使館人員勤於治事和忠於職責，更要學習法語至熟練程度。鑒於比利時國內通行法語之現狀，他自己亦積極學習法語，並很快達到了流暢表達和熟練書寫的程度。據王揖唐回憶：「君與余共事議席，投契夙深，使歐數年，法語精進，有如素習，儕輩中壯年勤學、旁通西文者，同年章莒生祖申外，未見有第三人也。」[二]自任外交官後，汪榮寶仍以學者的標準嚴格要求自己，並不懈學習，努力吸取新知。

汪榮寶在任職前就接到總統袁世凱的囑咐，令其到歐洲後調查各國政治，精研複雜多變的歐洲局勢，為國家制定對歐政策和策略提供參考。汪氏赴任後要緊急辦理的就是這些要務。時值第一次世界大戰爆發的前夕，德意志帝國、奧匈帝國和義大利結盟，而英法兩國結為協約國軍事同盟，兩大陣營相互對抗，均想主宰歐洲大陸的事務，尤其是德奧兩國恣意妄為，蠻橫無理常挑起軍事爭端，且關係密切行動一致，而義大利執政者有所搖擺。比利時主政的為國王阿伯特，他宣佈中立原則，沒有捲入到兩大對抗陣營中，既不親近德奧，對英法同盟亦持謹慎態度，比國雖有少數親德份子，但不構成威脅和影響。

一　曹汝霖：《曹汝霖一生之回憶》，第115頁。
二　王揖唐著：《今傳是樓詩話》，遼寧教育出版社2003年版，第121頁。

汪榮寶及時將這些情形彙報給北京政府，並指出歐洲籠罩著戰爭的密雲，戰事可能一觸即發，中國要做好相應之政策調整。

第一次世界大戰於一九一四年八月爆發，八月一日德國對俄宣戰，八月三日對法宣戰，同時準備佔領宣佈中立的比利時，由此來進攻法國。八月四日英國因德國對比利時宣戰，隨即向德國宣戰。德國向比利時政府提出最後通牒，要求比國在十二小時內務必做出答覆，然後「盡速」電告柏林，同時陳兵邊境，德國最高統帥鄙視比利時陸軍，認為他們是不足道的「巧克力兵」。面對德國強大的威力，比利時人選擇了抵抗，在驟然的侵略面前沒有退縮，反而激發出愛國的熱潮，國民拿起武器奮起反抗保衛國家的獨立，以六個師的兵力頑強抵抗，但最終因勢單力薄無法阻止德國軍隊，德軍於八月二十日佔領比利時首都布魯塞爾。此後比軍撤退到伊澤爾河西岸，國王阿伯特作為國家的統帥，將政府暫設在法國西海岸的勒阿弗爾，繼續抵抗德軍的進攻並與之展開周旋。[三]正是比利時人的頑強抵抗，在一定程度上遲滯了德國人進攻的步伐，為協約國贏得了調兵遣將的寶貴時間，而德國經此一戰損失慘重，不僅在軍事上有大量的人員傷亡，更重要的是在外交上、道義上和民心上的喪失。汪榮寶及時將上述戰局報告給袁世凱政府，肯定比國抵抗德國的舉動，認為以彼弱國而敢反抗，足見國民之精神和領袖之魄力。

三 伊澤爾河源頭出法國，流入北海，全長八十六公理。1914年10月至11月，法、比、英等國軍隊曾在伊澤爾河岸與德軍血戰，並擋住了德軍向西挺進。從此在整個第一次世界大戰期間，該河就成了比利時自由區與德國佔領區的分界線。(比)讓·東特著，南京大學外文系法文組譯：《比利時史》，江蘇人民出版社1973年版，第144-145頁。

德國佔領比利時後，中國使館面臨著極大威脅，汪榮寶帶領使館人員組織撤離工作，妥善安置華僑和留學生，跟隨比利時政府遷至法國境內。期間除及時將戰況和比利時動態報回國內，他還積極關注中日交涉等問題，隨時與駐歐其他中國公使交換意見和看法，不斷致電北京外交部提出各種建議。一九一五年七月，汪榮寶被推舉為憲法起草委員，奉調回國參加國會制憲，因反對帝制在憲法委員會中並未出力，因又有「咸願公為華盛頓，不願公為拿破崙也」之語，遂被袁世凱遣回比利時任。汪榮寶帶領使館工作人員艱難維持，另外要與德國應對周旋，如遇戰事緊張還要隨時轉移，加之自己患有嚴重疾病，其艱難情狀可見一斑。

身處戰火紛飛的歐洲，去國離鄉之愁思更加濃郁，汪榮寶撰《滯留》和《故國》兩詩，表達對時局的擔憂和對祖國的思念之情。其《滯留》詩曰：「艱危留滯欲何成，鏡裡朱顏惜漸更。對月略能推漢曆，看花苦為譯秦名。劉楨未遂漳濱臥，鄭樸難忘穀口耕。自信雄心湔祓盡，夜闌匣劍為誰鳴。」[四]他又感於歐洲混亂之戰局，作《歐洲戰事雜感八首》描述天地晦盲的戰爭殘酷之情形，詩曰：「犀兕窮兵衛，龍蛇伏殺機。白虹一夕起，赤羽萬方飛。動地驚雷迅，凝陰集霰微。可憐五步血，霑灑偏戎衣。局促兵衝地，飛揚師武臣。十年申儆久，一戰霸圖新。服八功無幸，當千氣益振。男兒須死國，視此荷戈民。日出窮遐略，天驕擅主盟。膺膦猶未已，牛耳孰能爭。仍世覯失敗，茲辰決死生。紛紜誰禍始，作史要持平。莽莽二州地，淒淒三戶心。國難終未報，兵氣日相尋。縱約成言秘，飛書義憤深。越裳我南服，

四　汪榮寶：《思玄堂詩》，第79頁。

何不返龜陰。談笑猶同澤，艱虞始倒戈。魚龍殊倏忽，燕雀頓偏頗。出入餘何有，翩翻世固多。移書告萬國，寧止辯如何。敵國方殊死，齊人欲大同。玄黃忽異色，鼎革有成功。日月盟書揭，風雲霸業空。剜身重不惜，結願信無窮。禍亟民方賤，機深器益銛。兵塵窮複載，厄運偏飛潛。蕉萃天應泣，腥羶野未饜。百年矜學術，所得在沾漸。滄海愁無極，高邱首重回。群兒自蠻觸，萬骨已蒿萊。風馬終相及，池魚亦可哀。刑天舞干戚，猛志豈應灰。」[五]這些詩句如實地對歐洲各國兵士相互廝殺、戰事頻仍、傷殘無數之現狀進行描述，間接指責這些國家發動戰爭最終目的無非是稱霸，並非有正義可言，對受難中的國家民眾抱有同情心理。

二、為中國參戰提供政策參考

當歐洲展開一場空前的世界大戰之時，積貧積弱的中國仍處在困境之中，一九一四年八月六日袁世凱頒佈大總統令，宣佈「對於此次歐洲各國戰事，決意嚴守中立」。[六]北京政府希望以中立而不使歐洲戰火燒到自身，因此竭力強調自己的中立國權利。在關注歐洲戰事的同時，汪榮寶一直考慮中國是否參戰問題，他為此進行過艱難的思考，並於其他公使交換意見，較早的指出中國不能置身事外，應適時做出參戰的準備。事實上一九一七年之前，北京政府內部希望能參與一戰的想法便已存在，政府人士梁士

五 汪榮寶：《思玄堂詩》，第 86-88 頁。

六 中國第二歷史檔案館編：《中華民國檔案資料彙編》第三輯外交卷，江蘇古籍出版社 1991 年版，第 383 頁。

詒、張國淦等明確指出中國所謂中立其實是消極之策，要積極尋求對策，但限於時局和者不眾，且遭到日本阻遏未能實現。

一九一七年一月三十一日，德國宣佈恢復對協約國的無限制潛艇戰，德美關係惡化，二月三日美國宣佈對德絕交，並希望其他中立國採取共同行動。美國駐華公使芮恩施力勸中國追隨美國，其他英國、義大利等均表示支持中國參戰，此時的日本也改變過去反對態度，催促中國對德斷交。駐日公使章宗祥主張中國採取進一步行動。二月十二日，章致電段祺瑞，電稱「此事已成騎虎，現不與德絕，聯合國將視為敵，危機甚大，速斷為宜。」為加快對德絕交進程，他甚至主張繞過國會來進行此事。[七] 汪榮寶與駐日公使章宗祥是要友，政治外交見解多有相同，可以想見二人對參戰問題應有過多次的交流，其參戰主張應一致。另外，駐美公使顧維鈞在給國內的電報中不斷強調中國加入協約國的好處，力促北京向德奧宣戰，同時設立專門小組搜集材料並予以分析，為在戰後和平會議上爭取廢除不平等條約做準備。他明確提出為使山東問題得到妥善解決，為在戰爭結束時提高國際地位，中國必須加入協約國作戰。當時圍繞著中立還是加入協約國，中國內部出現了一場大爭論，外交官、政治家和軍事將領及社會各界都捲入這場爭論，意見紛呈，莫衷一是。

作為外交家的汪榮寶觀察到經過幾年的交戰，歐洲各國被戰爭拖累得疲憊不堪，彼此處於膠著狀態，實力強大的美國對德宣戰，使得戰爭戰局日益明朗化，協約國即將取得勝利，中國此時更要抓住關鍵時機

七　收東京章宗祥電，1917年2月13日收，《天津市歷史博物館藏北洋軍閥史料》黎元洪卷，第8冊，第15-16頁。

對德宣戰。他與駐法公使胡惟德交換意見，決定共同發電給北洋政府，表明支持中國儘快參戰之明確態度。該電首先發給駐義大利公使王廣圻，後經上海駐法領事轉交給時任副總統馮國璋，電文稱：「副總統鈞鑒：報傳復辟，大總統被脅辭職。應請副總統按照約法即日繼任，任命內閣，召集議會，一面對德宣戰，免彼先發，藉外援以自重。中國存亡，惟公是賴。迫切陳詞，敬乞電復。胡惟德、汪榮寶。三日。中華民國六年七月」。[八]電中一方面密切關注中國國內局勢，另一方面陳請政府對德宣戰，其焦灼迫切之情溢於言表。

一九一七年八月十四日，中國正式對德宣戰，這使中國使館面臨嚴峻考驗，對德宣戰就要關閉中國使館，汪榮寶一方面擬定撤離人員名單，妥善處理中國在比利時利益的善後保護事宜，同時為在比利時的中國人，特別是留學生的去留問題做了安排，爭取中國政府給自費留學生提供補助。汪榮寶洞察形勢變局，針對參戰後中國與各協約國關係問題，與駐英公使施肇基、駐法公使胡惟德、駐意公使王廣圻於一九一八年五月舉行會議，商討策略和應對方案。讓汪榮寶深感欣慰的是，一九一八年十一月比利時光復，他又率領使館人員重返布魯塞爾，妥當安排相關事宜，使得中國與比國的關係很快恢復正常往來。

三、參加巴黎和會

一九一八年夏第一次世界大戰以協約國的勝利而結束，中國成為戰勝國，收回德國在中國的權利指日可待。駐美公使顧維鈞持樂觀態度，認為現在正是時機，中國應該在即將召開的和會上向各國鳴

八　龍鋒選輯：《王廣圻外交函電一組》，《民國檔案》2012年第1期，第13-14頁。

不平，以爭回失去的權利。「中國所不滿的不僅僅是歐洲列強的帝國主義政策，而且還有十九世紀後期使中國蒙受苦難的日本侵略者。日本侵略的最近事例便是日本提出的臭名昭著的二十一條要求，以及於提出最後通牒後強迫中國締結的中日條約。」戰後美國的態度又讓北京政府感到振奮。一九一八年一月，美國總統威爾遜發表著名的《十四條宣言》，規劃戰後世界新秩序，著重強調外交公開，民族自決，國無大小強弱一律享有同等權利，戰勝國不要求割地賠款，倡議設立國際聯盟，維持世界和平等。為爭取巴黎和會上中國外交的成功，徐世昌總統在一九一八年十二月特於總統府設置外交委員會，他在成立會上發表演說，謂巴黎和會在國際上「將開一新紀元」，我國「不能不希望於此次和議之結果」。[九]

時任比利時公使的汪榮寶對戰後局勢亦頗為樂觀，認為這是中國提高國際地位和收回權益的最好時機。一九一八年十一月一日，汪榮寶接到外交總長陸徵祥電文，稱將委派他、顧維鈞、王正廷、顏惠慶與陸氏一起擔任中國出席巴黎和會全權代表。汪氏積極收集資料，並聯絡其他駐外官員商討對策和方案。但最終北洋政府因各種原因，更改了參加和會代表的名單，任命陸徵祥為首席代表，其他駐英公使施肇基、駐美公使顧維鈞、新任駐比公使魏宸組，以及南方軍政府王正廷為代表，而將汪榮寶列入代表團成員。一九一八年十二月一日，由外交總長陸徵祥率領的代表團踏上前往巴黎的征程，汪榮寶因已在歐洲，比利時與法國距離甚為便捷，從布魯塞爾逕赴巴黎參會。

九 《總統在外交委員會之演說》，《晨報》，1918年12月20日。

一九一九年一月十二日，經過四十多天的長途跋涉中國代表抵達巴黎，此時，距和會開幕只有六天時間，而汪榮寶於一月五日已被任命為駐瑞士公使，但為參加和會仍在此等候。中國代表抵達巴黎後卻面臨著尷尬的處境，之前陸徵祥曾獲知中國將有三個代表名額參會，但抵達巴黎以後得知卻只有兩個名額，英法各國又對中國南北分裂狀態提出置疑，要求南北方兩個政府取得共識而且代表團同時要有南北雙方的代表。代表團團長陸徵祥因確定參加和會的全權代表名單問題屢次受到指責和批評，甚至內部發生分裂，致使他一度出走，代表團群龍無首，陷入四分五裂境地。為解決這一困境，汪榮寶與其他公使一道，積極開展活動，維護了代表團的團結和穩定，並為爭取中國山東權利做周密的計畫和籌備工作。

巴黎和會是民國職業外交官初次在國際上的展示和亮相，以顧維鈞為代表新的外交官群體為維護國家利益和主權，針對山東問題發表有禮有節、擲地有聲的演講，闡述了中國要求直接收回德國在山東的一切特權的正義主張。這展示出中國外交官群體高超的外交技能和靈活的手腕，他們的努力獲得了空前的成功，歐美各國媒體爭相報導中國代表團的呼籲，為中國贏得了廣泛的國際同情，國際輿論的支援一度使中國處於十分有利的地位。但所謂的外交實質上是國家實力的較量，在日本的干預阻擾下，英法美各國竟同意簽署了將德國在中國山東的一切權益轉讓給日本的條約，中國在巴黎和會上的外交徹底失敗，國內隨即爆發了學生主導的五四愛國運動。

汪榮寶親眼目睹所謂的強權政治最終戰勝公理正義，巴黎和約徹底暴露了西方各國弱肉強食的分贓本質，一度標榜為公理化身的美國和英法日意沆瀣一氣，不過是一丘之貉，不禁痛心疾首百感交集，失望和無奈之情填塞心間。巴黎和會期間，他受政府之命轉任中國首任駐瑞士公使，不過因參加和會，直到四月二十二日才正式赴瑞士就職。值得提到的是，汪榮寶的三子汪孝熙於一九五三年任臺灣當局駐比利時大使館公使，一九五九年十一月，任臺灣當局駐比利時大使館特命全權大使，一九六二年十二月十二日病逝於比利時任上。可見父子兩代與比利時的淵源頗為深厚。

第二節　首位駐瑞士公使

一、首任瑞士公使

從一九一九年一月至一九二二年六月，汪榮寶擔任駐瑞士公使三年多的時間。期間他密切關注戰後歐洲各國局勢，並對瑞士國內的政黨變革、內閣更迭、經濟發展、國際交涉等問題仔細調研，為北洋政府提供對歐政策諮詢和參考。他還代表中國參加在日內瓦召開的第三屆國際勞工大會，並代表中國簽署了國際《禁止販賣婦孺公約》。

瑞士位於歐洲中部，與德國、法國、義大利、奧地利及列支敦士登接壤。瑞士是聯盟制國家，事實上在一八四八年之前真正的瑞士歷史並不存在，準確地說只存在各個獨立地區的歷史，而這些獨立地區逐漸形成了瑞士，瑞士聯盟最終形成於一八四八年改憲。瑞士是一個永遠中立國，其永久中立國的地位始於一八一五年的維也納會議，並在一戰後為一九一九年凡爾賽和約再次確認，因此在歐洲歷史上一直扮演著中立國的角色，而其中立國地位能夠保持是因為實行全民皆兵制。瑞士是當時歐洲國民富裕和經濟發達的國家之一，其旅遊資源豐富，有世界公園的美譽。伯爾尼是聯邦政府所在地，蘇黎世和日內瓦都是歐洲著名的都市。

近代以來，當西方列強用堅船利炮打開中國大門時，瑞士沒有參加對中國的瓜分，沒有強迫中國簽訂不平等條約。民國建立後，一九一三年十月，瑞士政府正式承認中華民國政府，但沒有互派外交人員。直到一九一八年，中華民國駐日公使章宗祥與瑞士聯邦駐日公使在東京簽訂了《中瑞友好條約》，約定互派使節加強外交聯繫。一九一九年一月，中華民國在瑞士設立公使館，並開始派遣駐瑞士公使，汪榮寶成為首任駐瑞士公使，兩年後一九二一年瑞士也在中國上海設立總領事館，次年在廣州建立領事館。

瑞士因在第一次世界大戰期間保持中立國的地位，沒有受到戰爭的摧殘和破壞，其經濟快速發展。一戰結束後，針對是否參加國際聯盟事宜，瑞士人民展開激烈辯論，一九二〇年《倫敦宣言》確認瑞士永久中立，在只參與經濟制裁、不參與軍事制裁的前提下，經公民投票表決參加國聯，而風景秀麗的日內瓦成為國聯總部所在地。在汪榮寶任期，瑞士政局較為穩定，經濟上正在大力發展小型工業，國內秩序社會風氣良好。他在首都伯爾尼中國使館處理外交事務，與瑞士各界密切交往，同時與國內學界同仁保持著聯絡。

二、關注瑞士政治經濟等形勢

作為首任駐瑞士公使，汪榮寶到任後即展開外交活動，向瑞國首相遞交國書，安置使館房屋，拜訪聯絡駐瑞各國使節，井然有序地開展工作，使館很快步入常規運行。任職期間，他擔負起外交官的使命，密切關注瑞士國內的政治局勢和經濟動態，調查該國社會問題，定期向北京政府彙報，同時代表中國參加各種國際會議。一九二一年九月，他代表中國參加了在瑞士日內瓦召開的第三屆國際勞工大會；一九二二年三月受北洋政府的派遣，參加國際聯合會召開的有關禁止販賣白奴問題的會議，並共同簽署了《禁止販賣婦孺公約》。該公約是西方各國在一九〇四年五月十八日及一九一九年五月四日簽署的《禁止販賣白奴公約》加以推廣實施而來的，在國際上首次明確了禁止販賣婦女和兒童的內容，這表明中國在二十世紀早期就開始參與國際有關事務。[十]

汪榮寶密切關注瑞士國內的政治變動和經濟狀況。他曾向北京政府彙報瑞士殖民情形和政策。據《外交公報》第五期載十年八月二十六日駐瑞士使館報告，其中依據瑞士殖民部的統計，詳細記錄瑞民赴海外謀生者的數目，「最近二十年內每年平均約四千三百六十二人，但最後六年則每年平均只得二千七百八十九名，每年詳細數目如左述：一八七七年一千六百九十一人、一八八三年二千三百五十二人、一八九八年二千二百八十八人、一九零七年五千七百一十人、一九一三年六千一百九十一人、一九一四年三千八百六十九人、一九一五年一千九百七十六人、一九一六年一千四百六十七人、一九一七年六百六十五人、一九一八年三百零四人、一九一九年三千零六十三人、一九二零年九千二百七十六人。此表顯而易見者自一八七七年至一九一四年殖民之數每年均有增加，一九一四年而後則每年遞減，惟一九二零年

[十] 陳志奇輯編：《中華民國外交史料彙編》第三冊，臺灣渤海堂文化公司 1996 年版，第 1109-1111 頁。

復盛。」[十一]其他諸如瑞士政府預算、經濟增長狀態等均有定期的彙報。

戰後歐洲的形勢較為複雜。根據巴黎和會與華盛頓會議的協約框架，歐洲形成以英、法、意為主導的局勢，但是三國之間的關係卻很微妙：法國試圖獨霸歐洲大陸，而義大利和英國對其牽制，加之德國戰後賠款等問題沒有得到應有的清算，德國對戰爭並未反悔而持強硬態度，使得歐洲政局充滿變數和不可預測性。因瑞士和德國疆域密邇，汪榮寶對德國問題較為關注，他摘錄瑞士報紙對德國賠款問題及時向北洋政府彙報。如一九二一年五月彙報德國因賠款問題請求美國調停事宜，指出德國以國內經濟蕭條、民眾貧困為託辭，一再拖延戰爭賠款，並「不肯拋棄前皇之強硬政策如解除武裝問題」，更對現在的法令政策以及過去的錯誤毫不改弦更張，「固無悔過之端兆也」。當局政府首相菲薩巴「竟以一千五百萬之軍費列入預算，其他秘密軍費尚不在內」，近鄰法國豈能安枕？法人經過殘酷的戰爭，以為頑梗的德人只可以力服，不能以德化之，對德人之種種政治外交之失信舉動頗持謹慎態度。本來「懲罰戰事犯為協約國之注意之事」，但英意各國茫然不以為要事，尤其是義大利，「以不樂歐洲大陸法國勢力範圍之故，恒希望德國國力之恢復」，對德國各種過激行為較為容忍，而美國對歐洲事務持較為冷靜的態度，對德國之舉一味縱容。由此觀之，歐洲局勢較為複雜且矛盾衝突不可避免，而瑞士身處其中難免受到影響。[十二]

十一《瑞士殖民情形及政策》，錄八月二十六日駐瑞士使館報告，北京政府外交部：《外交公報》，第五期，譯叢：第 3-6 頁。沈雲龍主編：《近代中國史料叢刊》三編第三十四輯，文海出版社 1986 年版。

十二《瑞報對於德國為賠款問題請求美國調和之論調》，錄駐瑞士使館十年五月報告。《外交公報》，第二期，譯叢：

日內瓦作為國際聯盟總部所在地，經常定期召開國際聯合會議，以討論重要事件和國家問題的應對方案，這為汪榮寶關注瑞士媒體對各種問題的態度提供了便利，如他在一九二一年四月給北洋政府外交部的報告中，就談到瑞士議院對國際聯合會兩個問題進行討論的情形。一是有關設立國際裁判所的問題。當時瑞士眾議院之議員「全數精力悉注意於此，」認為其關係重要不能有絲毫疏忽，最後表決通過該議案，並附有《瑞士宣言》，贊成國際裁判所應得有效裁判權，認為「凡關於一國榮譽或主權之事」也可受國際裁判所裁判。汪榮寶認為從表面上觀察瑞士承認此等議案無關緊要，而此次「實為時期精神之變遷明白顯露於外」，瑞士與法國有邊境領土爭執，想通過國際裁判所尋找解決途徑。他評價此事標誌著瑞士國家政策和思維的轉變，欲轉求國際社會解決難題。二是華盛頓協商中有關整理勞工關係的問題。眾議院對於此案沒有迅速通過，主要是擔心協商條款與瑞士情形不相符合，其中有理想過高，現在勞工狀態尚未發達到此種程度，瑞士聯邦政府認為華盛頓協約中對工作八小時的時間規定過於武斷，不能達到保護工人的目的，瑞士向來有周密地保護工人的措施，故難於接受協約中有關條款。[十三]

汪榮寶頗為關注瑞士報刊對日本動態的報導，曾多次向中國政府報告相關情況，如一九二一年四月「瑞報關於日本對美對國際聯合會之言論」，談到美國與日本的關於移民等諸多矛盾，尤其對近年來美日兩國犧牲鉅款以擴充海軍進行軍備競賽，日本政府試圖打破遠東之均勢遭到美國的遏制和對抗進行詳

第 14-16 頁。

十三　《瑞士議院對於國際聯合會各問題》，錄駐瑞士使館十年四月報告，《外交公報》，第四期，民國十年十月，譯叢：12-14 頁。

解。[十四]又如彙報的瑞士報紙對英日同盟的意見，日本天皇訪問英國、法國發表演說，提出結盟以解決遠東問題的方案，而英國政府力圖與日本維持太平洋海面之平等，英國與日本早在一九〇二年即簽訂同盟條約，互相承認其特殊之利益。其中還規定遇有戰爭除係被第三國攻擊應出而助戰、並襄助訂立合約外，兩國各保持中立。此後於一九〇五年續約，一九一一年後換新約，日本參加第一次世界大戰實受到同盟條約之影響。戰後英日在遵守國際聯盟相關規則之下，仍保持同盟關係，可見兩國各有利益與目的。[十五]

駐瑞士期間，歐洲形勢有所緩解，館務相對稀少，因此汪榮寶抽出時間遊歷了歐洲，他留戀於瑞士的湖光山色，陶醉在如詩如畫的美景之中，遊覽中間撰寫了大量的詩篇，記述在歐洲的見聞和感想，他曾與到瑞士伯爾尼考察醫術的好友湯爾和同登古爾敦，遊覽羅加諾風景勝地。他於一九二〇年七月遊覽義大利，泛舟威尼斯。汪榮寶密切關係國內的文化動態和政治形勢。此時國內興起了新文化運動，國內大批知識界有聲望的學者積極參與，在大力宣傳提倡民主和科學、引進新思潮的同時，部分學者對中國傳統文化進行反思和重新定位，並興起了對古典音韻學的研究熱潮，汪榮寶於一九二三年撰寫《歌戈魚虞模古讀考》一文，從而引發一場關於音韻學的大討論。至一九二二年六月十五日，為照顧前外長陸徵祥的生病比利時國籍的夫人，汪榮寶調任駐日本公使，由陸氏接任瑞士公使。

十四　北京政府外交部：《外交公報》第一期：《瑞報關於日本之對美對國際聯合會之言論》，錄民國十年四月駐瑞士使館報告。

十五　《瑞士報紙對於英日繼續同盟之論調》，錄十年八月二十六日收駐瑞士館報告。《外交公報》第一期，譯叢：第14-16頁。

第三節 民國任期最長的駐日全權公使

一、受命於「為難」之際

擔任駐日公使是汪榮寶外交生涯上的轉捩點，從一九二二年調任日本公使，直到一九三一年因萬寶山事件辭職，他擔任駐日公使長達九年。近代中日關係一直處於緊張複雜的狀態，對中國來說，希冀與日本友好相處，對日本而言，則以不斷製造兩國摩擦為策略。汪榮寶在任期間，參與中日各種條約的談判，處理棘手的濟南慘案，抗議日本干涉「東北易幟」，以至調查處理萬寶山事件等，他均能折衝樽俎，義正辭嚴有禮有節地與日本政府進行交涉，嚴厲指責其干涉中國內政之舉，堅決維護民族尊嚴和利益。

近代中國向日本派遣使節始於晚清，清朝第一任使日欽差大臣是何如璋，最後一任使日欽差大臣是汪大燮。一九一二年民國成立後改派為外交代表，仍由汪兼任，直到一九一三年八月卸任，後由駐橫濱總領事馬廷亮任代辦使事，至同年十月十四日由陸宗輿接任，陸氏是民國首任駐日全權公使，任間參加中日二十一條談判，直到一九一五年四月二十日離職。此後一年多由劉崇傑任代辦使事。民國第二任駐日公使是章宗祥，他於一九一六年六月三十日到任，一九一九年五四愛國運動中被免職。此後中國駐日本公使職一直空缺，中日關係交涉繁雜而敏感，前兩任駐日公使均被指斥為「賣國賊」，因此該職可謂是個費力不討好的差事，甚至可以稱之為燙手的山芋。

一九二〇年九月十日，胡惟德被任為駐日全權公使，到一九二二年三月三十日離職，同年六月由汪榮寶接任。汪氏被任命駐日使節應是順理成章之事，他青年時代在日本留學，諳熟日文，對日本政治經濟和社會多有瞭解，況且其伯父汪鳳藻早在甲午戰爭前就擔任使日大臣。巧合的是，曾在晚清政壇被稱為「四大金剛」四人中至此有三人擔任過駐日公使，而前兩任均被指責為親日分子和賣國賊，汪榮寶感於陸宗輿和章宗祥之境遇，同時預料到中日交涉荊棘叢生，稍不留意自己也會落得同樣下場，於是再三推辭並上遞辭呈，但北洋政府不准。汪榮寶感到彷徨抑鬱，為此推遲至一九二三年十二月二十五日才到任，讓他無法預料的是，在日本一待就是八年之久，直到一九三一年八月離職，成為民國時期在任時間最久的駐日公使。

汪榮寶赴日上任時，恰逢日本關東大地震災害發生不久，[十六]中國使館房屋倒塌變為廢墟，他所面臨的是無處辦公甚至無法工作的困境。汪氏帶領使館工作人員只得修築數間簡陋板房充作臨時辦公場所，艱難

十六　1923 年 9 月 1 日上午 11 點 58 分-12 點 03 分，一場大地震襲擊了日本關東地區。震中位於東京的相模灣內，震級為 7.9 級。大地震引發了火災、海嘯和泥石流等次生災害，東京、神奈川、千葉、埼玉、靜岡、山梨、茨城等處成為地震災區。大地震共造成傷亡約 25 萬人，房屋倒塌 12 萬間，經濟損失約達 300 億美元。災後日本政府面臨著社會動盪和經濟困難的艱難境地。中國政府和民間人士積極援助日本災民，上海總商會、紅十字會等團體召開聯席會議，成立中國協濟日災義賑會，到 9 月 27 日該會共捐助錢糧、藥品計 14 萬元，其他各團體組織、社會名流紛紛解囊襄助，而當年最先抵達日本的救援船就是中國的新銘輪。新銘輪載有上海各界捐助的物資，其中包括上海商人、畫家王一亭募捐的白米六千擔、麵粉兩千餘包以及各種生活急需品，這艘貨輪和數萬噸糧食於關東大地震後的第三天運抵神戶碼頭，也是到達日本的首批國外救災物資。

維持著館務，同時積極聯絡國內人士繼續對日開展救援工作。當時北洋政府控制力極度脆弱，實際有效統治區十分狹窄，而國家經濟又非常落後，財政來源微乎其微，以至於北京政府經常處於經濟窘境中。此後幾年中汪榮寶屢次向北洋政府提議重建館舍，但限於經費拮据擱置未辦，使得館址被荒草淹沒，破敗不堪，當時國內官紳來東京目睹此景象無不觸目傷懷。後來日本政府重建東京，將中國使館、俄國、義大利、比利時館所在地劃為遷移地，令四國另覓新址。汪榮寶提出八條交換意見：（一）地段須在市內中心，交通便利之處。（二）位址面積須與現在使館總坪數大略相同。（三）新地址上地面之物須廉價售予中國。（四）地段及坪數有欠缺時須給補償金。（五）給予遷移費。（六）中國使館在永田町永租借權須隨同轉移，繼續存在。（七）租金為一百四十六元九十七錢一厘，此後不超過此數。（八）俄、意、比三國館如有要求增價時，本使館亦得同時要求增價。經過多次談判和協商，他與日本政府商定以麻布區板倉德川賴貞侯爵府邸與中國使館地址交換。但北洋政府外交部卻一再推延，未成定案。直到一九二八年八月日本政府再次催促，汪榮寶致函剛成立的南京政府請求迅速核定批准，十月五日國民政府議決照辦，中國使館才終搬遷至東京麻布區重建。[十七]可以想見，汪榮寶身為駐日全權公使，連辦公場所都無著落的無奈與艱辛之狀。

汪榮寶到任後不久，就受命著手解決日本撤軍問題。一九二四年一月，他奉命拜訪日本外務省，催促日本撤走進入中國南滿協助奉系軍閥張作霖的日軍，但在國內軍閥派系政爭局面下難以履行使命。一九二五年春汪榮寶之父汪鳳瀛病逝，他回國奔喪，處理喪事和家族事宜。經過一年多與日本的交涉，他

十七 南京國民政府外交部：《外交部公報》，第一卷第7號，1928年11月，第152-155頁。

愈感到中日關係之敏感和複雜程度，每次談判無不唇乾舌焦，精力卒疲，遂又萌生退意。但當時各軍閥執政迭更，國中擾攘之局亙十餘年不息，汪榮寶歷任外交使節，久聞外人對中國輕詆之語及其狡謀，深感自己與其頤養天年，不若出任艱鉅，「冀於國有利，無釁其他」，恰逢假期結束政府又敦促赴任，於是毅然就道。[十八]

他再次到任後正值中國北京召開關稅特別會議，西方英美日法意比葡荷丹麥瑞典挪威西班牙十二國代表出席，王正廷代表中國宣讀關稅自主提案。一九二五年十月會議召開前夕，汪榮寶為免除日本的疑慮，特用日文寫成關稅會議意見書，向日本各界尤其是實業家宣傳，呼籲他們支持中國實現關稅自主。但國內政局動盪，各地軍閥派系林立，中央控制力極度脆弱，雖然召開多次會議並對稅率、厘金等諸多問題進行談判，但因各國反對態度強硬，無法得到妥善解決，直到一九二八年南京國民政府成後，在外長王正廷的主持下才開始實質性的關稅談判。[十九]

二、交涉處理中日外交事宜

汪榮寶任職期間，正是中日關係敏感且多變的階段，日本因頻繁的內閣更替，歷屆首相對華政策有重大差別，而日本國內軍國主義強硬勢力正在逐漸抬頭並開始控制中央政權，中國國內卻因各派軍閥爭

十八 汪孝熙等：《哀啟》。

十九 石建國：《汪榮寶——駐日時間最長的公使》，《世界知識》2010年第2期，第56-57頁。

奪地盤和權力戰爭不斷，甚至出現南北分治的混亂局勢。汪氏正是在這樣重壓力下交涉處理著中日諸多繁雜的外交事件。

（一）關注中日文化教育事業

汪榮寶就任伊始所要解決的就是中日之間留學教育和文化事業相關事宜。民國初美國退還多收的中國庚子賠款，將主要款項用於留學教育，中國的大批優秀學生赴美留學，此時日本認識到對華留學政策的不完善，因而有意仿效美國，將多收的庚子賠款主要用於對華文化事業費用和擴大對中國留日學生的教育。早在一九一八年二月，日本駐華公使林權助就向日政府彙報了美國退款興學取得的成就，建議政府通過減免庚子賠款或其他方法，迅速為留日學生建立完備的教育設施，以平息中國留學生的反日情緒。在中國和日本有關人士的強烈呼籲下，一九二三年三月，日本第四十六屆國會通過了《對華文化事業特別會計法案》，決定退還部分庚款，以補給中國留學生的學費、生活費和各項留學教育事業。一九二三年十月，日本外務省為瞭解關東大地震後中國留學生的動態，掌握他們的思想狀況及對日感情，命「日華學會」全面調查學生情況，主要包括留日學生的姓名、官私費別、籍貫、學習成績、性格、學費狀況、與各考試成績相關事項、思想、宗教、運動及與身體狀況等，內容極為廣泛。該項調查為日本制定新的留學政策提供了參考。

針對日本對華文化事業政策，汪榮寶與日外務省進行多次磋商，於一九二三年十二月二十九日、三十一日及一九二四年一月八日，在外務省召開非正式協議會，就中國留學生補給時間、學費支付辦法等初步達成協定。一九二四年二月六日，日本派出對華文化事務局局長出淵勝次及事務官岡部長景等人，中國以駐日公使汪榮寶、教育部特派員朱念祖、學務專員陳延齡為代表，雙方進行協商和談判，先由汪公使提出說帖一件作為參考，再與出淵局長交換意見之後，雙方最終達成一致協約，共同簽署了《日本對華文化事業協定》，內容如下：

（一）日本方面舉辦對華文化事業時，應將中國方面有識階級之代表的意見十分尊重。

（二）庚子賠款項下資金，主用於中國人所辦之文化事業，至於對日本在山東所已設學校病院及其它現時日本各團體在華經營之文化事業，其補助就關於山東項下支出之。

（三）在北京地方設立圖書館及人文科學研究所。

（四）在上海地方設立自然科學研究所。

（五）辦理前二項事業應支經費隨後另定之。

（六）將來庚子賠款項下資金有盈餘時，應再舉辦下列事業：

（甲）就適當地點設立博物館。

（乙）在濟南地方設立醫科大學以病院附屬之。

（丙）在廣東地方設立醫學及附屬病院。

（七）對於第三項至第六項所開各事業，評議委員會，以中日兩國人組織之，其員數各評議員會約二十名，中日兩方各十名，有兩方協商另選中國人一名為會長。

（八）北京圖書館及研究所之用地，由中國政府免價撥給。

（九）救恤費之名義，應從速改為慈善費或其他名稱。[二十]

這項協議亦稱《汪—出淵協定》，其中詳細規定日本利用庚子賠款在中國舉辦的各種文化事業的內容，其影響重大。根據該協定，汪榮寶與日本有關方面詳細擬定了《庚款補助留日學生學費分配辦法》，其中針對補助中國留學生主要規定如下：1、學費補助額每月八十元，一律平等補給。2、學費補助的留學生人數，每年總計不超過三百三十人。3、前項補助學生人數，原則上按各省選出的國會議員數及其承擔庚子賠款的數額作為分配的標準，在中國駐日公使館、文部省及對華文化事業部協議的基礎上，從指定的大學及專門學校的在校生內選拔補助留學生。4、按照前項選拔出來的留學生中既包括官費生也包括自費生。5、被選拔為補助留學生一經發現並確認以後的學業及品行不良，隨時停止學費補助。6、學費補助從一九二四年一月開始。7、由中國駐日公使館負責交付中國留日學生的補助費。這些規定是日本政府庚款補助中國留日學生政策的基礎性文件，標誌著日本政府的庚款補助制度的發軔。[二十一]此後汪榮寶一直關注著中國留日學生事宜，妥善處理留學生爭奪補助費風潮等問題，切實解決他們的生活和學習困難。

二十 陳志奇輯編：《中華民國外交史料彙編》第四冊，臺灣渤海堂文化公司 1996 年版，第 1644-1645 頁。

二十一 阿部洋《「對支文化事業」下の中國學生受け入れ問題》，浙江大學、神奈川大學合編：《中日文化論叢——1999》，北京圖書館出版社 2001 年版，第 27-28 頁。轉引自徐志民：《日本政府的庚款補給中國留學生政策研究》，《抗日戰爭研究》2012 年第 3 期，第 63-74 頁。

根據《日本對華文化事業協定》，一九二五年五月四日，中國外交總長沈瑞麟與日本駐華公使芳澤謙吉進行換文，決定設立「東方文化事業會」，作為日本對華文化事業機構。日政府任命入澤達吉、服部宇之吉、大河內正敏、太田為吉、狩野直喜、山琦直方、瀨川淺之進七人為總委員會委員，中國方面任命湯中、王樹楠、王式通、王照、柯劭忞、賈恩紱、江庸、胡敦復、鄭貞文、熊希齡、楊策等十一人為委員，共同經辦文化事業。北洋政府將位於北京王府井大街東廠胡同原黎元洪大總統的住宅確定為北京人文科學研究所的所址，於一九二五年十月召開第一次總委員會議，決定分經學、史學、哲學、文學、法制、經濟、宗教、美術、考古學、語言學九個學科建設。一九二六年十一月於東京舉行第二次總委員會，決議在一九二六年及一九二七年度進行三個專案的研究：一調查研究新字典的編纂方法，二編纂《四庫全書》補遺及續編，三編纂十三經的注疏通檢。上海自然科學研究所設於上海法租界，於一九二八年八月動工興建，研究部門分為醫學部和理學部，該所自建立直到一九四五年工作未中斷。當然，日本所謂對華文化事業難免帶有文化侵略的性質，因而遭到國內大學和知識界的反對，汪榮寶身為簽字代表亦曾受到攻擊和指責。

作為駐日公使兼知名的學者，汪榮寶一直為中日文化交流往來提供通道和便利，如一九三〇年九、十月間他連續接洽中國教育聯合會代表劉季洪、孟憲承、張鐘藩、孫枋、陶小祉等赴日考察社會教育，接洽吳模達、譚伯羽等至東京參加萬國工程會議。[二十二]汪榮寶尤其重視對中國典籍和文物的保護，連續

二十二　南京國民政府：《外交部公報》，第2卷第7號，第45-47頁，第2卷第8號，第17頁。

搜集流失在日的中國罕見典籍，並多次與日本有關方面交涉，當時許多中國古代善本的珍貴書籍在國內久已失傳，而在日本卻有收藏，他安排並協助商務印書館張元濟等在日本影印珍本。一九二八年十月商務印書館總經理張元濟以學藝社名譽社員名義，鄭貞文以東方文化事業委員會中國委員的名義，同時赴日本訪求散佚的我國孤本、善本古書。汪榮寶和日本宮內省接洽，使得張元濟、鄭貞文進入日本皇室圖書館查閱珍藏的漢籍，張元濟側重經、史、子、集，鄭貞文側重古代文藝、小說方面。他們在日居留三個多月，精選並拍攝了中國宋、元、明等時代的珍貴古書四十六種，如《宋刊論語注疏》、《宋刊平齋文集》、《元刊全相平話》、《明刊醒世恒言》、《明刊古今小說》、《影本鈔本群經音辨》等。二人將所拍底片帶回國內，由商務印書館整理為《輯印古書》並陸續出版，對保存和留傳中國古籍做出重要貢獻。

（二）參與中日修約談判

北洋政府時期的外交界形成以顧維鈞、王正廷、施肇基等為代表的一批職業外交家，他們強烈支持北京政府利用外交手段收回國家權利，抓住與西方各國簽訂的不平等條約將到期的機會，與各國進行根本性修約的談判，希望以國際法為依據，借此收回治外法權、公共租界等中國各種權利，為此開展了轟轟烈烈的修約運動。汪榮寶作為駐日公使主要參與了《中日通商行船條約》的修訂談判。該條約將於一九二六年十月二十日第三次期滿（條約訂於一八九六年七月二十一日，為期十年，期滿續延十年，同年十月二十日交換批准），北洋政府希冀借此與日本外交部展開修約談判，進而根本修改不平等之條款。

北洋政府為應對即將到來的中日修約談判，在一九二六年九月就著手準備談判相關資料，並針對談判中如何提出修約要求與汪榮寶溝通和商酌。如九月十二日外交部發電詢問三個重要問題：一是與《中日通商行船條約》相關之附屬公文和光緒二十九年所訂之續約是否一併修改？電文中指出「事實上續約既有最惠國條款，若不一併提出，是此次提議修改通商行船條約直與不修等，且續約亦即永無再行修改之機會。」二是因條約中的第二十六款僅言修改未言失效，對日照會中是否僅說明修正，不提到期失效之語？三是該條約是否到期即宣佈失效，還是期滿後六個月失效？[二十三]這三個問題是此次修約的核心問題，汪榮寶對此反覆思考，並參照中日之前的修約談判結果，於十月二十四日回電外交部，闡明自己的觀點和態度。針對第一個問題，他指出條約既已到期，附屬文本係解釋正約而設，當然在修改之列，所訂之續約是根據《辛丑合約》第十一款而來，與正約相銜接並儼然一體，且續約中未記載修改日期，當以正約中以記明，故談判時需一併提出修改。針對第二個問題作了極為詳細的探究，他指出第二十六條文中僅有「聲明更改字樣，至更改不成立應如何辦理，並無一字提及」，而日文則有關於繼續有效的條件，除「兩方無改正要求」一語外，尚有「條約未經改正」一語，摘譯如下：「由十年滿期最終日起算，六個月以內如兩締約國間無論何方均無改正之要求[句]條約未經改正時[句]本條約及稅目由前十年之最終日起算，向後十年仍繼續有效」。汪榮寶分析：按照譯文所云「兩締約國間無論何方均無改正之要求」和

二十三《外交部致駐日公使電》，1926年9月12日，中國第二歷史檔案館編：《中華民國史檔案資料彙編》第三輯外交，江蘇古籍出版社1991年版，第655頁。

「條約未經改正時」兩個語句是側注關係，抑是平列關係，頗有疑議。然查閱英文原約中間有「and」字樣，即「則無改正之要求為一事，未經改正又為一事」。因漢文、日文有參差不符之處，如果日方欲按照英文為準，我方甚難駁辯，也較難提出「到期失效」之說。但是修約之事關係政府對外方針，若政府決計廢除不平等條約，大可不必拘牽文義，屆時日方不承諾修約，惟有自行宣佈廢止即可。針對期滿談判失效問題，他指明如果政府提前按照約文提議修改，而彼方拖延時期，可採用宣言廢約主義，無論何時均可宣告條約廢止。[二十四]從電文中可看出，汪榮寶對修約之事非常重視，並提出自己明確的主張：即支持全面修約廢除不平等條約，從而收回國家權利，同時對具體問題提出應對之策，他更多主張政府要態度強硬堅決，必要時可單方宣告廢止條約，可見身為外交家的汪榮寶維護民族利益之外交觀。

按照中日雙方的協定，修約談判主要地點在北京，從十月初開始外交部與日本駐華公使芳澤謙吉進行修約之談判，中國政府明確表示全面修約之意，而日方以影響中日關係為由推諉拖延，僅願對稅則和通商條款談判。隨著《中日通商行船條約》期滿將至，外交部撰擬了對日照會文稿，請東京的汪榮寶提出修改意見，汪提出可將照會中「不再繼續」字樣改為「不願再行繼續」，以表示政府修約之決心。[二十五]外交部於十月十九日照會日使，稱「中國政府對於前述各約照現行之方式實希望不再繼續，而願即進行根本改訂」，以便促進兩國共同利益，希望該項必要修改，期滿六個月後修改新約，並著重提出：「假

二十四 《汪榮寶致外交部代電》，1926年10月24日，《中華民國史檔案資料彙編》第三輯外交，第656頁。

二十五 《汪榮寶致外交部電》，1926年10月1日，《中華民國史檔案資料彙編》第三輯外交，第655頁。

使修約期滿而新約尚未成立，則屆時中國政府不得不決定對於舊約之態度而宣示之。」同時發文給汪榮寶，請其代轉日本外務省。汪氏將照會送達，並希日方儘快回覆。第二天即十月二十日，幣原與汪榮寶會晤，表示「主義上並不反對，惟請將文內假使修約期滿至應有權利一段刪除，以免發表後惹起日本國民反感，於事無益有損。」[二十六]其實對中方提出的修約要求消極應付。

日方揪住中國照會中有「修約期滿至應有權利一段刪除」之內容，與中方開始虛與委蛇。與幣原會晤後十月二十一日，汪榮寶發電致外交部，詢對該文字的態度，十月二十三日，外交部回電：「此次修約照會，政府慎重將事，幾費斟酌，始有改訂之決定。修約期滿應有權利一段，如經刪去，恐愈惹起中國輿論之反響，於修改前途反多窒礙，希望日本政府加以諒解。」很明顯不同意刪除該段文字。而日方堅持刪除該段，汪榮寶深感談判之艱難，幾與外交部溝通，並在十月三十一日與日外相晤談修約事宜。幣原有意提出諸多問題刁難，汪榮寶均從容應答。如幣原提照會內「根本修改」係作何解釋？汪答：「舊約係片面的，今日商訂新約，自應採用平等相互主義。所謂根本修改者，即指平等相互而言。」幣原謂：「按照舊約第二十六條規定，期滿修改只以稅則及約內關乎通商務款為限，今所謂根本修改，是否專就稅則及通商各款而言？抑並其他問題在內？」汪答：「以當然含有其他問題在內，凡一切非平等相互之規定，皆擬修改」。幣原云：「然則此事並非專係主張約文內第二十六條所賦與之權利，更有約文範圍以外之商議也。」汪又答：「以本國國民深知現行條約完全不平等，對於此種歷史的遺物，厭棄已久，

二十六 《汪榮寶致外交部電》，1926年10月21日。

故欲乘此舊約滿限之機會，開誠佈公與貴國另訂一種平等相互之約。今日之請求，固不容以舊日之約文為束縛也。」幣原又對照會內「假使修約期滿，至保有其應有之權利」文字表示反對，認為有似隱有脅喝日政府之意，擔心日外交部發表後反對黨趁機鼓動，對現任政府多有妨礙。汪榮寶解釋說：「以此節文字本非重要，決不可以為含有脅喝之意。」當晚，日本各大媒體記者紛紛到中國駐日使館，質問照會內容，汪榮寶將修約之意明告，並竭力陳說中國此次提出修改商約照會是按照時勢，根據法理，為最妥當最合理之要求，務望日本國民全體贊成，並提出希冀相互平等之新條約速行成立。他反覆演說約達三十分鐘之久，記者彼等甚為感動。[二十七]

儘管中國政府方面想快速解決修約問題，但日方卻不承認中方廢止舊約的權力，並一再拖延談判事宜。至一九二六年十一月六日北京政府宣佈廢止《中比條約》後，日本政府才於十一月十日接受中國修約談判，並在北京進行磋商。[二十八]但因日政府面臨重新組閣危機，遂延宕下來。

二十七　《汪榮寶致外交部密函》，1926年11月1日，《中華民國史檔案資料彙編》第三輯外交，第657-658頁。

二十八　1926年10月26日，不平等的《中比條約》60年期滿。根據條約規定，每十年可以修改。當年4月16日，北京政府外交總長胡惟德利用此條款，援引「情勢變遷」的國際法原則，照會比利時駐華公使華洛思：中國政府決定終止舊條約並願意談判，在平等互利互惠的基礎上，締結新條約，建議在這六個月時間內完成此項工作。比利時複照同意，但要求談判期間舊約繼續生效。北京政府拒絕，遂僵持。十月五日，代總理兼外交總長顧維鈞提議，27日，即舊條約滿期後雙方訂立為期六個月的臨時協定，如此協定期滿，新條約仍未簽訂，自行失效。中國政府將依據國際法準則對待比利時僑民並處理同比國之整個關係。比國政府根本不想談判新條約，仍延宕拖延，11月6日，北京政府張作霖發佈廢約令，宣佈廢除1865年中比條約。中國政府宣佈廢除中比條約後，立即訓令內務部，籌備接收天津比利時租界。此乃中國第一次在另一締約國反對的情況下，單方面廢除不平等條約，引起各國震動。

北京外交部一再催促早日開議，電令汪榮寶向日本政府「切實交涉」。此時正值幣原喜重郎再次擔任日本外相，他宣佈對華外交四項方針，宣稱尊重保全中國之主權和領土，並積極與中方溝通相關事宜。一九二七年一月十日，汪榮寶與幣原進行長時間磋商，有關修約談判取得進展。[二十九]一月二十一日，外長顧維鈞與日本駐華公使芳澤謙吉在北京進行正式談判，但在隨後的談判中，日方反而要求擴大在華權益，提出給予修築新鐵路、商租土地、增設領事館以及關稅互惠、無條件最惠國待遇等項權利。中方堅決拒絕接受日方條款，而是同意三個月、三個月地將舊約有效期一次次地延長，最後一次延期開始於一九二八年四月二日，但北京政府很快就垮臺了，因而談判陷於停頓，中日商約遂成懸案。此時動盪的北京政局連使館日常開支以及人員的薪資所需的經費也難以提供，汪榮寶不得已返國索薪，但是隨國民革命軍北伐日益推進，他只得回到日本任所。

南京國民政府成立後，汪榮寶轉任為新政府的駐日全權公使，奉命繼續與日本修約談判。七月十九日，國民政府外交部照會日本政府，指出中日條約展期將到，國民政府「根據平等相互之原則，商定新約。在新約尚未訂立以前，當按照本國政府所頒佈中華民國與各外國舊約已廢新約未成前之臨時辦法，宣佈實行，以維持中日兩國之政治、商務關係。」[三十]然而日本方面對修約之事依然態度強硬，七月二十五日，首相田中義一會見英、美、法、意等國駐日使節，通報了日本對修約問題的立場，聲

二十九 《為中日修約事汪榮寶與幣原談判》，《益世報》，1927年1月13日。

三十 《外交部公報》第1卷第4號，第115-116頁。

稱不承認中國單方面宣佈終止條約。汪榮寶對此積極尋找解決辦法，八月七日他與外務省亞細亞局局長有田八郎見面，有田強調不承認現行條約由一方任意宣告廢棄，揚言日本政府無論如何斷難讓步。對此，汪榮寶聲明中國方面同意在議訂新約期內適用《臨時辦法》已是十分禮讓，他提出日本政府可以在覆文中表明不承認條約失效的主張，同時派全權代表與中國議訂條約，這樣國民政府可以省卻許多辯駁，雙方可以立即開始新約的商談。但有田表示，「關於條約效力問題，絕非可以含糊了事，苟彼此無明確解釋，則一切權利義務，均在動搖之中，危險甚多，且此項要求，乃日本全國輿論一致之點，政府斷不能不積極主張。」[三十一]汪榮寶的提議實際上要暫且擱置對條文法理上的爭執，而開始實質性的談判，但由於日方故意拖延且提出無理條件，修約問題一再擱置，直到一九二九年五月份中日才開始正式磋商。

（三）抗議日本干涉中國內政

一九二七年後北京政府處於風雨飄搖之中，以國共合作為基礎的國民大革命運動開展起來，蔣介石領導的南方革命軍誓師北伐，決心推翻現有政府另立新政權，北京政府岌岌可危。趁中國南北內亂之際，日本政府為阻止南京軍隊北上，保護其在華北之特殊勢力和權益，五月二十七日，田中內閣悍然通過出

三十一《中日外交史料叢編（一）．國民政府北伐後中日外交關係》，臺北「中華民國外交問題研究會」編印，1964 年，第 48-49 頁。

兵山東決議，同時增兵青島、濟南等處。汪榮寶密切關注著國內形勢，並奉政府之命對日本干涉中國內政提出嚴重抗議，一九二七年六月十三日，他訪問日本首相田中義一，抗議日本「第一次出兵山東」，要求日本對中國局勢保持不干涉態度。一九二七年十月蔣介石受到國民黨各方勢力的打壓被迫下野，於十一月初到日本訪問，十一月三日會晤汪榮寶，談及中國政局情形和日本的關係。蔣介石回國重新執政後，進行第二次北伐，一九二八年四月，日本以保護僑民為由，出兵佔領濟南，五月一日，國民政府軍隊在濟南遇日軍挑釁，三日，日軍向中國軍隊發起進攻，並闖入國民革命軍總司令部戰地政務委員會外交處，殺害國民政府駐山東交涉員蔡公時等十七人。之後又重炮轟城，造成中國軍民死亡達六千餘人、傷一千餘人的濟南慘案。汪榮寶奉南京國民政府之命，向日本嚴正抗議「第二次出兵山東」。一九二八年六月「皇姑屯事件」後，張學良主持東北政權，加強了與南京國民政府的接觸，但日本無理干涉，七月初日本駐瀋陽總領事林權助訪問張學良，要求張中止易幟，否則將採取行動。汪榮寶奉命於七月二十一日、三十日，向日本外務省提出嚴重抗議，要求停止干涉舉措。

南京國民政府建立之初對日交涉問題極為複雜，漢口租界事件、南京事件、濟南慘案等中日間的重重懸案難以解決，尤其是濟南慘案給中國軍民造成重大傷亡，而日軍駐兵濟南無意撤離。作為駐日公使的汪榮寶面臨著眾多棘手的問題，一方面要爭取日本對南京國民政府的外交承認和支持，同時又要與日本進行艱苦的談判，還要保證雙方談而不破，可見其身負之重任。在中日對濟南慘案的交涉中，田中內閣以出兵山東製造慘案阻礙北伐的目的未能實現，因而在談判中想要用「強硬」態度迫使南京儘快屈服了結，日本駐華公使芳澤謙吉態度非常傲慢，且不肯屈尊南下，轉飭日本駐滬總領事矢田七太郎執行談判。一九二八年七月十八日矢田訪見中國外長王正廷，告以日本欲快速結束濟案，除一口氣開列要中國政府道歉、懲辦禍首、賠償損失、保證日本在華僑安全的四項要求作為談判原則外，還提出中日談判地點應放在濟南等無理要求，遭到王正廷的嚴詞拒絕。

在此後的談判中間，汪榮寶成為日本和南京政府交涉的消息通道。八月底矢田應召回國，接受了所謂的田中對華新方針，九月六日自東京返任，汪榮寶及時將日本對華政策電告外交部：田中已授矢田以交涉濟南慘案全權，期盼中國不提賠款、懲凶、道歉、只要求不再發生此類不幸之保障，為國民政府瞭解日本策略提供了準確的資訊。十月十九日，外長王正廷和矢田七太郎在南京商洽，中國方面提出一併解決舊約修訂、濟南慘案、南京事件和漢口事件等中日間各項懸案的想法，並堅持濟案解決必須以日本軍隊全部撤出山東為前提，日本方面則只願先解決寧案與濟案，並企圖將濟南撤兵問題當作談判中的籌碼，交涉陷於僵局。[三十二]期間汪榮寶奉命向日政府聲明中國政府的態度和政策，並與外務省各員進行交涉，力圖快速解決各種懸案，經過曲折反覆的談判，終於一九二九年三月二十八日，中日達成解決濟南慘案的協定，簽署《中日濟案協定》，協定簽訂後經雙方協商，日軍將於五月二十日全部撤離山東。第二日汪榮寶發電致外交部，報告交涉圓滿解決，並囑向主席和部長轉達慶忱。[三十三]

三十二 完顏紹元：《王正廷傳》，河北人民出版社 1999 年版，第 228-239 頁

三十三 《駐日公使汪榮寶報告為濟案業已解決致外交部電》，1929 年 3 月 29 日，國民政府檔案。

三、關注國內政局變動

中央政府的執政方針和外交策略關乎與各國外交關係，而北洋政府因內部派系鬥爭不斷，為爭奪地盤和控制中央，頻發戰事，每屆政府對外政策未能保持一致。汪榮寶雖身在國外，但對國內時局卻甚為重視，保持著對局勢的高度敏感，除經常與外交部發電溝通外，還與國內政要和友人保持通信往來，探知國內動態，他和張作霖、孫傳芳、王寵惠、曹汝霖、孫潤宇、湯爾和等聯絡不斷，他關注國內革命運動進展，對南北分裂之局勢力主議和統一，以駐外公使的身份在一定程度上影響著國內各方勢力。

（一）關注第二次直奉戰爭

一九二四年九月江浙戰爭爆發，九日段祺瑞通電討伐曹錕，並聯繫奉系軍閥張作霖反曹，由此引發了大規模戰爭，史稱第二次直奉戰爭。曹錕於一九二三年十月通過賄賂國會議員當選為中華民國大總統，成為備受國人唾罵的「賄選總統」，這更導致直系內部四分五裂，勢力日益削弱。第二次直奉戰爭由醞釀到接戰至結束前後不過兩個月，中間直系內部矛盾重重，加之馮玉祥之變，引發了國內各種政治勢力之變動。汪榮寶密切關注局勢，並探明日本政府對戰事的態度，力圖通過外交途徑影響國內政局。

一九二四年十月十五日在直奉酣戰中，汪榮寶致電外交部，報告各列強對中國內戰之態度。法國駐日大使克羅特爾．保羅對於中國時局極望恢復和平，「擬聯合英、美、日，商議調停辦法」，即由「列強共同出面，惟不用文書，僅令駐北京外交團及駐奉天領事團，分別向雙方為口頭勸告，立即休戰，一切問題，用和平方法解決」。且稱純以友誼關係向兩方為和議媒介，絲毫不帶干涉性質，此為調停主義，時德國持不干涉之態度，英國大使稱因國內忙於選舉無暇顧及此事。汪榮寶最為關注日本的態度，他晤見外務省亞細亞局長出淵勝次，秘詢政府意見。日方稱對此次中國內亂絕不援助，「政府斷不以一厘之財，一粒之彈援助張作霖，對於北京政府亦然」。汪反詰道：為何奉天軍隊內有多數日本人在內，出淵稱：彼謂此係個人行動，與政府絕無關係。日對於法國之主張亦不反對，但認為時機尚未成熟。[三十四]十月十六日、十七日，汪榮寶又兩次晤見日幣原外相，詳述中國政府此次用兵之理由，婉曲探詢日本政府真意所在。幣原稱對於事變有兩點為確定：第一，日本政府對於目下交戰之任何一方，絕對不供給軍械及金錢，致生延長戰事之結果。第二，日本決不乘中國動亂，利用機會，攫取何種權利之野心。至於解決途徑，日本「以為兵禍連結，無論結局如何，於國家必有損無益，總以速復平和為要」。若中國政府能接納列國提議，日本可與美、英、法各國同時勸告，一面休戰，一面各派代表，選定地點，開始議和。至和議條件任聽兩方自由討論，列國毫不預聞。

身為關切中國命運且肩負責任的外交家，汪榮寶急切地希望國內和平統一，因而對西方各國的調停主義頗持積極態度，但憑著多年的政治敏感和國內友人傳遞的資訊，他判斷戰事不會拖至長久。果然直系內部出了問題，時任陸軍巡閱使馮玉祥因與吳佩孚有矛盾，暗中與奉系和皖系段祺瑞密洽，於十月二

三十四《汪榮寶致外交部電》，1924年10月15日。中國科學院近代史研究所近代史資料編輯組編：《近代史資料》1963年第4期，中華書局1964年版，第98頁。以下一組電文均來源於此。

十三日回師，發動北京政變，囚禁總統曹錕，導致直系部隊全線潰退，奉系乘勝追擊，十一月五日佔領天津，直系戰爭宣告結束。這次戰事使得稱雄中原的直系受到致命打擊，曹錕也被趕下臺，從此一蹶不振。十月二十六日，馮玉祥等通電全國，擁段祺瑞為國民軍大元帥，電請孫中山即日北上商議國是。

汪榮寶惑於國內局勢之變幻，更感於中日關係之棘手，請友人孫潤宇快速告知情形，並請其代自己向政府轉達辭職事。孫於十一月六日回電，詳述北京事變及各方勢力之情形：「馮使班師回京，東西城車馬不通，電話斷絕，市街均由馮軍保衛。居民不知究竟，稍形恐慌，及主張和平佈告、覓吳命令發表，人心稍安。」曹錕辭職，清遜帝溥儀被迫搬出皇宮，暫由黃郛出任內閣總理。直系吳佩孚已由津退卻，孫分析直系失敗的原因有二：一是人才缺乏，門戶太緊，二是顏惠慶組閣後堅持任顧維鈞為外交總長，激起日本陸軍之憤慨，「加之軍事處雖係軍事最高機關，但對於軍事上無所籌畫所致。」他還論及孫中山北上籌備國民會議之事，「國民會議之成立，亦無准期，今後大勢殊難預料。不過此種改革，在世界歷史上言之，亦不失為進化之一步耳。」對汪榮寶辭職事，孫潤宇分析國內問題尚無頭緒，外間問題更無人問津，外交部亦無徹底解決方法，提出可趁此時機歸國探詢意見，或者先發電商酌於內閣總理黃郛。[三十五]

汪榮寶電致曹汝霖，詢問局勢並請其代呈辭職事，時曹汝霖正忙於父親喪事，於十二月六日回電，稱國內局勢尚難意料，段祺瑞入京後利用馮玉祥和張作霖的矛盾，與張聯手將馮逼出北京，中央政府處

三十五 《孫潤宇致汪榮寶函》，1924年11月6日。孫潤宇時任國務院秘書長。

於奉系掌控下。另外孫中山已北上抵津，因同行者有赤化主義者，故受到天津租界的注意，甚至有干涉開會之舉。對於汪榮寶歸國之事，曹向段祺瑞明白陳述，但段僅有「勉為共難」之語，再無解決之法。[三十六]

（二）一九二六年力促南北議和

一九二六年是中國政壇風雲迭起的年份，直系軍閥吳佩孚東山再起，擁兵二十萬，佔據河南、湖北、湖南三省以及陝西的東部和直隸保定一帶，控制著京漢鐵路。另一直系軍閥孫傳芳手握重兵二十萬，據有江蘇、安徽、浙江、福建和江西五省。奉系軍閥張作霖擁兵三十五萬，佔有東北各省和北京、天津等地，控制著津浦鐵路北段。南方各省軍閥漸而統一到蔣介石旗下。吳佩孚、張作霖在該年三至四月間採取聯合步驟，準備先打擊馮玉祥的軍隊，隨後在南方進攻湖南，進而消滅廣東勢力。孫傳芳由於同吳、張存在尖銳矛盾，表面上保境安民，實際上坐山觀虎鬥，以便從中漁利。汪榮寶深感國內局勢的複雜多變，而各種政治力量之動態必會引發對日外交之變動，日本方面亦極為關注中國政局，因而他與北洋政要保持著聯繫，及時把握局勢。

一九二六年二月到五月間，汪榮寶與時任國務院秘書長孫潤宇來往電文不斷。中央政府段祺瑞執政無方，一年多來毫無建樹，四月二十日被迫宣佈下臺，依託皖系的安福系隨之瓦解，吳佩孚將要進京，與奉系張作霖共同商議國家大事。孫潤宇向汪榮寶通告國內形勢，並詢問日本方面對中央政府吳佩孚之

三十六 《曹汝霖致汪榮寶函》，1924年12月6日。

態度。六月二十八日，吳佩孚、張作霖在北京會晤商談國是，二人把手言和，決定兩軍聯手打擊馮玉祥，馮被迫撤出北京。[三十七] 趁北方軍閥混戰，一九二六年七月，蔣介石誓師北伐，北伐軍決定採取集中兵力先殲滅吳佩孚、後消滅孫傳芳、最後消滅奉系張作霖各個擊破的戰略方針，主力軍快速挺進湖南、湖北，兩湖地區成了北伐戰爭的主要戰場，局勢急轉之下。期間至一九二七年初，汪榮寶與國內友人和政要保持著頻繁的通信聯絡，與蔣方震、王寵惠、趙欣伯、曹汝霖、孫傳芳等來往發電，探知國內各軍閥的狀況，尋求對混亂局勢之解決辦法。

奉系張作霖與汪榮寶針對東北問題亦有電文往來。一九二六年八月張作霖決定在東三省進行整頓，首先從穩定金融開始，決計嚴行打擊奸商，維護奉系發行的紙幣奉票的金融根本地位，並限制日本人設立取引所套取利潤，遭到日本商人的抵制。為此曹汝霖發電汪榮寶，詳述金融整頓之事，電稱：「近日奉票日漸低落，查係奸商倒把所致，當飭嚴行禁止。實緣奉票為三省金融本位，驟然恐慌，關係命脈商務及三省數千萬人民生計，有不得不維護之勢；且此舉完全對內，自信於國際當無關係。」對於盛傳的驅趕日本商人、限制經商一說，他認為「定係營業取引所日人肆意造謠，致日當局不明真相，發生誤會。」「且以甲國紙幣，在乙國設立取引所，為買空賣空之標的物，實係治外法權，國際間所不許。」請汪榮寶代為日本政府婉轉表達明白。張作霖對日人干涉奉系之內部事務頗為敏感，八月二十一日他在

三十七 《孫潤宇致汪榮寶函》1926年2月末；《孫潤宇致汪榮寶函》1926年5月；《孫潤宇致汪榮寶敬電》1926年5月24日。中國科學院近代史研究所近代史資料編輯組編：《近代史資料》1963年第4期，中華書局1964年，第107-108頁。

再次發電汪榮寶，稱「此間取締賭博式之倒把，係整理奉票之關鍵，純屬對內，無關國際」，「實係整理內政，非他方所能干涉。」[三十八]汪榮寶遵其所囑，多次向日外務省明白解釋，並請日本不要干預東三省內政。

時南方國民革命軍發展迅速，革命軍與吳佩孚在湖南、湖北展開激戰，六月十一日革命軍攻入長沙，隨後攻佔平江和岳陽，切斷粵漢路，緊接著進入湖北境內作戰，吳佩孚率軍南下，南北決戰即將開始。時孫傳芳佔據長江五省，又因東南處南北夾擊之勢立境困難，他頗為急切地向駐日公使汪榮寶探知有關時局的看法，八月二十日，他令蔣方震發電東京，稱「現閣不日解體，國民軍已遠退，吳不日南下，漢口南軍亦取攻勢，南北決戰將於一月中見之。」孫氏與東北奉系有積仇，「無從屈志交歡」，若攻打南軍，非一時可了，若聽任南方革命軍攻打武漢，「則東南又不能自安也。」就此形勢，「馨公（指孫傳芳）甚望我公有以見敬」，「外交界觀察如何？甚望見示」。九月十日蔣方震再次電汪榮寶，文稱：「武漢既變，北奉業已動員，此間江西一路，恐終不覓一戰。時局轉移愈趨愈緊，馨公甚望我公隨時有所指示。」「馨公此次對日外交，極為重視，深望我公有以相助。」[三十九]並請汪與孫傳芳直接聯繫，第三天即九月二十二日，孫傳芳親自發電給汪榮寶，向其講明國內形勢：南軍勢力正焰，吳軍渙散恐武漢難保，而武漢與各國關係至巨，英、美、日各國提出交涉，陳述自己的政治主張，「思整頓內政，頗願各方從

[三十八]《張作霖致汪榮寶筱電》1926年8月19日；《張作霖致汪榮寶個電》1926年8月21日晚。
[三十九]《蔣方震致汪榮寶函》1926年8月20日；《蔣方震致汪榮寶函》1926年9月10日。

內政之良窳上相競，而不以軍事之強弱相競」。「願奉軍不破列國均勢，撤回侵贛軍隊，保持五省之安寧。」向汪問詢「外交形勢及應付方策，如有卓見，更望隨時見示。」[四十] 汪榮寶及時回電闡述主張。

此時奉系也保持著與汪榮寶的聯絡。一九二六年九月，北伐軍攻入江蘇打敗孫傳芳，孫氏無路可走只有投靠張作霖，奉系之所以能夠接納孫傳芳，正是汪榮寶在中間作了諸多的斡旋和調解工作，這可從九月三十日趙欣伯寫給汪榮寶的電文中探知，文中明確告知奉系對時局之態度：「一、奉方此後當與老師（指汪榮寶）格外親密，請老師屈認奉方為一家。二、關於收拾時局之策，甚願容納我師所建議者。三、惟推段上臺一節，當視各方情形而定。四、章仲和、曹汝霖等，皆擬起用。五、日本各方面多主張奉方保境安民，不出關問事。奉方亦本此意。惟若中央無人，國家將陷於無政府狀態，奉方既為中國人，焉能置之不問，故若不得已時，不能不暫執中央政權。此事請我師對於日本朝野釋明，徹底的請其諒解。六、對於孫氏（孫傳芳）已經實行提攜。」[四十一] 從上述文字中可見奉系對汪榮寶也實施拉攏之策，並在某種程度上願意接受其調停之說。

面對複雜混亂國內局勢，經過對南北勢力的分析和整體深思熟慮，身為外交官的汪榮寶從國家安定和民族大義出發，提出「南北停戰，開國民會議」的解決策略，並向國內各方軍閥勢力表達其意。他發電聯絡施肇基等駐外使節，請聯合署名，共有駐外十三國公使陸續回覆同意，他對調停議和之策充滿信

四十 《孫傳芳致汪榮寶函》1926 年 9 月 22 日，第 109 頁。

四十一 《趙欣伯致汪榮寶函》1926 年 9 月 30 日，第 111 頁。

心。一九二六年十月七日，汪榮寶以駐日公使身份領銜駐德國、駐義大利等駐外使節上奏北京政府，對南北分裂之局勢提出主和意見，主張南北停戰，召開國民會議以解決一切。

針對汪榮寶等駐外公使的主和宣言，國內各勢力反應強烈。孫傳芳處為自保表示願意接受，奉系已表示願接納其建議，國內各團體如上海總商會亦極力支持，該會在十月七日致電汪榮寶，稱「國內戰爭蔓延愈廣，國權日銷，民生日索，挽回乏術，正切焦憂。捧誦冬日公電，切懇列帥罷兵，以會議奠訂國是。危詞苦志，至以撤廢駐外各使為請。仰見群公海外憂勞，心繫邦國。循誦正論，感佩同深。」[四十二] 政府要員王寵惠對議和之舉頗持肯定，於十月十二日致電汪榮寶，先詳述國內各勢力現狀：吳佩孚退守河南後諸將不奉命作戰，未能乘機南攻；孫傳芳敗於江西，且「以部下之離散，不日將見失敗」；南方蔣介石立長江下游贛、浙，唐生智、李宗仁則活動於兩湖，唐、李本為保定軍官學堂畢業，「將組新保定系，抱合川、黔、鄂、湘、桂，以成新局」。王寵惠認為南北議和實有可能：聞近以蔣介石專橫，「唐、李均憤憤」，蔣以外諸人均與段祺瑞有舊，「長江事了，南北均倦，無力他求」，「此時必眾推南北共通之人出任，合一主持和平，立粗新局。」而西北之霸閻錫山於上月曾密聚十一省代表，已共同推舉段祺瑞復職，「此舉大有益，可與南方共鳴者也」。奉系「終必徇眾意」，附條件而舉段祺瑞。其他勢力均贊成段復職，以此結束混亂之局勢。王寵惠最後頗為顧慮日政府之態度，請汪榮寶探詢日對段祺瑞意見，希冀快速請其出山，議和之事可早定。[四十三]

四十二《上海總商會致電汪榮寶》1926年10月7日，第111頁。

四十三《王寵惠致汪榮寶函》1926年10月12日，第112頁。

而汪榮寶的老朋友曹汝霖則對國內形勢和議和之舉持悲觀態度。他此前於九月二十四日致電汪，稱「時局益形混亂，南軍乘𢿝北伐，北方毫無團結，武漢失守，南昌復告警矣。豫局內潰，子玉（指吳佩孚）驕横尤甚，失敗固在意中，大局因而横決。此後奉天責任更重，而軍閥依然故我。政治不入軌道，前途實難見光明。現政府顢頇無用，更無足論矣。」十月十八日針對議和主張，曹汝霖指出「日來江浙風雲突起，恐蘇孫根本動搖。形勢急變，南軍未必肯和。」未知奉系何種態度，若「果能保持實力利用時勢為北方開一新局面，以與南方對峙乎？如能捐棄成見，南北互讓，以求可以救國之法。」然因軍閥政黨截然異途，以求治道，「則南北所持之極端主張，未始非可得一適中之道。」顯然和談是有難度的。[四十四]十一月七日曹再致電汪，稱「現在南北新舊之爭，已至肉迫時候，果能立一建設方案，南北新日熔為一爐，未始無救亡之道。惜乎南黨北閥，均無徹底覺悟之意，為可憂耳！國民會議誠為解決之不二法門，然目前改造中央，與日後之地方善後，尤為切要之圖。」他觀察中央局勢，孫傳芳敗局已定，而奉系張作霖推遲來京，段祺瑞趁機撈取政治資本欲捲土重來，但恐難成為事實。曹汝霖認為無論是孫傳芳聯合實力派奉系對抗國民軍，還是擁立王士珍之流，目前對於中央「非根本改造不可；對於地方，非另有主張不可。若只嬗遞政權，陳陳相因，未見其可也。」[四十五]他推測國民黨之三三制主張，「亦漸有實行之傾向」，恐怕南軍要另立政府與北庭抗禮了。汪榮寶所提之議和主張最終並未實施，南京革命軍隨後很

四十四《曹汝霖致汪榮寶函》1926年9月24日；《曹汝霖致汪榮寶函》1926年10月18日，第110頁。

四十五《曹汝霖致汪榮寶函》1926年11月7日，第111頁。

快攻佔江南重地南京和上海，於一九二七年四月份組建了南京國民政府。

客觀地講，汪榮寶倡議南北停戰議和、召開國民會議實為解決問題的理論方案。在民國的歷史上議和之舉已有先例，如一九一一年的南北議和促成民國成立，一九一八年大總統徐世昌主南北議和，以及後來一九二四年馮玉祥、張作霖等倡議召開國民會議之舉均是前例，但這些議和多數無果而終，考其失敗之原因皆因在武力爭雄的時代各方軍閥的均勢未被打破，同時缺少實行議和的氛圍和土壤。所以汪榮寶等提出的解決方案不可能也無法實施，但他仍以外交家的身份和駐日公使特殊地位發揮著對國內時局的影響力。

（三）疏通國民政府拒絕小幡使華

民國後日本向中國派遣駐華公使多有變動，一九二九年八月，公使芳澤謙吉奉召歸國，駐華公使位置空缺，日本政府欲以小幡酉吉繼任，但因一九一五年小幡任駐華使館書記官時，夥同駐日公使日置益逼迫袁世凱政府接受變中國為日本獨佔殖民地的「二十一條」，南京國民政府拒絕接受其任職。日本外務省對中國外交部的態度極為不滿，並連續照會駐日公使汪榮寶，讓其從中轉圜疏通。

汪榮寶對小幡任職亦頗持疑慮，但考慮到中日邦交關係的走勢，時任濱口首相、幣原外相屢次聲明，必盡力改變前任田中義一對華強硬的政策，如能藉此時機中日兩國誠意和好，於中國外交轉折有益無害，「日現任政府既有對華真誠，欲謀親善，而我則取無味空傷感情之事，誠非得計」，決定暗中運動外交部接受小幡。汪榮寶首先向張學良求助，一九二九年十二月二十日致電張帥，文曰：「漢帥鈞鑒：極密。昨幣原約晤，以宣佈政見，拒絕小幡駐華，極度憤慨，謂似此情形，兩國交涉前途極可憂慮，已詳情外交閱。事態嚴重，特密電奉聞，公有何轉圜善策，乞密示。」第二天張學良回電，稱對政府拒絕小幡使華事之前無所聞，因不明真相無從置喙，「吾兄所慮極是」，並願想設法疏通。[四十六]汪又向時任東北邊防軍司令長官公署參議湯爾和發電，提出變通之策：「以此事如難轉圜，恐生重大結果，故竭力設法避險，免生枝節。如中國以二十一條為嫌，不妨由日政府將小幡當時地位、職務聲明，以免誤解。惟弟不便再行進言，尊處倘能與晉方聯名婉勸，或可有效。如何？」湯爾和積極向張學良建言辦法。

汪榮寶非常清楚以自己駐日公使的身份，若明確為有侵華之嫌的小幡辯護，難免會落上賣國之罵名，也會置南京外交部於尷尬境地。針對如何讓南京接受小幡使華，他間接向張學良提出：可以與晉方閻錫山聯名婉勸。張學良也因東北所處特殊地位不便向中央陳說，於是發電轉請閻錫山從中設法，「鈞座高瞻遠矚，對於此節，必有卓裁，應否密勸中央，設法轉圜之處，祈酌奪施行並盼復示。」[四十七]閻錫山遂聯絡他處向中央政府陳述此事。為小幡任職事汪榮寶輾轉與國內政要電文往來，但最終並未得到圓滿的結果。一九三〇年一月份，日本外交界對小幡使華亦有所變動，加之國民政府的多次拒絕，日政府決定以上海領事重光葵代理駐華公使。小幡使華問題相比於國內險象環生複雜的政治局勢和日益突出的中日交涉問題可謂是小事件，但從側面可以看出汪榮寶雖出任南京國民政府的駐外使節，但外交主張和意見已不受到新政府的重視和採納，這也為他第二年的辭職埋下了伏筆。

四十六 《關於拒絕日政府小幡使華電》，遼寧省檔案館編：《中華民國史資料叢稿 奉系軍閥密電》第四冊，中華書局 1986 年版，第 40 頁。

四十七 遼寧省檔案館編：《中華民國史資料叢稿 奉系軍閥密電》，第 41 頁。

四、調查彙報日本社會情形

除了處理繁雜的中日交涉事宜，汪榮寶還密切關注日本國內的政治、經濟、軍事等形勢，詳細收集相關資料並定期向中國政府彙報，便於中央當局掌握日本動態從而制定對日策略和政策。他還領導和督促駐橫濱、長崎、神戶總領事關注當地政局變動，尤其是日本關稅變革和進出口貿易情形，令駐當地領事及時向國內彙報。

（一）關注日本政治局勢和外交政策變動

作為駐日公使的汪榮寶首要關注日本政治格局，對內閣更迭、政黨換屆及各施政方針、外交政策等均有詳細調研和報告。如一九二四年他赴任不久就給外交部發回日本內閣更迭情形的報告，以及清浦首相發表政綱概要的報告，其中詳細記述前屆內閣倒臺過程：內閣在一九二三年九月關東大地震之後倉促成立，有所謂的地震內閣之稱，內閣對復興經濟舉措不力，受到在野黨的指責和攻擊，民眾不滿，以至農商務大臣因保險問題被迫辭職，又因縮小軍備經費問題威信不足。樞密院院長清浦奎吾被推舉組成新內閣，並將新內閣成員名單列於後，「內閣總理大臣清浦奎吾，外務大臣松井慶四郎，內務大臣水野錬太郎，大藏大臣勝田主計，陸軍大臣宇恒一成，海軍大臣村上格一，司法大臣鈴木喜三郎，文部大臣江木千之，農商務大臣前田利定，通信大臣藤村義郎，鐵道大臣小村謙次郎。」針對清浦首相的政綱概要內容也進行詳細報告，如振興民族精神、復興國民經濟、嚴正綱紀、改正選舉等。[四十八]他關注日本各政

四十八　《日本內閣更迭情形》，錄十三年一月二十二日收駐日本使館報告，《清浦首相發表政綱概要》，錄十三年一月二十七

黨的綱領和政策，對各政黨進行調研，研究各政黨宣言書及議決文，掌握了日本勞工黨、社會民眾黨、憲友會等產生過程及各自施政綱要。日本內閣更迭較快，新的首相上任後均要發表政見，如一九二五年加藤首相任職後，發表內閣行政方針及對華對俄政策，一九二六年九月若槻首相執政後發表政見書，汪榮寶把這些資料加以分類匯總並報告給本國政府。

日本在二十世紀二〇年代對華外交政策歷經從「幣原外交」到「田中外交」的重大轉變，這兩種外交策略表現出不同時期外交的特點，呈現出日本對華關係的發展脈絡。「幣原外交」是指著名外交家幣原喜重郎提出的外交準則，其核心是「維護和增進正當的權益」，「尊重各國正當的權益」，尊重外交前後相承主義，維持和平穩定，以保持同外國的信任關係。一九二四年六月十一日，幣原就任加藤高明內閣的外相，開始了近代史上的「幣原外交」，他調整對華政策，以不干涉內政為原則，強調通過外交和經濟手段維護和擴大權益，緩和了以往露骨的對華軍事侵略，使日中關係度過了一段比較穩定的時期。[四十九] 汪榮寶與幣原外相保持著良好的交往且私人關係也不錯，因而遇到交涉問題相對容易溝通，他及時向外交部彙報，認為日本外交政策以採取經濟主義為主，中國政府應在北京特別關稅會議期間把握好機會，與日本等國談判以收回本國的關稅自主權。[五十]

日收駐日本使館報告。北京政府外交部：《外交公報》，第三十三期。

[四十九] （日）信夫清三郎編，天津社會科學院日本問題研究所譯：《日本外交史》（上下冊），商務印書館 1980 年版，第 500-502 頁。

[五十] 《日本外交政策採取經濟主義》，錄十五年五月十四日收駐日使館報告，《外交公報》譯叢：第 11-13 頁。

一九二七年春日本陷入空前嚴重的金融危機，國內矛盾日益激化，在此背景下日本政友會總裁、陸軍大將田中義一於一九二七年四月二十日組閣。田中組閣後就對中國實施積極侵略的方針，宣稱解決中國問題是內閣重大使命之一，並出兵山東製造濟南慘案，試圖在中國攫取「商租權」和「滿蒙五條鐵路的鋪設」等權利。田中內閣於六月二十七日至七月七日召開所謂的「東方會議」，圍繞著中日關係敏感的問題進行討論，涉及到中國政局、在華經濟權益、山東撤兵和排日、抵制日貨等問題，會議閉幕時田中將會議討論的結果總結為《對華政策綱領》，其中最核心的內容是獨霸「滿蒙」、分裂中國，實質上正式確立了侵略中國滿蒙的戰略方針。會後田中寫成《帝國對滿蒙的積極政策》上奏日本天皇，這就是臭名昭著的《田中奏摺》。[五十一]汪榮寶敏銳地意識到日本外交政策的轉變，他十分擔憂強硬勢力在日本的增長，這不僅是影響中日關係的問題，更深層次講就是日本極有可能會加快對中國的侵略步伐，因而及時提醒政府要密切注意日本軍隊的動態，同時對日保持高度警惕。他隨後針對此次會議撰寫了詳細的報告，發給北洋政府外交部，請求務必討論並提出應對之策。外交部接到報告後，僅由署理外交部長王蔭泰召集了一次會議，邀請了幾位朝野人士參加討論一番，此後再無下文。強鄰如此無理叫囂，而南北當局卻都如東風吹馬耳，置若罔聞，汪榮寶甚感無奈和憤懣。[五十二]

五十一 高書生、孫繼武、顧民：《中日關係史》第二卷，中日歷史研究中心文庫，社會科學文獻出版社 1997 年版，第 147-166 頁。

五十二 王毓超：《北洋人士話滄桑》，中國文史出版社 1993 年版，第 154 頁。

（二）關注日本經濟狀況及對華貿易政策

日本政治政策與其國內經濟狀況緊密相聯，汪榮寶深感經濟對政治的影響，因而對日經濟形勢和對華貿易政策有詳細研究和報告，其中涉及到日本預算、關稅體系和關稅之沿革、日移民計畫政策、日本棉紗出口狀況、日本國債數額等問題。他呈報的有關日本一九二七年預算報告，其中詳列門類，並附有具體數目：「外務：二千六百，內務：八千五百（除北海道第二期拓殖費），大藏：一萬二千二百七十五（除營繕管財局預算），陸軍：二萬三千八百，海軍：六萬五千，司法：五千三百，農林：一萬五千，商工：一萬三千，通信：一萬九千，合計：一百六十四萬四百七十五。以上單位均為千元」。其中重點提到陸軍省對中國新增加的軍費，要求各種經費總計約四百二十萬元，主要用於駐朝鮮和滿洲軍隊的武器擴充和軍事教育等事項。[五十三]從上述預算中可見日本經濟發展狀況以及對華軍事策略。

針對日本對華貿易政策，汪榮寶於一九二六年五月彙報日本外務省通商局長發表的對華貿易之意見書。意見書中稱中日兩國同文同種，唇齒輔車，地理上、歷史上均有密切關係，因此兩國必須「經濟提攜，相生相養」，以增進兩國國民福祉，而達共存共榮之目的。書中對中國經濟現狀和地位作了評價，日本認為：中國土地廣大，物資豐富為世界罕見，且生活簡易，勞力低廉，「國民如能覺悟，開發實業，必成一極大工業國家可預期也。現時中國工業不能發展者，皆由內亂頻發，各種事業為之妨害，一俟內亂平定，建造統一國家，確定產業政策，定能發展。」而日本工業現狀僅於技術資本稍占優勝，物資、

五十三 《日本十六年度之預算情形》，《外交公報》，錄十五年八月十八日收駐日使館報告，譯叢：第1-3頁。

勞力均皆缺乏，將來中國興起產業革命，中日之間的貿易亦必受重大影響，因而日本國內各界應搶先做好準備，並在中國尋求開發資源等商機。[五十四]從上述意見書中可觀日本對中國的調查更為具體和翔實，並有長遠計畫方案，這也間接反映出日本絕不會放鬆對華經濟控制。

汪榮寶還關注日本人口問題，他意識到日本人口和移民問題無不與中國密切相關。一九二七年初他專門撰寫日國人口近況的報告，調查日本歷史上人口狀況，並引用具體數字分析人口增加之情形。報告首先對日近年人口增加進行詳述：至一九二六年十二月三十一日止，日國人口總數為兩千兩百二十九萬一千六百二十人，其中「結婚者十六萬兩千兩百三十七人，生產數六十六萬三千一百四十八人，死亡數四十二萬零六百二十一人，計生產超過死亡之數二十四萬兩千五百二十七人」。隨後對人口多年生產率和死亡率進行比較，

日本歷次人口統計數

人口增加數（於前次調查比較）	人口總數	年份
	15.464.340	一八五七
191.127	15.655.467	一八六〇
976.402	16.631.869	一八七七
928.483	17.560.352	一八八七
561.120	18.121.472	一八九七
486.202	18.607.674	一九〇〇
1.343.143	19.950.817	一九一〇
1.396.518	21.347.335	一九二〇

資料來源：《日國人口增加之近況》，《外交公報》，第七十六期，譯叢：第6-8頁。

五十四《外務省通商局長發表對華貿易之意見》，《外交公報》，第五十八期，錄十五年三月十七日收駐日使館報告，譯叢：第16-17頁。

指出隨著教育的進步，實業的發達，人民知識的增高以及兒童養育院日漸增設，人口生產死亡率遂漸減低，增加率則提高。日本經濟的發展使得國民之平均壽命增加較多，據統計一九〇〇年平均壽命僅三十五歲，至一九二五年已增至五十歲。報告最後又將日本近七十年來歷次國家調查人口總數表及增加人數表一併附列，以觀日國人數增加之情形。[五十五]

（三）關注日本軍事動態

第一次世界大戰後的日本國際地位得以提升，與西方國家尤其是英美幾乎能並駕齊驅，汪榮寶從各方面調查日本軍事動態，把日本造船業之現狀、海運界之現狀詳細報告給中央政府。他甚為關注日本與美國展開的軍備競賽，將西方強國的海軍戰艦數目也仔細調研。如一九二七年三月報告中有如下數字：

日本通過各種外交管道提高在國際軍事中的影響力，在遠東通過與美國軍備競爭，在歐洲則與英國結盟。當時美國已確立世界霸

五十五 《日國人口增加之近況》，《外交公報》，第七十六期，譯叢：第6-8頁。

列國補助艦勢力概要（海軍軍令部調查大正十五年九月一日）

航空母艦（只）	潛水艦（只）	驅逐艦（只）	巡洋艦（只）	國家
15(15.375)	56(43.835)	91(92.817)	23（12.955 噸）	日本
63(63.550)	122(86.112)	275(323.744)	32（254.425 噸）	美國
114(114.050)	41(41.665)	189(224.610)	48（238.400 噸）	英國
0	16(16.979)	71(67.735)	14（78.100 噸）	意國
22(22.800)	53(38.741)	58(60.287)	19（177.434 噸）	法國

資料來源：《日本政府答覆美國第二次裁減軍備提案》，錄自十六年三月九日駐日使館報告，《外交公報》，第七十期，譯叢。

主地位，因而對日本縱容較多，而英與日結盟的主要目的是維護本國在遠東太平洋區域的利益，因此難免貌合神離，期間有諸多的矛盾和衝突。日本仍將其主要精力放在朝鮮和中國東三省，故駐滿洲的軍隊數量在不斷增加，武器裝備通信設備等日益完善。汪榮寶密切關注並及時彙報。除此之外，日本航空實力的增加也引起汪的注意，一九二七年十二月彙報到：日本代表團出席第四次國際航空會議，會議於一九二七年十一月在羅馬開幕，日政府派出以合雷拉中校為首席代表的代表團出席，合氏為日本航空學專家，並在會議上被選為國際航空會議副會長。日本代表團提出關於航空的多篇論文，並提議將來在大洋中建造停泊飛艇之用的小島，該設置在和平時代應由國際共管，在戰爭時代則由一中立國管理，提議日文應成為會議中應用公式語文，與法語、英語、德語應享同等地位，從中足見日本發展航空業之野心。[五十六]

五、主持調查萬寶山事件和朝鮮排華運動

至二十世紀三〇年代初，日本侵略中國的野心日益顯露。汪榮寶身在日本，親身感到日本國內對華氛圍的轉變，加之長期擔任駐外公使的閱歷，讓他對時事具有深邃的洞察力，預測到日本將對中國採取不利舉動，遂多次向國民政府外交部上書，告知危急形勢，提醒中國要有所防備。據曹汝霖回憶，在九一八事變前，汪榮寶聞幣原外相曾有「若日軍強取東三省，無異吞了一炸彈」之言，遂向幣原探詢日本

五十六《日本代表團出席第四次國際航空會議情形》，錄十六年十二月三十一日駐日使館報告，《外交公報》，第八十期，譯叢：第二頁。

政府對東三省真意。幣原說，少壯派軍人的行動，我不贊成，惟聞東三省懸案積至三百餘件，張學良一味推延，迄未解決，現託病躲在北京，總不見面。若貴國政府能將東省懸案從速商議，逐次解決，我亦可對少壯派軍人交代，使他們無法藉口等語。汪榮寶聞之此言，即請假回國，見外交部長，自告奮勇，願當其衝。「時外交部長為王正儒堂（正廷），聽了袞父之言，反有輕視之言，說日本只是恫嚇，未必能對東三省出於冒險行動。設若有此行動，我國尚有國聯為後盾。袞父又說國聯不可靠，日本軍人亦決不聽從國聯。現在談判，或可避免戰禍，失此機會，後悔無及。兩人言語衝突，袞父是性情中人，即說，你們如此攬法，我敬謝不敏，將來你們後悔之日。即當面辭職，儒堂亦未挽留。」[五十七] 看到南京國民政府不重視自己的建議。汪榮寶憂心如焚，遂另謀策略，發電堅請政府派人到日本暗察形勢，在他的多次懇請下，外交部勉強派湯爾和等一行到日考察，一九三一年春就在湯歸國不久，萬寶山事件驟然爆發，隨後發生了朝鮮排華運動，汪榮寶正是因為主持調查該事件而被迫辭職的。

（一）擔任赴韓調查專使

萬寶山事件指一九三一年五月長春附近萬寶山地區中、朝農民因修建水渠引起的案件。一九三一年四月，吉林長春長農稻田公司經理郝永德擅自將長春縣萬寶山地區的五百垧土地轉租給朝鮮移民李升熏等人耕種，李等截流築壩，引水灌田，使中國農民數萬畝農田有被淹之患。五月三十日，長春縣政府在

五十七 曹汝霖：《曹汝霖一生之回憶》，第218頁。

當地農民的請求下，派警察阻止朝鮮農民挖渠築壩，日本駐長春領事館則乘機派員警前往干涉，旋經長春市政籌備處與日本駐長春領事田代重德協商達成臨時議定書，決定在問題解決前停止施工。但日方違約於六月二十四日讓朝鮮移民強行突擊施工挖渠。七月一日萬寶山一帶農民四百餘人來到現場填平管道，遂與鮮民發生衝突，次日日方出動五十餘名警察和十多名便衣逮捕中國農民，並預先埋伏機槍掃射，致使中國農民傷亡數十人，受毒刑拷打者十多人，釀成重大外交事件。[五十八]

萬寶山事件可以說是在日本精心策劃和挑唆下發生的，事件爆發後日本即在朝鮮進行歪曲報導，散佈「朝鮮人被中國人襲擊殘殺」的謊言，煽動朝鮮人襲擊殘殺華僑。朝鮮民眾不明真相，媒體紛紛刊載：「我官民襲擊韓僑，情形危急，致激動鮮眾，群起仇襲，死傷不計其數。」[五十九]朝鮮以日本撐腰遂將矛頭對準當地的華僑，掀起了慘無人道的「排華運動」。七月三日凌晨，由仁川首先引發的排華運動迅速蔓延到朝鮮全境，排華運動最激烈的為平壤、鎮南浦、仁川、京城、釜山、元山、新義州等七地，運動致使華僑死亡一百四十二人，重傷五百四十六人，失蹤九十一人，財產損失達四百一十六餘萬日元。[六十]如此嚴重的事態亟需進行外交交涉。

面對日益嚴峻的局勢，中國駐朝鮮漢城總領事張維城竭力維持，同時電請國民政府派人主持調查相關事宜以及進行談判交涉。自一九一〇年日本吞併朝鮮之後，中國在漢城設立總領事館，負責辦理中朝

五十八 王霖、高淑英主編：《萬寶山事件》，吉林人民出版社 1991 年版，第 193 頁。

五十九 《謠諑製成慘案》，《中央日報》，1931 年 7 月 9 日。

六十 叢成義：《池魚之殃:萬寶山事件與韓國排華慘案》《韓華學報》第二號，2003 年 7 月，第 27 頁。

外交事宜和管理在朝鮮僑民事務，但按照當時外交慣例，朝鮮總領事館隸屬中國駐日公使館管轄。此時汪榮寶正任駐日本公使一職，理應負責處理案件。事實上汪榮寶在七月六日就前往日本外務省，訪晤亞細亞局長，要求「對於平壤以及朝鮮各地之鮮人暴動事態」速加鎮壓，並對日本政府「提出嚴重抗議」，七月八日他又到日外務省會晤幣原外相，提出口頭嚴重抗議。國民政府外交部鑒於事態嚴重，決定「特派專員赴韓調查韓地華僑受損詳情，備為交涉根據」。[六十一]至於人選，最終外交部確定由汪榮寶擔任，七月九日外交部電：「朝鮮事件，政府甚為重視，請執事前往調查慰問。」待調查事畢，回京向政府報告。[六十二]這樣，汪榮寶在情理之中被推上了處理朝鮮排華運動和萬寶山事件的風頭浪尖。

（二）詳查事件真相並提出解決方案

汪榮寶接任赴韓專使後即著手準備前往朝鮮調查事宜，將使館事務交江參事暫行代理，與日本外相幣原定期會晤，面行通知。七月十三日晚，他由東京啟程道經神戶，調駐該館領事任家豐隨行，幫同辦理此案事宜，十五日抵達釜山，開始了緊張的調查工作。汪榮寶輾轉各地，在朝調查具體行程是：「十五日到釜山，十六日到京城，十七日到平壤，留兩日到鎮南浦，後折回京城，再到仁川，復回京城而到新義州，昨到（二十三日）安東，調查行程共十二日。」期間他每日向外交部報告調查情形，提出應對

六十一 《申報》，1931年7月7日；《外交部提出嚴重抗議》，《中央日報》1931年7月8日。

六十二 汪榮寶：《朝鮮排華慘案調查報告》，王芸生編：《六十年中國與日本》第八卷，三聯書店2005年版，第395頁。

方案，如七月十六日向外交部提出「宜乘此時，證據顯然，要求日人組織共同調查委員會實地調查，以作交涉基礎。」他每到一處就詳查華僑受難情況，馳往難民收容所，演說撫慰受難的僑胞，設法解決他們的食宿等難題，到醫院探望受傷僑民，巡視華僑商店損毀情形。除此之外，他還詳細瞭解華僑受損狀況。在排華運動中，平壤僑民受害最為殘酷，統計此次死一百〇九人，傷一百六十三人，生死不明者六十三人，財產損失共計約日金二百五十四萬五千元，對仁川、釜山、新義州等地華僑之傷亡和財產損失均有詳細數目，這為未來交涉提供了具體數字依據。[六十三]二十三日汪榮寶離開朝鮮到安東，當晚搭乘安奉線車前往瀋陽，在瀋陽停兩日，遍晤當地重要官員，啟程前往北平，於三十日面見張學良，陳述調查情形。[六十四]

汪榮寶此次奉命主要是調查排華運動的真相，作為外交官，他深知謹慎調查事實的重要性，尤其此事牽涉到日本，因此格外慎重地收集相關資料，所發言論也有理有據。當時中國社會群情激憤，一般輿論都將朝鮮排華的矛頭對準日本，認為是其策動的結果，汪榮寶施展外交策略，在未調查清楚之前並未直言是日本所為。經過實地調查和勘測，他針對朝鮮排華運動原因做出如下解釋：「（1）報紙惡宣傳；（2）無知韓人受愚；（3）當地官憲疏忽；（4）平壤無中國領事，韓案責任無推諉餘地。」[六十五]隨著調查的深入，在看過觸目驚心的事實後，汪榮寶認為日本政府對此案負有不可推卸之

六十三 汪榮寶：《朝鮮排華慘案調查報告》，王芸生編：《六十年中國與日本》第八卷，三聯書店2005年版，第396-403頁。

六十四 《汪榮寶抵沈時談話》，《申報》1931年7月31日；《申報》1931年7月31日專電。

六十五 《韓人暴動原因》，《申報》1931年7月26日。

責任，「今損害如斯重大，應由日負責賠償」。八月六日他向國民政府呈遞了《朝鮮排華慘案調查報告》，綜其後果推其原因，認為此事變之發生：「其直接原因，由於日本朝鮮各報，就萬寶山事件，捏造事實，擴大宣傳，對於朝鮮無知群眾，肆行煽惑。」日政府無論如何辯解，絕不能辭其責任。關於萬寶山事件調查結果是：「所謂萬寶山事件者，只有鮮人以日本勢力為後盾，壓迫華人之事實，絕無中國官吏何等壓迫鮮農之舉動。所有日韓各報紙宣傳，全屬有意簧鼓，聳動聽聞。」至於朝鮮排華運動與萬寶山事件「有原因結果關係者」，其道理不辯自明。六十六

如何處理萬寶山事件實為外交難題。事件發生後，日本方面以此為藉口，煽風點火擴大事態，在野黨政友會利用該事件，攻擊執政的民政黨政府奉行軟弱外交，並立即派出以侵華狂熱分子森恪為首的代表團分赴滿蒙、朝鮮進行調查。七月七日，日本政府召開內閣會議，專門討論了萬寶山事件及朝鮮排華問題，主張對中國採取強硬態度。汪榮寶在調查中就在思考如何處理這一案件，他清楚外交交涉需要充分的調查與研究，做到事實確鑿，言必有據，絕不能貿然從事，而看似簡單的對日本政府的抗議也必須有充分證據。他推測日方絕不會輕易承認過錯，相反會將責任推到中國身上，為此明確提出該案交涉的三個要點：（1）日本保證鮮民不再發生排華暴動；（2）日方正式道歉；（3）賠償損失。他在《朝鮮排華慘案調查報告》中向國民政府分析：「此項交涉之關鍵，日方主張一切由彼按照國內法辦理，檢

六十六 汪榮寶：《朝鮮排華慘案調查報告》，王芸生編：《六十年中國與日本》第八卷，三聯書店 2005 年版，第 403-404 頁。

舉也，預審也……救濟也，一切自行發動，自行辦結。而我方則主張用國際交涉，道歉也，懲凶也……賠償損失也，一切皆須以雙方同意行之。此中分歧之點，全在責任問題，責任問題明瞭，以上各節自可迎刃而解。此項責任，完全屬於彼方，而我方絕對無絲毫之責任可言。所有一切交涉辦法，自有國際通例。……應請根據既定方針，切實進行，以期必勝。」[六十七]他認為中國政府必須提出明確的條件和目標，對日方要講究外交策略，且態度要堅定，同時爭取國際輿論的支持與同情也很重要。

（三）被迫引咎辭職

一九三一年八月初，汪榮寶正風塵僕僕、馬不停蹄地趕赴南京，於八月五日達到上海，在當日召開的記者招待會上再次強調「道歉、保障、賠償之對日交涉三原則」，然而此時他卻強烈地感覺到將被國民政府免去駐日公使職務的外交信號。汪榮寶在中日關係敏感點被免職當然是有原因的，主要是由南京國民政府對日外交政策決定的。蔣介石考慮到國內國際局勢，此時提出了「攘外必先安內」的外交方針，下定決心對日妥協以完成所謂的「安內」大業，因而有意將此事件格調降低，並在談判中向日本妥協。當汪榮寶輾轉各地調查事件時，國民政府卻有另外籌謀和打算，外交部一開始就將萬寶山案與朝鮮排華案視為兩類不同性質的事件，並確定了以地方、中央之名與日本分別談判的方針，並對汪榮寶所提出的解決方案置之不理。時國內群情激奮，輿論多指責政府，為安撫國內民眾，就得有人為這場妥協外交「負

六十七 汪榮寶：《朝鮮排華慘案調查報告》，王芸生編：《六十年中國與日本》第八卷，第404頁。

責」。早在七月二十二日，江蘇省國民黨黨部就電致政府請撤換外交官：「省黨部開第一一二次會議決議，外交部長王正廷、駐日公使汪榮寶、駐韓總領事張維城，對於此次朝案，應對無力，庸儒誤國，呈請中央速予撤職，以利外交而維國權。」[六十八]汪榮寶不斷向媒體記者談論調查朝鮮排華運動情況，無形中刺激民眾的反日情緒，從而推高中國政府向日本交涉的調門，這與蔣介石的意圖背道而馳。因而，主張對日不可退讓的汪榮寶成為國民黨政府政策調整的「犧牲品」，也成為了朝鮮排華事件的替罪羊，其被免職已是不可避免的了。

具有豐富外交經驗的汪榮寶敏銳感受到了國民政府政策的轉變，加之自己身心疲憊，在八月六日到達南京之後，遂以未履行好公使之責提出辭職，他寫道：「榮寶身膺使任，有保護僑民及增進彼此親善關係之責，茲於任國領土以內，發生此種巨變，竟致多數僑胞，無辜慘死，不能弭患事先，更使將來彼我關係，益生隔閡，有違素志，抱疚無窮，應請呈明國民政府，准予開缺，以明責任，曷勝感幸之至。」[六十九]汪榮寶主動辭職也在情理之中，此前北洋政府時期曾請辭未能如願，一九二九年十一月又向南京政府提出辭職，其好友商務印書館總經理張元濟頗為不解，曾去信問詢道：「吾兄駐節東鄰，久孚物望，折衝樽俎，正仗槧才，何乃高引為懷，急流勇退，想中樞倚重，未必能遽賦遂初也。」[七十]為

六十八 《蘇省黨部請撤換外交官》，《申報》1931年7月22日第四版專電。

六十九 《汪榮寶昨抵京報告調查鮮案情形》，《申報》1931年8月7日；《汪榮寶調查萬鮮案報告書》，《申報》1931年9月7日。

七十 《致汪榮寶》，1929年11月25日，張元濟著：《張元濟全集》第二卷書信，商務印書館2007年版，第160頁。

辭職歸國之便，汪榮寶還將在日本的書籍陸續寄華，希冀「他日一旦得請，便可輕裝就道也」。可見汪榮寶主動請辭非為虛言，但最終未獲准辭。然而他日益感到新政府無視他對中日關係問題的建議，此次回歸國內專注學術或為絕好機會，從一定程度上說，被免職也好，自己辭職也罷，離開紛繁複雜的政局舒展身心確是他的願望。但正值敏感時期去職，難免有被政府遺棄的難堪與尷尬之感。

汪榮寶被免職的消息在輿論界掀起波潮，有人指責政府外交部處置不當，南京政府又試圖以亞洲司司長職安慰他，下定決心辭職的汪榮寶向外界宣佈，「頻年在日，勉膺使席，心力交瘁。此次回國，本意在長期休養。此次鮮案，吾國僑民損失之巨，觸目驚心，予奉令調查，已將報告製成。此次留京，係備政府關於鮮案之諮詢而已，其他職務，概不願就」。[七十一]就這樣，處於「知天命」之年的汪榮寶離開外交舞臺，結束長達十七年的外交生涯。曾有研究者對於汪的去職評說：「汪在朝結束調查後曾發表聲明，云『朝案』之起因純粹是因謠言而起，除此之外無他，而對於日本官民保護避難華僑之措置，汪表示感謝。這些都與國民政府與日談判的基點相左，更難以符合中國民眾對日責難，因此，汪的離職在所難免。」[七十二]筆者分析這種說法並未把握住問題的實質，正是汪榮寶認清日本對中國有所舉動的陰謀，堅決主張對日要有明確的強硬態度，這與南京政府的對日妥協外交基調不符，最終才導致被免職。

七十一 《汪榮寶欲長期休養》，《申報》，1931 年 8 月 8 日。

七十二 田明：《媒體與輿論中的「民族主義」——以 20 世紀 30 年代前後的朝鮮排華事件為中心》《民國檔案》2009 年第 4 期，第 94 頁。

在萬寶山事件和朝鮮排華運動中，汪榮寶是被推上前臺的第一人。萬寶山事件從本質上來說是日本發動九一八事變的前奏，期間日本表現出對中國的強硬態度，並暗中調動增兵直指東三省。汪榮寶身在日本多年，與政府官員接觸頻繁，深切感受到日本對外侵略的野心，力主對日本採取較為主動的外交方針。由於南京國政府採取對日妥協政策，因而並沒有強烈要求日本道歉、賠款並徹查此事，相反卻通過臨陣換將的方式，將長時間擔任駐日公使瞭解日本政情和已擁有人脈關係的汪榮寶匆忙撤職，以謀求妥協。結果日本借該事件探明了國民政府的態度和立場，蔣介石的軟弱和低姿態，更進一步助長了日本強硬派的囂張氣焰，精心策劃的九一八事變隨即爆發。[七十三]

針對汪榮寶駐日公使的地位，九一八事變後四川督軍陳宧曾言：「今日之敗，坐樞府非其人，誠得中材主之，折衝樽俎，但任袞甫有餘矣！」[七十四]當然，這樣的評論難免有過譽之嫌，侵略中國東三省既然為日本國策，以汪氏一人之力也無法扭轉時局，但他駐日公使之份量可見一斑。作為政界和外交界名流，事實上，汪榮寶在歸國不久即被張學良聘為北平陸海空軍副司令部行營參議，兼任北平外交委員會委員長。他隨時關注著國內和國際時局之變動，尤其對虎視眈眈之鄰國日本的動態極為重視。九一八事變發生第二天汪榮寶就提出了建議。一九三一年九月十九日晨，張學良在北平召集顧維均、汪榮寶、章士釗、湯爾和、羅文幹、李哲、王蔭泰、王樹翰、莫德惠召開會議，研究日本發動事變攻陷瀋陽

七十三 上述資料部分來源於石建國：《汪榮寶與國民「攘外必先安內」國策的出籠——以 1931 年「朝鮮排華運動」為中心》，《當代韓國》，2012 年第 1 期，第 56-66 頁。

七十四 章太炎：《章太炎全集》第五冊，上海人民出版社 1986 年版，第 259 頁。

北大營的目的以及處理辦法，會上汪榮寶指出：日本各地都在遊行示威，躍躍欲試，想以武裝佔領東北，力言東北軍應全力抵抗，並為之出謀劃策。逾二日，張學良又邀平津名流李石曾、胡適、吳達詮、周作民、朱啟鈐、潘復、張志潭、胡惟德、陳籙、曹汝霖、陸宗輿、王揖唐、顧維鈞、湯爾和、章士釗、羅文幹、王蔭泰，以及東北高級官員王樹翰、劉哲、莫德惠、于學忠、萬福麟、王樹常、戢翼翹、鮑文樾包括汪榮寶在內的二十七人，磋商東北問題。出席諸人多以依靠國聯、聽命「中央」為是，會後推汪榮寶、章士釗二人起草電報，向南京政府申述關於東北外交問題的意見。

當九一八事變之初，日本重臣及政府都不主張事情擴大，等到若槻禮次郎內閣下臺，幣原喜重郎辭職，而國民政府未能把握時機，導致事態愈加嚴峻。後來國民政府請國聯調停，結果適得其反。這更證明瞭汪榮寶此前向王正廷力言國聯調查不可靠、日本亦決不肯聽命於調查團說法的正確性，曹汝霖曾感慨道：「由今思之，不能不說袞父有先見之明也。」[七十五] 此後張學良與蔣介石國民政府在對待日本侵略東北的問題上取得了共識，於是切實奉行不抵抗政策，下令東北軍全部撤退到長城以內，以至東三省在短短幾個月內就淪陷。當汪榮寶的建言遭到拒絕後，他盛怒之下發誓不再過問國事。兩年後一九三三年七月汪榮寶因患心臟病在北京協和醫院病逝，全國各大報紙對其病逝的消息作了報導，如《大公報》、《申報》等，在一定程度上可見他的影響力。

[七十五] 曹汝霖：《曹汝霖一生之回憶》，第219頁。

汪榮寶擔任駐日公使長達近九年，是民國時任期時間最長的公使，在二十世紀二〇年代敏感而複雜的中日關係史上佔有重要地位。他身處艱苦的工作環境中，其中幾年時間以臨時板房或租賃房屋為辦公場所，帶領使館加上他僅有的七名工作人員[七十六]，調查日本政治、經濟、社會狀況，關注日本軍事力量的消長，艱難處理中日修約、濟案寧案談判等中日交涉事件。對此其後代回憶到：「（日本）猜詐百端，動絓荊棘，君折衝禦難，或先發以制陰謀，或弭縫以消後患，或傾誠建白，捍格不行，或委曲求全，謗黷叢集，盡其彷徨焦思之情，又非言語所能形況，而事關密計，亦並非他人所得盡知者。」從中可見其任職艱難的狀況及中日交涉之複雜。汪榮寶早年在日本早稻田大學留學，後又任公使長期在日居住，因而對日本社會有深刻的認知和瞭解，同時積累了大量的人脈，他與日本外務省、農商省、內務省、文部省都保持了良好的關係，與日本文學界多有聯繫，還加入東京詩社，與諸多日本文人彼此唱和贈作。一九二八年日本同仁會創辦漢文醫學雜誌，汪榮寶為之作序。曹汝霖評價說汪榮寶任職期間「與日本朝野文學之士，彼此唱和，頗受歡迎。而與幣原外相，更為推契。」[七十七]他處理中日交涉事件能把握好分寸，冷靜果斷地應對複雜問題，持對日不妥協政策，竭力維持民族國家的權利，展現了一個職業外交家的愛國情操和敬業風範。

七十六 直到 1931 年 6 月 30 日至，駐日使館的人員共為 7 人，公使汪榮寶，一等秘書 1 人，二等秘書 2 人，三等秘書 1 人，隨員 1 人，主事 1 人，《外交部公報》第四卷，第 2 號。

七十七 曹汝霖：《曹汝霖一生之回憶》，第 115 頁。

值得一提的是，汪榮寶所在家族與日本關係淵源頗深。他的二伯父汪鳳藻早在一八九二—一八九四年就擔任清朝使日大臣，而他的後代即其第四子汪公紀在二十世紀五〇年代擔任臺灣「駐日代表團」副團長，並任「中日文化經濟協會」幹事長，對日本歷史和文化有深入研究，汪公紀先生還撰寫有著作《日本史話》。汪氏家族三代均有人任駐日使節，可稱得上駐日外交世家。

綜上所述，汪榮寶是民國時期外交家群體中的重要成員，從他身上可以看到職業外交家的特徵。所謂的職業外交家指的是伴隨著清朝的滅亡和民國的誕生而逐步形成的外交家群體，他們是新時代的產物和近代中外文化交流的結晶，他們在中國外交界的崛起始於巴黎和會與華盛頓會議上的卓越表現，山東問題的辯論，廢除二十一條交涉，拒簽巴黎和約，收回山東權益等，其中顧維鈞、陸徵祥、王正廷、施肇基、顏惠慶等為卓越的代表，汪氏亦是其中重要成員。汪榮寶以維護國家統一民族利益為外交目標，面對軍閥混戰的內外交困局面，敢於明確表達自己的政見。對外為改變「弱國無外交」的舊規，提出不少富於創見而又適合中國國情的外交思想、戰略和主張，尤其在處理中日關係上折衝樽俎，為爭取中國獨立自主的地位和收回國家權力作了諸多努力，展示出強烈的愛國意識和值得稱道的外交藝術。[七十八] 汪榮寶為改變中國國際地位而堅持不懈的精神，使他不僅在國內深受各界的尊敬和推崇，而且享有較高的國際知名度。

七十八 石源華：《民國外交官傳記叢書》，總序。

第十章　博學淹雅之近代學者

汪榮寶具有深厚的中國傳統文化根基，留學日本和遊歷歐洲後，又借鑒和吸收了西學思想和治學方法，形成了博深宏大的研究體系和獨特的學術風格。他通曉中西史學，擅作詩歌，諳熟古文字，精通音韻學，旁逮法律，豐富的思想蘊含於其學術著作中。在從事繁雜的政治外交活動暇餘，汪榮寶撰寫了大量的學術著作，史學方面有《清史講義》和《史學概論》，詩歌有《思玄堂詩》，文集有《今薤琳琅齋文存》，另著有《新爾雅》、《法言義疏》，其中前者專門解釋西方新知識名詞，稱得上中國近代第一部具有辭典性質的「新術語工具書」，後者是迄今研究西漢揚雄《法言》最完備的參考書籍。

第一節　宣傳西學之先鋒

早在二十世紀初，深受中國傳統浸潤的汪榮寶便開始關注西學，在留學日本期間，他更加廣泛地閱讀和吸收西學知識，同時著手準備翻譯西方的政治法律等新名詞。一九〇三年，他和葉瀾合編的《新爾雅》出版，隨後在國內廣為流行。《新爾雅》以收集和解釋當時常見常用的西學新名詞為宗旨，通過解釋西學辭彙的方式向國人傳播資產階級的政治、法律、教育等思想，可以說是近代中國最早的一部解釋西學新詞的詞典。

一、《新爾雅》著書背景

二十世紀初，在「譯東書熱」的推助下，西學新名詞如排山倒海般湧來。對於國內讀者來說，直譯日語而成的漢文總顯得有些生硬，難於索解，故亟需對這些西學新詞進行編譯和注釋，首先從事這項工作的是留日學生群體。他們創辦《譯書彙編》、《浙江潮》、《江蘇》等雜誌，積極將西學著作成篇或者整書翻譯成中文。汪榮寶亦積極參與創辦期刊雜誌和學術團體，並撰寫文章，投稿報刊，他是《譯書彙編》編纂者之一，還參與創辦《江蘇》雜誌，期間接觸到大量的西學知識，與浙江藉留學生葉瀾政治思想和主張多有相同，遂成為好友。葉瀾，浙江仁和（今杭州市）人，早年在上海格致書院就讀，一九〇一年留學日本早稻田大學，曾參加青年會，呼籲排滿救國，參與拒俄義勇隊及軍國民教育會，歸國後在清中央政府任職，曾與葉瀚合編《算學歌略》、《地學歌略》、《天文歌略》等，專注於西學中最具實用的格致之學。

面對盛行的體系龐雜、內容混亂的西學知識，汪榮寶和葉瀾產生了編撰釋讀新詞書籍的想法，遂共同編撰了《新爾雅》一書。《江蘇》雜誌封面上為《新爾雅》所作的廣告介紹了編纂的緣由：「凡一種科學，必有專門名詞，即所謂術語是也。近來譯書迭出，取用名詞仍和譯之舊。讀者望文生義，易致誤解」。有鑒於此，二人「廣彙術語，確定界說」，並「網路宏富，疏解精詳」，使讀者在閱讀該書時「不啻驟得十餘部專門字典」，獲得豐富的新學知識。「由此可見，該書編纂的直接目是宣傳普及西學。《新爾雅》於一九〇三年由日本東京並木活版所印刷，上海明權社出版。這是專門解釋西方新知識名詞的專著，也可以說是中國近代第一部具有辭典性質的「新術語工具書」。

二、《新爾雅》的結構特徵

《新爾雅》在結構上突出特徵是比照《爾雅》的結構體例。《爾雅》是我國最早的一部詞義分類詞典，共分為十九篇，篇名次序為：釋詁、釋言、釋訓、釋親、釋宮、釋器、釋樂、釋天、釋地、釋丘、釋山、釋水、釋草、釋木、釋蟲、釋魚、釋鳥、釋獸、釋畜，結構體系上基本是根據事物的類別來分篇解釋各種事物的名稱。汪榮寶和葉瀾所著的《新爾雅》雖然未列目錄，但全書的組織結構仍然清晰，按次序分為十四個部分，即十四個學科，分別為：釋政、釋法、釋計（經濟）、釋教育、釋群（社會）、釋名（倫理學）、釋幾何、釋天、釋地、釋格致（物理學）、釋化（化學）、釋生理、釋動物、釋植物，其結構大致相當於《新雅》的十九篇。從目錄上來看，該書容納了當時新興學科的各個方面，凸顯出清末時西學文化圖景的構架。

《新爾雅》在體系上的特徵是採用「義界法」即定義法解說新詞。該書基本不採用訓詁學中常見互訓的方法，而採用難度較大的定義法，並且盡可能在解說中將幾個相關的「新名詞」組織起來，成為一

一　江蘇同鄉會編：《江蘇》，第4期。

個系列，構成一篇篇小型論文。此外，每一部分按次序分為若干「篇」，每一「篇」又按次序分為若干議題，每一議題之內又按次序羅列許多「新名詞」，每個「新名詞」又給予簡要明確的解釋，各部分所釋的新詞語，一般均於字旁加有著重點符號，體系極為明晰。例如，在「釋群」大目錄中，又分為四篇，依序為「總釋」、「釋靜群學」、「釋動群學」、「釋群理」，在「總釋」內容中，又對各種名詞概念進行解釋，如群、社會、社會學、群學之問題，對群學研究的方法進行整理，有經驗法、演繹法、歸納法、推理法、定性法、定量法、記述法、統計法等，把群學的研究材料分為客觀之資料和主觀之資料，並對群學進行分類，有唯物群學論、唯心群學論、二元論群學、合一論群學、記述群學、實理群學、共產主義。[二]若把這些名詞綜合起來看就是一篇完整的學術論文，分開看則是針對某新詞的準確解釋。

三、《新爾雅》的內容評價

《新爾雅》內容的最大特徵是廣泛性和系統性。書中首先解釋了西方政治制度的相關知識，其中涉及到國家、政體、君主立憲制、民主共和制等大量政治學內容，體現出作者重視政治制度的思想。其次解釋的是法律相關名詞，包括法的定義、公法、私法、通法、特法、主法、助法、強行法、聽許法、國際法、民法、刑法、商法、民事訴訟法和刑事訴訟法等。書中還詳細解釋了西方經濟學概念及相關的名

二 汪榮寶、葉瀾合編：《新爾雅》，上海明權社，1903年，第63-73頁；沈雲龍主編：《近代中國史料叢刊續編》第十四輯，文海出版社 1988 年版。

詞，如財、價物、有用、私有、資本、租、歲出、歲入、國稅、地方稅、公債等。另外，作者在書中還闡釋了西方的數學、物理、天文、生理、動植物等自然科學的發展進程和取得的成就，對自然科學進行了較為系統的介紹，可謂包羅萬象。

著者非常關注國家政治和法律的變革，因此將政治、法律作為核心內容進行解釋，《新爾雅》的前兩個目錄即「釋政」和「釋法」，這兩項內容差不多佔據全書文字五分之一的篇幅。在「釋政」目錄下分為三篇，第一篇「釋國家」，第二篇「釋政體」，第三篇「釋機關」，每篇先有總述，隨後又分為若干主題，如「釋國家」篇中首先對國家進行定義：「有一定之土地，宰制人民之全力，而為權利義務之主體備有人格者，謂之國家。」接著列舉國家所具備之要件，「國家者由多數人類所組織者也」，「國家者須有一定之土地者也」，「國家者國民全體之集合也」，「國家者有治者被治者之區別者也。」之後詳細論述「國家之起源」、「國家之種類」、「國家之變遷」。[三] 在第二篇「釋政體」內容中，同樣先對政體下定義道：「凡國家必有統治之機關，其機關之組織及舉行之跡象，謂之政體。政體有二：一曰專制政體，二曰立憲政體。一人握主權於上，萬機獨斷者，謂之專制政體。立憲法議會，以組織國家統治之機關，使人民協贊參與者，是之謂立憲政體。立憲政體又別為民主立憲、君主立憲。由人民之願望，建立共和國家，舉大統領以為代表，而主權全屬人民者，謂之民主立憲政體。開設國會，與國民以

三 汪榮寶、葉瀾合編：《新爾雅》，上海明權社 1903 年版，第 1-8 頁；沈雲龍主編：《近代中國史料叢刊續編》第十四輯，文海出版社 1988 年版。

參政之權，令國民之代表者出而議法律，監督行政，而主權仍屬君主者，謂之君主立憲政體。」隨後詳釋「德意志之君主立憲政體」、「英吉利之立憲君主政體」、「日本之立憲君主政體」及「法蘭西之立憲民主政體」。[四]如此簡明扼要地對各種政體的解釋，這在近代以前是難以想像的，而對國家和政體的解釋也間接顯示出汪榮寶等對近代政治的思考和探索。

該書具有深刻性和嚴密性的特徵。在「釋法」部分中，較為全面地闡述了西方的法律體系和法律思想。書中對西方法律進行細緻分類，收集和解釋的法律新名詞主要有憲法、國際法、民法、刑法、商法等。例如對憲法的定義是：「立萬世不易之憲典，以為國家一切法度之根源，鞏固固有權限之政體者，謂之憲法。」釋國際法中有：國際法、國際公法、國際私法、平時國際公法、領域權、治外法權、交通權、條約、戰時國際公法、非交戰者、局外中立；釋民法中有：民法、自然人、法人、未成年者、禁治產者、准禁治產者、法律上之物、通融物、不通融物、主物、從物、動產、不動產、代替物、非代替物、消費物、非消費物、可分物、不可分物、集合物、單一物、法律行為、雙面行為等；釋刑法內容有：刑法、犯罪、不行犯、行犯、有意犯、無意犯、國事犯、常事犯、單行犯、慣行犯、特別犯、現行犯、非現行犯、未遂犯、既遂犯、體刑、財產刑；釋商法有：商法、商人、商行為、商事會社、合名會社、合資會社、株式會社、株式合資會社；釋民事訴訟法有：民事訴訟法、雙方審訊主義、自由判斷主義、不干涉審理主義、直接審理主義、口頭審理主義；釋刑事訴訟法有：刑事訴訟法、犯罪搜查、鑒定、

四 汪榮寶、葉瀾合編：《新爾雅》，上海明權社 1903 年版，第 9-11 頁。

保釋。[五]上述對法律的解釋都採用最新的流行觀點，對法律種類及深奧複雜法律原理的解釋顯示出著者對西方法律體系和思想整體把握和深刻的理解。

汪榮寶與葉瀾還關注西學教育，比較系統地界定了教育的概念、目的、種類和方法，闡述了西方最新的教育理論。書中首先將中西方對「教育」的概念進行解釋，文中認為：「教育一語，在吾國古訓，教者，效也，育者，養也。拉丁語為 Educere 即造作之意。英法德語皆導原於此，而其意亦同。」教育學則是「研究教育之原理規則而供實用之一科學。」教育目的分為個人和社會二方面，在個人方面，以「留意兒童身體之發達完備、人格上最要之智能感情，得獨立自裁而享人生之幸福快樂」為宗旨；在社會方面，教育以「預備兒童能為國家社會之一分子，使國家社會得以永久繼續」為目的。隨後又對教育類別進行解釋，如實業教育、職業教育、審美教育、古典教育、普通教育、專門教育、特殊教育等。[六]對教育的解釋在一定程度上顯示出作者對推行新的教育理念、內容和方法的重視，實質上汪榮寶從日本留學歸國後就任職於京師譯學館，專門講授歷史課程，即使在從政以後也非常關注教育的革新。

《新爾雅》的內容鮮明地體現出進化論思想。作者在解釋政治、法律等術語時，注重該問題的產生淵源、變化過程。最能體現進化思想的是對「人群之進化」的解釋，文中寫道：「人群之遞嬗推遷，變更不已，謂之人郡（應為群，筆者注）之進化。有增進之進化，有減退之進化。增進之進化三：加速度、

五 汪榮寶、葉瀾合編：《新爾雅》，第 27-35 頁。
六 汪榮寶、葉瀾合編：《新爾雅》，第 51-59 頁。

遺傳及度制三理法是。減退之進化，出乎淘汰。天擇物競，優勝劣敗者，謂之自然淘汰。人之所以為人者，謂之人格。人類最高之道德，次第進於實現之範圍，謂之人道之發達。」[七]可見汪榮寶已認識到人類社會和道德的發展也要遵循進化規律，一個社會如果凝滯不前，就會被淘汰，一個國家不思進取，就會被其他國家超越，在競爭中處於被動劣勢地位。中國在「萬國爭存」的時代，如果依然囿於傳統，固步自封，被淘汰的命運便不可避免，唯一的出路只能是自我改良、自我完善。

此外，《新爾雅》在內容上還具有前瞻性的特點。書中有不少是西學新概念名詞，如美學、審美學、經濟、人道主義、階級、電話、化石等辭彙，其來源均可追溯到這部書籍。在「釋群」中還收有「共產主義」一詞，其解釋為：「廢私有財產，使歸公分配之主義謂之共產主義，一名社會主義。」[八]雖然語句簡單，但較早地收錄了有關共產主義一詞，這比劉師培、何震夫婦一九〇八年在日本翻譯《共產黨宣言》還早五年，比陳望道一九二〇年在浙江義烏翻譯《共產黨宣言》要早十七年。

總體來說，《新爾雅》內容廣泛，體系結構明晰，解釋精練，不啻是近代中國第一部具有現代百科學術辭典性質的書籍。該書明顯折射出著者的思想傾向，作者編纂之前必須對編訂內容進行一番斟酌和選擇，就政治來說，有美國式的民主共和制，有英國式的君主立憲制，有無政府主義以及社會主義等，其選擇和排序均能反映作者的偏好所在，而具體條目的解釋更能反映作者的好惡情感和認識水準。汪

七　汪榮寶、葉瀾合編：《新爾雅》，第70頁。

八　汪榮寶、葉瀾合編：《新爾雅》，第64頁。

榮寶以欽美嚮往的情感將對象解釋得清楚和美好，為國人瞭解西學知識提供了捷徑，從而引發國人的思考和仿行。

第二節 近代詩壇「西崑體」之健將

一、近代西崑體詩派之中堅人物

汪榮寶頗負詩學才華，擅作五言駢體文，詩宗李商隱，可謂近代西崑體詩派中堅人物，著有《思玄堂詩》。作為關心現實政治和國家命運的詩人，他早期擬唐代李商隱，創作出大量的以古鑒今、借古喻今、借題托諷的詠史詩、托物寓懷詩和無題詩，後期轉摹杜詩沉鬱頓挫的風格，創作出一系列內容深廣的政治詩。其詩風渾融流麗，用詞考究，對仗工整，在近代詩壇頗有影響。

汪榮寶是近代西崑體的代表詩人，與李希聖、曾廣鈞、張鴻作詩擬古，喜用典故，遂彼此唱和，借李商隱華文譎喻之體，寄託衰世之憂憤，並稱為擅長西崑體的四大家。[九] 錢仲聯曾云：「始公（張鴻）

九 李希聖，湖南長沙人。頗負才學，1892中進士，曾官刑部主事，薦舉經濟特科。初治訓詁，通古今治法，嘗纂《光緒會計錄》以總綜財賦，又草《律例損益議》。李希聖詩作必七律，以玉溪生自許，代表詩作有《西苑》、《湘君》、《故宮》等，著有《雁影齋詩存》傳於世。曾廣鈞，字重伯，號觙庵，別署「中國之舊民」。祖籍湖南衡陽，出生於湘鄉縣荷塘，為曾國藩三子曾紀鴻的長子，為曾國藩的長孫。才華橫溢，被王闓運稱為「聖童」，1889年中進士入翰林，時年僅二十三歲。其詩驚才豔麗，屬溫李一派，《光宣詩壇點將錄》以天巧星浪子燕青當之，錢仲聯《近百年詩壇點

之居京師，與吳縣曹君直、汪袞父、同邑徐少逵諸君為近體詩，涵揉比興，由西崑以溯玉溪，才豔驚絕，與所謂同光體者殊厥幟。一時海內談藝之士，無不知有《西磚酬唱集》者。西磚者，公所居胡同名也。」[十]除上述四位代表詩人外，另有吳縣曹元忠、常熟徐兆瑋、孫景賢等，均擅長西崑體，並編有《西磚酬唱集》傳閱當時，成為近代詩壇的分支流派之一。

西崑體是北宋初年追求辭藻華美、對仗工整的詩體，得名於《西崑酬唱集》。詩體宗法唐末李商隱，注重詞章修養，技法圓熟，善於在詩作中大量摭拾典故和前人的佳詞妙語，以求意旨幽深。詩體在宋初風靡了數十年，成就較高的詩人有楊億、劉筠、錢惟演等。此後西崑體對李義山的推崇成為詩壇之傳統，在南宋、金、元，乃至明、清時期，均有文人仿摹，漸而形成李商隱接受學，至近代乃有晚清西崑體詩派。後世學者稱：「至西崑派方專奉李商隱為不祧之祖，庶幾與宋初西崑體的翻版。西崑派詩人有湘鄉李希聖、曾廣鈞，常熟張鴻、徐兆瑋，吳縣曹元忠、汪榮寶等，諸人於光緒末同官京曹，結社於張鴻所居之西磚胡同，仿宋初《西崑酬唱集》而結集曰《西磚酬唱集》。」[十一]從上述文字中可知，《西磚酬唱集》就是仿宋代《西崑酬唱集》的形式，專宗李商隱，仿義山詩作結集而成的晚清西崑派的詩歌總集。

將錄》以天慧星拼命三郎石秀當之，謂其「詩承求闕崇尚玉溪之論，而不學韓黃，驚才絕豔，猶是楚騷本色」。留存詩作有《環天室詩集》前後集。張鴻，江蘇常熟人，別名燕谷老人，素以小說《續孽海花》聞名遠近，清末曾任內閣中書、戶部主事、外務部郎中，後又駐外任長崎、神戶、仁川等地的領事，1941 年去世。留有詞集《蠻巢詞稿》、《懷瓊詞》、《長毋相忘室詞》。

十 錢仲聯：《張璚隱傳》，《廣清碑傳集》，蘇州大學出版社 1999 年版。

十一 馬亞中：《中國近代詩歌史》，臺灣學生書局 1992 年版，第 421 頁。

《西磚酬唱集》的序言就是出自汪榮寶之手，這篇序可看作是西崑派的理論綱領。序曰：「西磚者，張鴻郎中所居胡同之名也。……賓既駿發，主亦淡雅。咸以詩歌之道，主乎微諷，比興之旨，不辭隱約。若其情隨詞暴，味共篇終，斯管孟之立言，非三百之為教也。歷觀漢晉作者，並會斯恉。迄於趙宋，頗惑殊途。至乃飾席上之陳言，摭柱下之玄論，矜立名號，用相眙愕，則前世雅音，幾於息乎。惟楊劉之作，是曰西崑。導玉溪之清波，服金荃之盛藻。雕鎪費日，雖詒壯夫之嘲；主文譎諫，庶存風人之義。於是更相文莫，願言則象。凡所造作，不涉異家，指事類情，期於合轍。號曰《西磚酬唱》者，既義附竊比，兼地從主人，無所取之，取諸實也。今夫擇言之，則有常而，抒懷之致不一。是以條風告煦，雖長年而悅情，素商驚秋將豐。人而曾戚哀，樂所值難，可強齊於我。今情博彼，古制異同之，故抑又可言。夫其遊多後侶出奉明，時翔步文昌，逍遙中禰，蕙心蘭質，結崇佩於春芳，扇影鑪煙，抗予情於霄漢，莫不神閒意遠，氣足音宏。雖多惻悱之詞，實惟歡愉之作。而今之所賦，有異前修，何則？高邱無女，放臣之所流涕，周道如砥，大夫故其潸焉。非曰情遷，良緣景改。故以流連既往，慷慨我辰；綜彼離憂，形諸詠歎。雖復宮商繁會，文采相宣，主宛轉之吟客，計飄飄之氣。而桃華綠水，不出於告哀；雜佩名璫，寧関乎欲色。此則將墜之泣，無假雍門之彈，欲哭不忍，有同微開之志者也。嗟乎滄海橫流，怨航人之無楫，風雨如晦，懼膠喈之寡儔。於是撰錄某篇，都為一集。側身天地，庶以寫其隱憂，萬古江河，非所希於曩軌。儻有喻者以覽觀焉。」[十二] 由此序約略可見西崑派的詩學大旨，本《詩三百》比興

十二 汪榮寶：《西磚酬唱集序》，《金薤琳琅齋文存》，第 19-21 頁，沈雲龍主編近代中國史料叢刊第 60 輯，文海出版社

微諷之旨，取玉溪生華文譎喻之體，寄亂離衰世之悲憤憂傷，政治成為宗尚李義山者再次強調的主旨。這篇序實質上是清末晚唐詩派的宣言，西崑體詩人在動盪時世中結社立派，以所崇尚的義山體詩抨擊朝政、諷喻政治，可謂近代詩壇之重要流派。[十三]

二、《思玄堂詩》之概要

《思玄堂詩》是近代西崑體詩的代表作品，有民國二十六年（一九三七年）鉛印本，另有臺灣文海出版社印行《近代中國史料叢刊》本。詩集收錄了汪榮寶生平創作的詩歌，分為第一集、第二集和楚雨集三部分，並未分卷。第一集收錄作者自入仕為官至從日本公使任上罷歸期間的詩作，多是根據歷史事件抒發感想的詩作。第二集為一九三一年罷歸回國後的詩作，多是贈別朋友和祝壽詩作。《楚雨集》僅有十多首詩，多為仿玉溪體的詠史詩和無題詩。汪榮寶之所以命詩集為「思玄堂」之名，約有以下幾層意思：首先，汪氏極為推崇西漢學者揚雄。楊氏著有《太玄經》、《法言》等書，其中《太玄經》是一部擬《周易》之作，以思玄為詩集名便有了文化的根據。其次，汪榮寶號太玄，改之為「思玄」亦符合其本意。最後，思玄亦作「思元」，意思是研求妙理，漢張衡有《思玄賦》著於世。由此可見，汪氏之所以把詩集稱為「思玄堂」決非偶然，而是其政治思想和文學主張的集中體現。

1970年版。

十三 錢仲聯：《近代詩抄》，江蘇古籍出版社1993年版。

綜其《思玄堂詩》詩作來看，其中的詩歌多是借詠史以諷時的政治詩。晚清時期統治者的腐敗無能和深重的政治危機，以及由此引起的對統治者極端失望的情緒與強烈的危機感，促使汪榮寶觀古知今，在歷史與現實對照中觸發詩思與感慨，引出鑒戒與教訓。如一八九八年他作《記變》詩，著重論述維新變法，表述對變法慘遭夭折的憤懣之情，後又作《不寐》和《感事》詩記變法失敗之反思。一八九九年又賦《有感》詩，詩曰：

日月觀新政，天人想中興。雲虯空際惠，金虎有依憑。
祕殿論思罷，周廬宿衛增。傷心李斯犬，側目郅都鷹。
脫屣真何有，褰裳竟未能。蒼黃一尺素，黯淡九枝燈。
瀛海煙波闊，漸台霧露凝。佛香高閣迴，夜色冷於冰。
甲帳金風動，昆池玉漏催。月移仙帳轉，雲擁御簾開。
告密封章急，思愆制詔哀。漢槎求藥去，秦傅送醫來。
赤鳳翻歌扇，金鸚獻壽杯。兩宮極慈孝，四海妄驚猜。
北極終無改，南薰不可迴。平時前席地，寒雨落宮槐。十四

這首詩是作者在戊戌年有所感觸，而到已亥即一八九九年才撰成的。戊戌政變以來國事日非，政局黑暗，汪榮寶怎能不喟歎「夜色冷於水」、「寒雨落宮槐」呢？他把對國事的繫心，通過李商隱常用的

十四 汪榮寶：《思玄堂詩》，第13頁。

意象及原詩句中的典故，加之自己的情思表述出來，在詩行裡傾注鬱憤蒼涼之心曲，從而形成自己的詩歌藝術境界，詩句無不表達出痛惜政變、希望政府革新圖強的政治理想。

汪榮寶在《思玄堂詩》的詩作中對清末重大歷史事件多有記述。如一九〇一年間作《早春即事》，詩曰：「鄉國驚心萬象春，中原北望雪催輪。豈聞墨翟能存宋，會見辛垣欲帝秦。宣室未忘前席對，滄江空望屬車塵。國家成敗誰能料，已有天書誓臥薪。」[十五]從詩中可以看出，汪榮寶面對八國聯軍入侵、國家遭受凌辱的現實，憂心如焚，在感慨國家成敗的同時，決心臥薪嚐膽，磨礪自己。一九〇一年底，汪氏懷著強烈的尋找救亡圖存良方的渴望留學日本，通過詩歌表達自己的思想和情感。如《渡海》一詩寫道：「積水真安極，長風偶此時。及關猶有歎，去國可無悲。禮失求於野，官亡學在夷。睢盱知漸減，天壤有餘師。坐感橫流急，因知滄海深。褰裳誰共濟，濯足一長吟。向若徒驚歎，據夷豈素心。精禽如有意，先起九州沈。」[十六]詩中沒有離家去國的離愁，更多地表現出作者要以歷史為鑒，以日本為師，求得振興國家的真經。汪榮寶親身參與了清末一系列重大革新活動，據此撰寫了大量詩作，表現出對時局的擔憂思慮，如《獨坐》、《壬子改元》、《仲仁論舊事》等等。

《思玄堂詩》中還有不少詩作是描寫風景名勝和異國風光的，主要有《新華門》、《集靈囿》、《神武門》、《武英殿》、《天壇》、《觀象臺》、《頤和園》等組詩，作者以華麗的詞藻，傷感的語氣描

十五 汪榮寶：《思玄堂詩》，臺北文海出版社 1970 年版，第 24 頁。

十六 汪榮寶：《思玄堂詩》，第 24 頁。

述了鼎革之後的京城名勝的變化。汪氏在日本留學，與同學一起遊覽名勝古跡，作有《上野櫻花》、《長崎》、《遊箱根環翠樓》等詩作，另有《威尼斯泛舟》、《登埃菲塔》等。值得提到的是作者對西方的新奇運動也頗有好感，詩作《網球》全文用了三百多字不惜筆墨地描述對網球運動的印象。在擔任公使期間，汪榮寶對歐洲形勢甚為關注，撰寫大量詩作如《歐洲戰事雜感八首》，表達懷念故國親人和關心國家局勢的感情。

三、詩作的特徵

汪榮寶詩作中多屬辭比事之作，往往寫下對紛亂世事中的喟歎，發抒心曲的主要方式就是學李商隱體。乙亥冬月武進趙椿年《題汪袞父遺詩》中論及汪榮寶的詩學所尚時曾有「復喜義山詩，有句皆璣錦」、「崑體邁楊劉，古風追任沈」之語，概要性地對汪詩所受到的西崑體派和李義山影響作出了點評。[十七] 汪榮寶詩學李商隱最顯著的就是喜集義山詩句來表述情思。《思玄堂詩集．楚雨集》中有其集義山詩句《朱門》一首，《歲暮》一首，《雪和君直》一首，《玄圃和君直》一首，《紅樓和君直》八首，《擬意》一首，《華清》十八首，《秋興》二十首，《楚宮》六首，《晼華三十生朝》四首，《無題集義山》一首，《拙政園》一首。在這些集句詩中，汪榮寶常常用李商隱詩句來詠歎故地的遷改和往事的不復。如《玄圃和君直》是詠頤和園，《紅樓和君直》是詠寶月樓，《楚宮》六首是詠國變後西苑，而《華清》

十七 汪榮寶：《思玄堂詩》，沈雲龍主編《近代中國史料叢刊》第60輯，文海出版社1970年版。

則詠戊戌至辛丑間時事。汪榮寶的集句詩形式多樣，以五律、七律為主，其中亦不乏渾融之作。五律如《雪和君直》一首：「不卷錦步障，仍飛白玉花。雲通梁苑路，鶴滿令威家。牕回侵鐙冷，苔荒任徑斜。鈿轅開道入，路隘豈容車？」七律如《華清》十八首之一曰：「年少因何有旅愁，不知身世自悠悠。皇都陸海應無數，七國三邊未到憂。但問琴書終一世，欲回天地入扁舟。可憐夜半虛前席，海外徒聞更九州。」《秋興》二十首，其十一云，「青雀西飛竟未回，廊深門迴此徘徊。相如未是真消渴，江令當年只費才。虛為錯刀留遠客，自緣煙水戀平臺。此情可待成追憶，一寸相思一寸灰」，皆可成吟，且構思成新的詩題。近代西崑體詩人喜以此相唱和，汪榮寶的詩集中就有相當數量的同曹元忠、靳仲雲、胞弟汪旭初的唱和之作。如《次韻答靳仲雲》、《聞仲雲將東歸次前韻為別》、《四疊韻答仲雲》、《次韻旭初歲暮傷亂》等，其中與曹元忠的唱和詩較多。

汪榮寶對西崑體詩也有專門的摹仿，詩集中載有《暑詠有寄效崑體》和《七夕效崑體》，此外有不少的《無題》詩作。在《思玄堂詩》中用藻麗辭彙所創作的《無題》詩雖多，但如李義山詩中淒豔的詩境卻沒有。如一首《無題》：「小別崖扉玉露新，重來香徑紫苔勻。羽旗長帶巫峰雨，羅襪微凝洛浦塵。傲骨玲瓏原是佛，冰肌綽約若為神。春心不共寒灰盡，更造人天歷劫因。」讀後整體感覺便有一種就算歷盡劫波，也能相逢一笑的舒緩，而不似義山的「春心莫共花爭發，一寸相思一寸灰」的淒絕。再如其另一首《無題》：「繡巷車回夜始遒，月斜人定怯登樓。瓶寒花影猶垂幾，爐盡衣香自滿篝。笑電滅隨星彩曙，夢雲長付海波秋。從今準備相思字，瀉盡瓊瑰寄未休。」該詩渾融藻華，香豔綿麗，寫出一見鍾情後帶有相思之甜蜜的情懷，詩中所述之女子雖不知前路如何，但有愛融化其心中的怯懦，增強其寫

「相思字」的信念，詩中雖有憂戚之感，但依然是歡愉底色上的愁緒萬狀，不復義山常有的孤苦無路的決絕。[十八]

汪榮寶的詩作往往都能體現出構思精巧，用典工切，從而造成詩歌意境的渾融，渾成是其主要詩歌特點。「元和汪袞甫，屢膺東西洋使命，文才斐然，無慚專對。其詩夙宗義山，具體而微。前年海藏赴遼，儼然佐命，袞甫心非之。曾寄以《詠史》七言一律云：『中原亡鹿不堪求，阻海猶能主一州。涸轍能無升斗沽，隨陽豈有稻粱謀。蓬萊未必多仙藥，松杏依然是故丘。白髮回天粗已了，江湖遲子入扁舟。』涸轍一聯，雖係為瀛國曲諒，但當局處置不善，致迫而出此，亦未必非事實。末聯則為友誼進忠告，語意肫肫。此等詩真可謂不虛作者。」[十九]汪榮寶的作品因為負荷了所曾經歷的宦海生涯種種難言之隱，自然沉博雅豔，風華哀絕，而在晚清民國政壇的長久錘煉，養成了穩重和情思細膩的個性，使得他喜好沉博絕麗的玉溪生詩歌，極盡所能地在詩作中習煉之。

作為一個有見解、有創意的詩人，汪榮寶在晚期詩歌創作中自動地調整了風格，其弟汪東對此有所記述，曰：「詩宗玉溪，形神並肖。初不喜宋人，晚乃以荊公、東坡為不可及。自作亦轉趨平淡，東於玉溪詩好之，而弗能效也。一日，兄命作無題，屬思不就，兄拊其肩曰：「弟習詞乃畏作香奩詩邪？」既而笑曰：「弟唯擅詞，芬芳悱惻之情，別有所寄，故不工此耳。」[二十]從這段話中可以看出，汪榮寶雖

十八 米彥青：《清代李商隱詩歌接受史稿》，中華書局 2007 年版，第 188-195 頁。

十九 由雲龍撰，沈蘅仲、王淑均校點：《定庵詩話》，張寅彭主編《民國詩話叢編》，上海書店出版社 2002 年版。

二十 汪東：《金薤琳琅齋集後序》，《思玄堂詩》卷尾，文海出版社 1970 年版。

好學李商隱詩風，但至晚年對自己專宗義山所致的偏狹詩風有所覺察，也主動開始改變，對宋代詩人王安石和蘇東坡有所尚。對此汪國垣也曾說：「袞甫《思玄堂詩》由玉溪入。晚歲所作，蒼秀在骨。江左舊格，為之一變。」[二十一]，體現其詩風轉變的較為明顯的是《故國》一詩，詩曰：

故國煙塵首重迴，風廊愁對夜簾開。
天臨大野星辰遠，秋入空山草木衰。
一夕商歌催鬢改，萬方羽檄阻書來。
龍拏蟻斗知何限，同付殘僧化劫灰。[二十二]

這首詩作於比利時公使任上，當時第一次世界大戰爆發，各國激戰甚烈，汪榮寶作詩感懷，思念故土。有學者認為此詩既有杜詩沉鬱頓挫的特點，而又兼有李詩婉約從容的風韻，作為清末民國的革新派成員，在國家殘破之際，身臨戰火紛飛、政局動盪的歐洲，他心中的鬱憤與感慨在詩中多有體現。[二十三]

伴隨著時代的變遷和新詞的湧現，汪榮寶的詩歌在意象的選擇、意境的貫通乃至詩情的熔煉方面都有其獨到之處。近代自鴉片戰爭後的詩歌，出現了「海患」、「海氛」、「太平洋」等意象，傳達出近代國人因受外來侵犯而產生的危機意識。十九世紀末二十世紀初，「太平洋」一詞經常出現在文人筆下，

二十一 汪國垣：《光宣詩壇點將錄》，張寅彭主編《民國詩話叢編》，上海書店出版社 2002 年版。
二十二 汪榮寶：《思玄堂詩》，第 80 頁。
二十三 吳調公：《李商隱研究》，上海古籍出版社 1982 年版，第 221 頁。

梁啟超曾作《二十世紀太平洋歌》，詩中寫道：「太平洋，太平洋，大風泱泱，大潮滂滂。張肺歙地地出沒，噴沫沖天天地昂，氣呑歐墨者八萬，況乃區區列國誰界疆！……我有同胞四萬萬五千萬，豈其束手兮待僵！招國魂兮何方？大風泱泱乎大潮滂滂。吾聞海國民族思想高尚以活潑，吾欲我同胞兮御風以翔，吾欲我同胞兮破浪以颺！」[二十四]在康有為的詩中也有「湯湯太平洋，横海誰拿攫。我手攜地球，問天天驚愕」之句。[二十五]這些詩歌均通過「太平洋」意象表達了步入新世紀的深沉思考，以「太平洋」為旗幟呼喚「國魂」。汪榮寶也以此為意象，撰寫出稱頌一時的名作《浩浩太平洋》，表達出了豪邁的氣概和憂國的情懷。其詩寫道：

浩浩太平洋，波濤接莽蒼。
幾家權力論，來日戰爭場。
海市春雲曙，樓船曉日涼。
齊煙渺天末，西望一迴腸。[二十六]

作者以「太平洋」為意象，營造了蒼茫遼闊、慷慨悲壯的意境，環視煙波浩瀚的大洋，耳聞奔湧不息的驚濤，聯想到甲午中日海戰的慘烈，回首遙望戰敗屈辱的故國，不由得心潮澎湃，情思萬千。詩中

二十四 汪松濤：《梁啟超詩詞全注》，廣東教育出版社 1998 年版，第 41-44 頁。
二十五 錢仲聯：《近代詩抄》，江蘇古籍出版社 1993 年版，第 1187 頁。
二十六 汪榮寶：《思玄堂詩》，第 26 頁。

對西方列強瓜分勢力範圍的野心和祖國的前途，表示了深深的憂慮。此詩與清末其他愛國憂時詩歌的不同點在：能立定於未來的爭奪點——海上，從列強瓜分世界的觀點來看問題，因而更具現實意義。在汪氏作《浩浩太平洋》後，詩人蔣智由也作詩和之，太平洋意象一時湧現詩壇。[二十七]

汪榮寶在詩學上用力甚勤，主動兼宗多家詩學範式，但學詩之初就在義山詩式上用心揣摩，而且也用其詩題、詩材寫下大量西崑體類詩作，所以從總體而言，汪榮寶是當之無愧的西崑派詩人的中堅。其詩風沉婉雋麗，而且取徑義山，追摹杜甫是其最終旨歸：「袞甫年丈，後於楊劉諸公殆九百年，生平為詩初不規規酬唱，直抉李精髓，以入杜堂奧，圖陣嚴整，未嘗率爾成詠，憶甲子年寓故都，曾假手稿諷誦，雖尋常一字，亦竄易數四，想見用心苦矣。……以擬義山學杜。」[二十八]汪榮寶的五言詩在當時無人能出其右，章太炎早年與汪氏更相推重，曾有「當世駢體文，袞甫第一」之說。[二十九]由於汪榮寶身兼兩朝，歷經清末民國的重大轉變，加之又在海外長年擔任駐外使節，因而在詩歌題材和內容上更為豐富。他在詩作中往往用歷史故事來表達情思，常常把對世運隆污、世情革變的感慨繫於筆端，反映現實政治，規諷之意明顯，可稱盛世哀音。吳宓曾評說：「近世中國舊詩人多為宋詩，宗唐者寡。其學李義山者，汪榮寶君而外，有湘鄉李亦元之《雁影齋詩》。」[三十]在他看來晚清的宗

二十七　錢仲聯：《近代詩抄》，第1363頁。
二十八　馮飛：《思玄堂詩跋》，沈雲龍主編近代中國史料叢刊第60輯，文海出版社1970年版。
二十九　汪東：《金薤琳琅齋集後序》，《思玄堂詩》，臺北文海出版社1970年，第236頁。
三十　吳宓撰，張寅彭校點：《空軒詩話》，張寅彭主編《民國詩話叢編》第六冊，上海書店出版社2002年版。

法李商隱者，除了李希聖就是汪榮寶，雖然持論未必公允，但也可以看出汪氏在詩論家心中和近代詩壇之地位。

第三節 史學革命之吹鼓手

一、新史學的力作：《史學概論》

二十世紀初期，在西方新思潮風行的同時，歷史學界也掀起了「史學革命」的浪潮，有關新史學的文章、書籍得以刊載和出版。汪榮寶曾在日本慶應義塾專攻東西洋歷史，加之自身深厚的史學積澱，又受到新史學的影響，形成了系統的史學思想。他於一九〇二年發表《史學概論》，提出新的史學觀，可謂其史學思想的代表性作品。

（一）撰文背景

中國自近代以來，隨著西方史地知識的傳播，國人的眼界為之開闊，這極大地衝擊著中國傳統的固有文化觀念，對歷史觀念的創新提供了先期條件。有關西方史學的理論最先是從日本獲得的。甲午戰後中國學者普遍對日本予以關注和考察，開始以日本為典範，留學之潮湧現，大批留學生如饑似渴地研讀西學，翻譯和出版有關西學的大量書籍，其中史學新著被翻譯到國內，新史學的觀念被正式介紹到中國。

二十世紀初，新史學的代表人物梁啟超於一九〇一年發表《中國史敘論》，一九〇二年刊出《新史學》，同年鄧實發表《史學通論》一文，由此掀起「史學革命」的浪潮，吹起史學近代轉型的號角。史學革命的提出是針對封建舊史學的積弊，樹立「新歷史旗幟」，以振奮國民精神、發揚民族主義，從而為「救國」、「興國」服務主要內容，是引進西方史學理論與方法，並以此來批判和分析封建舊史，重新認識和編寫中國歷史。留學日本的汪榮寶受這股浪潮的影響，再融合進自己對新史學的理解，一九〇二年在《譯書彙編》雜誌上連續刊載《史學概論》，系統地介紹西方歷史學的新觀點，倡導「新史學」。

《史學概論》發表於一九〇二年第九期、第十期《譯書彙編》雜誌的「歷史」欄目中，之後受到推介在留日學生中廣泛流行，成為有關新史學的名作。[三十一]《史學概論》參考了日本歷史學家的論著，採納了當時流行的學說。汪榮寶在「序論」中自稱，該書以「坪井九馬三《史學研究法》為範本，複參浮田和民、久米邦武諸氏之著述及其他雜誌論文輯譯而成，所採皆最近史學界之解說」。文中所提到的坪井九馬三、浮田和民、久米邦武均為日本著名史學家。坪井氏為日本史學界元老，著有《史學研究法》，系統地介紹西方新史學的理論和方法，被評為日本近代史學確立的標誌。[三十二]浮田氏著有《史學原論》，這部史學著作倍受中國留學生青睞，翻譯的版本有六種之多，在留學生中影響很大。[三十三]汪榮寶在早

三十一 汪榮寶：《史學概論》，《譯書彙編》第 9 期，1902 年 12 月 10 日，第 10 期，1902 年 12 月 27 日。

三十二 坪井九馬三著《史學研究法》出版於 1903 年，比汪榮寶的《史學概論》發表要晚。時坪井九馬三在東京文科大學等學校講授歷史學課程，有講義印本，大致推測汪撰《史學概論》所參考的可能是坪井九馬三的講義印本。

三十三 趙世瑜：《20 世紀歷史學概論性著述的回顧與評說》，《史學理論研究》2000 年第 4 期，第 16-17 頁。

稻田大學學習政治經濟，並在慶應義塾專攻歷史學科，極有可能親耳聆聽到坪井氏、浮田氏的講演，並認真閱讀了他們的作品，進而以《史學研究法》為藍本，綜合浮田和民、久米邦武等人的著述撰成《史學概論》。[三十四]

（二）《史學概論》內容和特點

《史學概論》共五節，依次為：序論、史學之定義、研究法、歷史之分類、關於史學的學科，按照新史學的體例來構架全文。「序論」主要詳細總結了中國傳統史學的發展過程，並以新史學的觀念對其進行了批判；「史學之定義」的內容是參考日本諸學者的觀點，對歷史學進行新的定義；「研究法」一節著重介紹了歷史學科的各種研究方法，如實證研究法等。後兩節按照西方史學的觀念，重點研討歷史的分類和學科的構建題。該書借鑒了體現歷史演化發展和揭示社會各方面相互關係及變化的章節體，這是對中國二千多年來史學體例的一次重大變革。

在內容上，作者首先闡述了歷史的意義與研究歷史的必要性，指出一個社會，「現在優於其過去，方來者又優於其現在，則其世界必勝，若從來之思想，以歷史先哲真似而讀諸，則知識凝滯，而終亦與古人同滅而已」。接著作者鮮明對封建舊史學展開了批判，指明中國過去的歷史學者「受治於君相權威」，「困於儒學之流弊」，「一切學問皆束縛於舊例故格之形式」，故所撰歷史「不過撮錄自國數千年之故

三十四 俞旦初：《20世紀初年中國的新史學思潮初考》，《史學史研究》1982年第3期，第56-57頁。

實，以之應用於勸善懲惡之教育」，使後人「讀之而得先哲之真似而已。是與今日世界之學術思潮於正反對之位置也」。這種闡釋在一定程度上道出了舊史學的本質，並嚴厲批判傳統史學的弊端。那麼什麼是真正的歷史？汪榮寶下定義道：「歷史者，記錄過去現在人間社會之陳跡者也，人間社會為最複雜的現象。故歷史有種種之方面，若政治，若法律，若宗教，若產業，若科學學術技能，無一非人間社會之產物，即無一非歷史之要素。抑人間社會者，進化之物也，進化無極，歷史亦無盡。」而新史學是「研究社會之分子之動作之發展之科學也」，其內容與「本邦從來史學之習慣大異其趣」。[三十五]這是對新史學的闡述，充分顯示出作者對歷史深刻地理解，歷史是發展進步的，並非一直處於凝滯狀態，社會都要因時而變，不斷革新，方能適應其發展。

書中對西方史學觀進行評價，對「以歐洲史為世界史」表示質疑，「是亦非有私於西洋，彼其境遇與實力足以左右世界之大勢」，但作者也特別提出「自有始以來，人類之歷史……不相關聯」。「其萬國交通，東西密接者，近百年來之事實耳。故於今日史學之程度，尚不足以為真成之世界史」。這表明汪榮寶並不贊同歐洲中心論。[三十六]

《史學概論》注重對西方史學理論尤其是史學方法論的譯介，書中對法國學者巴克爾的史學及其實證方法有所徵引和介紹。在史學理論的譯介上，當時主要通過日本史學家的著述傳播和介紹西方最新的

三十五 汪榮寶：《史學概論》，《譯書彙編》，第9期，1902年12月10日。

三十六 汪榮寶：《史學概論》，《譯書彙編》第9期，1902年12月10日，第10期，1902年12月27日。

史學理論，汪榮寶參考了浮田和民、坪井九馬三的著作，其中坪井氏曾在德國留學，深受蘭克學派的影響，浮田氏畢業於美國耶魯大學。該著述中論述了實證法的原理、過程以及對史學研究的推動作用。汪榮寶還提倡把歷史學作為一門科學進行研究，他指出，中國傳統史學「未能完成其為科學之形體」，當今史學者應「闡釋歷史的研究方法和分類，專節分析史學的學科構建問題。與不完全之形體，而予以科學的研究，尋其統系而冀以發揮其真相」，而且歷史作為學科須與社會政治、法律、經濟聯繫起來，並借助其他科學如語言學、地理學、考古學的知識，才可形成新的學科體系。書中還主張用科學的方法來研究和編纂歷史，注意繼承和發揚中國傳統史學體例和編著方法的優點，並與新的章節體相結合，力圖將兩者融通，以創造一種符合中國史學發展方向、具有中國史學文化特色的新史體。

《史學概論》突出體現了新史學的民主性特徵，認為歷史是社會民眾共同創造的，重視民眾在歷史發展中的作用，反對中國傳統的以記敘帝王將相和聖人賢哲為中心的英雄史觀和聖賢史觀。在歷史學的功能和目的上，新史學一方面反對傳統史學為帝王資鑒、為臣民垂訓的功能，同時，繼續發揚舊史學「經國濟世」的優良傳統，強調在新的歷史條件下，史學要為「開民智」服務，要以史學來喚醒國民的民族和民主的意識，以史學來鼓舞國民為國家和民族變革服務。《史學概論》提出的新史學觀是一種進化論史觀，反對中國傳統的循環論史觀和返古史觀，主張歷史是不斷進步和發展的，認為史學旨在敘述人群進化之現象而尋求其公理和公例。這表明汪榮寶已認識到中西史學的本質差異，而中國史學的發展必然要走「新史學」的道路。這篇文章的發表反映出汪榮寶以進化論為指導的歷史觀的形成，而這一歷史觀成為他歸國後投身清末新政改革的思想基礎。

作為中國近代較早的史學理論著作，《史學概論》吸收借鑒西方史學的新觀點，並以進化論為主題思想統攝全文，批判中國傳統歷史的方法和思想，注重介紹西方新史學理論，在近代歷史研究中應佔有一席之地。持續了兩千年的傳統史學，在新的歷史條件下，在晚清一批具有新史學思想學者的推動下，開始向近代史學轉型。汪榮寶以其中西融合的新史學觀，試圖作「新史學史之先河」，稱得上推動史學轉型的重要成員。

二、研究清朝斷代史的《清史講義》

《清史講義》原名《本朝史講義》，係汪榮寶於清末執教京師譯學館時所撰之教本。該書後經學部審定，改名《中國歷史教科書》，一九〇九年由商務印書館出版，這是清末官方正式頒佈的中西學堂所用的歷史教科書。民國後經修訂，更名為《清史講義》，在一九一三年由上海商務印書館出版，這是民國出版較早的有關清朝斷代史研究的著作。

（一）從《本朝史講義》、《中國歷史教科書》到《清史講義》

清史研究最早從近代歷史學土壤中破土而出。十九世紀末二十世紀初，留日學生掀起了創辦雜誌熱和研究清史的浪潮，《譯書彙編》是近代較早的人文學術性和政治性雜誌，其後《新民叢報》、《湖北學生界》、《浙江潮》、《江蘇》等創刊發行，早期清史論文便有了公開的陣地。一九〇三年一月《湖北學生界》創刊號刊登了但燾撰的《黃黎洲》一文，是目前所知的中國第一篇近代清史論文，章士釗的

《大革命家孫中山》同年刊行，約是最早的近代清史人物專著。稍後近代性質的清史斷代史陸續出版，較早的就推汪榮寶的《本朝史講義》和一九一〇年出版陳懷的《清史要略》兩書。

汪榮寶歷來重視歷史科學，留日期間就曾積極編纂教科書，曾計畫編纂包括上古史、中古史、近世史、現世史的小學、中學國史教材，希冀用西方的教育理念和方法培養學生。清末新政伊始，各地新式學堂如雨後春筍般的次第興辦，社會上湧動著編纂教科書的熱潮，而對本朝歷史研究已成為一個熱點。汪榮寶回國後於一九〇四至一九〇六年間在京師譯學館教授歷史學，廣泛參考資料，自編教材教授學生，將教課講義集成《本朝史講義》，由京師學務處於一九〇六年印行，作為當時中學教科書使用，這是清末較早推行的歷史教材之一。《本朝史講義》共三編二十五章，最後第二十五章未述完備。在廢除科舉考試第二年汪榮寶即推出新式歷史教科書，可見對時勢之把握和對歷史教學之重視。

一九〇四年清政府頒佈《奏定學堂章程》，史稱「癸卯學制」。癸卯學制的建立標誌著近代學校教育的開始，學制正式把歷史課納入到各級學堂的課程中，歷史成為一門獨立的課程進入到教育系統中。時清廷並未頒佈統一的歷史教科書，學堂所用的教科書多譯自日本，有關清朝歷史的主要有三種：增田貢之《清史攬要》，河野通之、石村貞一之《最近支那史》，三島雄太郎的《支那近三百年史》。這三種清史作品均用漢文編纂，不過此類史書在學堂流傳有限，時人普遍認為：「我華夏故自有書可讀，不必乞諸其鄰，轉貽數典忘祖之誚。」被審定為「暫用書日」的只有《最近支那史》，且評價不高，此書「意在續《支那通史》，而無宗旨」，又採用編年體，不合教科之用。鑒於此種現狀，清廷學部決定統一教材，並對多種歷史教科書進行審定，汪榮寶所撰的《本朝史講義》經學部多次審定，得到了官方的肯定，稱之「鉤元提要，本末悉貫」，「洵近今教科書中僅見之作」。[三十七] 該書由張元濟校訂，改名《中國歷史教科書》，於一九〇九年六月由商務印書館正式出版，作為全國通用的本朝史教材。該書採用編章結構，參照三島雄太郎的《支那近三百年史》和桑原鷙藏著《東洋史要》的結構體例，共三編二十六章，用三十二開本，共計一百九十三頁。其目錄如下：第一編為開創時期，包括第一章本朝建國以前滿洲之史略至第十章中西國際之由來，第二編全盛時期，內容是第十一章東北經略及中俄交涉到第二十章乾隆朝之政治，第三編憂患時期，包括第二十一章嘉慶朝各省之叛亂至第二十六章大亂之平定。[三十八] 此後至一九一一年一月份止該書總共印刷了四版，在國內學堂中普遍使用，是清末有關本朝歷史發行量最大的教科書。

需要指出的是，京師譯學館同仁楊孫齋也參與了《中國歷史教科書》的編著，據汪榮寶在此書所做的題記中回憶：「是書為光緒甲辰乙巳間余教授京師譯學館時逐日講演之作書，凡三編二十六章，丙午秋，余以事辭職時，第二十五章尤未卒，業館中更延，楊孫齋孝廉（敏曾）足成之。故二十五章後半及第二十六章並出楊君手，義例一循余書。」[三十九] 也就是說最後兩章由楊氏撰寫，雖然內容前後相繼，體例也類似，但在遣詞造句上可隱約看出文采和評論的差別，後兩章的內容較為平鋪直敘，缺乏自己的評斷和見解，文采也略遜於前章。

三十七 《學部官報》，1908年6月19日，第57期。
三十八 汪榮寶：《中國歷史教科書（本朝史講義）》上海商務印書館1909年版。
三十九 汪榮寶：《宣統元年四月初六日元和汪榮寶題記》，《中國歷史教科書》。

《中國歷史教科書》雖為教材，卻體現了汪榮寶的史學理念，他認為：著史的目的應該借古喻今，對清史的記敘和考證其本質目的是為當前現狀提出反思，書中總結近世史中國的巨大變化：「外則歐人東漸之勢日以擴張，自鴉片戰爭以來數與外人搆兵，每戰必敗，每敗必喪失權利無算，至於晚近而所謂港灣租借、礦山開採、鐵道鋪設之協約，相逼而來。西力之東侵如洪水猛獸，一發而不可制。」中國面臨內憂外患，處於如此困境，真是千年未有之大變局。但作者對清廷的未來似抱著極大希冀，最後寫到：《易》稱「易之興也，其有憂患乎？」《傳》曰：「多難所以興邦。」，希冀清廷抓住歷史機遇，早日實現中興。[四十]

汪榮寶編撰《中國歷史教科書》時，身為清廷官僚，自然是站在清朝立場的。但書中也隱含著對清朝統治的不滿，許國英曾評論說汪榮寶著史：「眼光直注於世界進化之公例及外交上所受若何影響，隱然躍出專制範圍外，而樹文明改革之竿影。特羈於忌諱，其旨約，其辭微」。[四十一]汪榮寶在書中微諷時政，因而受到清廷的查禁。其子汪公紀回憶說：「時值遜清末季，目擊滄海之橫流，已知歷數之將移，故稿中微諷清亡有日，於講義之尾章痛陳時弊觸忌諱，付印成書之際，惟已截去，其末然猶為閑者舉獲，清廷禁其書，並將興獄差，幸民國奠定，得免於禍。」在清廷猶存之際編著本朝歷史，詳述本朝興起、強盛和衰落之史實，其中難免涉及到滿清政府敏感的問題，「每至明清得失之間，未嘗不反覆深論，用

四十 汪榮寶：《清史講義》緒論，第4頁。
四十一 許國英：《清史講義序》，商務印書館1913年版，第1頁。

寄徵旨」[四十二]，力求從歷史中吸取教訓。汪榮寶以個人之史識編著，有清三百年間，數起文字之獄，他「以匹夫敢冒不韙，創寫本朝史而敢歷數其興衰者，豈僅有非常之識，已具非常之勇矣！」[四十三]可見汪榮寶之治史之嚴謹，史料之信實詳真。

及至民國鼎立，清史首尾已具，應新學與社會閱讀需要，大量新史書和情勢教材應世，其中華鵬飛的《清史》、吳曾棋的《清史綱要》、劉法曾《清史纂要》較有影響。汪榮寶在許國英的協助下將《中國歷史教科書》進行修訂並改名為《清史講義》，於一九一三年四月由商務印書館出版，爾後至一九二六年共印刷六次，內容延至辛亥革命，共計約二十一萬字。該書雖仍未超出學校課本之定位，但也稱得上當時研究清史頗有影響的著作。《清史講義》在體例和內容上有多處修改和增刪，標題也有較大變化，其中將「本朝」改為「清朝」、「發祥之由來」改為「清世系之由來」等，因時過境遷而作的例行修改外，其他如「太祖伐明之原因」，改為「太祖仇明之原因」，「桂王之割據」改為「明永曆帝之割據」，尚之信、耿精忠之「伏誅」均改為「殺」，書中還寫有「鄭成功之沿海侵略」，稱其「佔領」臺灣，「洪秀全之大亂」改為「太平天國之勃起」等，反映了作者在清末和民國在政治歷程、思想觀念方面的差異。

四十二 汪孝熙等：《哀啟》。
四十三 汪公紀：《清史講義》重印前記。

（二）《清史講義》的內容概述

《清史講義》是近代史上有關清史問題研究較早的著作。作者利用了魏源的《聖武記》，又兼採薛福成的《庸盦筆記》和日本出版的《支那彙報》等綜合史料，通過對各種史料的考證，加之紮實細密的考訂功夫，揭示了滿洲興起的歷史，剖析了清代歷史的諸多問題。全書主要分為開創時期、全盛時期、憂患時期和改革時期，共計四編三十八章，對從開國到國運由盛轉衰的過程和重要史事進行了有力的論證，特別肯定了康熙帝削平三藩之亂、統一臺灣、歸服西藏、收撫外蒙古等歷史功績，對雍正乾隆時期的文治武功也進行肯定，如蕩平青海和準部叛亂、以及剿治苗族和臣服西南諸國，書中重點闡述憂患時期的內政和外交，內亂如洪秀全戰亂，外交如與各國條約的簽訂喪失權利等，尤其對改革時期的維新變法、新政改革等進行詳述，及至革命軍起及清帝退位。

《清史講義》按照時間和重大事件為線索，全面呈現了滿清王朝的從興起、全盛、衰落到覆亡的歷史。上編為開創時期，包括第一章至第十章，主要記述從滿清洲創業之始至康熙平定三藩、收服臺灣的歷史。開篇概述了滿洲之地理位置：「占亞細亞大陸中央高原之東部，而與俄領西伯利亞及朝鮮北部壤地相接者，為今滿洲，實維本朝創業之地。」[四十四] 緊接著考察其歷史發展進程，從最早與中國交往的有肅慎氏、周初時朝貢、漢唐時期演變的靺鞨到明時的女真族滿洲的歷史進行詳盡地考證。書中翔實地論述滿洲與朝鮮和明朝的戰爭、定鼎中原、平定三藩和收服臺灣等重大事件，並在第二章後附有開國兵政

四十四 汪榮寶：《清史講義》第一編，上海商務印書館 1913 年版，第1頁。

和法制的概略。作者是站在清廷的角度來敘述臺灣問題，如稱鄭成功「佔領臺灣」，略記鄭氏家族在台「興農業、修兵備、定法制、建學校」的措施，錄康熙收服臺灣之經歷、鄭克塽受詔投降、在臺灣設一府三縣，置吏治之等史事。[四十五]作者肯定康熙帝的歷史功績，尤其稱善收服臺灣。

中編為全盛時期，包括第十一章至第二十章的內容，考察從康熙中世迄乾隆末年凡百餘年間的歷史，作者先肯定此期之歷史「不特為本朝史之全盛時代，亦中國全史中有數之境遇也」。[四十六]該編考證和記述了清廷平定西藏、蕩平青海和回疆、剿治苗族和服屬西南諸國等重大事件，還對具體問題進行自己的分析和判斷。書中第十六章考察了中國君位繼承之法，指出建立儲君的諸多弊端，總結為三：「（一）本人恃貴驕矜，漸至失德，（二）左右群小，逢迎諂媚，引誘作非，（三）奸尻之徒，窺伺讒詬以動搖之。」也正是如此，累朝皇室以此召紛亂、構危難者往往見諸於歷史，從而肯定康熙帝的做法，即不設儲君，創立儲位密建之法。[四十七]總體評價康乾兩朝的文治武功，文治則有舉博學鴻詞科，廣刊巨籍，文學考訂斐然稱盛。作者在第二十章對乾隆朝的政治進行總評，重點敘述和珅權傾朝野之影響，和珅貪汙、受賄、勒索之舉動帶及朝野風氣驟變，並對和珅死後查抄的家產作較為詳細的資料記錄，最後評其「康雍乾三朝之元氣，殆盡斷喪失於彼一人之手矣！」[四十八]亦可從中看出著者之態度。

四十五 汪榮寶：《清史講義》第 81-87 頁。

四十六 汪榮寶：《清史講義》緒論，第 3 頁。

四十七 汪榮寶：《清史講義》第二編，第 43-44 頁。

四十八 汪榮寶：《清史講義》第二編，第 97-98 頁。

第三編為憂患時期，探析自嘉慶初年至同治初年的歷史，共計六章，分別為第二十一章嘉慶朝各省之叛亂、第二十二章回疆之騷動、第二十三章鴉片戰爭、第二十四章太平天國之勃起、第二十五章英法同盟軍之入寇和第二十六章太平天國之結果。書中對鴉片戰爭進行較為詳盡地考證，作者認為數千年來閉關自尊之中國，由此不得不一變其面目，公開商港，與世界各國定互市之約，概之為「故鴉片戰爭，實近世中國變局之造端也。」其中還論述鴉片輸入中國的起源：「唐貞觀時代阿剌比亞商人，已有輸入罌粟者，降至明中葉（十五世紀末）東洋貿易為葡萄牙人所壟斷，而當時阿剌比亞所運至馬剌加之貨物有鴉片一物，華言亦謂之阿芙蓉者，實阿剌比亞之音譯也。」萬曆十七年（一五八九年）關稅表中載鴉片十斤，價值銀條二個，可見鴉片貿易之通行由來已久矣！作者經過考證認為在乾隆中業已前，輸入額尚不多，輸入者且以葡萄牙人為主，到乾隆四十六年（一七八一年）英國東印度公司取得壟斷中國貿易之特權，而印度、孟加拉地方又為鴉片產地，於是輸入日增，民間吸食之害日甚！[四十九] 書中詳盡地記述鴉片戰爭的經過，總結戰爭帶來的影響：一是歐美各國聞之消息相繼脅迫清政府簽訂不平等之條約，中國沿海陸續開放，主權逐漸喪失，以至數十年政府其實亦被西方各國所劫持。二是在外交上清政府必須確認諸國為「平等敵對之友邦」，故所發照會文書「禁用夷字」。三是由於條約的保護，英商輸入鴉片較前更多，至咸豐九年朝廷公然馳禁，由此吸食鴉片的弊風日漸盛行開來。[五十] 在第二十四章和第二十六

四十九　汪榮寶：《清史講義》第三編，第 41 頁。
五十　汪榮寶：《清史講義》第三編，第 62-63 頁。

章涉及到對太平天國運動的評述，書中改變了《本朝史講義》中否定農民起義的觀念，在用詞遣句上有較大變化，如把「洪秀全之大亂」改為「太平天國的勃起」，把「大亂之平定」改為「太平天國之結果」，在敘述清軍與太平軍作戰時立場較為客觀中立，反映了作者在清廷覆亡後對專制制度和農民起義的重新評價和思考。

第四編是改革時期，共十一章，依序是第二十七章日俄之動機、第二十八章回亂平定及新疆之建行省、第二十九章雲南回亂及教黨之平定、第三十章安南邊事與中法戰爭、第三十一章光緒初年之政府態度、第三十二章中英緬甸暹羅之交涉、第三十三章朝鮮交涉及中日戰爭、第三十四章光緒親政及戊戌之變、第三十五章拳匪亂事及八國聯軍入京、第三十六章日俄激戰與清廷中立、第三十七章考察政治後預備立憲及改革態度、第三十八章革命軍起及清帝退位。此編應為許國英所編著，內容上涉及到自同治中後期、光緒執政年間重大歷史事件，以中外戰爭、外交交涉為主要內容，其中記述戊戌變法、清末預備立憲等近代歷史上諸多改革，最後一章內容至民國建立孫中山辭職、袁世凱就任臨時大總統為止。該編對清朝覆亡的原因進行了探析，認為主要在於君主專制已經不適應歷史發展，而民主共和是歷史之大勢所趨，從而在很大程度上肯定了辛亥革命的必要性和順應歷史發展之必然性。

《清史講義》中有關中外關係的內容貫穿全書，在第一編到第四編均有記載。在第一編第十章專門講中西國際之由來，論述了古代中西交通，近代印度航路的發現，近代葡萄牙人和中國交往的始末，開設澳門互市的起源，中國與西班牙的交涉，荷蘭人經略南洋，荷蘭人與清朝的交涉，還談到英國東漸，中英交涉的起源，重點談到利瑪竇的傳教和天主教東傳的概況。書中指出當明朝與清朝代興之際，西洋諸國與中國交涉日漸增多，在中國歷史上漸開一振，「古未有之變局」。其中談到中葡之間澳門互市的開闢，「澳門互市之起源在嘉靖十四年（一五三五年）是時都指揮黃慶者得葡人之巨賄，為請於上官，始以濠境（即澳門）為通商之地，年課地租二萬金。」汪氏還考實釋疑，還其本真，澄清澳門是一五五三年葡萄牙商船遭遇風濤後，請求當時的海道副使汪柏允許暴曬貨物之後，逐漸被其侵佔的事實，並非西方史書中所記載的因明朝地方官借助於葡萄人剿滅海寇從而酬功割讓出去的。[五十一]在第二編中談到當時清廷的外國觀、英國人馬戛爾尼使華等。作者重點談到外國觀，探析了中國自尊自大的原因，認為正是因康乾的文治武功海內咸服，以至助長了國人的傲慢之心，自以為是自誇自大，蔑視外國，結果自大之風愈烈。其時「支那人以為外國公使之來北京者，皆朝貢使也。」同時清廷又乘機培養臣民的「愛國心」，所以每當外國使臣之至，輒稱為「清貢」，佈告全國知曉。加之官吏歌功頌德，稱乾隆「聰明至聖，總裁萬機，德加四海，兼統萬國，兆民悅服。是以各國派遣使臣前來朝貢。」時歐洲各國公使都熟聞其說，從乾隆朝與俄羅斯所定之條約，及與英吉利之交涉之文書，可明顯地看出國人自尊自大的習慣。[五十二] 第四編中論及中國與日本、俄國在東三省問題上的交涉，與法國在安南，與英國在緬甸、暹羅進行的交涉，與日本在朝鮮問題上的交涉，以至甲午戰爭中國之戰敗、被迫簽訂《馬關條約》等，可見著者對近代中外關係之重視，以及考察清史的新視角。

[五十一] 汪榮寶：《清史講義》第一編，第 93 頁。

[五十二] 汪榮寶：《清史講義》第二編，第 100 頁。

（三）《清史講義》的評價

汪榮寶早期編纂清史的目的雖為授課，但書中記述和考察了諸多問題的由來，並考證了如恰克圖條約之改定、中葡澳門互市的起源、中英交涉的開端、中西鴉片貿易等歷史問題，在當時可謂研究清史的較為具體翔實的書籍。作者在緒論中談到編著本書的思考，一是中國歷史的重要性：「清史者，中國歷史之一部，即全史中之近世史也。中國之建邦，遠在五千年以前，為世界最長之歷史……中國史之範圍，實占東洋史全體之太半，而隱與西洋史為對待。」二是近代缺乏系統的歷史書籍，汪榮寶認為今日歷史之著述可謂汗牛充棟，但「紀傳之屬，詳於狀個人，而疏於談群治。編年之作，便於檢日月，而難於尋始終。要之事實散漫，略無系統，可以為史料，不可以為歷史。」同時指出研究今日中國變遷之由來，及世界列國之大勢，「則研究近世史為尤要焉。」所以依據清史的重要歷史事件，參考史料，編著成書。[五十三]《清史講義》的政治立場、指導思想、學術內容、體例形式等多方面，都與傳統史學不同，是二十世紀新史學觀指導下的著作之一。

《清史講義》採用詳近略遠、由近及遠的著史方法，明顯的體現出進化論史學觀，汪榮寶認為歷史的要義，「在於勾稽人類之陳跡，以發見之進化之次第。務令首尾相貫，因果畢呈。」同時指出晚近歷史漸成為一門科學，有其自身的規律和研究方法，應遵循其道進行系統考察，不可分割獨立地去記述一

[五十三] 汪榮寶：《清史講義》緒論，第一頁。

件事。他參照日本文學士桑原陟藏的歷史階段劃分法，[五十四]把中國歷史進行具體的分期，即（第一）太古至戰國為終為上古史，（第二）秦至唐為中古史，（第三）五代至明為近古史，（第四）本朝創業以來為近世史。這樣的歷史觀在清末可謂超前。

汪榮寶致力於近代歷史研究，成績斐然，多有精湛之處，除了《史學概論》和《清史講義》兩書外，他還撰有多篇論文，如《拔都別傳論》、《歐洲歷史之新人種》等，均可現其紮實的考證功力。他治史頗為龐雜，在採用本國傳統史學的方法之外，加上日本歷史學家的歷史分期觀，並以西方的進化論作為指導思想，史料上不拘囿於傳統，旁及本國人物私著和日本報紙史料。汪氏對問題發現之系統掌握，致力探索之勤久，以及歷史視野之開闊，足為當時史學界人物之一。在汪榮寶重視史學研究傳統影響下，其四子汪公紀也非常重視史學，著有《日本史話》在臺灣出版發行，該書全面披露野蠻的日本史，分上古篇、中古篇、近古篇和近代篇，時間從日本傳說的開國君主神武天皇，敘述到第二次世界大戰後日本向盟軍投降為止。該書已經成為研究日本民族的經典論著。

五十四 桑原陟藏，日本文學家，著有《東洋史要》一書，他依據中國本部歷史作為主要大勢，參考旁近各族之盛衰，以太古至秦一統之間為上古期，自秦一統至唐之亡凡千百年間為中古期，自五代至本朝之興七百年為近古期，自本朝之初至於今日三百年間為近世期。

第四節 文字和音韻學專家

一、訓詁考證之力著——《法言義疏》

汪榮寶夙治聲韻、訓詁之學，有很深的造詣。他自幼篤嗜揚雄所著的《法言》，從青年時代起就開始「考訂異文，於李弘範諸家之說有未安者，閑加糾正。」日積月累，所得漸多，乃思貫穿以為義疏，一八九九年屬草粗竟，成《法言箋記》一種。其後他復於宦學之暇，不斷對舊作增刪改易，雖時有間斷，十餘年之後，卒創一家之言，成《法言疏證》十三卷，於一九一一年夏刊行於世，因數量少僅為部分學者收藏，久之版絕。[五十五]民國後其弟汪東主持中央大學文學院後，講授周、秦歷史和諸子學說，內容中涉及到《法言》，思得該書為參考，就寫信請汪榮寶將書再版。汪氏將前書改名《法言義疏》，對其進行增刪和修訂，尤其是一九三一年從日兵公使任辭職後，專注於學術研究，積多年之力撰成，陸續寄往上海商務印書館排印。但讓人痛心的是，在日本發動的一二八事變中稿本被燒毀。汪榮寶憤而重作，幾個月後成之。[五十六]《法言義疏》從開始撰寫到最後定稿成書，前後共計幾十年之久，可謂汪榮寶畢生心血和學術積澱的結晶。

五十五 陳仲夫：《點校說明》，《法言義疏》，第一頁。新編諸子集成（第一輯）汪榮寶撰，陳仲夫點校：《法言義疏》（上下冊），中華書局 1997 年版。

五十六 汪榮寶：《法言義疏自序》，第一頁。

《法言義疏》是汪榮寶對西漢揚雄所著的《法言》進行注釋的書籍。至於他為何專注於此書，綜起來看是有其根源的。首先汪氏極為推崇揚雄。揚雄生活在西漢末期，社會秩序和政治思想較為混亂，但他能夠在亂世中堅持清淡無為的情操，專注於學術研究，並致力於提倡和傳播儒家學說，《法言》正是揚雄的學術品格和政治理想的體現。然而該書深受宋儒的詬病，汪氏對其進行疏注和解釋，以正揚雄本意和學說，本身就是提倡儒家文化的體現。其次是清代考證之學興盛的影響。有清一代漢學復興，諸子之學也隨之大盛，乾嘉時期考證法日益盛行，揚雄之《法言》又重新為學界重視，著名學者如王念孫、王引之父子，以及孫星衍、孫詒、俞正燮、俞樾等都對其做過考訂和研究。汪榮寶自入南菁書院讀書後，在很大程度上受到吳地考證學風的薰陶，繼承了乾嘉學派的考證法，對《法言》進行疏證。另外，汪氏才華橫溢，下筆考證水到渠成，在他做《法言疏證》後，曾執稿與友人評定，一九〇一年錢惟驥在上海邱公恪家得見之，盛稱其「考證精確，異乎俗儒之嚮壁虛造。」其他學者如胡玉縉、黃侃等均持肯定態度。得到諸多學者的推薦和鼓勵，汪氏遂自信益增，對《法言》多下功力，久之成為研究的權威。

《法言》是揚雄（西元前五十三年—西元十八年）具有代表性的著作。揚雄，字子雲，蜀郡成都人（現成都市郫縣友愛鎮），西漢末期著名的哲學家、文學家、歷史學家和語言文字學家。揚雄一生著述甚豐，主要有哲學著作《太玄》、歷史倫理思想著作《法言》、地方歷史著作《蜀王本紀》、語言文字著作《方言》，還著有《長揚賦》、《甘泉賦》、《羽獵賦》等大量的辭賦，其中《法言》的地位頗為特殊。《漢書・本傳》載其自序云：「雄見諸子各以其知舛馳，大抵詆訾聖人，即為怪迂析辯詭辭，以撓世事。雖小辯，終破大道而惑眾，使溺於所聞而不自知其非也。及太史公記六國，歷楚、漢，訖麟止，不與聖人同是非，頗謬於經。故人時有問雄者，常用法應之，撰以為十三卷，象論語，號曰法言。」足見《法言》主旨在於捍衛和闡發儒家學說。但與此同時，揚雄也在一定程度上依據唯物主義觀點，對流行於世的天人感應、鬼神圖讖等宗教迷信思想進行了批判，深得同時代思想家桓譚的讚賞，並對東漢傑出的唯物主義哲學家王充有較大的影響。

《法言》雖為仿《論語》而作，但文辭相當艱深晦澀，因此在歷史上受到褒貶不一的評定。北宋司馬光曾把它和孟子及荀子作品作過一番比較：「孟子之文直而顯，荀子之文富而麗，楊子之文簡而奧。唯其簡而奧也，故難知。」正因為如此，自漢以來至於北宋中期，為之作注者不乏其人。注釋書籍主要包括揚雄的弟子侯芭注六卷，吳宋衷注十三卷，東晉李軌注解一卷（《隋書・經籍志》，侯、宋二家已亡佚），隋朝時辛德源注二十三卷（隋書本傳，已亡佚），唐柳宗元注，北宋宋咸《推廣注》十卷及吳秘注，又《音義》一卷，不具撰者姓名（據清人秦恩復考證，當出五代、宋初年）。司馬光很推崇《法言》，匯合當時僅存的李、柳、宋、吳四家並《音義》，加之自己的理解，著成《集注》，對《法言》做出來很高的評價。但自程頤始謂《法言》「曼衍而無斷，優柔而不決」，蘇軾復責其「以艱深之詞，文淺易之說」，至朱熹作《通鑑綱目》，大書特書「莽大夫揚雄死」，以貶斥其為人，於是揚雄人品和著作日益為儒者所輕。至有清一代漢學復興，《法言》又重新為學界所重視，由汪榮寶通注全書的《法言義疏》在諸家學者中最為詳備。其中值得提到的是，汪氏義疏主要依據李軌的注本。李軌，字弘範，其注釋的《法言》相當完整地保存至今，《隋書・經籍志》中著錄李軌的許多著述，姚振宗稱讚他「長於音訓，明習故事」。李軌不僅為眾多經書、子書作音注，還續寫了東晉、西晉之際部分起居注。他所注《法言》於北宋治平年間由國子監館精校刊出，並附以《音義》一卷，後來司馬光進行集注時，以此為李本。因其保存較為完整，汪氏著書時亦為主要參考依據。

在《法言義疏》中，汪榮寶評論前五家之長短，略謂：「李辭華妙，頗乖義法。柳書殘缺，略存梗概。著作（指宋咸）、司封（指吳秘），特多穿鑿。」[五十七]正是由於前人研究不足，汪氏秉持漢學家的師法和繼承乾嘉諸老的遺規，遂以治經之法精研《法言》，以考源流，明正叚，審正俗，辨異文，補舊注，不嫌其詳，全面詳盡地校勘注釋。汪氏參考了大量的書籍以考察其來源，於五家注及《音義》外，還薈萃了清代以來各家的研究成果，並且旁引博證，增加了大量的校釋和論述，尤以涉及小學和歷史方面者具多，據初步統計，他所參考的書目有三百多種，足見其學問之功力和治學之用心。該書疏證「凡諸訓釋，悉秉先儒；稱引書傳，並標為篇目。其有曲文奧旨，愚所未喻，謹守『丘蓋不言』之義，冀免響壁虛造之言。亦知繁文碎義之病，庶逃無所用心之責。」其用心之良苦，功夫之深邃，下筆之謹慎，可以想見，從某種程度上來說，汪榮寶作的《法言義疏》是對前人研究的總評，也是相關資料的總彙。[五十八]

從《法言義疏》的結構上來說，全書共計二十卷，改變了前書《法言疏證》以一篇為一卷共十三卷的結構安排，依據注釋的繁簡，有以一篇為一卷的，有以一篇為二卷或三卷者。其二十卷內容標題如下：學行篇二卷、吾子篇二卷、修身篇一卷、問道篇一卷、問神篇二卷、問明篇一卷、寡見篇一卷、五百篇

五十七 陳仲夫：《點校說明》，第3頁。

五十八 陳仲夫：《點校說明》，《法言義疏》，第5頁。汪榮寶撰，陳仲夫點校：《法言義疏》（上冊），中華書局1997年版。

一卷、先知篇一卷、重黎篇三卷、淵騫篇二卷、君子篇一卷、孝至篇二卷。這樣既保存了揚雄原著《法言》十三篇的名稱，又能起到平衡各卷篇幅的作用。在內容上，《法言義疏》以晉朝李軌的注解為主要參本，兼採諸家學說，斟酌去取，擇善而從，在疑難字詞和句式段落後面都詳細注釋，內容極為豐富和完備。

汪榮寶的《法言義疏》首先對揚雄原著的諸學源流進行考察。書中通過考證《學行》中的螟蠕」及「考甫」，《吾子》之「夏屋」，《修身》之「圃田」，先知之「東征」及「述職」，《孝至》之「關雎」，明確了揚子多用魯詩。如《學行》卷第一：「螟蠕之子殪，而逢蜾蠃祝之曰：『類我，類我。』久則肖之矣。」這是用《詩・小雅・小宛》詩意：「螟蛉有子，蠃蜾負之，教誨爾子，式穀似子」，以明教誨之功甚大。《毛詩》、《爾雅》皆作「螟蛉」，此作「螟蠕」，汪榮寶說：「此乃魯詩異文。」[五十九]又如《吾子》卷第二：「震風陵雨，然後知夏屋之為帡幪也。」夏屋一詞，四家詩說各不同。《詩・秦風・權輿》有：「夏屋渠渠。」毛傳云：「夏，大也。」鄭玄箋注云：「屋，具也。言君始於我厚設禮食，大具以食我。」可見毛詩認為夏屋所說乃飲食之意。魯、韓皆以夏屋為宮室之事，但韓詩釋夏屋為夏代之屋。只有《魯詩》釋「夏屋」為大屋。《楚辭・哀郢》王注云：「夏，大殿也。」引《詩》云：「於我乎夏屋渠渠。」又《招魂》注云：「夏，大屋也。」汪榮寶說：「《法言》此文單以夏屋為

五十九 汪榮寶撰，陳仲夫點校：《法言義疏》卷一學行卷第一，第9頁。

大屋之義，不關宮室制度，與王逸高誘說合，此子云習魯詩之證也。」[六十]《修身》卷云：「田圃田者，莠喬喬；思遠人者，心忉忉。」《詩・小雅・甫田》云：「無田甫田，維莠驕驕。無思遠人，勞心忉忉。」此引詩「甫」作「圃」，「驕」作「喬」，汪榮寶認為乃魯詩異文。[六十一]

書中通過考證《吾子》之「虎別」及「紵絜」，《問道》之「堯爵」，《五百》之「載魄」，《重黎》之「無妄」，明其採用的為京房《易》。如《吾子》卷第二「聖人虎別，其文炳也。君子豹別，其文蔚也。辯人貍別，其文萃也。」此是《易・革象》文，原作「大人虎變」、「君子豹變」，晁悅之《易詁訓傳》引京氏《易》，「虎變」、「豹變」皆作「辯」。汪榮寶說：「然則此作『別』者，即本京氏讀辯如字故也。」[六十二]又如同卷云：「綠衣三百，色如之何矣？紵絜三千，寒如之何矣？」前一句引用的是《詩・綠衣》：「綠兮衣兮，綠衣黃裡。」第二句引的是《易・既濟》，今本《易》作「繻有衣袽」《釋文》云：「『衣袽』，《說文》作『絮』，《子夏》作『茹』，《京》作『絜』。」揚雄作「紵絜三千」，顯見是用京氏《易》。[六十三]《法言義疏》卷七《問道》云：「在昔虞、夏襲堯之爵，行堯之道。」《曲禮》孔疏引《五經異義》云：「天子有爵不易。孟、京說《易》，有君人五號：『帝，天稱，一也；王，美稱，二也；天子，爵號，三也；大君者，興盛行異，四也；大人者，聖人德備，五也。』是天子

六十　汪榮寶撰，陳仲夫點校：《法言義疏》卷四吾子卷第二，第 79-80 頁。

六十一　汪榮寶撰，陳仲夫點校：《法言義疏》卷五修身卷第三，第 94 頁。

六十二　汪榮寶撰，陳仲夫點校：《法言義疏》卷四吾子卷第二，第 72-73 頁。

六十三　汪榮寶撰，陳仲夫點校：《法言義疏》卷四吾子卷第二，第 78-79 頁。

有爵。古《周禮》說天子無爵，同號於天，何爵之有？」此云「襲堯之爵」，則是以天子為爵稱，顯然是用孟、京之說。[六十四]

書中還考證揚雄所受書應為《今文尚書》，明顯的證據是在《法言義疏》卷八《問神》中，其云：「或曰：『《易》損其一也，雖惷知闕焉。至《書》之不備過半矣，而習者不知。』」《尚書》本百篇，《今文尚書》僅二十九篇，故曰過半。同卷又云「虞、夏之書渾渾爾，商書灝灝爾，周書噩噩爾。下周者，其書譙乎。」《今文尚書》云有唐書、虞書、夏書、商書、周書，是為五家，而《古文尚書》則只分虞夏之書與商書、周書，是為三科。汪榮寶判定為今文尚書，評其說五家三科之別，並不能作今文與古文之分野，「蓋以有天下者之號名其書，則曰唐書、虞書、夏書、商書、周書；依作史之時代詳近略遠，則曰虞夏書、商書、周書。其例皆出於今文諸師，古文無師說，安得有所謂書例耶？」[六十五]

汪榮寶通過考證《先知》之「什一」，《孝至》之「邵陵」，明其用公羊《春秋》學。《法言義疏》卷十二《先知》云：「什一，天下之中正也。多則桀，寡則貉。」此句直承《公羊傳》與《尚書大傳》。《公羊傳・宣公篇》云：「什一，天下之中正也。」《尚書大傳》也云：「古者十稅一，多於十稅一謂之大桀、小桀，少於十稅一謂之小貉、大貉。」此節又言：「井田之田，田也；肉刑之刑，刑也。」《公羊傳・宣公篇解詁》云：「是故聖人制井田之法而口分之，一夫一婦受田百畝，以養父母妻子，五口為

六十四 汪榮寶撰，陳仲夫點校：《法言義疏》卷七問神卷第五，第 125-126 頁。
六十五 汪榮寶撰，陳仲夫點校：《法言義疏》卷八問神卷第五，第 147-156 頁。

一家。公田十畝，即所謂什一而稅也。廬舍二畝半。凡為田一頃十二畝半，八家而九頃，共為一井，故曰井田。」可見什一之稅，井田之法最早出於孟子，在漢朝為公羊學家所大力提倡。[66]其他《禮》所受為《儀禮》。上述之屬，參考互證，塙然見師承之所在，是乾嘉諸老遺法也。經上述考證，可見揚雄所受之學為今文經，這是《法言》最為直接的思想來源。

《法言義疏》中對多處用詞進行考察和求證，以明正叚。例如《學行》之「桐子」為「僮子」，《吾子》之「愛身」為「䈫身」、狴犴為「批扞」、「枯澤」為「涸澤」，《修身》之「糟莩」為「糟孚」，《問道》之「礙諸」為「凝諸」，《問明》之「誶乎」為「孛乎」、「儃舜」為「嬗舜」，《五百》之「闕百」為「毋百」、「噫者」為「意者」、「如單」為「而殫」，《先知》之「政核」為「政覆」，重黎之「時激」為「恃慠」、「擅秦」為「嬗秦」、「勿乎」為「曶乎」、「臘肉」為「齰肉」、「扼欹」為「扼歧」，《淵騫》之「俠介」為「夾介」、「無悟」為「無牾」，《君子》之「巫鼓」為「誣鼓」，《孝至》之「溫絜」為「蘊絜」等等。《法言義疏》主要依據漢許慎的《說文解字》，對諸多用詞分辨審查正字和俗字之別。如《吾子》之「確乎」為「塙乎」，《修身》之「犒師」為「槁師」，《問道》之「眩眩」為「紘紘」，《問神》之「能喊」為「能諴」，《寡見》之「樓航」為「樓杭」，《五百》之「幹楨」為「榦楨」，《先知》之「作昞」為「作炳」，《重黎》之「灞上」為「霸上」、「皓皓」為「皓皓」，《君子》之「俔也」為「也」、「偟乎」為「皇乎」，明乎其為正俗。此類詳審上下文意之法亦是乾嘉諸學者的治學遺法。

[66] 汪榮寶撰，陳仲夫點校：《法言義疏》卷二十先知卷第九，第305-307頁。

汪榮寶作為史學家，很重視史料的徵引。《法言義疏》書中對其他辨異文、補舊注，做到「一字務求其來歷，一義務取其旁通」之至高境界。如《修身》中的「善惡混」，來源於西漢哲學家的《世碩》，《問道》中的「亡愈」源自董仲舒的《春秋繁露》，《重黎》中「三擅」來源於司馬遷之《史記》，《淵騫》之「非夷」源自《誡子書》，均一一尋其依據。又引用其他書籍或揚雄著作來證明，如用《美新》書「聽聆」以證在《五百》之「聆聽」，引《難蓋天八事》及《豫州箴》以證《重黎》「應難」及「屏營」，引《太玄經》以證《君子》之「晬而」及「自恣」，使一家之言互明。此外，汪榮寶還引用各種古書以證，再現漢朝學者「實事求是」的嚴謹治學方法。如引用《張騫傳》等以明《問道》中的「反自炫形」實為「反身幻形」，引《說苑》以證明《重黎》之「自令之」為「鮑白令之」，引用《子華子》以明《先知》中的「不抎」，引《說苑》、《墨子》等書以明《重黎》之「井榦」及「葛溝」，使古書皆為我注腳，不拘泥於一家之言。[六十七]

汪榮寶自一八九五年始《法言》疏注，迄於《義疏》之成，斷續相繼，總計經歷近四十年的時間，費時不可謂之久，用力不可謂不勤，這部書真乃其畢生心血的結晶。他曾對親近的人說：「此書竟成，雖死無憾已！」孰料書成後不久竟臥病不起，旬餘而卒，可謂生平遺著。[六十八]該書受到當時學者的高度評價，如曹元忠稱其「搜羅古佚。闡發奧蘊，精審詳慎，無愧揚雄功臣。將由李軌而上，與侯芭、宋衷

[六十七] 胡玉縉：《法言義疏序》，第1-4頁。汪榮寶撰，陳仲夫點校：《法言義疏》（上下冊），中華書局1997年版。

[六十八] 黃侃：《法言義疏》後序，第1頁。

爭席焉。」錢惟驤盛讚其推闡義理之富，校訂誤文之允，訓詁之精，句讀之善，譽之「為子云之將相，桓譚之伯仲。」汪書能夠與侯芭、宋衷、李軌之書爭席，留名史冊，同時評價作者汪榮寶是揚雄的將相，其功可與桓譚之媲美，足見對其備至推崇。此外，胡玉縉為之序，稱「匪惟（揚雄）功臣，抑亦知己也已」。黃侃為其序後，謂「楊子之書，曆千載而得先生為之疏釋，皎然如晦之見明。」二人均對此做出極高的讚譽。在汪榮寶的詳細注釋下，使得是書而讀之，「有不怡然理順，渙然冰釋者乎！」[六十九] 總之，《法言義疏》是汪氏治文字、訓詁之學的總集，他兼採諸家所長，附以已意，集中體現了治學之成果。

二、新音韻學的提倡者

汪榮寶對音韻學素有研究，並積極參與近代文字和音韻改良運動，一九〇九年與勞乃宣等發起簡字研究會，一九一二年在北京臨時參議院任讀音統一會會員，曾對中文拼音提出提案稿本。早在一九〇六年任京師譯學館教員時，他就代表學部針對盧戇章的《切音字母書》作過詳要而精彩的評論，這篇文章題目為《上學部論盧戇章切音字母書》，內容多達幾千言，其中明確批駁盧氏提出的切音字母表，並詳細地論述了自己對中國文字和音韻改進的觀點。[七十]

六十九 陳仲夫：《點校說明》，第 4 頁。

七十 盧戇章（1845-1928），名擔，字雪樵，福建同安縣古莊村人，我國近代文字改革的先驅。18 歲科舉落第，在家鄉私塾教書，21 歲赴新加坡半工半讀，專攻英語，25 歲歸鄉，寓居鼓浪嶼，從事教學，後應英國傳教士馬約翰之邀，參與《華英字典》的翻譯工作。盧戇章從事教學活動實踐，又受到西文和教會羅馬字的啟迪，加上我國《十五音》的汪榮寶擔任駐瑞士首任公使期間，因館務稀簡，得以餘暇重理學術書文。時正值國內新文化運動蓬勃發展，中國語言學接受西方語言理論的影響已很明顯，在音韻學領域高本漢的學說傳入學術界，一九二三年，汪榮寶受俄國學者鋼和泰的《音譯梵書和中國古音》一文的影響，用譯音對勘法來研究漢語音韻，發表了《歌戈魚虞模古讀考》，此文引發了各方學者對音韻學的首次大討論，章太炎撰文駁斥，汪榮寶與之展開辯論，兩方各有學者助陣，成為當時引人矚目的一場學術爭鳴。

音韻之學，濫觴於漢魏，興隆於有清。諸如顧炎武、段玉裁、戴震、王念孫等人推瀾揚波，極一時之盛，遂使音韻由解經的附庸地位，發展為與文字、訓估鼎足而立的高度。清儒於音韻之貢獻可謂大矣。近世以來，從事音韻之學者有增而無減，如章太炎、黃侃、趙元任、羅常培、王力、周祖謨等貢獻良多，汪榮寶是其中成員之一。至二十世紀二〇年代初，瑞典漢學家高本漢（一八八九—一九七八）的新語言理論及方法傳播到中國，部分學者已開始接受，使現代漢語音韻學之基礎得以建立，而提出新的研究思路和視野的則是另一位外國學者——鋼和泰，他於一九二三年發表《音譯梵書與中國古音》一文，在當時中國學術界反響很大。

鋼和泰（A. Vonstael—Holwtein，Ph.D）（一八七七—一九三七），俄國人，著名東方學家、漢學家、梵語學者。他出身貴族家庭，遊學德、英、法、日、中、印諸國，在德國曾與陳寅恪師從同一位導師，

影響，開始研究中國切音字。終於在39歲時寫成了廈門話的切音字專著《一目了然初階》，在廈門五崎頂倍文齋出版。書中擬定了他稱為「中國第一快切音新字」的拼音方案，這是我國自創的第一個拼音方案。1906他自費到京城向外務部上呈《中國切音字母》，要求推行，汪榮寶撰《上學部論盧戇章切音字母書》批駁之，最終外務部批復否定了盧氏的文字改革方案。

主要致力印度佛教文獻和梵文、藏學等領域的研究，多年主持研習梵文的研討班，陳寅恪等著名學者長期參與。一九一八－一九二九年任教北京大學，講梵文、藏文和古印度宗教史等課程，還曾任故宮博物院委員會委員、清華大學國學研究院講師、北京大學國學門導師等職，在當時的中國學術界頗有影響。[七十一]一九二三年鋼和泰在北大發表由胡適翻譯的《音譯梵書與中國古音》一文，針對前人根據《詩經》用韻、漢字的諧聲偏旁、《廣韻》韻字等研究古韻的做法，主張再開闢一個語料領地，提出用音譯梵文來研究古音。文中認為研究古代的漢字讀音有三種材料可用，一是漢語方言和日本、朝鮮、越南的漢字讀音，二是古代的韻書和韻圖，三是「中國字在外國文裡的譯音與外國字在中國文裡的譯音」。鋼和泰在指出譯音是研究各時代漢字字音的重要材料的同時，尤其強調了梵咒的特殊價值。[七十二]鋼和泰的文章發表可謂恰逢其時，當時學術界利用新材料作研究蔚成風氣，特別是隨著一八九八年甲骨文、敦煌藏經洞和皇家內庫檔案的發現，加之五四運動新潮流帶來的思想活力，學術面貌為之煥然一新。國內的學者如胡適等已初步具有新的研究思路，並且大力推動中國語言的改革。鋼氏的新作可謂乘勢而上，弄潮之助，引起反響是必然的。汪榮寶不久就發表《歌戈魚虞模古讀考》的文章，引發了一場關於古音韻學的大討論。

《歌戈魚虞模古讀考》發表於一九二三年四月的第二號《國學季刊》上，文章主要採用梵漢對音法來研究上古音韻。[七十三]所謂的梵漢對音（Sanskrit—Chinese transcription），亦稱華梵對音（Sino—Sanskrit

---

[七十一] 王啟龍、鄧小詠：《鋼和泰學術評傳》，北京大學出版社 2009 年版。

[七十二] 鋼和泰，胡適譯：《音譯梵書與中國古音》，北大《國學季刊》第 1 卷第 1 號，1923 年 1 月。

[七十三] 汪榮寶《歌戈魚虞模古讀考》，《國學季刊》第 1 卷第 2 號，1923 年 4 月出版。

transcription），是指用漢語音譯梵文名詞術語或陀羅尼（Dhāranī）密咒研究上古讀音。[七十四]我國從漢代開始翻譯佛經直到宋初，留下了數量龐大的佛教文獻，其中保存有大量的原文為梵文的名詞術語和密咒，可以作為梵漢對音的豐富材料。利用梵漢對音材料，通過梵文的讀音來瞭解漢字的讀音，是漢語音韻研究中的一種重要方法。國內部分學者已注意到了佛經文獻在漢語古音研究中的價值，但真正把梵漢對音作為漢語音韻研究中的一種方法來提出的是鋼和泰。[七十五]汪榮寶也認為僅有漢語文獻已經無法證明上古魚部的讀音，必須依靠其他的文獻材料。恰他是一個外交家，在海外能夠看到國內無法看到的域外材料，遂引用古印度、日本等音韻資料撰文，其文章可謂是對鋼氏梵漢對音法的具體實踐。

汪榮寶文章的標題就頗為奇崛，認為人生下後的第一聲就是「阿」［a］，世界各國文字的第一個字母也都是［a］，中古韻書《廣韻》二〇六韻，只有麻韻有［a］，而在上古，麻韻半屬魚部，半屬歌部，汪文認為上古的歌韻、戈韻，中古的魚韻、虞韻、模韻，分別在唐宋前，魏晉前讀「阿」音，故此為題目。汪氏從普通音理出發，不滿於傳統古音研究中沒有麻韻 a 的看法，遂求證於魏晉六朝時的梵漢對音、日文假名中的古代漢音、古代西人遊記中所譯的漢字讀音以及古西域中亞諸國國名地名等，以考證歌戈魚虞模諸韻的古讀。該文完全擺脫了漢字形體的侷限，具體討論了擬測古音音值的方法：「夫古之聲音既不可得而聞，而文字又不足以相印證；則欲解此疑問者，惟有從他國之記音文字中求其與中國古

七十四　儲泰松：《梵漢對音概說》，《古漢語研究》，1995 年第 4 期。

七十五　許良越：《梵漢對音法的提出及其在音韻研究中的影響》，《西南民族大學學報》（人文社科版），2009 年第 1 期，第 286-288 頁。

語有關者而取為旁證而已。其法有二：一則就外國古來傳述之中國語而觀其切音之如何，一則就中國古來音譯之外國語而反求原語之發音，是也。」[七十六]

汪氏的文章非常重視對新材料的運用，尤其強調梵漢對音在擬測古音中的功效：「若夫中國古來傳習極盛之外國語，其譯名最富而其原語具在不難覆按者，無如梵語，故華梵對堪尤考訂古音之無上法門也。」文中列舉了數十條梵漢對音材料，以證歌戈魚虞模諸韻的古讀。文章運用的資料極為豐富，舉有日語漢音、阿拉伯人記音四例，共舉六十六例取梵漢對音為證，又舉出漢譯阿拉伯語、波斯語、土耳其語等二十九例。他把這九十九例作為六朝唐宋之音歌韻讀「阿」的證據。還舉梵漢對音七例，作為漢魏以前歌韻讀「阿」的證據。可以看到汪的取證範圍比鋼和泰更寬，且注重歷史的分類。經過上述兩類、三種（梵漢、日漢、其他）、兩時段（唐宋前、魏晉前）的研究，汪榮寶最後考證的結論是：唐宋以上，凡歌戈韻之字皆讀 a 音，不讀 o 音；魏晉以上，凡魚虞模韻之字亦皆讀 a 音，不讀 u 音或 ü 音。並很自信地說可為定案：「南山可移，此案必不可改。」[七十七]

汪榮寶的文章發表後，反應強烈，贊成的有錢玄同、林語堂和唐鉞，反對的有章炳麟、徐震，形成了以前者為革新派，以後者為守舊派的古音學史上第一場大討論。錢玄同當即撰文表示「證據確鑿，我極相信」，並舉出《呂氏春秋・重言》「齊桓公與管仲謀伐莒，謀未發而聞於國」的著名故事佐證汪說

七十六 汪榮寶：《歌戈魚虞模古讀考》，《國學季刊》第 1 卷第 2 期，1923 年 4 月，第 242 頁。

七十七 汪榮寶：《歌戈魚虞模古讀考》，《國學季刊》第 1 卷第 2 期，1923 年 4 月，第 241-261 頁。

上古魚部字讀 a。[七十八]林語堂撰《讀汪榮寶〈歌戈魚虞模古讀考〉書後》文，基本同意汪榮寶所用的材料和方法，同時進一步斷言：「此後三十年中將為『西法古音學』第一昌明時期。」[七十九]唐鉞著《歌戈魚虞模古讀管見》文，認為汪文所用的材料極有新意，結論也頗為可信。而章炳麟則認為汪氏的做法是「以不甚剴切之譯音，倒論此上古音聲勢」，「內典譯音，自隋以上，皆略取相似，不求諧切。玄奘、窺基、義淨之書，譯音漸密，然亦尚有疏者，如宋明人書，譯金元音不能正確，蓋不足為典要矣。」[八十]主張從各地方音推尋 a 的來源，且以為戴震、王念孫早已「得其事」，章本人也不過是「撢其聲勢」而已，更用不到汪氏擾煩。[八十一]徐震《〈歌戈魚虞模古讀考〉質疑》一文則從語音的地域差別和歷史變遷兩方面對譯音的準確性提出疑問：「音之變，不獨隨時代而殊，亦復因方域而異，故有一字可讀數音者……今汪先生所取證者，外國譯音也。然西人文字，雖以聲為主，亦決無經久不變之理。若乃梵英字彙所譯印度之音，與中國所譯之內典，其時相去已遠，梵音豈一無變遷耶……夫聲音至於重譯，勢難毫釐不爽，即以華文同出一本，一經音轉，其韻斯異。」[八十二]兩人對梵漢對音材料的可靠性持否定態度。

針對章、徐二人的觀點，汪氏另著《論阿字長短音答太炎》文進行反駁。文中寫道：「當時名僧，

七十八 錢玄同附記：汪榮寶：《歌戈魚虞模古讀考》，《國學季刊》第 1 卷第 2 期，1923 年 4 月，第 261-263 頁。

七十九 林語堂：《讀汪榮寶〈歌戈魚虞模古讀考〉書後》，《國學季刊》第 1 卷第 3 期，第 465-474 頁。

八十 章炳麟：《與汪旭初論阿字長短音書》，《華國月刊》1924 年第 1 期。

八十一 章炳麟：《與汪旭初論阿字長短音書》，《華國月刊》1925 第 5 期，第 6 頁。

八十二 徐震：《歌戈魚虞模古讀考質疑》，《華國月刊》1924 年第 1 卷第 6 期。

大都兼精華梵，譯音細事，豈有全體疏訛，毫無準率之理？其間或歧異，皆由古今音不同，吾人正可據以考見歷代聲韻流變之跡。」[八十三] 此前林語堂作《再論歌戈魚虞模古讀》，則根據不同譯音材料卻得出一致結論出發，再次肯定了汪氏所定結論：「倘是日譯、高譯、梵譯、及安南音，歌韻俱讀 a 證據相符，我們總不能不承認 a 音為歌韻正讀，非出於傳訛的了。」[八十四] 此後主要圍繞著關於研究古音所用的材料可靠性的問題，又有學者撰文參與討論，直到一九二五年左右止，這是中國近代以來關於古音研究的第一次大討論，辯論的結果以汪氏等人的勝出而告結束。[八十五]

當然汪氏的研究是有缺陷的，王力先生曾針對其將歌戈韻和魚虞模韻在上古的並同和混淆評論道：「關於歌戈，汪氏之說大約可成定論；魚虞模在魏晉以上與歌戈分得很清楚，未可混為一韻。」指出上古歌部和魚部是不同的。針對汪氏將譯音材料證上古，王力指出說：「中古的外國譯音不適宜於做上古音值的證據，所以汪氏所謂魏晉以上只能直溯到漢音，先秦的音值是不能單靠外國譯音來推斷的。」[八十六] 王力的這兩點批評，特別是後者是很中肯的。事實上，後來研究梵漢對音的人，都是與研究中古音相結合的。

總之，一九二三年汪榮寶《歌戈魚虞模古讀考》一文的發表是漢語音韻研究史上的一次重大轉折。

八十三 汪榮寶：《論阿字長短音答太炎》，《學衡》，1925 年第 43 期，第 21-35 頁。

八十四 林語堂：《再論歌戈魚虞模古讀》，《晨報》副鐫，1924 年第 56 號。

八十五 近代以來有三次古音研究的大討論。第一次即是由汪榮寶、章太炎等掀起的，討論的是新材料的利用問題，第二大討論是圍繞尾輔音的構擬展開的。第三次是主母音的構擬問題。

八十六 王力：《漢語音韻學》，中華書局 1981 年版第 429 頁。

文章對音韻的研究頗為新穎：從研究目的來看，不再繼續劃分韻部，而是給已有韻部擬測具體的音值；從研究材料來看，已經擺脫了漢字的束縛，而主要著眼於漢語和外語的對音和譯音；從研究方法來看，不是傳統的聲訓考古，而是著眼於譯音的對勘，特別是梵漢對勘，這些均不同於傳統音韻學研究。此後圍繞著考證古音音值的方法——梵漢對音法，掀起了一場關於古音研究的大辯論，使漢語音韻學的研究從此獲得了新觀點、新材料和新方法。雖然梵漢對音在來源和時代上具有其複雜性，但這種研究材料和方法上的根本性變化則為漢語音韻研究開闢了一條新的途徑。傳統的古音研究只注重古音音類的劃分，而較少關注於具體音值的描寫，而汪氏此文則利用譯音對勘為歌戈魚虞模諸韻擬測出了具體的音值，其開創之功較清儒的研究毫不遜色，也比章炳麟在《二十三部音準》中用漢字來說明古音音值的方法更為清楚明白。[八十七]這種研究材料和方法上的根本性變化讓當時幾乎已走到盡頭的傳統音韻學出現了新的轉機，而中國的音韻研究也由此完成了從傳統音韻學向現代音韻學的轉變，其影響可謂深遠。

汪榮寶還著有多篇文字研究論文，如《釋皇》（一九二三年）、《釋身》（一九二四年）、《釋彝》（一九二四年）和《轉注說》（一九二四年）等。文章解釋字義，考其訓詁，並皆審當。其中《轉注說》對六書中的轉注和假借提出個人看法，他認為轉注是以改字為造字，假借是以不造字為造字，而轉注假借又是會意形聲之簡略。其結論是：「質言之，則轉注者，即減筆之形聲會意，而假借者，實不加偏旁

八十七 王啟龍：《鋼和泰對中國語言學的貢獻》，西藏大學學報（社會科學版），2009年1期，第142-149頁。

之形聲而已。」最後指出段玉裁以轉注為互訓實不可用。[八十八]

汪榮寶的才學不止於上述者。作為才華橫溢的學者，他早年時曾與何震彝、楊圻、翁玉潤被譽為「江南四公子」，他精通日語、英語、法語等多國語言，曾翻譯過日本藤澤楠嶽所著的《世界大同議》，此書由上海仁記書局印刷，硯雲譯書齋發行，該書目次為：主宰、曆數、文字、霸術、兵刑、明實、公道，惜原本不多見，現中國國家圖書館有存。他參加中華民國國歌《卿雲歌》詞作的創作，歌詞取自《尚書·大傳》，歌曰：「卿云爛兮，糺縵縵兮，日月光華，旦復旦兮。時哉夫，天下非一人之天下也。時哉夫，天下非一人之天下也。」[八十九]《卿雲歌》乃堯舜禪讓大典時群臣所唱之歌，將堯舜禪讓比之日月旦夕交替。汪榮寶是借虞舜禪讓的故事，向國民宣傳資產階級民主政治的思想，歌尾增加的一句「時哉夫，天下非一人之天下也」，乃鮮明地具有時代意義，即歌帝王專制消亡、民主共和制之開始。[九十]

八十八 中國語言學家編寫組：《中國現代語言學家》，第二冊，河北人民出版社 1982 年版，第 204-207 頁。

八十九 《眾議院議員汪榮寶送國歌函》載《教育部編纂處月刊》1913 年 5 月，第 1 卷第 4 冊。

九十 中華民國成立後，教育部即于民國元年至民國二年發起了廣征國歌的活動，各界人士紛紛響應。據統計，應徵稿件達 500 餘份，時章太炎、張謇、錢洵等皆有詞作，可謂盛況空前。後經教育部反復篩選，詳加核審，確定以汪榮寶所提《卿雲歌》作為中華民國國歌的歌詞，法國音樂博士歐士東為詞譜曲。當時汪榮寶以「述而不作」為原則，推薦《尚書·大傳》中帝舜的《卿雲歌》，並「取當時持衡枕首之語，用相增益；或更複疊其詞，以明詠歎」。他在去信中說：「帝舜始於側陋，終於揖讓，為平民政治之極則，遺制流傳，俾吾人永遠誦習，藉以興起其景行慨慕之心，似於國民教育大有裨益。」這首國歌於 1913 年國會開會時曾被採用，之後便一直處於「暫作國歌」的地位。到民國十年即 1921 年，國務會議才決定於當年 7 月 1 日起正式作為國歌。

汪榮寶還精於書法，擅行、草書，結體不古不今，自成異格，行筆率意，不失渾厚之致，曾作扇面以贈友朋，受到讚譽。汪氏在書法方面主要學顏真卿，以《多寶塔碑》入門，結構嚴密，點畫圓整，端莊而不呆板。早年所作行書立軸幾可亂真，以為顏字敢於吸收民間經生、抄書手的筆法實乃有膽有識。後又研習《東方朔畫贊碑》，得其清雄氣韻。中年後在顏字基礎上直入翁同龢之室，能得翁字圓潤溫和之致。其書法作品在韓國和日本流傳甚廣。[九十一]在民國時期，加之駐外公使的身份，汪榮寶在政治界、文學界的知名度很高，曾受到「民國第一才女」呂碧城的仰慕。[九十二]後人評價汪氏「博通文史」，且「工詞章，擅考據」，又精研音韻學，此是較為中肯之評價。[九十三]

總而言之，汪榮寶深受中國儒家文化的浸淫，治學理念多源自傳統，但又不拘泥於古法和常規，以開闊的視野和拓新的勇氣，敢於探索新史料和新方法，推動了近代史學、文字和音韻學的發展。

九十一 周斌編：《中國近現代書法家辭典》，浙江人民出版社 2009 年版，第 334 頁。

九十二 呂碧城（1883-1943），安徽旌德縣人，一名蘭清，字遁夫，號明因、寶蓮居士，生於 1883 年，她冠蓋群芳、風華絕代，堪稱民國第一奇女子。她不僅是「近三百年來最後一位女詞人」、詩人、政論家，還是中國第一位女性撰稿人、中國新聞史上第一個女編輯、中國女權運動的首倡者、中國女子教育的先驅。這樣的女性在婚姻上卻遭受挫折，當時追求呂碧城的人很多，但她能看中的卻不多。她曾坦承言自己的擇偶標準：「我這一生可稱許的男子不多，梁啟超早有了妻室；汪榮寶也不錯，但已結了婚；汪精衛年紀太小；張謇曾替我介紹諸宗元，他的詩作的倒是很好，可惜年過四十，又太大了。其時，我並不在乎財產和門第，唯有其文采是必須考慮的。這樣以來選擇的範圍難免大受限制，以致東不成，西不就」，到最終孤身一人。（王忠和：《呂碧城傳》，百花文藝出版社 2010 年版，第 140 頁。）

九十三 沃丘仲子：《現代名人小傳》，中國書店 1988 年影印版，第 123 頁。

餘論

一、專注於治學撰述

一九三一年八月，汪榮寶辭職歸國，結束長達十七年的外交生涯，除去談判紛擾和外交交涉之苦，他深感至為欣幸，身心俱為舒暢。他安居在北京楊儀賓胡同的家宅中，與友朋談詩論賦，與家人暢遊北海公園，可謂「談笑有鴻儒，往來無白丁」。就汪榮寶本身而言，雖然從政多年，但思想深處學者的理想與追求仍未磨滅，他本湛於學術，此次重拾舊學，可謂回歸正途，因此將主要精力和時間放在著書立說上。

事實上，一九三一年三、四月份還在日本公使任時，汪榮寶就已經抽空對此前所作的《法言疏證》加以整理和增刪，並應商務印書館總經理張元濟之邀準備印刷出版，並與之詳細討論過紙張、版式、字體等具體問題。此次卸任歸國，他決定將之前的撰述予以出版，遂專注於《法言義疏》的撰寫。他鑽進了卷帙浩繁的書海，逐條地核對內容之異同，詳細解釋每個字詞之來源和本意，每日寫竟「三、四頁以為常」。其妻子黃君卣見他太過勤苦，勸休息再作，汪笑而答曰：吾樂此不疲也！

汪榮寶為撰述《法言義疏》可謂耗盡心神，因此格外珍惜原稿，撰稿之初就與商務印書館協商，採用拍照方式，以所照的底樣付之排版，即使如此會多花費用且相對麻煩。後來因為照片中的字詞不甚明晰，仍需取證於原稿，故手寫稿本寄至上海商務印書館以作校對之用。至一九三二年初，汪榮寶已經將絕大部分原稿校勘完畢，付之印書館準備出版。但天有不測風雲，日本對上海發動一二八事變，舉兵侵入閘北地區，一月二十九日凌晨，日機從停泊在黃浦江上的「能登呂」號航空母艦上起飛轟炸閘北華界，閘北多處燃燒，位於寶山路五八四號商務印書館及東方圖書館均被炸毀。

汪榮寶聞知消息，極為擔憂書稿狀況，急忙寫信給張元濟，請其查實情況。他在信中寫到：「前日閱報知此次事變商務印書館印刷局竟罹兵燹之禍，損失巨萬，曷勝駭異。報章所載或有誇大，但望事實尚不至如所傳之甚則幸矣。弟之《法言疏義》稿前後凡十一卷皆在該局，未知已否被災？此稿排印經至八卷十一頁為止，自此至十一卷均尚未印，而弟處並無副本。如果被毀，則數月勞力皆付流水，不無可惜。茲特飛函奉懇一查，此稿究在何處？如已被災，有無相片乾板可資抄寫？敬乞從速示知，不勝盼禱之至。」[一] 張元濟接到來信，當日覆信稱「時局稍定，便當清理。如能搜獲，即行奉告」。時日本還佔領商務印書館等區域，無法得知確切消息，汪榮寶甚為擔憂，連續寫信詢問情形，至日軍撤退、時局稍稍好轉已到五月初。五月十四日張元濟來信，內稱因日軍佔有閘北尚未撤退，商務印書館總廠亟思清理，「而日人種種托詞忽迎忽拒，窺其用意，可以想見。」雖已派人前往檢查，但因戰時所遺留有危險物尚

一 《汪榮寶致張元濟函，二十一年二月一日》，張元濟著：《張元濟全集》第二卷書信，商務印書館 2007 年版，第 166 頁。

存無法查到，安慰道「大稿能否保存，無時不在念中。一俟查明，即行奉達。」[二] 但令人痛心的是《法言義疏》的原稿最終被燒毀，連拍攝之底片也遭毀滅。

受到毀稿之沉重打擊，加上為國事煩憂，汪榮寶感到心力交瘁，身體每況愈下。但為自己一生摯愛的學術，他決心重撰《法言義疏》。國內局勢日益緊迫，日軍佔領東三省後，又兵指熱河，長城要隘以次失守，甚至一度逼近塘沽。北京城內居民皆出避難，但汪榮寶依然坐家中宴處不驚，執筆覃思如故，汪東寶從南京來信問狀，他回道：「以常識度之，北平必無患，且吾萬一殉難，未成之稿以累弟矣！」其後日軍飛機數次向城內投擲炸彈，守兵登城對抗，風聲愈亟，家人強扶之暫避他處。不久國民政府與日本簽訂停戰協，北平城人心稍安。汪榮寶很快又將精力放在撰述上：「纂述益勤，一日集草稿至七八頁」，其妻又提出以前約為言，他則愀然曰：「所規良是，恐時不我與耳。」也許自知不久於世，從而愈加發憤著述，至一九三三年六月三十日，《法言義疏》再稿全部撰成，汪榮寶始露歡愉之色，家人亦為之慶祝，但因寫作過程中憂憤勞瘁，鬱結傷中，其病情已較為嚴重。

二、生病逝世

汪榮寶體質素弱，加上治學勤劬，屢致疾困，青年時曾患喉痧，委頓床榻者累數旬，比起骨肉盡脫，

二 《張元濟致汪榮寶函，二十一年五月十四日》，商務印書館 2007 年版，第 167 頁。

幾殆喪命，因而體重多維持一百餘斤。遊學歸國從政後，他頗為重視調養和鍛鍊身體，從其日記記載可知，每日起床後先洗冷水澡，喜外出觀遊運動舒展身心，又常和朋友一起打球，身體轉好。約在一九〇五年間，一日他駕馬車有所適，騾馬驟驚，從車上摔下，傷及腦部，昏厥許久才蘇醒，後雖經休養得以恢復，但思力稍有所損。之後由於身兼要職，政務繁雜，精力交疲，故年逾而立之年鬢髮早凋。民國後任外交公使，汪榮寶漸而放鬆鍛鍊，身體逐漸轉而豐腴，疾病亦隨之來襲。在駐比利時公使任上，因正處於第一次世界大戰的惡劣環境中，同時又為國事擔憂，他曾患重疾。在駐日公使任上，汪榮寶就時感身體不適，經常出現頭暈目眩的症狀，但醫生檢查後均言是血壓過高所致，而疾病之潛伏日益深也。一九三二年冬季，他自感心臟忽然震盪，按脈會時而間歇，但仍不覺得是嚴重疾病。

西曆一九三三年一月二十六日，是新年歲朝即大年初一，汪榮寶每到舊曆新年有讀書的習慣，早晨起來翻閱《水經注圖》，開卷即得「死虎亭」三字。汪榮寶生寅年屬虎，「心甚惡之」，於是當日到同仁醫院，請日本醫生鹽澤檢查，謂除心臟較常擴大外餘無病症，只要少損思慮當能自癒。儘管如此，汪榮寶不由得有種不祥的預感。其友人曾回憶說：「聞其卒頗有先兆，未詳也。陳子涵與同里至戚，言袞甫由拔貢高等官部曹，年甫逾冠，居其世父藥階侍禦京邸。忽驟病寒熱，昏瞀中見一神，緋袍紗帽，謂之曰：『爾數本盡，以先世積德厚，特延三紀。』計之當五十八歲，每言於人不諱。前歲元旦假寐，復夢至一處，園亭幽雅，緋袍神在焉，告以數盡。是年五十有七，計與前夢相差一年，心頗疑之。起至書室，翻《水經注》蔔之，得『死虎亭』，其命屬虎，自知不永，故於所著揚子釋義並日趲成，惟恐不及。」[三]其中「因先世積厚德」指其先祖父汪亮鈞曾任鎮江教諭，教導諸生，常做善事，後世子孫積德，先世貽澤，延長榮寶三歲之壽命。筆者認為這種說法頗有揣測之處，所謂凡事有因有果，前有病症不予重視，之後思慮過度積勞成疾，終至無法治癒，汪榮寶對此還是頗有所知的。

一九三三年七月，汪榮寶的病情已較為嚴重，疲乏思臥，體溫微高不降，衰颯之氣時露。不過他依然關注《法言義疏》的出版，七日向四子績熙口授序文，命就病榻前書之。期間由日本醫生鹽澤診療，謂是流行性感冒，吃藥發汗即可愈，後又診斷為支氣管炎，又疑似肺炎，但用藥後體溫升降不定，病無起色。十日傍晚入住協和醫院，由內科主任盧勒負責主治，但連續做兩天檢查，亦未能確定病由。汪榮寶自感不測，不禁心境淒涼之至，十二日其堂妹來醫院探望，榮寶與之談論家族事務，歷數祖籍蘇州家人的狀況，詢問八弟汪東寶為何沒有書信來，且謂已寫好自輓之詞。十三日始確定為心臟病，因心臟動作弛緩，心部為水所包，失去輸血功能，極有可能隨時衰止。十六日做抽水手術，後汪榮寶處於昏迷狀態，呼吸短促，十七日晨氣促脈微，時時作短咳，有稠液而不能吐。群醫相顧束手，認為鏈球菌已轉而化膿，無法醫治，唯注射強心劑以延晷時而已，十八日卯刻辭世矣！

一九三三年七月十八日，汪榮寶因心臟病逝於北京協和醫院，終年五十六歲。他病逝後第二天，國內兩大報刊均對此作了報導，上海《申報》在「國內新聞」欄目中以「汪榮寶逝世」的標題作了報導：「北平：前駐日公使汪榮寶，自辭卸公使職後，即回平休養，因患心臟衰弱病前迭經德國醫院及協和醫

三　《汪榮寶事》，郭則沄著、欒保群點校：《洞靈小志　續志　補志》，東方出版社 2010 年版，第 188 頁。

院診治未愈，今晨逝世。汪現年五十七歲，有四子二女，一子任墨西哥使館代辦，一子駐法公使館任事。（十八日專電）」[四] 天津《大公報》以《汪榮寶逝世——患心臟病僅月餘，昨晨在協和醫院病逝》的標題作了報導：「國聞社云：前駐日公使汪榮寶，自卸職後，即在北平供養。近因患心臟病，於十日前赴協和醫院診治，至昨晨五時三十分，因血壓過高，病勢轉劇，遂爾逝世。汪現年五十六歲。遺四子二女，長子現任墨西哥公使代辦，次子供職於駐法公使館，除已由汪宅電催返國外，已在東四八條本宅治喪云。略歷：汪榮寶，字衮甫，五十六歲。江蘇吳縣人。光緒二十七年赴日本留學，入早稻田大學，二十九年因母喪歸國，翌年充京師大學堂教學，滿服後為京官，供職兵部。三十四年調升民政部右參議。宣統三年，清廷派為憲法協纂大臣。資政院設立，復派充議員，在院以能言得時譽。民國成立後，初充臨時參議院議員，正是國會選舉，被選為眾議院議員。三年政府任為比利時全權公使，後調任駐瑞士全權公使。旋回國，十三年復被任為駐日本全權公使，至九一八前始返國。」[五]

汪榮寶生病期間，其二子懋熙一直服侍身邊，三子孝熙在比利時留學畢業，就職於中國駐瑞士使館，時經外交部批准回國省親，於五月二十二日輾轉達到北平，私下辭職留下侍奉，七月四日四子汪績熙從日本早稻田大學畢業歸國。聞知父親生病消息，其在日本學醫的小女兒靜熙，及五子重熙二人星夜遄歸，長子延熙時任駐義大利代辦公使，聽聞噩耗，棄官奔喪，越五十日才趕回北平。因路途遙遠，長子延熙

四 《汪榮寶逝世》，《申報》1933年7月19日第三版。

五 《汪榮寶逝世》，《大公報》1933年7月19日第三版。注：兩報刊均稱汪榮寶有四子二女，實際上汪氏有五子二女，其中長子任墨西哥代辦應為駐義大利代辦公使。另外，《申報》所刊汪榮寶的年齡有誤，應為五十六歲。

和五子重熙均未來得及與父親最後一面。時汪家在宅中設靈堂，辦喪事。據其姪女汪溪回憶：「靈柩停在正北的堂屋裡，四周用大冰塊圍繞著。靈堂就在大廊前的走廊上。懸掛的輓聯，從上到下成立一片白色的海洋。走廊的一側坐著一排念經超度的和尚道士。」因天氣炎熱，停靈了半個多月就出殯了。出殯是顯示治喪風光的最重要的一步。「靈車上的靈柩有特定的披蓋，可能要符合死者的身份。靈柩由幾十個人用木杠抬著，緩慢地行進……送靈的披麻孝子，手裡舉著幡，走在靈車前面，家屬和前來送殯的親友，乘坐在用白布鋪蓋的只能容兩三人的小驢車，跟在靈柩車後面，一輛尾隨一輛，浩浩蕩蕩，一眼望不盡，有一兩里長。」[六]靈柩被送到郊外一個寺廟停靈，以後運到蘇州祖墳下葬。

一九三四年二月，汪榮寶遺體歸葬蘇州越溪鎮陸墓山，墓碑上刻有「顯考袞父公之墓」七個大字。汪榮寶病逝後，胞弟汪東寶有感「雁行折翼」，遂改單名為東，改字為旭初，後人多稱為汪東。章太炎撰《故駐日本公使汪君墓誌銘》以記之，其銘曰：「噫乎袞甫，外彪中磐，珥筆從事，何其敬著！大號渙矣，不扳其鱗。專對之選，行遠以文。伏寇西闕，窺我廣員。制變在速，驅以救焚。何德之藐藐，而言猶諄諄！退反初服，理其舊聞。餘慼未絕，龍性匪馴。噫，其學也子云，其行也子云，何足以云？」[七]

六 汪溪：《朝左走向右轉》，華夏出版社2007年版，第108-109頁。

七 章太炎：《故駐日本公使汪君墓誌銘》，《章太炎全集》第五集，上海人民出版社1986年版，第258-259頁。

三、汪榮寶後代之簡況

汪榮寶的家庭極為和睦，結髮妻子黃君卣出自書香門第，知書達理且性情溫和，料理家事頗為能幹，後汪榮寶又納一妾名張秀英，張氏出身無從考查，但是從《汪榮寶日記》有關記載中可見張氏應為時髦之追捧者，善交誼舞，愛華美服飾，喜飲酒且常喝醉，讓汪榮寶頗覺尷尬。汪榮寶生五子二女，五子名依序為：延熙、懋熙、孝熙、績熙、重熙，二女名福熙、靜熙，其子女均為髮妻黃氏所生，張氏無所出。其長女福熙嫁給鄭壽良，二女靜熙跟隨汪榮寶在日本學習，讀醫學兒科專業，學成後成了一名兒科醫生，曾在上海宋慶齡主辦的中國福利會所屬幼稚園當醫生。

其五子有三人畢業後從事外交工作，在民國外交界頗有聲望。長子汪延熙（一八九七—一九五〇），字子長，外文名 Raymond，夫人為陳籙長女陳媛瓊（德南），曾留學法國法政大學，後在民國外交部供職，一九二九年孫中山奉安大典時曾代表外交部招待比利時專使華洛思率及隨從紀佑穆等人。後任法國使館二等秘書、瑞士使館一等秘書、參贊、義大利代辦公使等職。延熙善事丹青，畫作在當時頗有影響。二子汪懋熙（一八九八—一九五六），字茂仙，清末時因其父而獲朝廷蔭封生員資格，民國後亦曾跟隨汪榮寶出國，從事何種職業不詳。

三子汪孝熙（一九〇五—一九六二），字慈明，外文名 Roland，早年跟隨汪榮寶出國，曾赴瑞士留學，入日內瓦大學，先後獲法學碩士及博士學位，畢業後歸國。一九二九年任國民政府外交部幫辦，一九四四年十一月任駐比利時大使館參事。一九五〇年任臺灣國民黨當局「外交部東亞司」司長，在一九五〇年至一九五二年間曾作為代表之一，參加日本和蔣介石政府之間的和約談判，一九五三年任臺灣國民黨駐比利時公使，兼任駐盧森堡全權公使。一九五九年十一月，任駐比利時大使館特命全權大使，一九六二年十二月十二日病逝於任上。[八]

四子汪績熙（一九〇九—二〇〇〇），又名汪公紀，外文名 Charles，夫人名任永溫，是民國駐橫濱領事任家豐之女。績熙早年隨父居住比利時、法國、瑞士，一九二二年回國。一九二三年就讀於北平俄文法政專門學校，一九二六年赴日入早稻田大學預科，後升大學部政治經濟系。一九三三年畢業返國，初任行政院整理委員會助理秘書，繼任中國銀行總行助理秘書，一九三六年任湖北省政府秘書，一九三七年任上海市政府秘書，同年隨吳鐵城去廣東，任廣東省政府秘書。抗日戰爭期間，先後任閩粵區宣傳專員、國民黨中央黨部秘書，抗戰勝利後，任新聞局駐法國辦事處處長。一九四五年被派為國民政府還都接收委員會委員。

汪公紀在政治上支持國民黨，但與共產黨周恩來、夏衍有所交往，在一九四五年重慶國共談判時，汪公紀曾與周恩來會面，周推重汪氏之人品和才學，力勸他支持兩黨和談，汪公紀卻說：「將來有你沒有我，有我沒有你，我們國共兩黨看來不會好的，大家為自己的黨奮鬥吧！」周恩來也意味深長的說：「將來有我周恩來，就不會沒有你汪公紀，夏衍作證。」到一九四九年解放後，周恩來派人到南京和蘇州請汪公紀，得知他已去了臺灣。據說臨走時其叔父汪東曾說「良禽擇木而棲」，勸其留在大陸，但他

八 《吳縣誌》，第三十一卷，人物，第 1156 頁。

堅持己見，回答說：「忠臣不侍奉二主」。去臺灣後汪公紀擔任中央信託局秘書處處長，一九五二任「駐日代表團」副團長，後在臺灣東吳大學講授西洋外交史。一九五六年任「中日文化經濟協會」幹事長，一九五七年兼任「教育部」世界名著編譯委員會主任委員，一九五九年任「中日合作策進會」委員。一九六三年任駐馬達加斯加大使，期間因臺灣內部矛盾，曾被台軍方綁架，吃了一段時間的冤枉官司。一九六五年任台外交部顧問，一九七五年應聘臺灣中國文化大學法文系主任，出版的著作有：《主宰美國命運的幕後集團》、《西方國家的自殺》、《洛柯菲勒家族秘錄》、《丁丁歷險記》、《朽廬隨筆》和《日本史話》等。[九]

汪公紀重要的貢獻是撰寫了《日本史話》，全面詳細地論述了日本發展之歷史。他青年時曾在日本早稻田大學留學，到臺灣後又出使過日本，認為日本是中國的近鄰，先天註定要與中國發生密切關係，近世中國人對於日本和日本人的觀感，有「媚日」、「親日」、「懼日」和「仇日」，只是真正「知日」的卻不多。由於其父（汪榮寶）、祖（汪鳳藻）都曾任過駐日外交使臣，汪公紀與日本有著特殊的淵源和認識，深覺有責任將所認識的日本介紹給國人，尤其是那些正史之外鮮為人知的逸事。因而他在尊重歷史真實的原則下，以其深厚的文學歷史修養、高度的民族責任心和祖孫三代與日本的淵源為基礎，搜尋準確資料，查閱大量報刊資料，採用講故事的方式，用通俗淺近的文字將日本歷史、日本民族介紹給世人，他帶病堅持寫作，數易其稿，撰成《日本史話》。該書分上古篇、中古篇、近古篇和近代篇，記

九 汪溪：《朝左走向右轉》，華夏出版社 2007 年版，第 140-141 頁。

述從日本傳說的開國君主神武天皇至第二次世界大戰後日本向盟軍投降為止約二千年的歷史。上古篇從日本傳說的開國君主談到源氏家族勢力在關東崛起，時序上從西元前六六〇年到西元十一世紀的末期。中古篇在年代上橫跨西元十二世紀到十六世紀，從鎌倉幕府到戰國時代的四百餘年，此謂日本史的中古時代。近古篇所涵蓋的時期由十六世紀後期到十七世紀初期，時間只有五六十年，這是日本由戰國時代重新一統的時期，涉及到織田信長、豐臣秀吉、德川家康等重要歷史人物。近代篇自德川幕府的衰敗到第二次世界大戰後日本向盟軍投降為止。該書已經成為研究日本民族的經典論述，在海外影響力不亞於美國學者本尼·迪克特的《菊與刀》。+

其五子重熙（一九一四—一九八五），字康成，外文名 Victor，解放初在上海居住，後到天津港務局擔任工程師。

四、對汪榮寶之評價

近代中國內憂外患，中西文明的碰撞與交匯，中國社會的嬗變和動盪，迫使國人關注世界，探求西方社會發達的緣由，尋求國家富強的良方。汪榮寶生逢其時，他上下求索，留下的改革言論雖然不多，但敢於實踐，勇於創新，以腳踏實地的實幹精神宣導和參與了清末民初多項社會政治改革，以自己富有

+ 汪公紀：《日本史話》，廣西師範大學出版社 2006 年版。

個性的思想和實踐行動推動了近代中國政治、法律、外交的進步。

汪榮寶可謂在當時頗具影響的歷史人物。他性格溫和，平易近人，沈默少言，但他遇事冷靜，做事務實，每求真是。或許他並不十分渴望在政治上謀求位高權重，更多執著於具體事務之規劃，因而在他身上少有政治的媚俗之味，更多體現出學者的氣質。作為一個改革者而言，他踏實肯幹，能抓住機遇，隨機而動，且眼光獨特，規劃宏遠。作為一個法律家而言，他具有深厚的法律專業知識，這是其立足政壇的基礎，他諳熟日本法律，對憲法深有研究，力主對舊式法律進行革新。作為一個外交家，他能果斷又有方略地處理國際交涉，尤其是中日關係上，能折衝樽俎，以維護國家利益和民族尊嚴為主旨，講究談判步驟和方法，保持中日關係相對穩定。作為一個學者，他天資聰穎，博學淹雅，治學不蹈於常規，不囿於本國文化，從而取得較高的學術成就。

作為清末民國的政治新秀、法政精英和外交人物，汪榮寶既有作為官宦維護舊秩序的一面，也有作為仕人憂國憂民、嗅覺靈敏和骨氣豁達的一面。由時局和外部環境的限制，他的改革努力一再受挫，但是家學文化裡那種關心國家命運，敢於追求新思想、勇於接受新變化的傳統深刻地影響著他。汪榮寶堅持穩健漸進的改革理念，努力在保持現有秩序連續發展的前提下，以和平而非暴力的、循序漸進而非一蹴而就的穩妥方式，最大化的實現中國政治、法律從傳統向現代的轉變。他的改革活動以「處常」和「求變」為核心，其中「處常」是保障，「求變」是關鍵，「處常」是指保持原有的體制，強調「常」字，即穩定、漸進，為「變」提供穩定的社會條件；「求變」的重點在「變」，即變化、革新，這是他改革實踐的目標。綜其特徵有以下幾點：

第一，堅持體制內改革。作為精通西方政治法律的改革家，汪榮寶深知當一種體制遭到徹底破壞時，極有可能會引發社會動亂，導致生靈塗炭、經濟蕭條、民眾信仰混亂，以至新的制度在短期內無法正常有效地運轉。因而他力主模仿日本、德國的憲政模式，和平有序的在體制內進行改革，反對徹底摧毀現存體制。在清末民國混亂的政治局勢中，他一直堅守這一改革理念，新政改革中他孜孜不倦地在君主立憲政體框架內從事政治、法律制度的創新改良，維護清廷權威；辛亥鼎革之際他推崇袁世凱，希望袁氏快速控制時局，穩定社會繼續革新；民國建立後又力主在現有共和體制內用一系列的法律規章維持新政治制度的正常運行。

第二，強調進化革新。汪榮寶信奉進化論思想，堅持歷史發展進步觀，進化論的核心是任何事物要因時而變，只有變化革新方能有所進步，實現自我完善之目的。他沒有停留在對西方憲政文化的思考中，深信中國若想實現獨立富強就必須推行全面改革，因此，主動地移植西方民主政治到中國，並在實踐過程中加以改進，使之與當時的中國社會相調適。他還在實踐層面參與主持清末的多項改革，力圖完善現存體制，增加它的活力，使其適應歷史發展的潮流和世界多元化的格局。

第三，具備務實的實踐精神。務實是與幻想、浪漫相對立的，即依據實際條件腳踏實地地解決現實中的具體難題。汪榮寶不太關注言論的流傳和口上的承諾，理論上的建立較少，烏托邦式的長遠藍圖更遭其鄙視。他具備強烈的現實關懷和實踐品格，強調制度、法規、法律的可操作性和改革者的身體力行，而堅忍不拔體現在每一項改革主張和改革舉措之中，正是這種態度使得他投身到改革中，以實際活動推動社會的發展。社會責任和改革實效是他同時考量的兩個因素。

第四，強調把握改革的機遇。汪榮寶非常重視時機的把握，籲懇清廷抓住時機推動改革。在晚清七十年的時間內，清政府出現過多次實現自強自立的機會卻沒能很好把握，清王朝至少錯失了三次改革的良機，第一次洋務運動，第二次維新變法，第三次即清末新政。二十世紀初的新政改革是清王朝最後一次自救機會，在已經錯失前兩次機遇情況下更應珍惜這一良機。汪榮寶充分認識到了這一點，因而在改革中時時提醒清廷應抓住時機果斷推進改革。在國會請願運動中他看到民情奮發，認為這是推進憲政的絕好機會，為此專門致書肅王善耆，指出「人心難得而易失」，應借此激發輿情，提前開設國會，則「人心必當大奮」，挽救危局還是有希望的。[十一] 在資政院討論速開國會議案中他再次明確指出「人心難得而易失，時會一往而不還」，若堅持推延召開國會「必令花團錦簇之舉消歸烏有，決非得策。」[十二] 誠摯地勸誡清政府要握好機遇，切不可再坐失良機。

當然，汪榮寶的改革理念不是沒有缺陷的。近代以降各種救亡思想應運而生，如器物救國、科學救國、教育救國、制度救國等，在急切救亡心理的推動下，汪榮寶對制度救國有著較高的期望。所謂制度救國主要是指政制救國，即認為中國的出路在於建立憲政民主制度，清末憲政改革正是這種理念的體現。汪榮寶堅守漸進改革理念的同時也顯示了他「激進」的一面，在改革的進展與速度上，希望清政府儘快建立君主立憲政體，因而在改革中首先重視的是各項憲政法規的制定，在他看來惟有完善的制度才

十一　《汪榮寶日記》第二冊，1910年6月26日，第542頁。

十二　《汪榮寶日記》第二冊，1910年11月3日，第677頁。

可保障立憲政治的功效。但是他卻忽視了該制度得以實現其效能的歷史、文化、經濟和社會諸方面的前提和條件，換言之，他抽象地關注制度的功效，卻忽視實現該功效的種種條件的聯繫。[十三]

汪榮寶實際上是清末民初體制內海歸改革派的一個代表人物，他的思想和實踐反映了所屬群體的共性特徵。體制內海歸改革派是指留學生在歸國後，被政府所吸納，最終進入執政系統，在政府內擔任一定官職、反對用激進方式推翻原有統治秩序、試圖通過改革方式促進社會發展和進步、實現國家強盛和民族獨立的政府公務人員，除汪榮寶以外，曹汝霖、章宗祥、陸宗輿、楊度、金邦平、胡礽泰、章宗元、董康、嵇鏡、程明超、吳振麟、李景鉌等都屬於這一群體。他們生活在國門被強行洞開、落後挨打的社會之中，國家遭屈辱、人民受奴役的可悲境遇激起了強烈的憂患意識和民族情感，他們繼承著古代士大夫們「以天下為己任」的優良傳統，自覺地肩負起歷史的重任，以愛國相砥礪，以救亡為己任，苦苦尋覓救國救民的真理。

在清末民國的歷史巨變中，海歸改革派主張立憲政治，積極推進各項改革並力行實踐，以穩健漸進的方式，積極參與政治和法律的改革，在推動政治民主化和法制近代化進程中扮演了重要角色。揆諸史料可見他們具有共同特徵，具體如下：

第一，具有留學經歷。留學生是清末社會的特殊群體，他們既是西方文明的直接受益者，也是西方統治的對立者，有著深厚的愛國情感和強烈的民族憂患意識，被社會評價為「愛之愈切，恨之愈深」和

十三 蕭功秦：《與政治浪漫主義告別》，湖北教育出版社2001年版，第311頁。

「最擔心中國人要被從世界人中擠出去」的群體。他們敏銳地意識在萬國競爭時代，墨守陳規、固步自封只能自取滅亡，只有革新才能實現救亡和自強。面對國家危迫形勢，他們追隨滾滾的留學浪潮，背起行篋求學他邦，去探索救亡圖存的良方。在學習西方科技文化和吸納民主思想後，他們歸國從政，被納入政府各級機構中，成為體制內成員。因為掌握政治、法律專門知識，政府和大吏不得不把他們視為智囊，授以大權委以重任，從而使得他們在改革中發揮專業特長，一定程度上推動著憲政的進程。

第二，政府內擔任官職。因清政府採取鼓勵留學歸國政策，舉行多次遊學考試，優秀者授予舉人、進士功名，留學生因此進入政府權力系統者頗多。在一些開明權貴人物的獎掖下，他們中的傑出者又常被破格提拔參與機要。肅親王善耆掌民政部時，「汪榮寶、章宗祥均以留學生不三年而為丞參」。[十四]曹汝霖初任農工商部主事，後調至外務部，不到三年即從主事、丞參升至侍郎。辛亥革命之前，汪榮寶任民政部左丞，章宗祥和陸宗輿均是責任內閣成員，章兼法制院副院長，陸兼印鑄局局長，楊度任統計局局長。民國建立後，海歸改革派在新的體制內仍擔任高官，汪榮寶歷任參議院議員、國會議員、駐比利時、瑞士、日本公使，曹汝霖歷任外交總長、交通總長，是「新交通系」的首領，章宗祥歷任總統府秘書、法制局局長、司法部總長，並一度署理教育、農商部總長，後出任駐日全權公使，陸宗輿歷任總統府財政顧問、國會議員、駐日全權公使等。體制內海歸派擔任重要職位，有利於從全局上把握時局看清問題所在，有利於他們拋棄好高騖遠、紙上談兵、不重實踐的書生幼稚病，也有利於改革方案在體制內的落實貫徹。

十四 朱德裳：《談汪榮寶》，《三十年聞見錄》，嶽麓書社 1985 年版，第 70 頁。

第三，具有強烈的批評和革新意識。海歸改革派接受過系統的西學教育，親眼目睹了所到國家政治民主、經濟繁榮的景象，將清政府與列國政府進行比較，他們更清楚地看到君主專制與西方民主制度的差距，萌發出更痛切的祖國落後感，因而更強烈地批評時政呼喚改革，他們在政府改革中常表現出的相對激烈正基於此。在清末民初特別是在清末，海歸改革派往往是改革派的「鋒線人物」和主力軍，他們站在改革的前沿與守舊派展開辯論，宣傳憲政思想，敦促政府不斷切實推進憲政改革，以實現政治體制從君主專制向君主立憲制的根本轉變。

第四，承認權威和秩序的重要性。海歸改革派在尊重現有體制連續性的基礎上，希望維持一個擁有絕對權威的中央政府，以便統領調動社會各階層的力量，整合各種資源和協調各方利益，進而有效地推進改革，追求穩定有序的社會環境，和平地穩步地推進改革。近代中國戰亂頻仍災禍不斷，以致國家貧弱，社會缺乏基本的財富積累，只有保持穩定的社會秩序，方能使改革措施推行下去，並真正有益於國計民生。因而，他們反對狂飆式的改革，更不主張「推倒重來」的革命，總是細心地商討，有計劃、有步驟的積累社會潛能，最後才尋求改革的突破和成效。

亨廷頓說：「改革者的道路是艱難的，他們所面臨的問題比革命者更為困難」，「革命者的目的是使政治兩極化，因此他們總是試圖用涇渭分明的二分法將多種政治問題簡單而戲劇性歸併為『進步』勢力和『反動』勢力之間的鬥爭。革命者總是盡力積累分裂，而改革者卻必須努力分散和消弭分裂」。[十五]改革從來不是一個人的力量可以達成的，歷史上的進步是諸多人物的合力推動的作用。以汪榮寶等為代

十五 撒母耳·P·亨廷頓，王冠華等譯：《變化社會中的政治秩序》，三聯書店 1989 年版，第 316-318 頁。

表的海歸改革派，選擇在體制內進行改革的道路是一條艱難之路，他們必須承受來自各方面的壓力，這種壓力包括統治者、保守勢力及體制外激進派等。必須承認這些海歸者在面對現實問題時，對國家、國民抱有強烈的責任感，能夠冷靜地分析政治變革的後果，政治見解更為成熟和理性。

近代中國社會處於歷史的轉型期，這種變化是以前未曾有過的，期間新舊交替、傳統和現代碰撞、西方和東方交匯，必然引發諸多衝突和矛盾。體制內海歸改革派有著痛苦、迷茫、彷徨和無奈，但他們思想中更多的是理想、激情、追求和愛國，正是懷著誠摯的愛國之情和救亡意識，他們執著地將西方的政治制度移植到中國，並在政治和法律領域內除舊佈新，為中國的近代化開疆辟土，他們的其篳路藍縷之功不應被遺忘。

英國歷史學家卡爾說：「歷史就是現在和過去之間的不斷的對話。」[十六] 歷史學家埃裡克．霍布斯鮑姆也說：「過去是現在和未來的模型」，「歷史可以提供模型，使現實按令人滿意的形式重建。」[十七] 當然，歷史不可能預言特定的事物，也無法從過去的結論中提供某種固定的規律，但是歷史可以為現實提供經驗、啟迪或者考量事物的指針。當回首反思清末民初的中國歷史時，我們往往聯想到歷史演變的另一種可能，即在暴力之外、體制之內改革的可能。儘管歷史是不能作浪漫主義假設的，但這種基於歷史事實的假設並非想入非非，體制外的暴力革命固然有其正當性和合理性的一面，但體制內的改革應該說也是一種不錯的選擇。

十六　E.H.Carr, what is history ?-Seoul Publishing Ltd,1987:59.

十七　（英）埃里克·霍布斯鮑姆，馬俊亞等譯：《歷史神話的終結者》，上海人民出版社 2002 年版，第 30 頁。

參考文獻

一、汪榮寶著書和論文

汪榮寶：《思玄堂詩》，沈雲龍主編：近代中國史料叢刊正編第六十輯，臺北文海出版社一九七〇年影印本。
汪榮寶：《金薤琳琅齋文存》，近代中國史料叢正編第六十輯，臺北文海出版社一九七〇年影印本。
汪榮寶、葉瀾合編：《新爾雅》，上海明權社一九〇七年版，近代中國史料叢續編第十四輯，臺北文海出版社一九七七年版。
汪榮寶：《清史講義》，近代中國史料叢刊續編第九十四輯，臺北文海出版社一九七七年影印本。
汪榮寶：《汪榮寶日記》，近代中國史料叢刊三編第六十三輯，臺北文海出版社一九八六年影印本。
汪榮寶撰、陳仲夫點校：《法言義疏》（上下冊），中華書局一九七七年版。
汪榮寶：《史學概論》，《譯書彙編》第九期，一九〇二年十二月十日，第十期，一九〇二年十二月二十七日。
汪榮寶：《國民之進步歟》，江蘇同鄉會編《江蘇》第二期。
汪榮寶：《歐洲歷史之新人種》，《譯書彙編》，一九〇三年第十一期。
汪榮寶：《拔都別傳論》，《譯書彙編》，一九〇三年第十二期。
汪榮寶：《歌戈魚虞模古讀考》，《國學季刊》，一九二三年四月版第一卷第二號。
汪榮寶：《論阿字長短音答太炎》，《學衡》，一九二五年第四十三期。
汪榮寶：《釋「皇」》，《國學季刊》，一九二三年第一卷第一期。

汪榮寶：《釋「身」》，《華國月刊》，一九二四年第一卷第六期。

汪榮寶：《釋「彝」》，《華國月刊》，一九二四年第一卷第七期。

汪榮寶：《同仁會漢文醫學雜誌序》，《同仁會醫學雜誌》，一九二八年第一卷第一期。

汪榮寶：《轉注說》，《華國月刊》，一九二四年第一卷第九期。

汪榮寶：《朝鮮排華暴動慘案之實地調查》，《新亞細亞》，一九三一年第三卷第一期。

二、硃卷、檔案資料和報刊雜誌

汪鳳池：光緒乙亥恩科（一八七五年）順天鄉試硃卷。

汪鳳藻：光緒壬午科（一八八二年）順天鄉試硃卷。

汪鳳藻：光緒癸未科（一八八三年）會試硃卷。

汪鳳梁：光緒己卯科（一八七九年）江南鄉試硃卷。

汪鳳梁：光緒庚寅恩科（一八九〇年）會試硃卷。

汪榮寶：光緒丁酉科（一八九七年）拔貢硃卷。

中國第一歷史檔案館巡警部全宗、資政院檔案全宗、憲政編查館檔案全宗、學部檔案全宗、軍機處錄副奏摺、蘇州市革命博物館資料。

報刊：《申報》、《時報》、《大公報》、《民立報》、《益世報》、《時務報》、《清議報》、《政治官報》、《吳縣月報》、《天鐸報》、《政府公報》、北洋政府《外交公報》、南京國民政府《外交部公報》。

期刊：《江蘇》、《浙江潮》、《遊學譯編》、《譯書彙編》、《法政雜誌》、《憲法新聞》、《東方雜誌》、《庸言》、《蘇州文史資料》。

三、資料彙編、地方誌、大事記、辭典

張海鵬：《中國近代史論著目錄》，上海人民出版社二〇〇五年版。

陳玉堂：《中國近現代人物名號大辭典》，浙江古籍出版社二〇〇五年版。

黃濬：《花隨人聖庵摭憶》，民國筆記小說大觀第四輯，山西古籍出版社二〇〇二年版。

高拜石：《新編古春風樓瑣記》，正中書局二〇〇二年版。

蘇州近現代人物編委會、蘇州市政協、文史委員會編：《蘇州近現代人物》，古吳軒出版社二〇〇二年版。

許治、沈德潛、顧詒祿修纂：《元和郡縣誌》，乾隆二十六年修，《續編四庫全書》，上海古籍出版社二〇〇二年版。

周棉主編：《中國留學生大詞典》，南京大學出版社一九九九年版。

周治華主編：《當代蘇州人才錄》，上海三聯書店一九九九年版。

中國第一歷史檔案館編：《光緒宣統兩朝上諭檔》，廣西師範大學出版社一九九六年版。

吳鐵峰：《清末大事編年：一八九四—一九一一》，湖南大學出版社一九九六年版。

陳志奇輯編：《中華民國外交史料彙編》，臺灣渤海堂文化公司一九九六年版。

石源華：《中華民國外交史辭典》，上海古籍出版社一九九六年版。

蘇州市地方誌編纂委員會編：《蘇州市志》，江蘇人民出版社一九九五年版。

顧廷龍：《清代硃卷集成》，臺北成文出版社一九九二年版。

錢實甫：《北洋政府職官年表》，華東師範大學出版社一九九一年版。

徐友春主編：《民國人物大辭典》，河北人民出版社一九九一年版。

（澳）駱惠敏編，劉桂梁等譯：《清末民初政情內幕：〈泰晤士報〉駐北京記者袁世凱顧問喬·尼·莫理循書信集》（一八九五—一九〇二），上海知識出版社一九八六年版。

章伯鋒、顧亞主編：《近代稗海》，四川人民出版社，一九八五—一九八八年。

程道德等編：《中華民國外交史資料選編：一九一一－一九一九》，北京大學出版社一九八八年版。
朱德裳：《三十年聞見錄》，嶽麓書社一九八五年版。
佚名輯：《清末民初中國官紳人名錄》，近代中國史料叢刊三編第八十輯，文海出版社一九八一年版。
陳初：《京師譯學館校友錄》，近代中國史料叢刊續編第五十輯，臺北文海出版社一九八一年版。
佚名輯：《清末職官表》，近代中國史料叢刊續編第六十四輯，臺北文海出版設一九八一年版。
舒新城：《近代中國教育史料》，人民教育出版社一九八一年版。
佚名輯：《清末各省官、自費留學生姓名表》，近代中國史料叢刊續編第五十輯，臺北文海出版社一九八一年版。
楊天石、王學莊編：《拒俄運動：一九〇一－一九〇五》，中國社會科學出版社一九七九年版。
故宮博物院明清檔案部編：《清末籌備立憲檔案史料》，中華書局一九七九年版。
汪東：《汪旭初先生遺集》，中國近代史料叢刊續編第四十輯，臺北文海出版社一九七七年版。
房兆楹：《清末民初洋學堂學生題名錄初輯》，中央研究院近代史研究所一九六七年版。
朱壽朋：《光緒朝東華錄》，中華書局一九五八年版。
曹允源、李根源等：《吳縣誌》，蘇州文新公司一九三三年鉛印本。
修訂法律館編：《法律草案彙編》，一九二六年。
吳郡汪荃台先生著、天長鬱浚生題：《救亡論》，中國國家圖書館古籍部。
陳思修、繆荃孫纂：《江陰縣續志》，一九二一年刊本，南京大學圖書館古籍部。
元和陸懋修九芝原輯，子潤庠鳳石補編：《蘇州長元吳三邑科第譜》，蘇州市檔案館。
佐藤三郎：《民國之精華》，北京寫真通訊社一九一六年版。
觀渡廬：《共和關鍵錄》，著易堂書局一九一二年版。
資政院編：《資政院第一次常年會議場速記錄》。
政學社編：《大清法規大全》，清政學社石印本。

商務印書館編譯所：《大清光緒新法令》，上海商務印書館，宣統元年。
商務印書館編譯所：《大清宣統新法令》，上海商務印書館，宣統二年。

四、年譜、人物傳記、回憶錄、文集、日記

汪晨熙、金建陵：《汪季琦年譜》，知識出版社二〇一〇年版。
汪溪：《朝左走向右轉》，華夏出版社二〇〇七年版。
蔣廣學：《梁啟超評傳》，南京大學出版社二〇〇五年版。
李吉奎：《梁士詒》，廣東人民出版社二〇〇五年版。
李貴連：《沈家本評傳》，南京大學出版社二〇〇五年版。
熊月之：《馮桂芬評傳》，南京大學出版社二〇〇四年版。
張耀曾著，楊琥點校：《憲法政治救國之夢》，《張耀曾先生文存》，法律出版社二〇〇四年版。
虞和平主編：《張謇——中國早期現代化的前驅》，吉林文史出版社二〇〇四年版。
惲毓鼎著、史曉風整理：《澄齋日記》，國家清史編纂委員會文獻叢刊，浙江古籍出版社二〇〇四年版。
侯宜傑：《袁世凱評傳》，百花文藝出版社二〇〇三年版。
姜義華：《章炳麟評傳》，南京大學出版社二〇〇二年版。
董堯：《北洋漁翁徐世昌》，中國財政經濟出版社二〇〇二年版。
楊度：《楊度日記》，新華出版社二〇〇一年版。
趙炳麟：《趙伯岩集》，廣西人民出版社二〇〇一年版。
盧金城：《江春霖御史奏稿簡注》，廈門大學出版社二〇〇一年版。
章開沅：《張謇傳》，中華工商聯合出版社二〇〇〇年版。
勞乃宣：《韌叟自訂年版譜》，北京圖書館編：《年版譜叢刊》，第一百八十冊，北京圖書館出版社一九九九年版。

包笑天：《釧影樓回憶錄》，山西古籍出版社一九九九年版。
蔡元培：《孑民自述》，江蘇人民出版社一九九九年版。
張一麐：《古紅梅閣筆記》，上海書店出版社一九九七年版。
胡思敬：《國聞備乘》，民國史料筆記叢刊，上海書店出版社一九九七年版。
易宗夔：《新世說》，民國筆記小說大觀，山西古籍出版社一九九七年版。
施明、劉志盛整理：《趙瀞園集》，湖南人民出版社一九九二年版。
陳錫祺主編：《孫中山年譜長編》，中華書局一九九一年版。
張樹年主編：《張元濟年譜》，商務印書館一九九一年版。
朱維乾：《江春霖集》，馬來西亞興安會館文化委員會，一九九〇年版。
梁啟超著：《飲冰室合集》，中華書局一九八九年版。
張國華、李貴連編著：《沈家本年譜初編》，北京大學出版社一九八九年版。
賈熟村：《曹汝霖傳》，浙江教育出版社一九八八年版。
沃丘仲子：《近代名人小傳》，中國書店一九八七年版。
沃丘仲子：《現代名人小傳》，中國書店一九八七年版。
汪東：《寄庵隨筆》，上海書店一九八七年版。
汪康年：《汪康年版師友書箚》全二冊，上海古籍出版社一九八六年版。
劉晴波：《楊度集》，湖南人民出版社一九八六年版。
載澤：《考察政治日記》，嶽麓書社一九八六年版。
劉厚生：《張謇傳記》，上海書店出版社一九八五年版。
丁文江、趙豐田編：《梁啟超年譜長編》，上海人民出版社一九八三年版。
顧維鈞：《顧維鈞回憶錄》，中華書局一九八三—一九九四年版。

溥儀：《我的前半生》，群眾出版社一九八一年版。
曹汝霖：《曹汝霖一生之回憶》，臺北傳記文學出版社一九八〇年版。
湯志鈞編：《章太炎年譜長編》，中華書局一九七九年版。
沈雲龍：《徐世昌評傳》，臺北傳記文學出版社一九七九年版。
胡思敬撰：《退廬全集》，近代中國史料叢刊正編第四十五輯，文海出版社一九七〇年版。
劉禺生：《世載堂雜憶》，中華書局一九六〇年版。
蘇州汪原渠：《汪氏支譜》，一九三七年油印本，上海圖書館地方誌部。
汪孝熙等：《哀啟》（汪榮寶），中國國家圖書館古籍；《吳縣文獻》。
陸宗輿：《陸潤生先生五十自述記》，北京日報承印，一九二五年版，中國國家圖書館古籍部。
曹汝霖：《曹汝霖等書劄》，民國年版間，中國國家圖書館古籍部。

五、相關研究著作

彭劍：《清季憲政編查館研究》，北京大學出版社二〇一一年版。
賀嘉：《清末制憲》，陝西人民出版社二〇一一年版。
郭世佑：《晚清政治革命新論》（增訂版），中國人民大學出版社二〇一〇年版。
陳煜：《清末新政中的修訂法律館》，中國政法大學出版社二〇〇九年版。
張永：《民國初年版的進步黨與議會政黨政治》，北京大學出版社二〇〇八年版。
高漢成：《簽注視野下的大清刑律草案研究》，中國社會科學出版社二〇〇七年版。
米彥青：《清代李商隱詩歌接受史稿》，中華書局二〇〇七年版。
張晉藩：《中國法律的傳統與近代轉型》，法律出版社二〇〇五年版。
竇坤：《莫理循與清末民初的中國》，福建教育出版社二〇〇五年版。

李育民：《中國廢約史》，中華書局二〇〇五年版。

王芸生編：《六十年來中國與日本》第八卷，三聯書店二〇〇五年版。

張培田、張華：《近代中國審判檢察制度的演變》，中國政法大學出版社二〇〇四年版。

公丕祥：《中國的法制現代化》，中國政法大學出版社二〇〇四年版。

張晉藩：《中國憲法史》，吉林人民出版社二〇〇四年版。

張玉法：《民國初年版的政黨》，長沙嶽麓書社二〇〇四年版。

（日）依田憙家著，卞立強等譯：《日中兩國近代化比較研究》，上海遠東出版社二〇〇四年版。

（美）吉伯特·羅茲曼主編，國家社會科學基金「比較現代化」課題組譯：《中國的現代化》，江蘇人民出版社二〇〇三年版。

李學智：《民國初年法治思潮與法制建設》，中國社會科學出版社二〇〇四年版。

李細珠：《張之洞與清末新政研究》，上海書店二〇〇三年版。

程燎原：《清末法政人的世界》，法律出版社二〇〇三年版。

張德美：《探索與抉擇——晚清法律移植研究》，清華大學出版社二〇〇三年版。

袁偉時：《帝國落日——晚清大變局》，江西人民出版社二〇〇三年版。

殷嘯虎：《憲法學》，上海人民出版社二〇〇三年版。

韓秀桃：《司法獨立與近代中國》，清華大學出版社二〇〇三年版。

高旺：《晚清中國的政治轉型——以清末憲政改革為中心》，中國社會科學出版社二〇〇三年版。

陳宇翔：《中國近代政黨思想研究》，湖南大學出版社二〇〇三年版。

（日）久米正雄著，林其模譯：《伊藤博文傳》，團結出版社二〇〇三年版。

李貴連：《近代中國法制與法學》，北京大學出版社二〇〇二年版。

汪榮祖：《從傳統中求變——晚清思想史研究》，百花洲文藝出版社二〇〇二年版。

尚小明：《留日學生與清末新政》，江西教育出版社二〇〇二年版。
李劍農：《中國近百年政治史》，復旦大學出版社二〇〇二年版
廖梅：《汪康年：從民權論到文化保守主義》，上海古籍出版社二〇〇一年版。
沈渭濱：《困厄中的近代化》，上海遠東出版社二〇〇一年版。
蕭功秦：《與政治浪漫主義告別》，湖北教育出版社二〇〇一年版。
韓延龍、蘇立工：《中國近代警察史》，社會科學文獻出版社二〇〇〇年版。
王仁宇：《蘇州名人故居》，西安地圖出版社二〇〇〇年版。
安宇、周棉：《留學生與中外文化交流》，南京大學出版社二〇〇〇年版。
謝振民著、張知本校：《中華民國立法史》，中國政法大學出版社二〇〇〇年版。
張海林：《蘇州早期城市現代化研究》，南京大學出版社一九九九年版。
蕭功秦：《危機中的變革——清末現代化中的激進與保守》，三聯書店一九九九年版。
唐德剛：《晚清七十年版》，嶽麓書社一九九九年版。
石建國：《陸徵祥傳》，河北人民出版社一九九九年版。
（美）任達著，李仲賢譯：《新政改革與日本》，江蘇人民出版社一九九八年版。
吳春梅：《一次失控的近代化改革——關於清末新政的理性思考》，安徽大學出版社一九九八年版。
王曉秋、尚小明：《戊戌維新與清末新政——晚清改革史研究》，北京大學出版社一九九八年版。
（美）撒母耳·P·亨廷頓著，周琪譯：《文明的衝突與世界秩序的重建》，新華出版社一九九八年版。
沈殿成主編：《中國人留學日本百年版史：一八九六—一九九六》，遼寧教育出版社一九九七年版。
周棉主編：《留學生與中國的社會發展》，中國礦業大學出版社一九九七年版。
殷嘯虎：《近代中國憲政史》，上海人民出版社一九九七年版。
王人博：《憲政文化與近代中國》，法律出版社一九九七年版。

董守義：《跨出國門：清末出國潮》，遼寧人民出版社一九九七年版。
（美）本傑明．史華茲著，葉鳳美譯：《尋求富強：嚴復與西方》，江蘇人民出版社一九九六年版。
謝俊美：《政治制度與近代中國》，上海人民出版社一九九五年版。
石源華：《中華民國外交史》，上海人民出版社一九九四年版。
俞明俠：《中華民國法制史》，中國礦業大學出版社一九九四年版。
熊月之：《西學東漸與晚清社會》，上海人民出版社一九九四年版。
桑兵：《清末新知識界的社團與活動》，三聯書店一九九三年版。
侯宜傑：《二十世紀中國政治改革風潮》，人民出版社一九九三年版。
韋慶遠、高放、劉文源合著：《清末憲政史》，中國人民大學出版社一九九三年版。
丁中江：《北洋軍閥史話》，中國友誼出版公司一九九二年版。
陳旭麓：《近代中國社會的新陳代謝》，上海人民出版社一九九二年版。
王曉秋：《近代中日文化交流史》，中華書局一九九二年版。
趙軍：《折斷了的杠杆——清末新政與明治維新比較研究》，湖南出版社一九九二年版。
（美）費正清主編，章建剛、安延明等譯：《劍橋中華民國史》，上海人民出版社一九九一年版。
（美）亨廷頓著，王冠華譯：《變化社會中的政治秩序》，三聯書店一九八九年版。
張玉法：《民國初年的國會》，北京書目文獻出版社一九八七年版。
李新、李宗一主編：《中華民國史》，中華書局一九八七年版。
郭廷以：《近代中國史事日誌》，中華書局一九八七年版。
（美）費正清主編，中國社會科學院歷史研究編譯室譯：《劍橋中國晚清史：一八〇〇—一九一一》，中國社會科學出版社一九八五年版。
楊幼炯：《中國政黨史》，上海書店一九八四年版影印本。

黃福慶：《清末留日學生》，中央研究院近代史研究所，一九八三年版。
商衍鎏：《清代科舉考試述錄》，三聯書店一九八三年版。
（日）田原天南：《清末民初中國官紳人名錄》，上海人民出版社一九八三年版。
（日）實藤惠秀著，譚汝謙等譯：《中國人留學日本史》，三聯書店一九八三年版。
（美）周錫瑞，楊慎之譯：《改良與革命：辛亥革命在兩湖》，中華書局一九八二年版。
李澤厚：《中國近代思想史論》，人民出版社一九八二年版。
馮自由：《革命逸史》，中華書局一九八一年版。
李劍農：《戊戌以後三十年版中國政治史》，中華書局一九八〇年版。
李守孔：《民初之國會》，臺灣正中書局一九七七年版。
張玉法：《清季的立憲團體》，臺灣中央研究院近代史研究所一九七五年版。
張玉法：《清季的革命團體》，臺灣中央研究院近代史研究所一九七五年版。
洪培鈞：《國民政府外交史》，臺北文海出版社一九六八年版，沈雲龍主編近代中國史料叢刊正編第二十八輯。
倪海曙：《清末中文拼音運動編年版史》，上海人民出版社一九五九年版。
錢亦石：《中國外交史》，民國生活書店一九三八年版。
楊幼炯：《近代中國立法史》，商務印書館一九三六年版。
顧敦鍒：《中國議會史》，蘇州木瀆心正堂一九三一年版。
楊鴻烈：《中國法律發達史》，臺北商務印書館一九三〇初版。
吳宗慈：《中華民國憲法史》，東方印刷局一九二四年版。
谷鍾秀：《中華民國開國史》，上海泰東書局一九一四年版。
林長民：《參議院一年版史》，《庸言》，一九一三年版。

六、相關研究論文

石建國：《汪榮寶與國民政府「攘外必先安內」國策的出籠——以一九三一年「朝鮮排華運動」為中心》，《當代韓國》二〇一二年第一期。

孟慶濤：《清末憲法論爭與現代性的楔入》，《山西師範大學學報》二〇一二年第二期。

杜敦科、嶽瓏：《清末留學生速成教育探析》，《福建論壇》二〇一一年第一期。

潘鳴：《一九〇七年地方官制改革方案籌議研究》，《清史研究》二〇一一年第二期。

陳新宇：《〈欽定大清刑律〉新研究》，《法學研究》二〇一一年第二期。

李欣榮：《清末關於「無夫姦」的思想論爭》，《中華文史論叢》二〇一一年第三期。

李啟成：《君主立憲的一曲挽歌——晚清資政院第一次常年會百年祭》，《中外法學》二〇一一年第五期。

閆強：《典禮與憲政：丙午改制有關禮部裁改的爭論》，《中山大學學報》二〇一一年第五期。

饒傳平：《從設議院到立憲法——晚清「Constitution」漢譯與立憲思潮形成考論》，《現代法學》二〇一一年第五期。

王曉秋：《京城立憲派與辛亥革命》，《明清論叢》二〇一一年第六期。

胡震：《親歷眼中的法律修訂館——以〈汪榮寶日記〉為中心的考察》，《華中科技大學學報》（社會科學版）二〇一〇年第三期。

陳煜：《清末法律修訂館修律技術及其得失》，《法律文化研究》二〇一〇年第一期。

石建國：《汪榮寶：駐日時間最長的駐日公使》，《世界知識》二〇一〇年第二期。

章永秀：《共和的諍友：康有為〈擬中華民國憲法草案〉評注》，《中外法學》二〇一〇年第二期。

華友根：《董康與近代中國立法》，《南京大學法律評論》二〇一〇年秋季卷。

翟海濤：《日本政法大學速成科與清末的法政教育》，《社會科學》二〇一〇年第七期。

許良越：《梵漢對音法的提出及其在音韻研究中的影響》，《西南民族大學學報》二〇〇九年第一期。

王曉秋：《試論清末京城立憲派》，《北京社會科學》二〇〇九年第三期。

韓大元：《論日本明治憲法對〈欽定憲法大綱〉的影響》，《政法論壇》二〇〇九年第三期。
王貴松：《日本憲法學在清末的輸入》，《山東社會科學》二〇〇九年第五期。
李喜所、李來容：《清末留日學生「取締規則事件」再解讀》，《近代史研究》二〇〇九年第六期。
鄭磊：《清末與民國時期憲法學方法運用狀況考察》，《法學家》二〇〇八年第四期。
尚小明：《兩種清末憲法草案稿本質疑》，《歷史研究》二〇〇七年第二期。
夏新華、劉鄂：《民初私擬憲法研究》，《中外法學》二〇〇七年第三期。
遲雲飛：《晚清預備立憲與司法「獨立」》，《首都師範大學學報》二〇〇七年第三期。
吳澤勇：《〈大清民事訴訟律〉修訂考析》，《現代法學》二〇〇七年第四期。
吳澤勇：《清末修訂〈刑事民事訴訟法〉論考——兼論法典編纂的時機、策略和技術》，《現代法學》二〇〇六年第二期。
吳澤勇：《清末修訂〈法院編制法〉考略——兼論轉型期的法典編纂》，《法商研究》二〇〇六年第四期。
金建陵：《汪氏兩兄弟的生命足跡》，《檔案與建設》二〇〇六年第十二期。
劉義：《基督徒與民初憲法上的信教自由——以定孔教為國教之爭為中心（一九一二—一九一七）》，《東嶽論叢》二〇〇五年第一期。
姜新：《評清末民初留學歸國考試》，《史學月刊》二〇〇五年第十二期。
金子：《九一八及其前後的中日關係》，《文史月刊》二〇〇五年第二期。
唐啟華：《北洋外交研究評介》，《歷史研究》二〇〇四年第一期。
岑樹梅：《近代中國政黨的發軔——清末立憲運動下的組黨實驗》，《復旦學報》二〇〇四年第二期。
楊丹偉、陳一平：《國際化進程中的民國外交》，《江蘇社會科學》二〇〇四年第三期。
何勤華：《中國近代憲法學的誕生與成長》，《當代法學》二〇〇四年第五期。
夏新華、劉鄂：《民國初年四黨憲法討論會及其意義》，《湘潭大學學報》二〇〇四年第六期。

余衛玉、馬亞麗：《民初關於孔教入憲的激烈爭議》，《文史精華》二〇〇四年第九期。
鈔曉鴻、鄭振滿：《二十世紀的清史研究》，《歷史研究》二〇〇三年第三期。
嚴泉：《〈天壇憲法草案〉與民初憲政選擇的失敗》，《開放時代》二〇〇三年五月。
李孝遷：《清季支那史、東洋史教科書介譯初探》，《史學月刊》二〇〇三年第九期。
李學智：《北京臨時參議院立法活動程序、規則的若干考察》，《歷史教學》二〇〇三年第六期。
韓星：《清末民初孔教活動及其爭論》，《宗教學研究》二〇〇三年第二期。
鞠方安：《清末官制改革中官員的俸祿改革》，《中國人民大學學報》二〇〇一年第五期。
蕭傳林：《清末修律與中國法制化》，《江漢論壇》二〇〇〇年第八期。
（韓）裴京漢：《國民時期的反帝問題——濟南慘案後的反日運動與國民政府的對策》，《歷史研究》二〇〇一年第四期。
丁相順：《晚清法政赴日留學生與中國法制近代化的再思考》，《金陵法律評論》二〇〇一年春季卷。
鞠方安：《試論清末官制的改革》，《北京社會科學》二〇〇〇年第二期。
陳曉東：《清王朝最後七年的政體嬗變》，《歷史檔案》二〇〇〇年第二期。
鞠方安：《試論晚清官制改革（一九〇一—一九一一）中的文官設置及其特點和影響》，《河南大學學報》二〇〇〇年第二期。
趙世瑜：《二十世紀歷史學概論性著述的回顧與評說》，《史學理論研究》二〇〇〇年第四期。
牟東籬：《論清末的官制改革》，《山東大學學報》一九九九年第三期。
柴榮：《淺析清代司法制度之變革》，《內蒙古大學學報》一九九九年第五期。
俞江：《兩種清末憲法草案稿本的發現及初步研究》，《歷史研究》一九九九年第六期。
中小龍：《西學東漸與中國語言學範式變革》，《杭州大學學報》一九九八年第四期。
尚小明：《清末資政院議政活動一瞥——留日出身議員對議場的控制》，《北京社會科學》，一九九八年第二期。

李貴連：《禮與法：傳統的斷裂和斷裂後的傳統》，《中國研究》一九九八年第三十八期。
謝偉：《略論〈天壇憲法草案〉》，《法學雜誌》一九九八年第三期。
孫桂清：《「卿雲歌」——中華民國的第一首國歌》，《遼寧檔案》一九九三年第一期。
楊亦鳴：《留學生和中國語言學的現代化轉型》，《徐州師範大學學報》一九九七年第一期。
王敏：《清末修律的方法與意義》，《南京師範大學學報》一九九七年第三期。
羅華慶：《丙午釐定官制與封建政治文化》，《史學月刊》一九九六年第三期。
侯宜傑：《評清末官制改革中趙炳麟與袁世凱的爭論》，《天津社會科學》一九九三年第一期。
袁亞忠：《丙午官制改革與清末政局》，《山東社會科學》一九九三年第二期。
賀躍夫：《清末士大夫留學日本熱透視——論法政大學中國留學生速成科》，《近代史研究》一九九三年第二期。
梁義群、郭義振：《袁世凱與丙午改制》，《中州學刊》一九九二年第三期。
王曉秋：《清末政壇變化的寫照——宣統年間〈汪榮寶日記〉剖析》，《歷史研究》一九八九年第一期。
杜耀雲：《清末資政院的性質和作用》，《歷史教學》一九八九年第十二期。
呂美頤：《清末憲政編查館考察》，《史學月刊》一九八四年第六期。
王樹槐：《江蘇民性與近代政治革新運動》，臺灣中央研究院近代史研究所集刊，第七期。
饒傳平：《論近代中國憲法中基本權利條款之演變（一九〇八—一九四七）》，華東政法大學博士學位論文，二〇一〇年五月。
任學：《試論汪榮寶的憲政思想》，河北大學碩士學位論文，二〇〇九年五月。

附錄一　汪榮寶年譜

一八七八年　十月二十四日（光緒四年十月初一）出生
祖籍蘇州府元和縣，生於鎮江府。父汪鳳瀛，母張氏，長子。

一八八六年　九歲
閱畢群經，文辭斐然，見者驚歎。

一八九〇年　十三歲
胞弟汪東寶生，汪東寶即汪東，近代著名學者，章太炎得意門生，榮寶、東寶才華橫溢，皆善詞工，時稱「吳門二汪」。

一八九二年　十五歲
與諸昆弟一起入元和縣邑庠讀書。

一八九四年　十七歲
以優等選送南菁書院，從大儒黃以周遊學。

一八九六年　十九歲
娶黃君卣為妻；

一八九七年 二十歲

七月，參與組織蘇學會；

十一月，考取丁酉科拔貢；

長子汪延熙出生。

一八九八年 二十一歲

二月，至京師參加朝考，中榜，七品京官，籤分兵部。

一八九九年 二十二歲

因痛惜維新變法夭折，專注學術研究，著《法言疏證》十三卷。

一九〇〇年 二十三歲

季春，歸鎮江省親，秋，入上海南洋公學特班學英語。

一九〇一年 二十四歲

十二月，留學日本，先後就讀早稻田大學和慶應義塾。

一九〇二年 二十五歲

加入勵志會和譯書彙編社；

十二月，參與創建青年會。

一九〇三年 二十六歲

一月，組建江蘇同鄉會；

一九〇四年 二十七歲

四月，參與創辦《蘇學會》雜誌；

五月，參加拒俄運動。

十一月，被迫回國，複職兵部。

一九〇五年 二十八歲

任教於京師譯學館，教授近代史課；

由兵部調至巡警部，任主事；

任職考察政治館。

一九〇六年 二十九歲

九月，任丙午中央官制起草課委員；

十一月，由巡警部調任民政部，任民政部主事；

十一月，隨徐世昌考察東北三省。

一九〇七年 三十歲

任憲政編查館編制局正科員；

兼職法律修訂館，任纂修；

四月，與陸宗輿等擬定東三省官制；

六月，釐訂《各直省官制通則》

一九〇八年　三十一歲

任民政部右參議；

十月，被法律修訂館聘為第一批諮議官；

參與擬定《諮議局章程》及選舉章程；

參與擬定《城鎮鄉地方自治章程》及選舉章程；

參與擬定《欽定憲法大綱》和《九年預備立憲逐年籌備事宜清單》。

一九〇九年　三十二歲

任法律修訂館第二科總纂，參與《民事訴訟律》、《刑事訴訟律》及《大清新刑律》等諸多法律的編纂和修訂；

參與擬定《資政院院章》及《資政院選舉章程》；

擬定《府廳州縣地方自治章程》及《議事會選舉章程》；

十一月，考察湖南省諮議局；

與勞乃宣等發起「簡字運動」；

十二月至次年二月參與修訂《法院編制法》；

此前任教於京師譯學館，編著《本朝史講義》，後經學部審定改名為《中國歷史教科書》，由商務印書館出版。

一九一〇年　三十三歲

四月，為汪精衛謀炸攝政王案奔走活動；

一九一一年　三十四歲

五月，當選為資政院欽選議員；
六月，升民政部左參議；
十月，資政院開議後當選為資政院法典股副股長，主持審查新刑律案，是院中最活躍的欽選議員。

三月二十日，與李家駒、陳邦瑞一同被授予協纂憲法大臣；
七月三日至九月二十日，與李家駒共同纂擬「大清憲法草案」，這是中國歷史上第一部完整法律條文的憲法草案。

一九一二年　三十五歲

二月，襄助袁世凱奪權，擬《對北方各省督撫宣言》；
三月，參加共和黨，任交際科幹事；
四月，當選北京臨時參議院議員；
五月，被選為參議院起草委員，參與起草《中華民國國會組織法》、《參議院議員選舉法》和《眾議院議員選舉法》。

一九一三年　三十六歲

加入進步黨，任該黨政務部法制科主任；
四月，當選為國會眾議院議員，任院內幹事長；
五月，發表憲法草案於《憲法新聞》；
七月，任憲法起草委員會委員，參與草擬《中華民國憲法草案》。

一九一四年　三十七歲

二月十九日，出任駐比利時公使。

一九一五年　三十八歲

七月，應袁世凱之請歸國，被推舉為國內憲法起草委員會成員，因反對帝制並未出力。

一九一九年　四十二歲

一月被任命為中國首任駐瑞士公使，因參與巴黎和會推遲就任時間；

四月二十二日到瑞士公使任。

一九二一年　四十四歲

九月，代表中國參與在瑞士日內瓦召開的第三屆國際勞工大會。

一九二二年　四十五歲

三月，代表中國簽署《禁止販賣婦孺公約》；

六月十五日，被任命為日本全權公使，預感中日交涉之艱難，請辭職未得政府許可，直到一九二三年十二月二十五日才到任。

一九二四年　四十七歲

一月，奉命到日本外務省，敦促駐紮的南滿日軍撤走；

二月六日，與日本簽訂對華舉辦文化事業的協定——《汪・出淵協定》。

一九二五年　四十八歲
二月，父汪鳳瀛去世，歸國奔喪。
一九二六年　四十九歲
十月二十日，照會日本外務省，提出修訂《中日通商行船條約》，此後至一九二七年他與日本幣原外相多次對修約問題進行磋商。
一九二七年　五十歲
六月十三日，抗議日本第一次出兵山東；
十一月初，與下野到日本的蔣介石會晤。
一九二八年　五十一歲
五月，抗議日本發動「濟南慘案」；
七月，連續抗議日本干涉張學良「東北易幟」。
一九三一年　五十四歲
春，上書國民政府，言日本侵略中國意圖，堅請派人來日考察；
七月一日，萬寶山事件爆發，隨後朝鮮掀起排華運動；
七月九日，受命為赴韓專使，主持調查朝鮮排華運動和萬寶山事件；
七月十五—二十七日，在朝鮮和東北調查十二天；
八月六日，趕赴至南京，上《朝鮮排華慘案調查報告》；

八月七日，辭去駐日公使之職；

歸國後任張學良駐北平陸海空軍副司令部行營參議、外交委員會委員；

九月十九日即九一八事變第二天，參加張學良在北平召開的軍事會議，力言抵抗日軍，遭到張的拒絕，發誓不再過問國事；

十二月底，《法言義疏》書稿校對完畢，寄至上海商務印書館排版印刷。

一九三二年　五十五歲

日本發動一·二八事變，商務印書館被炸，《法言義疏》書稿遭毀；

五月份得知書稿被毀消息，發憤再著。

一九三三年　五十六歲

六月底，《法言義疏》再成稿，寄商務印書館出版；

七月十八日因心臟病病逝於北平協和醫院。一九三四年二月，歸葬於蘇州市越溪陸墓山，其墓地至今保存完好。章太炎為之撰《故駐日本公使汪君墓誌銘》。

附錄二 有關汪榮寶資料

哀啟

哀啟者：先君天資穎異，至性過人，自曾祖父母以次皆鍾愛焉。君於先祖父為適長子，以偕諸從昆弟並侍祖庭，故序居第三。時先曾祖官鎮江府訓導，延名師課諸孫讀，君九歲畢群經，文辭斐然，見者驚歎。初先祖母張夫人方孕，夢老嫗授以珊瑚剪刀，寤而生君，至是先曾祖奇其文采，每呼君小名曰夢珊符夢徵矣。歲壬辰，君年十五，與先從父書堂公、立亭公同入邑庠，應歲科試，屢冠其曹，遂食廩餼，以優等送南菁書院，從大儒定海黃元同先生游，益銳意在章句訓詁，通乾嘉諸師家法。於經治公羊春秋及三家詩，性嗜沈博絕麗之文，故尤好揚子雲書，於時讀《法言》，隨筆箋記，積彙成帙。

年十九，家母黃來歸。明年丁酉舉元和縣拔貢生，戊戌朝考，用七品小京官籤分兵部。君才情英發，一時知名之士多折節為忘年交。會六君子禍作，新政萌芽摧折以盡，君憂思忼慨，形諸詠歌。時先從祖輩皆官京師，戒君慎言。君由是壹意著書，研精象數，繼復取曩所為法言箋記，排比增輯，成疏證十三卷。君體素弱，加治學勤劬，屢致疾困，已亥冬間，患喉痧幾殆，委頓床榻者累數旬，比起骨肉盡脫，時單居客邸中，調護不便。先祖母在鎮江憂之甚，急訊召還，君亦屢動思親之念，因乞假歸省，以翌年春末遵海南行。

未幾而義和團首難，八國聯軍入寇，京師糜沸。君以國勢陵夷，非墨守舊聞所能匡捄，遂請命先曾祖入南洋公學為特班生，益多識海內豪雋，如章枚叔、吳稚暉、蔡鶴廎諸先生，皆昕夕過從，視為畏友。君既嫻英吉利文，復洞達中外情勢，即辦裝遊日本，先後入早稻田大學及慶應義塾，治東西歷史，旁逮政法。於是清政不綱，主革命及君主立憲者各張其說以相排觝，而一不為清廷所容，皆亡命日本。日俄戰起，諸革命黨人留東京者，並立國民義勇軍，陰有所規畫，君預焉，事既不行，流言紛熾，君從親友勸，復官兵部。甫定居而先祖母棄養，君哀慕如孺子，幾不勝喪。先是譯學館敦聘君為教習，營葬畢事，先曾祖命君行，君乃如約，講授近代史，每至明清得失之間，未嘗不反覆深論，用寄微旨，今所行講義則其粗藁也。一日君駕車有所適，騾驟驚，墜車傷腦，昏厥移時乃甦，雖幸而獲全，思力以次稍損。

歲丙午服除，值清廷有革新之意，時各部大吏爭羅致君，由兵部改授巡警部主事。七月下詔立憲，派澤公等釐訂官制，君以部員隨同編纂，一切章制草案多出君手，館設朗潤園，即世稱朗潤園官制者也。尋罷巡警部，改民政部，補參事，仍兼譯學館教習。君往往晨起詣館授課，日中理簿書或議事，訖申酉乃退，夜則然燭草章奏，編講稿。精力交罷，於斯為極，以故年逾三十，而鬢髮早凋，心氣之耗，始見於此矣！是年並罷盛京將軍改置行省，前大總統徐公方為民政部尚書，奉旨出關考察，奏以君自隨，君周歷各地，盡悉其利弊，即為徐公具奏，草臚陳弊制鹽政郵傳殖產交涉諸宜興革者數萬言，識者以為瞻博翔實，傳誦一時。已而朝命簡徐公總督三省，欲辟君為置幕府，許保道員，君淡於撫仕，固辭不往，乃以資勞薦升民政部參議，兼憲政編查館正科員。

宣統二年庚戌九月，詔開資政院，君以位望膺敕選議員，時爭議新刑律，久不決，君力持新刑律，便辭旨激切，眾莫能難，議遂定。先數月革命黨人埋炸藥道中，謀殺攝政王，事覺被逮，人心洶懼，諸滿大臣尤忿怒，將置極刑，君與章仲和應丞陰左右之。肅王善耆管民政部，方倚重君，即用君議密啟攝政王，謂此曹皆政治犯，朝廷屬欲收拾人心，宜從寬大，卒有旨著永遠監禁，主其謀者則今行政院長汪季新先生也。侍郎烏珍以此大恨君，遇事齮齕，君不為屈，亦無所芥蒂。辛亥三月與陳蕘圃侍郎、李柳溪侍郎等草憲法於武英殿，屬稿未竟而革命事起。

民國元年復被舉為臨時參議院議員，先祖父已退居就養京邸，君時僦居楊儀賓胡同，與四叔父廉士比舍。不孝延熙生十五年，懋熙十四，與諸弟妹隨家母並侍左右。明年冬，八叔父旭初，及適義寧陳氏姑亦偕至，家人宴笑，於時最歡。僅逾月而陳氏姑病歿君寓，君惻愴傷懷，累日不解。項城袁公為大總統，夙知君，寢將擢用，君窺其意終不肯守法度，建民治，因乞外任。三年春出為駐比利時公使，兼受命考察憲法，奧塞釁開，全歐雲擾，君隨比利時政府播遷法境，密察世界縱橫情勢，及應付之宜，隨時以聞。袁乘機以自帝，召君還，將屬於法制，因從容問輿情如何，君對曰：「咸願公為華盛頓，不願公為拿破崙也。」袁嘿然。會先祖父有《論籌安會七不可書》，袁益知君意終不可奪，即遣君回任。七年調駐瑞士公使，瑞士館務稀簡，有山水之勝，君徜徉自適，得以餘暇重理書文，凡論音韻及釋文字諸篇，皆此時作也。

十一年調駐日本公使，君便道歸省，以先祖父春秋高不欲複出，書再三上，寢不報，先祖父亦以中日交涉繁，需或害事，命毋久留，君不獲已而後行。十四年一月，先祖父棄養，君聞病先歸，躬視湯藥，居憂哀毀，如先祖母喪時。於是袁黎徂謝，執政迭更，國中擾攘之局亙十餘年不息，君周聘歷邦，習聞外人輕詆之語，及其狡謀，洎返覘國情，深懷板蕩，自以終養之願已乖，不若出任艱鉅，冀於國有利，無恤其他，值政府以假滿敦促之官，君毅然就道。逾年國民軍起湘、粵，轉戰摧陷，底定南都，日人甚之，遂有濟南之役，自而猜詐百端，動絓荊棘，君折衝禦難，或先發以制陰謀，或彌縫以消後患，或傾誠建白，扞格不行，或委曲求全，謗黷叢集，盡其彷徨焦思之情，有非言語所能形況，而事關密計，亦並非他人所得盡知者。不孝績熙、重熙等侍，側雖竊慮君操心危苦，故君中年以後，攝生慎疾，體轉豐腴，雖處憂勞，神氣無損，惟有時苦頭眩謁醫，醫言血壓過高所致，無他害，不孝等即亦懵然不察，而君疾病之伏自此深矣。東三省變將作，日本先有佈置，君灼其萌兆，上書告危，當局者以為妄，君又請派湯爾和先生至東京考察，命君所言，湯甫歸國，而萬寶山案起，朝鮮暴動，殺華僑無算。政府藉證調查，君親視歷撫慰，盡得其實，方具草陳覆，政府遽撤君歸。未一月日本兵進踞遼沈，君息肩北平，北平分政府聞變倉惶集議，招君往，往即力言不抵抗之非，主必戰，又不見聽。君退而發憤，誓不復論國家事矣。

先所為《法言疏證》已刊佈，君不愜，擬重為之，屬草中廢，至是發篋陳書，賡續舊業，率日竟三四頁以為常。家母見君勤苦，勸少休，君笑曰：「吾樂此不疲也。」去年夏，八叔父從南京來，淹留浹旬，君相見歡甚。始稍稍共駕出遊，歸或論學賦詩，宵不分倦，臨別淒感者久之，並問明年得復至否，家人竊怪君語，然以君素性友愛，不虞其他。冬間君自感心忽震盪，按脈歇至，猶匿而不言。今年一月二十六日，當舊曆歲朝，君早起翻《水經注圖》，開卷即得「死虎亭」三字，君生寅年屬虎，心甚惡之。

旋出門答友朋賀歲者，車中復覺，即過同仁醫院謁東醫鹽澤，以哀克司光鏡為君檢視，徂言心臟較常人擴大，餘無病徵，少損思慮當自愈，君歸始為家人罄言其事。二月中，戚屬有在天津者，請君往證婚，夜止旅舍，頭眩忽作心蕩，按脈搏歇至，加甚，津市衛生局醫師侯君希民素相知，診斷如鹽澤言。君既累謁醫，皆云無病，病由神經作用。不孝懋熙奉母命，復乘間請輟著書，君不許，請加以節度頷之。自是每至日仄，家母輒顧謂不孝等趣收書，君笑而起，晨則與家人共遊北海，藉甦疲勞。熱河告陷，長城要隘以次失守，日軍寖逼塘沽，居民盡徙，君宴處不驚，執筆覃思如故，會八叔父書來問狀，君報書曰：「以常識度之，北平必無患，且吾萬一殉難，未成之稿以累弟矣。」五月十一十二等日，敵飛機數至，守兵登陴，風聲愈亟，家人強扶君暫避他處，已而停戰協定成，人心大安，果如君料。比返舍，纂述益勤，一日集草稿至七八頁，家母又以前約為言，君愀然曰：「所規良是，恐時不我與耳。」不孝孝熙幼隨比利時任，學成留駐瑞士使館，先後計十九年，去年十二月乞假省視，至今年三月始奉部覆，四月就道，於五月二十二日輾轉抵平，見君精神猶昔，而衰颯之氣時露，語言私解職留侍，君不知也。六月三十日法言新疏成，君始有愉快之色，不孝等亦私相忭慰，冀君庶幾其少休乎，曾不意君憂憤勞瘁，鬱結傷中，精力一馳而不可為矣！七月二日疲乏思臥，測體溫微高，翌日覺瘥，即以書招八叔父，且告書成，晡時體溫複增，延東醫院鹽澤來診，謂是流行性感冒，投藥發汗，病良已。四日不孝績熙甫畢業，歸自東京，君問途中涉歷及弟妹近況，加以慰勞，顏色甚愉。五日晨興，以久不出遊，獨往公園散步，歸覺胸鬲張滿，體又微溫，服前劑，汗出不解。次日亟請鹽澤複診，仍言無他，自後體溫升降不定，溲短赤色，如淡葡萄酒。君雖嬰疾厄，神明不衰，猶於七日召不孝績熙口授《法言義疏》序文，命就榻前書之。

家母視病無起色，商易中醫，君雅不欲，唯念友人中有知醫者，曰若某來則可，會某君亦感疾，邀之不至。連日鹽澤續診，初謂氣管枝炎，繼而疑肺炎，囑入醫院。當亂亟時，不孝懋熙及孫輩患猩紅熱入協和醫院，應手皆愈，由是君決計就協和。先遣不孝績熙往商美堅利醫馬祿爾，聞鹽澤言曰：「寧有肺炎而體溫僅三十八度許者？」即隨同來診，反覆檢視無所得。時在十日薄暮，乃招病車載君入協和內科主任盧勒主治，復檢各部，亦不能得確名，至十三日始決為心臟動作弛緩，致外感宿留，爰投以護心之劑，預防衰止，謂心力強則自瘥。十五日夕複檢心形，視囊所攝影擴張益甚，十六日清晨，呃逆驟作，家人惶懼，屢叩醫，醫云此護心劑之效已複，嘔吐綠汁醫察為膽液，又用助聽器按之，微聞水聲，乃言心部為水所包，失輸血之用，肝不得血，膽液以傷，此時法當去水，冀萬一可全，且先注射痳沸劑，止其呃吐，蓋相距數小時，而醫述病狀安危，判懸天壤矣！自此漸入昏睡，呼吸短促，脈象微系，家母及不孝兄弟不知所措，唯求速療，抵暮移入他室，再以哀克司光照心，驟張數倍，形類蒲篚，塞胸鬲幾滿，抽水得升二合許，驗之中含鏈球菌。施術以後脈搏頓起，呼吸亭勻，唯酣睡如故，醫謂病況轉佳，不孝等乃大慰。詎十七日晨險象複見，氣促脈微，時時作短咳，有稠液而不能吐，以指略取之，視色濃褐。群醫相顧束手，咸謂菌以化膿，謝不復治，唯注射強心劑以延晷刻。申酉頃之，水沖口而出，中雜凝血，四肢漸冰，延至十八日卯刻，竟棄不孝等而長逝矣！嗚呼痛哉！

君初入醫院，醫生皆斷言無大病，顧君自知不起，十二日適南陵何氏姑來問疾，君歷數諸從昆季卒年若干，以吾較之，殊不為夭，且謂自挽之詞已就，何氏姑亟止君，遂不復言，繼又一一念家人在南中者，顧家母曰：八弟胡尚不來？比八叔父覆書於十六日至，則君已危篤，不孝等不敢上陳。伏念君孝友訢仁，宜臻大耋，而設施未竟，遽嬰沈疴，天降鞠凶，年不中壽，嗚呼痛哉！不孝兄弟五人，姊妹二人，長妹適中山鄭氏，歸寧在家，與不孝懋熙、孝熙、績熙並侍君疾，次妹學，周偕弟不孝重熙留學日本，聞病星夜遄歸，會不及見顏色，不孝延熙駐義大利代辦公使，棄官奔喪，越五十日而後得展殯宮，嗚呼痛哉！不孝延熙等久居蔭庇，學不早成，未能盡一日之養，不孝延熙年最長，備員外交，叨竊微祿，而以早年出為立亭公後，違侍日多，拊心長號，追恨何及！先君平生文章事業，不孝兄弟未能窺其端涯，擬乞當代耆彥，別為紀傳。謹先述出處梗概，及病狀本末，用以告哀，伏維矜鑒。

棘人孝熙、懋熙、延熙、績熙、重熙泣血稽顙

資料來源：《吳縣文獻・汪榮寶先生》，《國風》半月刊，一九三三年第三卷第五期，第 31-34 頁。

不愧顧問——記元和汪氏父子

一九一五年間，袁世凱忽起帝制念頭，籌安會一些人，密鑼緊鼓正要搬演「猴把戲」上場，一般群小勸進，佞辭百端之際，總統府裡一個高等顧問汪鳳瀛，忽給籌安會一封書，列舉七個不可。當此稿草擬完畢，先給他幾個兒子傳觀，他大兒子看了之後，跪在他面前勸阻道：「大人這封信裡，所持各種理由，辭嚴理壯，自是正氣充沛之論，可是項城方在興高采烈地製造輿論，促成帝制之際，這種相反意見，一定是不能入耳，萬一有個不便，似乎是犯不著的……」這個老頭兒卻說：「國體已易共和，稱帝便是倒行逆施，於國於袁，兩俱不利，這般人殷勤勸進，誤了袁也害了國，吾盡吾言而已，危險也顧不得了……」說著，捏著稿子踱進房去。第二日問起這封信，已發出了。袁世凱看了信，卻沒有什麼，家中人卻捏了把汗。

汪鳳瀛，字荃台，元和人，光緒初年，從學於黃以周（元同），通群經大義，選拔貢，入粟得中書，後跟他仲兄芝（風藻）房出使日本，嫻習外交。返國後，入湖北蔡毅若（錫勇）觀察幕，撰治文書，都能曲中肯綮，時張之洞任湖廣總督，見其文，詢知為汪手筆，請他入幕，他尚未答應，「庚子拳亂」發生，張之洞便徑予箚委督署洋務文案，外交事件由他總其成。唐才常之變，漢口租界被搜名冊中多知名之士，汪鳳瀛將冊付諸一炬，對之洞道：「按冊窮治，必興大獄，滅跡所以安人心，卻為明公省卻許多事。」之洞歎息，遂也不窮究了。這位張香帥是以起居無節出名的，白天裡往往酣睡，深夜才起來治事。做他幕僚最苦不過，起草奏牘，商論文史，差不多就難得好好地安眠，但汪鳳瀛卻特別勤慎負責。以後做了好幾任知府，最後任長沙知府時，已六十歲了，他是個外和內剛，大節不苟的人物。

鼎革以後，便到北京，就養於大兒子汪榮寶，袁世凱聘他做高等顧問，是因為久慕他的名氣。他之上書阻帝制，寫好之後，便去找他同鄉張一麐，托他轉遞，張是政事堂的機要處長，於袁稱帝也不甚贊成，因對汪道：「論理應該由我來說，老兄這又何必？」汪鳳瀛道：「我寫了這件東西，就準備到軍政執法處去的，拜託老兄代我一遞罷！」一麐也為之太息，握手而別。怎料書上，卻沒有事。

汪氏上書原文，今已佚失，其七不可之說，僅見於致楊度一函中，雖措詞稍別，意旨或無甚差異。因覓錄之，以存此一代重要之文獻。其言曰：

哲子先生足下：

前讀報載，我公發起籌安會，宣言以鑒於歐美共和國之易致擾亂，又念中國人民自治能力之不足，深知共和政體，斷不適用於中國，因發起斯會，期於國中賢達，共籌所以長治久安之策，並進而研究帝制之在吾國，是否適用於今時，是否有利而無害，宏謀遠慮，卓越恒情，令人欽仰不已。

論者謂公於改革之際，翊贊共和，表示同意，今忽以民國憲法起草委員之資格，而復有變更國體之商榷，至有疑公為揣摹迎合反覆無常者，不佞則確信公之真愛國，惟真愛國，故凡可以鞏固國基奠安民族者，務求其至當，不惜犧牲一身之名譽，於恒人之所期期以為不可者，敢於昌言而不諱，此真豪傑之作用，非陋儒瞻顧囁嚅之所能及者也。不佞自辛亥以來，每與知交竊議，以為治今日之中國，非開明專制不可，共和政體，斷非所宜。及見民國元二年各省大吏之驕蹇，國會議員之紛呶，益覺前言之不謬。然就目前事勢論之，斷不可於國體再議更張，以動搖國脈，其理至顯，敢為執事縷晰陳之。

「自上年政訂新約法，採用總統制，已將無限主權，盡奉諸大總統。凡舊約法足以掣大總統之肘，使行政不能敏活之條款，悉數劃除，不僅秸留抵制之餘地，是中國今日共和二字，僅存國體上之名詞，實際固已極端用開明專制之例矣！……茲貴會討論之結果，將仍採用新約法之開明專制乎？則今大總統已厲行之，天下並無非難，何必君主？如慮總統之權過重，欲更設內閣以對國會，使元首不負責任乎？則有法國之先例在，亦何必君主？然則今之汲汲然主張君主立憲，與以共和為危險者，特一繼承問題而已。顧新約法已定總統任期為十年，且得連任，今大總統之得為終身總統，已無疑義，而繼任之總統，又用堯薦舜、舜薦禹之成例，由今大總統薦賢自代，自必妙選人才，允孚物望，藏名石室，則傾軋無所施，發表臨時，則運動所不及，國會選舉，只限此三人，則局外之希冀非望者自絕，法良意美，舉凡共和國元首更迭頻繁，選舉紛擾之弊，已一掃而空，尚何危險之足云？若猶慮此三數人之易啟競爭，不如世及之名分有定，抑知競爭與否，乃道德之關係，苟無道德，法律何足以限之？竊恐家族之競爭，為禍尤甚於選舉。不觀明太祖非採用立長制者乎？太子甍，立皇太孫，固確守立長制也，而卒搆靖難之變。當日與太祖同時並起之梟雄桀黠，已芟薙無餘，與太祖共定大業之宿將元勳，亦消滅殆盡，時無敵國外患出而加干涉，倖免於亡耳，今則迴非其比矣！而公等必主張君主立憲，果何所取義乎？公等既主張斯制，自必期其說之成立，其事之實行，明矣！

然而公等皆甚愛今大總統者也！君子愛人以德，不聞以姑息。今大總統於受任之初，即已遵約宣誓，且屢次宣言，決不使帝制復活，其言至誠剴切，亦既播諸文告，傳諸報章，為天下所共見共聞矣！

往者勞乃宣輩盛倡復辟之說，天下譁然，群起而辟之，以是為謀叛民國之大罪也。今大總統複嚴申禁令，後再有議及帝制者，罪無赦！受人民委託，信誓旦旦，為民國永遠保存國體，禮也！義也！孔子曰：自古皆有死，民無信不立。果使於今大總統任期以內，而竟容君主政體之發現，致失大信於天下，悖禮傷義。動搖國本。一不可也！

民國元、二年，黃興輩之謀亂，即藉口於今大總統有恢復帝制之陰謀，全國人民，確信今大總統之誓言，並無此意，故群目黃等為亂黨。今忽於大總統任期內，而見為總統親信之人，有君主政體之討論。是使黃輩實其誣言，天下皆將信服黃等有先見之明，頓長其聲價，增其信用，是不代黃等洗其謀亂之罪，俾死灰得以複燃，二不可也。

吾國旅居各國之僑民，不下數千萬，莫不醉心歐化，以獨裁帝政為不然。故前清末造，孫、黃輩倡言革命，華僑傾資相助，冀其有成。迨民國成立，咸欣欣然有喜色，相率同心向內。一旦見復興帝制，是大失數千萬華僑之心理，不啻推而出之，以為孫、黃之外府，隱助以無限之資財，三不可也！

優待條件，許清室保存帝號，正以民國國體已更，無複嫌疑之可慮，故聽其襲用尊稱也。假使民國複行帝制，則域中斷不容有二帝，勢必削清帝之尊號，寒滿族之人心。況清皇室近居宮闈，亦不免逼處之大嫌，逸出範圍，慮復為奸人所利用，設有僉壬從而間之，為德不卒，勢非獲已，而貽人口實，恐天下從此多事矣，四不可也！

近來各省水旱遍災，區域甚廣，哀鴻遍野，安集無資，而公家以財政奇艱，不得不厚增賦稅，繁徵苛斂，視清末有加，咨怨之聲，已所難免。然每增一稅，設一捐，地方官恒召仕紳商會，告以今為民國，國所有事，責皆在民，擔負雖增，譬如自出己財，以辦家事，彼紳商心雖不願，而無說以為抵拒之資，不得不俯首以從。今若恢復帝政，彼習聞帝者私其國為一家之產，則觀念頓易。此後再欲增重人民負擔，斯怨有所歸矣！怨憤不平之氣，鬱結於中，加積薪之蘊火，遇有梟傑，鼓而煽之，則一發不可復遏……即使重煩兵力，幸而得平，而以私天下之故，殘殺同胞，至無量數，天道好生，必有屍其咎者矣！五不可也！

今日在朝諸彥，罔非清室遺臣，正以國為民國，出而為國服務，初無更事二姓之嫌，屈節稱臣之病，故一經勸駕，相率來歸耳！設改為君主政體，稍知自愛者，名節所關，天良難昧，勢必潔身引退，相與遁荒，其留而不去者，貪榮勢利寡鮮恥之徒，必居多數。此曹心理，視仕宦為投機事業，勢盛則爭先推戴，勢衰則出力擠排，彼且不愛其身，尚何愛於國，更何愛於君？使當國者，但與此輩為緣，共圖治理，不獨又安無望，且危險實多，六不可也！

中國積弱，對外無絲毫能力，入民國後，軍隊增加多於前，而上次日本對我破壞中立，橫肆要求，我惟屏息吞聲，不敢與抵抗，情見勢絀，無可諱言。今我忽無事自擾，謀更國體。際此歐戰相持，愛我者或不遑東顧，而忌我者則虎視眈眈，惟恐我國之宴安無事，不先與謀，事必無幸，苟欲求其同意，非以重大權利相酬，足厭彼欲，殆不可得。無端大損中國，以厚利外人，而謂中國人民，對此等行為，果皆翕然意滿乎？即不出此，彼或以國體相同之故，佯與贊成，覦釁而動，但使我於國體變更之際，地方稍有不靖，彼乃藉詞干涉，別有所挾，以兵力臨我，人心向背，正未可知。公等當此，將何以為計乎？七不可也！

以上數端，皆實行後必不可免之事實。至貴會宣言，但研究國體之何宜，不討論主名之何屬。蓋本意在求繼承之際，匕鬯不驚，而不知學說之禍人，有時竟勝於洪水。前清末葉，黨人盛倡種族革命之說，竟至風靡天下，迨辛亥武昌起義，並無何等實力，而天下遽土崩瓦解，則種族之見，革命之說，中於人心者深也！及民國成立，革命已告成功，而藉以作亂者猶屢僕屢起，蹈死不悔，流毒餘焰，至今未息，此說之陷入死者，不可更僕數矣！今國基甫定，人心粗安，而公等於民主政體之下，忽倡君主立憲之異議……使斯議漸漬於人心，不獨宗社黨徒，幸心復熾，而不逞之徒，人人咸存一有天命任自為之見，試問草澤奸宄，保無有稱妄符命，惑眾滋亂者乎？專閫將帥，保無有沉吟觀望，待時而動者乎？召亂速禍，維為厲階？心所謂危，不敢不告。不佞之愚，以為新約法創大總統開明專制之特列，治今日中國，最為適當。民國憲法，謀宜一踵前規，無所更易。若公等必謂君主世及，可免非分之覬覦，競爭之劇烈，則請取幹寶晉史論及六朝五代之歷史，博觀而詳究之。憂危之言，不知所擇，幸垂諒焉！

此函累三千餘言，頗為世人所傳誦。雖函中力崇開明專制，詆諆革命，似或不無小疵，然立場不同，不足為病，尤其所指各點，對其後袁氏帝制之失敗，一一果如所料。

他有八個兒子，長榮寶、次樂寶、東寶、楚寶、楨寶、椿寶、松寶、相寶。女二，長嫁給陳三立子衡恪，次嫁何元瀚。東寶，又名汪東，字旭初，是章太炎門下五王之一的東王。榮寶，字衮甫，小字夢珊，據說出生時，他母親夢見人家給他一把珊瑚制的剪刀，所以又叫做夢珊，也是黃以周的學生，十九歲選了拔貢，朝考簽分兵部。庚子聯軍入京，他南下上海，進了南洋公學，不久赴日留學，革命學生組抗俄義勇軍，他也參加過，畢業回國，在民政部任參議，黃復生、汪兆銘謀刺攝政王不遂被捕，將處極刑，他言於民政部尚書善耆，力爭免死。一九一二年任臨時參議院議員，以後曆使比、法。袁氏謀稱帝之前，曾召見他談中西政制，及外國對中國國體意見，他回答道：「國外人士，希望中國出個華盛頓，不願中國有拿破崙。」袁氏色沮，知他父子終不為用，即遣還。荃翁閉戶著書，作《救亡論》十九篇，要旨在提倡道德，改造社會，蓋憂國傷時之作也。

民國年戊午，榮寶奉命使瑞士，一九二二年壬戌，調駐日本公使。一九二五年乙丑，荃翁病逝。榮寶任職十年，折衝撙俎，對日本軍閥圖謀侵華，輒留心細察，「九·一八」前夕，他向政府報告，請派人到日核實，而「萬寶山事件」發生，奉派前往勘查，瀋陽陷時，他已卸任回國了。寓居北京，主張對日抗戰。其後便不復出山，於一九三三年七月卒。遺著有《揚子法言疏證》，脫稿僅半月，不意便一瞑不視了。

對日抗戰勝利後，榮寶子公紀，出任駐日代表團副團長，今為中日文化協會總幹事。祖孫三世，俱以知日本外交聞於世，可謂能傳家學了。

在汪老先生作《救亡論》時，榮寶見到篇目，勸阻不從，曾寫了一首詩：

眾生溷濁亦同群，歡鳳傷麟孔思紛；
局促乾坤成末日，昭回雲漢屬斯文。
新書寧止潛夫比，要指先令小子聞；
若使陸沉猶可挽，豈應數策廢河汾。

見袞甫所著的《思玄堂詩》。但也有人說：沮袁世凱帝制的「七不可」文，原是榮寶寫的，他父親看了便用他自己的名遞去的。是否如此不可知，但他父子見解原是相同的，則無可疑也。

資料來源：高拜石：《新編古春風樓瑣記》第一冊，正中書局二〇〇二年版，第287-296頁。

汪榮寶擬憲法草案

第一章　中華民國

第一條　中華民國惟一不可分。

第二條　中華民國之領土及其區劃，非以法律，不得變更之。

第二章　人民

第三條　凡依法律所定，屬於中華民國國籍者，為中華人民。

第四條　中華人民，不論種族及宗教之異同，於法律之前為平等。

第五條　中華人民，依法律所定，有納租稅之義務。

第六條　中華人民，依法律所定，有服兵役之義務。

第七條　中華人民，依法令所定，有從事公務之權。

第八條　中華人民，依法令所定，有請願之權。

第九條　中華人民，有受法官之裁判之權，無論何人不得奪之。

第十條　中華人民，非受法律所定，不受逮捕、監禁、審訊及處罰。

第十一條　中華人民居住之安全，非依法律所定，無論何人，不得侵之。

第十二條　中華人民通信之秘密，非依法律所定，無論何人，不得侵之。

第十三條　中華人民於法律範圍內，有集會及結社之自由。
第十四條　中華人民於法律範圍內，有言論、著述及印行之自由。
第十五條　中華人民於法律範圍內，有信仰宗教之自由。
第十六條　中華人民於法律範圍內，有選擇居住及職業之自由。
第十七條　中華人民之財產所有權，無論何人，不得侵之。為公益所必要之處分，依法律所定。

第三章　大總統

第十八條　中華人民具備下列條件者，得被選舉為大總統：
一、享有完全公權；
二、年齡滿三十五歲以上；
三、居住國內滿十年以上。
第十九條　大總統於兩院議員聯合組織之選舉會，選舉之。
大總統任滿時，兩院議員須於一個月以前，行大總統之選舉。
選舉方法，別以法律定之。
第二十條　大總統之任期為五年。
第二十一條　大總統為國家之元首，對於外國代表國家。
第二十二條　大總統公佈法律，並命執行。
第二十三條　大總統召集民國議會，宣告開會及閉會。

第二十四條　大總統得停止民國議會之會議，但同一會期內，停會不得逾兩次，每次不得逾十日。

第二十五條　大總統得解散眾議院，但自解散之日起，須於六個月以內召集之。

第二十六條　大總統為執行法律，或依法律之委任，制定命令。

第二十七條　大總統為維持公共治安，或為捍禦非常災患，當民國議會閉會以後，不及召集時，以不違反憲法為限，得制定與法律有同效之教令。
前項教令，不論繼續執行與否，至次期民國議會開會時，須即提出於議會，求其承認。

第二十八條　大總統定官制及官規，並任免官吏；但憲法及其他法律有特別規定者，各依其規定。

第二十九條　大總統定勳位勳章及其他榮典，並授與之，但不得附以特權。

第　三十　條　大總統為民國陸海軍大元帥，統率陸海軍。

第三十一條　大總統依法律宣告戒嚴。

第三十二條　大總統宣戰、媾和並締結條約，但商約及增加人民或國家義務之條約，非經民國議會之承認，不生效力。

第三十三條　大總統宣告免刑、減刑及複權；但須得最高院之同意。

第三十四條　大總統不負政治及刑事上之責任；但大逆不在此限。

第三十五條　大總統於任期內死亡、免職，或有故永久不執行職務時，以國務總理攝行大總統之事。遇有前項事情，兩院議員須於一個月以內，行新總統之選舉。若眾議院先已解散，其召集期在一個月以外者，仍以舊議員行選舉權。

第四章 國民議會

第三十六條 民國議會以參議院及眾議院之兩院成之。

第三十七條 兩院全體以公選之議員組織之。組織及選舉方法，別以法律定之。

第三十八條 無論何人，不得同時為兩院議員。

第三十九條 參議院議員之任期為六年，每二年改選三分之一。眾議院議員之任期為三年。

第 四十 條 民國議會常會，每年召集之。

第四十一條 民國議會常會之會期，為四個月；但大總統、民國議會之議定，或其他事情之必要，得宣延長會期。常會之外，大總統依兩院議員之過半數之請求，其他事情之必要，得召集臨時會。臨時會之會期，依民國議會之議定。

第四十二條 民國議會之開會、閉會及停會，兩院同時行之。眾議院解散時，參議院同時閉會。

第四十三條 民國議會之議事，兩院各別行之。

第四十四條 民國議會之議定，以兩院一致之議決成之。

第四十五條 兩院之議事，各依總議員過半數之出席，及出席議員過半數之同意決之。可否同數，取決於議長。

第四十六條　民國議會認大總統有大逆行為時，得彈劾之。
前項彈劾，兩院非各有總議員三分（二）以上之出席，及出席議員三（分）二以上之同意，不得議決之。

第四十七條　民國議會認國務總理有違反憲法行為時，得彈劾之。

第四十八條　兩院各得建議於大總統，或國務總理。

第四十九條　兩院各得提出質問書於國務總理，或請求其出席質問之。

第　五十　條　兩院各得受理請願。

第五十一條　兩院議員，在院內發表之意見，於院外不復責任；但議員自以其意見公表於院外者，不在此限。

第五十二條　兩院議員在會期內，非經各本院之允許，不得逮捕或監禁之；但現行犯或犯內亂外患罪者，不在此限。

第五章　國務總理

第五十三條　國務總理輔佐大總統，對於民國議會擔負責任。
凡大總統所發關於國務之文書，須經國務總理之副署。

第五十四條　國務總理得隨時出席兩院，並發表其意見；但現任本院議員者，不得預於議決之數。
國務總理得前項職權，委任其所定之妥員行之。

第五十五條　國務總理因彈劾所受判決之處分，非得民國議會之同意，大總統不得免除或減輕之。

第六章 法院

第五十六條 法院以中華民國之名行司法權。

第五十七條 法院之組織，依法律所定。

第五十八條 法官以具有法律所定之資格者任之。

法官非受刑事處分及其他法律所定懲戒處分之宣告者，不得罷免之。

第五十九條 行政訴訟於平政院裁判之。

平政院之組織及其官吏之任免，依法律所定。

第 六十 條 民國議會對於大總統或國務總理之彈劾，於國務裁判院裁判之。

國務裁判院，臨時以最高法院及平政院聯合互選九名之裁判官，組織之。

第七章 法律

第六十一條 凡法律須經民國議會之議定。

第六十二條 大總統、參議院及眾議院各得提出法律案，但經一院否決者，不得於同一會期內再行提出。同一法律案，不得同時提出於兩院。

第六十三條 民國議會議定之法律案，大總統須於送達後一個月以內公佈之；但經民國議會請求迅速公佈者，須於七日以內公佈之。

第六十四條 大總統於民國議會議定之法律案，認於執行有礙者，得於前述所定期限以內，出於民國議會，求其復議。

復議時，兩院非各有出席議員三分二以上之同意，不得為維持原案之議決。

復議議定之法律案，不得再求復議。

第六十五條　既定之法律，非依立法之程序（敘），不得廢止改正之；但與新定法律相牴觸者，雖無明文廢止或改正，依新定法律變更之。

特別法律非有明文廢止或改正，不受普通法律之變更。

第六十六條　現行法規以與憲法不相牴觸為限，保有其效力。

第八章　預算、決算

第六十七條　國家之歲入歲出，每年以預算規定之。

預算以法律之形式制定之。

第六十八條　預算案，大總統提出之。

預算須先經眾議院之議決。

第六十九條　參議院於眾議院議決之預算案，非發現有違反法律之收入支出時，不得修正或否決之。

第　七十　條　為籌備預算之不足，及預算外必要之支出，得於預算案內設預備費。

預備費之支出，須於次期民國議會開會時，求其承認。

第七十一條　為舉辦特別事業，得預定年限，於預算案內設繼續費。

繼續費依預算所定之額，於年限內繼續支出之。

第七十二條　國家歲入歲出之決算，每年於審計院檢查之。審計院之組織，及其官員之任免，依法律所定。

第七十三條　決算經審計院檢查確定後，大總統連同檢查報告，提出於民國議會。

第九章　附則

第七十四條　憲法之主旨，無論何人不得變更之。

第七十五條　大總統、參議院及眾議院，各得為改正憲法之發議。

前項發議，經民國議會議定時，兩院議員即聯合組織憲法（議會）議決之。

憲法議會，非兩院總議員各三分二以上之出席，及出席議員四分三以上之同意，不得為改正之議決。

資料來源：《憲法新聞》，第四期、第五期，一九一三年五月四日、五月十一日。

駐日公使汪榮寶爲調查萬寶山事件和朝鮮各地排華情形的密呈抄件

（一九三一年八月六日）

為密呈事；本年七月九日奉部電：朝鮮事件政府甚為重視，請執事前往調查慰問，事畢並希來京一行。等因。當即電請酌帶隨員一名，館務交江參事暫行代理。並陳明，在鮮事畢，取道遼燕，順便調查接洽一切，即行回京。經奉復電照准，旋即訂期會晤幣原外務大臣，面行通知。即於同月十三日由東京起程，道經神戶，即調該館領事任家豐隨行，幫同辦理一切。當經遍赴朝鮮滋事各地：釜山、京城、平壤、鎮南浦、仁川、新義州等處，所有大略情形業經先後電陳在案。嗣於二十三日離鮮，在安東停留一日，瀋陽停留二日，遍晤該地方重要官吏，將所謂萬寶山事件始末調查明晰。即由北寧線直接赴平，順謁張副司令。因探悉津浦南段阻水，立即購賣（買）船票，改由海道南行，於本月五日抵滬，本日抵京。查此次被難各地情形，自以平壤為最重，仁川次之，其餘各地防範較早，未致釀成巨變。茲將各處情形分別臚陳如次：

平壤、鎮南浦

七月四日晚，鎮南浦徐隨領因悉京城、仁川發生仇華暴動風潮，困於五日晨正式專電平南、黃海兩道廳員警部長、平壤員警署長，又面晤鎮南浦員警署長，切托對於華僑妥為保護，並與當地商會商議預防辦法。至平壤事件，據該處華僑各界代表聲稱：五日上午十一時許，據平壤員警署電話，請商會主席往署談話。其時因主席適回安東，即由常務委員張景賢偕同羅翻譯前往，由安藤高等系主任接見，謂本地倘有暴動發生，本署必切實保護。苟遇有鮮人尋釁，望特別容讓，並從早閉門，一切可請安心，云云。歸會後，即通知各僑謹慎防範。迨至下午七時許，驟然發生暴動，暴徒蟻集，不計其數，手持棍、棒、刀、斧、石塊等兇器，並攜帶電筒，對於華僑家屋不問農工商賈，分隊輪流襲擊，遇我華人不論男女老幼，恃凶毆打至死，毀掠財物，焚燒帳據，且帶有引火燃料，隨處設法放火，指揮均用警笛，組織頗為完備，直至翌晨，仍未停止。殘忍慘酷，世所罕睹，而各處員警不佩武裝，徒手制止，何補於事。及至九日，知遭難慘死者百餘人，傷者二百餘人。等情。查此次全鮮仇華事件，以平壤為最烈。當地官廳事前接領館電而不加嚴重警戒，道廳漫無防範，警署徒托空言。各處暴動既起，又不斷然處置。當晚員警既未武裝，軍隊亦不出動，致暴徒全無畏懼，得逞兇頑，其疏忽怠慢，玩視職責，以及藐視我僑生命財產，有如此者。至平壤僑民事務向歸鎮南浦分館管轄，因分館於六日晨知悉其事時，鎮南浦方面亦有不穩風聲，除與當地商會及日官廳商議緊急處置外，旋由徐隨領乘車直赴平壤。詎料抵站時，驛長及隨廳人員候接，據謂，我國僑民業經妥為收容，武裝員警軍隊、消防隊等均已出動，此後可以無虞。如此對於僑民以及官廳有所囑事，當代傳言，現在徒見亦屬無益，況鎮南浦形勢亦甚緊急，務請速回主持。云云。徐隨領不得已允其所請，即時乘車趕回鎮南浦。果已於下午二時左右，鮮人到處群集武裝，員警隨時解散，各僑民紛紛到領館避難。至僻地農園商鋪僑民，亦與警署交涉，派警巡查護送前來，然稍緩者已遭毆打，六時許全部收容竣事。及七時許，暴徒愈聚愈眾，員警雖加鎮撫，究因人數太少，顧此失彼。我僑農園及一部分商店，仍被投石搗毀，搶掠放火。翌七日起，竟有襲擊領館之說。蓋有平壤一部凶徒來，從中助勢，情形益為險惡，幸六日晚臨時裝置一電話，直向道廳交涉，加派軍警，故得陸續應援，群情以安。雖財產上不免損失，然以收容較早，未成慘劇。八日由徐隨領赴平壤視察慰問後，又派定臨時調查員會同商會調查員調查平壤、鎮南浦及其他地方損失。據查，除回國未能查明者，間接損失未報者尚未記入外，共計平壤損失約在日金二百五十四萬五千餘元，鎮南浦及其他地方損失約在日金十一萬七千餘元。至平壤死傷人數，據道廳發表為，死九十五人，而我方調查則死一百零九人，傷一百六十三人，生死不明者六十三人。鎮南浦傷十九人。榮寶於七月十六日抵京城，以平壤受禍最為慘酷，當晚赴平壤，於十七日晨抵達，即分赴各處視察慰問，先到醫學講習所內慰問收容之被難華僑，該所收容最多時達五千餘人，除繼續回國者外，截至十七日收容尚有千餘人。該收容所內有便所、洗浴所、病舍茅棚、廚房等設備。當經與商會會長孟憲詩商定，由各團體推舉代表，於午後赴旅館與榮寶談話。嗣又往道立醫院探望負傷僑民，是日，尚有百人左右留院療治，內中大多數均將痊癒，即可出院，此外有一星期或十日亦可見愈。一般病者見榮寶到院探視，均甚欣喜，榮寶慰問時，均稱已無痛苦，可即見痊等語。惟有王姓因妻兒被難身死，嗚咽不已，情極可憫。嗣往長山墓地予祭死亡僑民，該墓地計分五條，每條據道廳發表葬二十人，每人一棺一穴，惟內有嬰孩二人，則合葬一棺，最前一條較短，據稱共為九十五人。嗣又往被毀各商店巡視情形。至四時晤中華商會代表孟憲詩、王紫宸、張景賢、許維敏、中華料理同業公會代表王澤國、中華農會代表劉文智等，據稱，現在僑民婦孺有數十人願回中國，懇請設法，當經與官廳交涉備車送回安東。至收容所僑民亦作出所之準備，由華商特選定較大之僑商商店四處，分別收容。其餘僑民有仍回菜園耕作者，有歸國者，無業之人日方仍允供給食物約計十日，如到時尚不能謀生，則暫由各處華商商會接濟。榮寶並於在東京時向華僑發起急賑，朝鮮被難僑民，業由大阪，神戶等處捐給國幣萬餘元，現在各處尚在繼續籌募中，當可陸續匯至朝鮮。

同時日鮮團體等亦有寄贈慰問現金物品者，因係救濟性質，均經收受分配矣。嗣經鎮南浦徐隨領呈報日員警部長查明，平壤華僑死一百零八名，漢川三名，勝湖裡一名。

仁川

七月三日午前二時，有鮮人數十名在仁川外裡地方向華人理髮料理店等投石，打破玻璃及電燈泡等，及至天明，鮮人暴動風聲愈急，僑民紛向中國街避難，八時由仁川分事務所蔣主任到警署交涉制止，並一方報告總領館。至晚八時，鮮人忽群集約有三千人大舉暴動，全市頓形混亂，華僑男女均逃避，華商商店門窗被鮮人搗毀，警察不能制止。又由蔣主任與商會傅主席赴警署要求派警武裝出動。該署長以未奉道廳命令未便照辦。後暴徒結隊復向中國街進攻，幸僑民共同協守，未能攻入，遂結隊退回，在沿途向華僑店鋪飛石亂擊，並分頭搶掠，是夜僑民雖受傷多人，尚無死亡，華商較大商店亦尚無十分損失。至天明，暴徒雖散，而風聲仍緊，由仁川事務所電話總領事館，請向總督府要求加派武裝員警，同時又赴警署質問。午後，張總領事到仁川視察，並往警署交涉，署長稱完全負責。迨張領事返京，是晚九時許，據報鮮人復在外裡地方鳴鑼聚眾。集成五千人左右，大舉暴動，手持木棒、鐵棍、刀斧等，到處搜索擊毀，內外裡方面所有華商商店，多被暴徒用貨物將門撞開，即以斧劈碎，割斷電話電線，搶掠撕毀貨物，拋棄街心，最後將布匹綢緞或擊（系）樹幹、或繞電桿，警察無力保護。旋分事務所據稱，急電張總領事向總督府交涉，主張大隊軍警來仁援助，同時電知仁川警署，切實保護全府華僑生命財產。至五日上午三時，京城武裝員警及憲兵十七名趕到，員警亦服武裝，見形勢不佳，鳴空槍二響，暴徒始退。至中國街警森嚴，幸未衝入。查僑民被毆身死者，計連魁山、李俊吉二名，重傷者盧煥信、王有智二名，經送入醫院療治。一方急運載貨汽車，將遠近僑民送中國街避難，計約一千五百人，另輕微傷者二十餘名。五日晚暴徒在中國街四周聚眾數千，希圖攻入，幸員警以馬隊衝散。乃到府外放火，被焚者二處。查分所及商會曾收容約至三千六百僑民。六日起漸見平靜，僑民紛紛乘華商「利通」號輪船、日商「共同丸」歸國者，計達八千人。此次華僑直接損失約在日金九萬左右，尚有間接損失正在詳查中也。

京城

京城鮮人暴動，於七月三日午後十時左右發生，僑商處多有鮮人投石擊毀門窗玻璃等事，途遇華人，即施毆打。當由總領事館電話憲兵隊及各員警署切實取締、保護。四日未明，京城府內外華商農工人等紛來領館報告，各處暴動愈演愈烈，損害已不少。張總領事屢經往總督府請速派武裝軍警保護。一方由中華商會及各團體代表分訪各機關、各報館，請其緩和華鮮人情感，並由總領事函請朝鮮政務總監，迅籌萬全保護辦法，並酌派武裝軍警。其時，華僑來館避難者已達千餘人，五日晨避難來館者絡繹不絕。是日星期，復由總領事館向總督府提出應急辦法四項。旋據電話復稱：京城內外鄉僻靜處華僑，可由警署送至總領館暫避，各處員警已命充分戒備。京城華僑較多區域，已飭就地切實保護。總領館當即通知中華商會，派汽車分往龍山、麻浦等載運僑民來館。是日統計僑民避難人數已達二千數百人。六日，張總領事往訪總督府警務局長，請通令各道，加派武裝軍警取締制止。旋該局長來館答稱，已嚴令各道員警警備。是日華僑到館避難約三千六百人左右，七日，又由各警署派警護送僑民到館避難者，亦有多起。截至是日前後，統計達三千六、七百人。七、

八、九日繼續由張總領事往總督府交涉，詰問各地暴動尚在續發。據報華民家產被毀者，有徐文升等六十餘家；僑民被傷被毆者，有上緒吉等百四十人左右；財物受損失者，有孫君集等二百四十餘人。京城府內外僑民，其損失傷害之數，據前述報告，至為酷烈，至確實數目，正在詳細調查中。

釜山

自七月四日午前，駐釜山領館，因聞仁川、京城發生鮮人暴動事，當日即與警署接洽防範，並於五、六兩日要求警署道廳，電飭各郡警署竭力保護華僑。七日，朝鮮政務總監經釜山赴京城，由陳領事與總監面商，嚴厲取締暴徒。總監答稱，自應完全保護。至八日，釜山風聲亦甚緊張，各商店難照常營業，惟市面各處華僑婦孺均避難領館，數約八十餘人。是日，中華商會玻璃窗被暴徒擊毀二面，晚間，領館園內亦有小石投入，至夜九時，鮮人集眾領館左側空道，人數約三百餘，勢將進攻領館，時館外街上早已派警駐守，斷絕交通。天雨而鮮人仍不分散。嗣由署長親至領館指揮馬隊，向群眾驅逐。惟鮮人竟向馬隊投石，該隊不支而退，情形危急，遂致電憲兵隊，旋由憲兵到場，鮮人始散去，時已深夜。九日晨三時，市內牧之島吳服僑商劉振年，料理店孫振樹被暴徒三十餘人投石擊毀門窗，並將店內貨物悉數拋至街心，僑民奔避日人住宅，經警捕獲暴徒八名拘往警署，僑民由警護送領館避難。是晚停業僑商避准至領館者，約達一百六十餘人。十日晚，領館右側街路鮮人復集眾六七百人，旋經憲兵驅散。十一日，形勢較平穩，經領館與道廳切商保護辦法，並決定恢復華僑營業日期。旋由道府各廳答稱，已嚴飭各處竭力取締暴徒，並召集各民間代表，轉諭鮮民務須安分。十二日，大致安穩。至避難領館、商會及各商號華僑人數，男約三百二十餘人，女約六十餘人。至十五日晨，榮寶抵釜山視察，尚有少數人存留領館。開店營業者有四家，尚無事故發生，相約於次日如無問題，即全體開店，照常營業。至釜山以外所轄各境，據各方報告，除慶北大浦里華商元生東門窗貨物被毀外，其他各處只擊碎玻璃。至華僑因毆致傷者計五人，直接重大損失，現正詳細調查。

元山

元山鮮人仇華暴動係於七月四日夜發生。當事起之初，由揚副領事電話備道廳暨各郡員警，認真保護華僑生命財產。一面通知僑民至危急時，可將財產交托員警，迅投元山。至六、七等日，情形緊迫，元山市內外華僑搬至領館避難者驟達千人。截至十四日止，收容人數達二千三百餘人。查僑民因鮮人暴動，受傷較重者計二十一人。此外，有被兇徒追襲，阻河無路，赴水溺斃撈獲屍身者，元山、川內里各一人，傳說死亡可以證實者三人，尚未證實者十三人，失蹤者十九人。此係元山之暴動經過情形也。

新義州

七月七日晚十時，鮮人暴動，麇集五六百人，襲擊真砂町華僑。幸各大商店事前得有消息，早已閉門，僅碎門窗玻璃，貨物未受損失。領館於事前經與道知事及警署交涉預防，及至發生暴動，即電知警署派多數員警鎮壓，旋即散去。華僑均到領館，所有商會重要賬據，亦運至領館。八日晨，謠言更甚，暴動蜂起，行路華人受傷者頗多。朱領事因風聲緊急，即馳至道廳及警署協商，借用汽車將市外僑民運至安全地方，一時來領館及商會避難者一千二百餘人，赴安東者三千五百餘人。又以領館及商會房屋狹小，複將老弱婦稚送往安東，計六百餘人。安東縣政府、商埠公安局、總商會等指定戲園二家、電影院三家設立收容所五處，妥為安置。是夜，新義州領館及商會嚴重警備，僑民所遺商店、空家均有員警巡邏看守，商品家財尚無重大損失。次日調查，受輕傷者十四人。此外，中之島於七日夜被暴徒擊破華商之店門窗玻璃木板者四家，惟東生福商店損失較重，約達百元。警官聞訊出而彈壓，暴民轉向市外，襲擊荒川組工人宿舍，破門闖入，將工人於福京胸脅毆傷致死，尚有五六名負傷者，兇手被捕，連同其他暴行者共拘留四十六人。又有義州郡三成金礦會社工人被暴徒毆死一人。其他地方為雲山、北鎮、大榆洞、宜川、定州、南市、龜城、揚市、郭山、博川、甯邊、義州等處，華僑亦有被毆受傷及商店被襲擊者，惟情節尚均不重也。

查此次事變之發生，其直接原因，由於日本、朝鮮各報就萬寶山事件捏造事實，擴大宣傳，對於朝鮮無知群眾肆行煽惑。仁川事變發生最早，即因京城《朝鮮日報》所發行之號外，謂萬寶山事件中國人與朝鮮人衝突之結果，朝鮮人被殺者數百名（始則謂二百餘名，繼則以誤傳誤，謂至八百餘名）。以致群情憤激，遂起暴動。我駐鮮各地領事，一經得信，立即要求該地官吏派警彈壓，並要求加派武裝軍警出動。而其時朝鮮總督及政務總監正當新舊更迭之際，總督府絕無負責之人，再四要求，不肯及時下令武裝或派憲兵制止，以致各地辦法參差，號令不一，而平壤地方，遂成亙古未聞之慘殺。日政府無論如何辯解，決不能辭其責任。而朝鮮總督府及一般日本新聞，尚藉口與萬寶山事件中國壓迫鮮農激成此舉，一似此次朝鮮暴動，其責任當由中國官吏負之者。其顛倒事實實出情理之外。故欲研究此項事件責任之所在，第一不可不精查萬寶山事件之真相。茲將在沈所查萬寶山事件始末，摘要臚陳如左。

一、肇事之原因

華人郝永德組織稻田公司，租妥三姓堡蕭姓張姓之荒地五百響，開種稻田，雇用（傭）朝鮮人為之工做，訂有契約，呈請長春縣政府批准，縣政府以事尚可行，須將章程界圖呈請核奪後，方能照辦。又諭令雇用（傭）之韓人不得過二十人。乃郝永德認為已得官府允准，又轉租地與韓人沈連澤等九人耕種，召集韓人一百八十餘名，遽行開工挖溝引水，破壞民田，經過二十餘里，直至伊通河岸，人民起而反對之，阻止韓人工做。日本領事田代派日警前往保護韓人，不令停止工做，我方亦派警前往保護華人。此交涉之所由起也。

二、交涉之經過

長春萬寶山人民既起阻止韓僑挖溝引水，韓人恃有日警之勢力，不肯停工。當時由長春市政籌備處周處長玉炳與日本田代領事提起交涉。斯時，駐遼寧日本林總領事來謁吉林張主席，報告此事。張主席斯時尚未接到吉林省政府關於此案之報告，乃與林總領事口頭約定：兩方先將派警撤退，再行和平據理談判，林已允許。乃張主席命令我方將警撤退，而日本迄未撤退，且督飭韓人進行挖溝益急。經周處長玉炳據理交涉，口頭、書面往返辯論，始終無效。

三、日方面之現狀

現在韓人挖溝引水已竟工，業引水入田。日警在馬家哨口佔據民房兩所，架設軍用帳房三十九架，上懸日本國旗，並架設機關槍四架，又派馬警三人來往巡查搜索，在馬家哨口附近四五裡內不准華人行走。萬寶山附近之現狀，已似入於日本佔領地帶內之狀態。

四、中國方面之現狀

萬寶山華人曾經一度聚眾，為之填平所挖水溝，經日警開槍射擊，幸無傷亡，又經我方員警勸止，靜候交涉，華人已盡散去。斯時，吉林張主席由北平返遼寧，林總領事亦由東京返遼寧，相晤後，林願將此案詳細研究，再進行交涉。張主席乃電調交涉特派員鍾毓來遼，林亦電調吉林石射領事來遼，使鍾與石射當交涉之責任。現在鐘與石射均返吉林，約在吉林或哈爾濱談判此案。但石射前曾自願調停此事。曾提出四個條件：一、賠償韓人損失；二、支給韓人本年生活費；三、許可韓人在長春自由居住；四、省政府認可明年使韓人種稻。但此四條，已經省政府表示不能接受矣。林總領事亦曾聲明，前此所提出之條件，均作罷論。

照以上所陳，所謂萬寶山事件者，只有鮮人以日本勢力為後盾壓迫華人之事實，絕無中國官吏何等壓迫鮮農之舉動。所有日韓各紙種種宣傳，全屬有意簧鼓，聳動聽聞，此不惟中國方面眾口一詞，即日本官憲亦未嘗不知其全非事實。如平壤道廳對於朝鮮人之公告，均聲明此種新聞多係無根之談。然則謂朝鮮事變與萬寶山事件有原因結果之關係者，其為無理，不辯自明。此項交涉之關健（鍵），日方主張一切由彼按國內法辦理，檢舉也、預審也、防止再發也、救濟也，一切自行發動，自行辦結。而我方則主張用國際交涉，道歉也、懲凶也、保障將來也、賠償損害也，一切交【涉】須以雙方同意行之。此中紛（分）歧之點，全在責任問題。責任問題明瞭，以上各節，自可迎刃而解。照現在調查各節，此項責任完全屬於彼方，而我方絕對無絲毫責任之可言。所有一切交涉辦法，自有國際通例，早在大部洞鑒之中，應請根據既定方針切實進行，以期必勝。至榮寶身膺使任，有保護僑民及增進彼此親善關係之責。茲於任國領土以內，發生此種巨變，竟致多數僑胞無辜慘死，不能弭患事先，更使將來彼我關係益生隔閡，有違素志，抱疚無窮。應請呈明國民政府准予開缺，以明責任。曷勝感幸之至。謹呈

外交部

駐日本公使汪榮寶

中華民國二十年八月六日

資料來源：中國第二歷史檔案館編：《中華民國檔案資料彙編》，第五輯，第一編外交（一），江蘇古籍出版社一九九四年版，第312-321頁。

各種傳記中的汪榮寶介紹

談汪榮寶

汪榮寶近卒於北平，溯其生平，亦一人物也。清末以留學生為顯官，共曹汝霖等見稱四大金剛，而榮寶尤以湛於學問。湯用彬《新談往》云：「汪榮寶，字衮父。幼敏慧絕人。弱冠居滬上，與章太炎同投稿《時務報》，每論文出，時流驚異，一時有汪、章之目。」以拔貢廷試得小京官。再隨其叔某先生使節游東瀛，肄業慶應義塾。返國任譯學館歷史學教授。榮寶先輩皆顯宦，獨能以勤苦自勵。初蒞譯館，布衣芒鞋，類窶人子。教授生徒有條段，治學有規程。以故館生多敬畏之。在館與張緝光交最篤。學部初設，長沙張尚書調緝光任實業司郎中。張每回館，裘馬麗都，聲勢煊赫。榮寶心豔之。數日，忽辭去譯館教授職，就差兵部。旋學部、民部、憲政館爭調取。出入必車馬，厚儀從，與從前任校事時大異。彼既以負氣入政界，竭其治學能力移治官事，自恢乎有餘。以故一年間擢民部參議，仍兼憲政館、法律館、資政院事。一時所謂新政條教，出榮寶手者十九。故前清雖雲偽立憲，而章程條教，往往有可採者，榮寶之為也。可供談榮寶早歲事者之參考。清末號行新政，才士與親貴為緣，任要職，佐謀議，率盛飾輿服，亦一時風氣也。榮寶既嘗與章炳麟齊名，民國十四年復有與章太炎論音之爭，其說頗精云。

朱德裳：《三十年聞見錄》，嶽麓書社一九八五年版，第143—144頁。

汪榮寶

元和人，榮寶幼敏，博通文史，以明經仕清。為曹郎，積官至民政部右參議。鳳藻嘗教授京師大學，門下多雋邁之士，而皆服榮寶淹雅。時同官延鴻者，旗籍中才士也，一日，偶與榮寶迕，譖於尚書善耆，謂其徒負才而疏於治事。善耆召入，謂有言子疏懈者，有改之，無加勉。可榮寶對：「使事有不舉，是曠職，當彈劾，第同堂治公，見有貽誤否？」善耆不能答，自是益重其風節。行擢部丞。已而桂春掌民政事，竟寢。入民國初為議員，阮忠樞將援入袁幕，以疾辭。後任駐比公使。榮寶工詞章，擅考據，亦重志節，唯外交殊非所長。

沃丘仲子：《現代名人小傳》，中國書店一九八八年影印版，第123頁。

汪榮寶

汪榮寶，字衮甫，一字太玄，江蘇吳縣人，為清翰林鳳藻（瀛）之子。幼穎敏，博通文史，光緒丁酉科拔貢，兵部七品小京官。留學日本早稻田大學畢業。回國後，歷任京師譯學館教員。光緒三十四年，任民政部右參議。宣統三年，任資政院議員，協纂憲法大臣等職。民國元年，充臨時參議院議員。二年國會成立，被選為眾議院議員，隸進步黨，阮忠樞將援入袁世凱幕，以疾辭。三年二月，出任駐比利時公使。四年七月，任憲法起草委員，從事制憲。後複出任駐瑞士公使。十一年六月，轉任駐日本公使。二十年，萬寶山事件發生，汪辭職回國，旋赴北平休養。二十一年三月，國聯調查團來華，汪被派為北平方面之招待員。汪工詞章，擅考據，又精音韻學，亦重志節，惟外交殊非所長。著有《清史講義》等書。二十二年七月十八日，病歿於北平，死年五十二（六）歲。

賈逸君：《中華民國人物》，民國叢書，第一編86，上海書店一九九四年影印本，第15頁。

汪榮寶

汪榮寶（一八七八—一九三三），字袞甫，一字袞父、太玄，江蘇吳縣人。一八七八年（清光緒十四年）生，十五歲入邑庠。一八九七年丁酉科拔貢。一八九八年應朝考，以七品小京官入兵部任職。一九〇〇年入南洋公學。後赴日本留學，入早稻田大學和慶應義塾。在東京加入國民義勇軍。回國後，仍在兵部任職。一九〇六年，任京師譯學館教習，旋改任巡警部主事，尋巡警部改民政部，補參事，仍兼譯學館教習。一九〇八年任民政部右參議，兼憲政編查館正科員。一九〇九年任簡字研究會會員。一九一〇年任資政院議員。一九一一年四月，奉派為協纂憲法大臣。一九一二年任臨時參議院議員，讀音統一會會員。一九一三年任國會眾議院議員，同年三月，參加進步黨，任法制科主任。一九一四年二月，任駐比利時公使，在駐比利時公使期間，於一九一五年七月，任憲法起草委員。一九一九年一月，任駐瑞士公使。一九二二年六月，任駐日本公使。一九三一年七月，回國後，旋赴北平，任陸海空軍副司令部行營參議，外交委員會委員長。一九三二年三月，國聯調查團來華，汪被派為北平方面之招待員。一九三三年六月病逝。年五十五歲。著有《清史講義》、《法言義疏》、《法言疏證》、《思玄堂詩》、《歌戈魚虞模古讀考》等。

徐友春主編：《民國人物大辭典》，河北人民出版社一九九一年版，第419頁。

汪榮寶（一八七八—一九三三）留學日本。字袞父，又作袞甫，號太玄，江蘇吳縣人。光緒丁酉科拔貢，曾任職於清政府兵部。一九〇〇年入南洋公堂。一九〇三年赴日本早稻田大學學習，一九〇六年畢業回國。後任京師譯學館教員。一九〇九年任簡化字研究會會員，從事文字改革宣傳工作。一九一一年任清資政院議員、協纂憲法大臣等職。一九一二年中華民國成立，任臨時參議院議員，並繼續參加文字改革工作，任讀音統一會會員。主張中文拼音，仿照日本假名，採用漢字偏旁為字母。一九一三年，任眾議院議員。一九一四年任駐比利時公使。一九一五年任憲法起草委員。一九一九年任瑞士公使。一九二二年任駐日公使。一九三一年回國，處理萬寶山慘案，後處理不當，遂引咎辭職，掛冠而歸，寓居燕京。後又任陸海空軍副總司令行營參議、外交委員會委員長等。一九二三年發表的《歌戈魚虞模古讀考》，採取梵漢對音、日譯漢音等材料研究漢語音韻，創造了古音研究的新方法，引起了「五四」運動後語言學界古音研究的第一場爭議。著有《論阿字長短音答太炎》、《清史講義》、《汪榮寶日記》、《法言義疏》、《新爾雅》等。其中《法言義疏》，前後用四十年時間，從一八九五—一九三三年間不斷加注。

周棉主編：《留學生大辭典》，南京大學出版社一九九九年版，第198頁。

汪榮寶（一八七八—一九三三）：字袞甫，又字袞父、太玄。江蘇吳縣人。一八九七年丁酉科拔貢。一九〇〇年入南洋公學。留學日本，入早稻田大學和慶應義塾。一九〇六年任京師譯學館教習，旋改任巡警部主事，尋巡警部改民政部，補參事，仍兼譯學館教習。一九〇八年任民政部右參議，兼憲政編查館正科員。

一九〇九年任簡字研究會會員。一九一〇年任資政院議員。一九一一年四月，奉派為協纂憲法大臣。一九一二年任臨時參議院議員，讀音統一會會員。一九一三年任國會眾議院議員。一九一四年二月任駐比利時公使，一九一九年一月，任駐瑞士公使。一九二二年任駐日本公使。一九三一年任陸海空軍副司令部行營參議，外交委員會委員長。一九三三年六月病逝。終年五十五歲。著有《清史講義》、《法言義疏》、《法言疏證》、《思玄堂詩》、《歌戈魚虞模古讀考》等。

張憲文、方慶秋、黄美真：《中華民國史大辭典》，江蘇古籍出版社二〇〇二年版，第996—997頁。

汪榮寶（一八七八—一九三五）字袞甫。江蘇吳縣人。清末留學日本，後任京師譯學館教習、民政部右參議、憲政編查館正科員等職。民國建立後，任參議院議員。一九一四年任駐比利時公使。一九一八年任駐瑞士公使。一九二二年任駐日本公使。一九三一年後積極主張抗日。一九三三年在北平病死。著有《法言疏義》等。

石源華：《中華民國外交史辭典》，上海古籍出版社一九九六年版，第341頁。

汪榮寶（Wangrongbao），字袞甫，一字太玄，江蘇吳縣人，光緒丁酉科拔貢，早年留學日本，畢業於早稻田大學。一九〇六年曾任京師譯學館教職，一九〇九年任簡字研究會會員，一九一二年任讀音統一會會員。主要從事文字音韻方面的研究，主要論著有：釋「皇」（《華國月刊》一九二三年一卷一期）；釋「身」

（《華國月刊》一九二四年一卷六期）；釋「彝」（《華國月刊》一九二四年一卷七期）；轉注說（《華國月刊》一九二四年一卷九期）；歌戈魚虞模古讀考（《華國月刊》一九二三年一卷二、三期）；論阿字長短音答太炎（《華國月刊》一九二五年二卷九期）。

陳建初、吳澤順主編：《中國語言學人名大辭典》，嶽麓書社一九九七年版，第一一一頁。

故駐日本公使汪君墓誌銘

君諱榮寶，字袞甫。江蘇元和人，民國興省，元和入吳，故為吳人。考諱鳳瀛，清長沙知府，入民國充總統府顧問。妣張太夫人。昆弟八人，君其適長也。生時太夫人夢人授以珊瑚剪刀，故小字夢珊雲。九歲，畢群經，十六，從大儒定海黃先生游，研精故訓，為文夷猶清典，自以上嗣陸機，視江、鮑蔑如也。弱冠，選元和縣拔貢生。逾年，朝考，除七品小京官，籤分兵部。八國聯軍入京師，君年二十三矣，始有濟物志，赴南洋公學為師範生。旋遊學日本，入早稻田大學，及慶應義塾，治東西洋歷史，旁逮政法。於是清政不綱，主革命及君主立憲者，坌起相竟，而皆不為清廷所畜，多亡命日本。會日本與俄羅斯有違言，主革命者陰部署國民義勇隊，有所規畫，君與焉。事既不就，謠諑達京輔。復返官兵部，累遷民政部參議，充資政院議員。清末憲法，君屬草為多。是時遊學日本歸者，除調甚驟，朝野多異言，而君束修自敕，實未嘗以奔走獲也。

宣統初，革命黨人謀殺監國載灃，捕得將置極刑，君陰左右之，得毋死。民國元年，複被舉臨時參議院議員。時南北假合，所在薛暴，大總統袁公欲以力蹂定之，君知有變，乞外任。三年，出充駐比利時公使，兼考察憲法。遠西戰起，從比利時政府遷法蘭西，密疏列國縱橫情勢以聞。袁公欲就帝制，召君將屬以法制，且問物論異同，君遽應曰：「願公為華盛頓，不願公為拿破崙也。」袁公大沮。時長沙君亦上書駁異帝制。袁公知君父子終不為所用，即遣還。七年，徙駐瑞士公使。十一年，徙駐日本公使。自民國興，邦交獨日本最劇，君故學於日本，識其士大夫，奉使十年，悉得其陰謀牙蘖。二十年春，東三省難將作，君上書告變，外交部以為妄。君請遣使赴東京覆實，使者歸，而吉林萬寶山事起。韓人暴變，部令君行視，君親歷撫諭，盡得其實。方具陳覆，遽罷君歸，未一月，日本兵陷瀋陽。

君時在北平，主者聞變，倉惶召君議，君力言宜戰，斥遷延避寇為非計，不省。君憤甚，自是不復論國家事。君生平遇人坦易，粥粥似無能者。及遇變，鉤校敵情，動應機括，而兩為當事所拒。聞故四川督軍陳宧言，今日之敗，坐樞府非其人，誠得中材主之，折衝樽俎，但任袞甫有餘矣。宧，智謀士也，其重君如此。

二十二年七月，卒於北平。配黃夫人，子延熙，駐義大利代辦公使，出為君從兄後。次懋熙，次孝熙，次績熙，次重熙，女子子二，長適中山鄭氏。君天性孝友，先後遭張太夫人及長沙君憂，皆哀毀骨立，幾不勝喪。既善文辭，雖公私繁攘，未嘗廢筆札，尤好揚子《法言》，以為漢儒冠冕，少即為之疏證，後凡數易稿，及寫定，距君卒十八日耳。以君文章之美，而又諦審國交形勢，蓋陸太中、鄧伯苗之儕，惜乎所遭非其時也。孔子云：「宗族稱孝」、「使不辱命」、「文之以禮樂」，如君庶幾近之歟？二十三年二月，葬於陸墓山。延熙等奉狀，求為銘。余識君在少壯時，後在北都數相見，論文學甚相中。君弟東，又從余學。曩長沙君之歿，余為銘之。今老矣，而又銘君，非以為故舊死，以君父子之行誠有不可諼者也。銘曰：

噫乎袞甫，外彪中磐。珥筆從事，何其敬若！大號渙矣，不扳其麟。專對之選，行遠以文。伏寇西闞，窺我廣員。制變在速，驅以救焚。何聽之藐藐，而言猶諄諄！退反初服，理其舊聞。餘慼未絕，龍性匪馴。噫，其學也子雲，其行也子雲，何足以云？

章太炎：《章太炎全集》第五冊，上海人民出版社一九八六年版，第258-259頁。

後記

本書是在筆者的博士學位論文《汪榮寶與清末民初的社會變革》的基礎上修改和充實而成的，從二〇〇四年確定博士論文選題到至今出版書籍，光陰荏苒，算起來已有十年之久。二〇〇三年，我報考了南京大學中國近現代史博士，承蒙張海林教授錄入門下，並對我進行嚴格的學術訓練和悉心培養。張老師思想敏銳、學識淵博，對學問一絲不苟，對學生更是認真負責。就拿論文來說，自選題、資料收集、確立主題到論文寫作和修改，老師都提出了寶貴的意見和建議。我在寫作中困惑於某難題而不得解，多虧老師的點撥和啟迪，才令我茅塞頓開，柳暗花明。在本書出版之際，張老師又欣然執筆作序，這讓我心懷感動的同時，唯恐辜負恩師的栽培而惴惴不安，但這也是鞭策和激勵我不斷努力的動力。

有關汪榮寶的資料零散且有限，因此查閱資料的過程較為緩慢和困難。幾年中，我在南京大學港臺閱覽室複印、抄錄《汪榮寶日記》、《金薤琳琅齋文存》、《思玄堂詩》等，又購買《法言義疏》專著，這些資料又多是詰屈聱牙的古文，且是較難辨認的繁體字。我到汪榮寶的故鄉蘇州檔案館查閱史料，找到汪氏家族和地方誌有關資料。在北京國家圖書館古籍部和中國第一歷史檔案館查閱和抄錄史料，查閱了資政院、民政部、憲政編查館、法律修訂館等檔案資料。後又到上海圖書館和檔案館查找有關汪氏家譜的史料。

要真誠感謝汪榮寶的後代對本書的關注和支持。在二〇〇五年夏天，我拜訪了汪榮寶的孫子即上海的汪堯昌先生，初次見面，汪先生就詳細地向我講述家族的歷史，且慷慨贈送書籍和相關史料，讓我很是感激。二〇〇六年底，我在南京見到汪氏家族的後人汪晨熙與汪明熙兩位女士，她們是汪榮寶昆仲汪季琦的後代，汪晨熙任教于廣州暨南大學，她很熱心地提供了現居臺灣的汪榮寶孫女汪瑩的聯繫方式，中間還一直關注我的研究，並給予諸多鼓勵和資料上的幫助。二〇〇七年春，我在蘇州與汪瑩女士及其愛人張偉仁先生見面。汪瑩是汪榮寶四子汪公紀的長女，亦是著名的影視製作人、影視導演和影評人。張偉仁先生為法制史研究大家，淡定儒雅，博學多聞，深有大師風範。汪瑩女士贈送了其祖父汪榮寶所撰寫的《清史講義》、《新爾雅》、《思玄堂詩》等書籍，並自始至終關注書稿進程，同時又幫我聯絡臺灣出版社，令人感激之至。同時還要感謝臺灣政治大學的汪琪教授對本書稿的諸多支持，汪教授是汪榮寶四子汪公紀的次女。

從撰寫博士論文到本書成稿，有多位良師益友提出了寶貴的修改意見。感謝南京大學的李良玉教授，他曾經為論文框架提出極有見地的修改建議。感謝南京理工大學的黃磊主任對本書的支持和關注，感謝李俊奎教授、陳釗老師對書稿內容和結構提出的修改思路。還要感謝我的家人、同事、朋友，感謝所有對本書寫作和出版有過幫助的人！最後，要向秀威出版社的蔡登山主編及負責本書的邵亢虎編輯致謝，他們為本書的付梓付出了大量的時間和精力。

工作之後，人事沈浮，歲月蹉跎，每日忙於教學，加之家務孩子的纏繞，書稿被我束之高閣，耽誤不少時日，每每想來，感到羞赧不已，人難免產生懶惰心理，也許外力的推動至關重要。如今重拾舊作，已覺時日緊迫，催人前行，再也不敢鬆懈與懶惰。執筆撰文方知做學問的辛苦，在本書寫作過程中，有著歡喜，有著憂愁，有時思路順暢，寫作流利，不禁心潮澎湃，驚喜書稿快要完成；有時遇到難點而輾轉難眠，以至腦海中縈繞著文字帶到夢中。或許人生若要做出一件事情，必定要進行周密的規劃以及付出相當艱苦的勞動，這是我在撰文寫作中的體會和心得。

趙林鳳　二〇一三年十二月

血歷史54　PC0354

新銳文創
INDEPENDENT & UNIQUE

中國近代憲法第一人
——汪榮寶

作　　者　趙林鳳
主　　編　蔡登山
責任編輯　邵亢虎
圖文排版　郭雅雯
封面設計　李孟瑾

出版策劃　新銳文創
發 行 人　宋政坤
法律顧問　毛國樑　律師
製作發行　秀威資訊科技股份有限公司
114 台北市內湖區瑞光路76巷65號1樓
電話：+886-2-2796-3638　傳真：+886-2-2796-1377
服務信箱：service@showwe.com.tw
http://www.showwe.com.tw
郵政劃撥　19563868　戶名：秀威資訊科技股份有限公司
展售門市　國家書店【松江門市】
104 台北市中山區松江路209號1樓
電話：+886-2-2518-0207　傳真：+886-2-2518-0778
網路訂購　秀威網路書店：http://www.bodbooks.com.tw
國家網路書店：http://www.govbooks.com.tw

出版日期　2014年4月　初版
定　　價　650元

國家圖書館出版品預行編目

中國近代憲法第一人：汪榮寶 / 趙林鳳著. -- 初版. -- 臺北市：新銳文創, 2014.04

面； 公分

ISBN 978-986-5915-83-4 (平裝)

1. 汪榮寶 2. 傳記

782.882 102009426

讀者回函卡

感謝您購買本書，為提升服務品質，請填妥以下資料，將讀者回函卡直接寄回或傳真本公司，收到您的寶貴意見後，我們會收藏記錄及檢討，謝謝！

如您需要了解本公司最新出版書目、購書優惠或企劃活動，歡迎您上網查詢或下載相關資料：http:// www.showwe.com.tw

您購買的書名：＿＿＿＿＿＿＿＿＿＿＿＿＿＿＿＿＿＿＿＿＿

出生日期：＿＿＿＿＿年＿＿＿＿＿月＿＿＿＿＿日

學歷：□高中（含）以下　□大專　□研究所（含）以上

職業：□製造業　□金融業　□資訊業　□軍警　□傳播業　□自由業

□服務業　□公務員　□教職　□學生　□家管　□其它＿＿＿

購書地點：□網路書店　□實體書店　□書展　□郵購　□贈閱　□其他

您從何得知本書的消息？

□網路書店　□實體書店　□網路搜尋　□電子報　□書訊　□雜誌

□傳播媒體　□親友推薦　□網站推薦　□部落格　□其他＿＿＿＿＿

您對本書的評價：（請填代號　1.非常滿意　2.滿意　3.尚可　4.再改進）

封面設計＿＿　版面編排＿＿　內容＿＿　文／譯筆＿＿　價格＿＿

讀完書後您覺得：

□很有收穫　□有收穫　□收穫不多　□沒收穫

對我們的建議：＿＿＿＿＿＿＿＿＿＿＿＿＿＿＿＿＿＿＿＿＿

＿＿＿＿＿＿＿＿＿＿＿＿＿＿＿＿＿＿＿＿＿＿＿＿＿＿＿

＿＿＿＿＿＿＿＿＿＿＿＿＿＿＿＿＿＿＿＿＿＿＿＿＿＿＿

＿＿＿＿＿＿＿＿＿＿＿＿＿＿＿＿＿＿＿＿＿＿＿＿＿＿＿

請貼
郵票

11466
台北市內湖區瑞光路 76 巷 65 號 1 樓

秀威資訊科技股份有限公司　　收

BOD 數位出版事業部

……………………………………………………………………

（請沿線對折寄回，謝謝！）

姓　　名：＿＿＿＿＿＿＿＿　年齡：＿＿＿＿　性別：□女　□男

郵遞區號：□□□□□

地　　址：＿＿＿＿＿＿＿＿＿＿＿＿＿＿＿＿＿＿＿＿

聯絡電話：(日)＿＿＿＿＿＿＿＿＿＿(夜)＿＿＿＿＿＿＿＿＿＿

E-mail：＿＿＿＿＿＿＿＿＿＿＿＿＿＿＿＿＿＿＿＿